資本主義の
調整と危機の理論
政治経済学

ロベール・ボワイエ

山田鋭夫監修　原田裕治訳

藤原書店

Robert Boyer
Économie politique des capitalismes
Théorie de la régulation et des crises
©Éditions La Découverte, 2015

This book is published in Japan by arrangement with La Découverte,
through le Bureau des Copyrights Français, Tokyo.

日本の読者へ

レギュラシオン理論——変わりゆく世界を見定める羅針盤

　本書は，在来の経済理論に対する大きな不満から生まれたある研究プログラムについて，その基本概念，手法，そして主要な成果を紹介する．在来の経済理論は，第二次世界大戦後の高度かつ安定した成長が終わりを告げた1970年代以降の期間に見られた新しい現象を説明することができていない．本書の研究の中核となるアイディアは，純粋経済理論がかかえる限界を超えることであり，その解決策は，経済活動を社会経済的諸過程のうちに再び埋めこむことである．こうして構造変化の期間をよりよく理解することが可能となるが，この構造変化の期間はいまだに，たいていの経済理論にとって盲点となっている．本書のアプローチはレギュラシオン理論として知られており，それはまさに資本主義経済を動かし変容させる資本蓄積を左右する動態的過程を問うものである．リニューアルされたこの政治経済学はとりわけ，アメリカ，ヨーロッパ，アジア，日本，さらにはそれらの国際的関係に影響を与えている多面的な現代的変容を分析する力をもっている．

　この「日本の読者へ」は，レギュラシオン理論全体を提示するのに先立って，この理論の目的，核心的概念，主要な到達点を手短に摑んでもらうためのものである．在来の経済理論はなぜ現在における事態の進展にこれほどまでに困惑しているのか．それに対して，この現代的政治経済学が練り上げた回答はどのようなものか．不確実で変わりゆく世界を分析するのに役立つような前提，基礎概念，方法論を総合的に提示することは可能だろうか．戦後日本の軌道に対しては，どのような特殊な解釈が与えられるのだろうか．

1　説得力ある説明を要する7つの定型化された事実

従来の経済理論は，次々に生じる金融危機や経済危機に不意打ちを食らった。

1) 1980年代末に生じた投機的バブルの崩壊によって，日本はデフレの脅威を伴う準停滞へと陥った。それは残りの世界を征服すると思われていた**日本モデル**への別れのときであった。この停滞は当初，日本に典型的なパターンによるものだとされ，そしてとりわけ銀行危機からの脱出に際しての経済政策管理の誤りに起因するものだとされた。しかしながら20年後には，長期停滞という亡霊が——累積的な負債デフレによる不況のリスクをもたらした——2008年金融危機後の北米の文脈において広く議論されるようになった。それは，ゼロ金利での借換え緩和という，まったく非伝統的な金融政策によってはじめて食い止められた。しかし，そうした政策には**明確な理論的基礎がない**のである。

2) **金融資本流入**に開かれた資本勘定が示すのは，国内の金融システムがいかに脆弱であったかということである。劇的な**1997年のアジア危機**は，あれこれの開発主義国家の行動によってきわめてダイナミックとなった国民経済の動きを中断させた。欧州連合や，さらにはアメリカは，制御できない投機バブルがはじけることで生じる劇的な経済危機には影響を受けないとされていた。実際，洗練されたリスク評価手法やミクロレベルでの適切なプルーデンス手法が開発されており，それらは1929年の崩壊の再来を効果的に防ぐものとして認められていた。こうした信念は**誤っている**ことがわかり，従来の理論はこの挑戦を乗り越えるのに有利な立場にあるとはいえないのである。

3) **シリコンバレー**のダイナミズムは，情報通信技術（ICT）にもとづく新しいイノベーションと成長体制の支柱を提供すると思われていた。さらに踏みこんで，知識基盤経済の成熟ということが次期の社会経済レジームなのだと考えられていた。20年後，巨大IT企業は繁栄したが，全要素生産

性は期待されたほどには上昇しなかった。アメリカ経済は，第二次世界大戦後に成立したフォーディズム体制の明確な後継体制がないまま，**バブルからバブルへ**と歩んできた。新古典派成長理論の核心にある着実で高度な成長という仮説は，成熟した経済については評価しなおされる必要がある。ネオ・シュンペーター派の見方もまた生産性パラドクスを説明すべく苦闘している。そのパラドクスによって，ダイナミックなイノベーションが行われたり新興のハイテク部門が出現したりしても，国民経済計算での計測では，生産性はほとんど停滞したままというのは印象的である。フォーディズム体制を分析すべく彫琢された理論的概念や統計手法は**ほぼ時代遅れ**になったが，それらに代替するものがまだないのである。

4) 製品市場，労働市場，金融市場における**規制緩和の波**は世界中に波及し，人々にとってより高い効率と福祉をもたらすことが期待された。現在までにこれらの改革によってもたらされたのは，労使関係の細分化，**労働者にとっての保障の低下，投資家にとっての根本的な不確実性**の高まりである。したがって純粋な市場メカニズムの効率性という信条は劇的に挑戦を受けることになった。にもかかわらず，現代の政府のほとんどは，相変わらず次から次へと，労働市場の規制緩和を決定している。そして大部分の主流派経済学者は，利点があるか疑わしいにもかかわらずこれらの政策をいまだに支持している。これは従来の経済理論がかかえる**公然たる危機**を示すもうひとつの証拠である。

5) 戦後の国家介入や積極的な通貨政策に限界があったので，経済政策の考え方が現代化されることになった。新自由主義の信条にあっては，国家が問題であり，市場は解決策だとされている。**金融市場の情報効率性**仮説は，規制を完全に緩和した市場経済がもつ自己均衡化的本性にかんする楽観的な見方を生み出した。2008年にアメリカの金融システムが劇的かつ華々しく停止したことで，この仮説の誤りが立証された。一方では，金融の数学的研究が彫琢され，危険な金融商品を立ち上げることが可能になった。それはデリバティブの評価にかんする誤った確率論にもとづく仮説に依拠していた。他方で，動学的確率的一般均衡モデルにもとづく新しい古典派マクロ経済学では，2008年9月にアメリカで突発した世界的経済危機の

起源や展開を理解することは，存在論的な意味において不可能である。現代の**マクロ経済理論は危機にある**。しかし，そのように失敗したモデルがアメリカの超有名大学の経済学部で教えられ続けている。**信念と利害**が科学的厳密さに取って代わってしまったのだ。

6) **地域経済統合**は，広く行きわたったグローバル化と経済的ナショナリズムや保護主義への回帰との間にあって，第3の道を長らく定義してきた。この点で欧州連合は，すべての加盟国に共通する単一の通貨たるユーロの立上げによって，新たな時代を切り開いたように見えた。悲しいかな，アメリカの金融危機が旧大陸ヨーロッパに伝わることで，統合過程の断層が残酷にも明らかになった。すなわち，金融的投機によって各国の公債は他国の公債との間で弄ばれ，欧州通貨はいかなるコストを払ってでも守られるというヨーロッパ中央銀行（ECB）の強力な声明によって，ようやくユーロ崩壊が防がれたのである。60年かけて忍耐強く進められたヨーロッパ統合は危機にさらされている。**各国の政策**が，高まる**経済的相互依存性**の要請に自動的に応え，ヨーロッパ連邦国家と連邦予算が成熟して保護を与えることがなくとも，新しい通貨が繁栄しうると想定したのは無謀であった。

7) 1991年を振り返ってみると，**ソヴィエト連邦の崩壊**は，経済領域における市場メカニズムと政治領域における民主主義的原理との同盟の明確な勝利とみなされた。一面では，ロシアがたどった軌道を見ると，こうした予想は実現しなかった。過去の集団的諸制度が急激に破壊されたことで混乱が生じ，それによって，むしろ**貧弱な経済パフォーマンス**のなかで**権威主義的な政治体制**の出現が促された。新古典派の理論家たちが無邪気に信じていることとは反対に，市場は自己実現的ではなかったのである。他方で，経済の制度や組織の変容に対する**中国共産党によるコントロール**は，確かにきわめてうまく機能したことが分かってきた。生活水準の向上は早く，貧困は劇的に減少したが，それは経済的不平等の拡大という対価を伴った。シカゴ学派による所有権の絶対主義的考え方にしたがえば，このように変化がうまくいったのは珍奇なことであり，それは次の構造的危機によって補正されるだろう。そしてその危機は民主主義とイノベーション主導型成

長体制との間に補完性が必要であることを明らかにするだろう，と。繰り返すが，現代の経済理論は厳密で分析的であるよりも，**弁解がましく規範的なもの**である。

2 レギュラシオン理論は最新の解釈を提供する

以上すべての謎もどきは，レギュラシオン理論が発展させてきた方法論や諸概念の範囲内でむしろ簡潔に説明することができる。本書はそれらを紹介し展開する。

1) いわゆる「日本型モデル」が世界に流布したが，その誤りは**暗に技術決定論**が採用されていることに起因する。すなわちリーン生産方式は，協調的な賃労働関係やウィン・ウィンの下請制度に関係しており，しかもそこに企業の長期的発展に関与する商業銀行が提供する忍耐強い資本が仲間入りしているものとみなされていた。実際，これらすべての制度や規範（ノルム）は，第二次世界大戦後に始まった長期的な軌道にそって次第に展開してきたものだった。したがって，いわゆる「日本化」の圧力にさらされた他国の企業は，組立ラインを変容させはしたが，経営装置，組織，経済制度といった組立ラインを補完するものについては，必ずしもすべてを変容させたわけではない。たとえば，自動車産業の比較分析によれば，生産モデルを完全に模倣した事例はなく，まして資本主義の形態についてはなおさらないことが多くの研究で示されている。試験的な模倣によって**ハイブリッド化の過程**が引き起こされるが，それによって国内制度の名残が新たな管理原則や組織と相互に作用しあうことになる。最終的に模倣の試みによって開けてくるのは，前例なき社会経済レジームが創り出されていく本格的な過程であるか，レジームが大きく変容するには至らないかのいずれかである。ほとんどすべての研究プログラムがようやく**制度**を取り扱うようになったが，そこでは制度は**静態的**なものと考えられており，その動態的な**変容**に焦点を合わせる研究は数少ない。レギュラシオン理論は幸運にもその数少ない研究のうちに含まれ，国民経済や国際関係に影響をあたえる多面的な

構造変化を分析するのに有利な位置にある。

2) 構造的変容は，賃労働関係，競争形態，経済への国家介入の性質といった国内的制度諸形態のみならず，**国際関係システム**にも影響をあたえる。第二次世界大戦後の時期，国外での金融危機はまれであったが，それはほとんどの国際資本移動が公的管理の下にあったからである。しかし，変動為替相場制の採用や資本移動の段階的な規制緩和により，ついには対外収支の動きにおいてポートフォリオ投資が首位を占めるに至った。その結果，為替レートの浮動性(ボラティリティ)が大きくなり，一国の金融危機が急速に残り世界に伝播していくようになった。この点について，レギュラシオン理論は，金融資本がほぼ完全に移動できる現代のレジームよりも，戦後の管理された国際関係の方がよい成果をあげるとの結論に傾きがちである。基本的に，よく設計された制度は，それが国内的なものであろうと国際的なものであろうと，純粋な市場メカニズムよりも高く安定した成長につながるだろう。これはマクロ経済の安定にかんして新古典派アプローチと対立する点である。

3) もうひとつの主要な教訓は，**新たな社会経済レジームの出現**を規定する要因に関わるものである。制度諸形態が**社会的・政治的闘争**から生じるものであるとしたならば，制度を混ぜ合わせることで蓄積体制が持続可能なように調整できるかについて言えば，何らその保証はない。その結果，いくつかの急進的イノベーションが集中的に発生しても，それだけでは新たなマクロ経済的規則性の出現を促すには十分でない。歴史回顧的分析が示すところによれば，試行錯誤の過程が起こり，それに沿って一組の補完的な制度諸形態や組織が経済成長過程を安定化させたり，させなかったりする。例えば，税制は資本の自由移動によって不安定化し，公共財の生産はいわゆる知識経済からの要請に追いついていない一方で，デジタル革命は賃労働関係の再設計──競争抑制的な戦略の再定義──をするまでには至らなかった。これは，活発な特許出願，急速な製品刷新，そして組織イノベーションが行われたにもかかわらず，貧弱な生産性上昇しか得られなかった原因を，歴史的・制度的に分析した結果である。最後にとりわけ，この理論は，制度的イノベーションとその成熟との**タイムラグ**を考慮に入

れる。そこには 2，3 年どころではなく，10–20 年の差が生まれる。
4) **次々に起こる金融危機**を回顧的に分析すると，金融市場効率性仮説の誤りが立証される。規制——特定の市場に対する公的コントロールを意味する英語のレギュレーション——が欠如することで，金融の模倣的行動が作り出す根本的な不確実性がいっそう深刻なものとなる。結果として，資本勘定——加えて国内の銀行システム——にかんする金融自由化は，金融危機に結びつくのが一般的である。先述したように危機が相次ぐことで，経済史から得られるこの重要な教訓が確認される。それは 2008 年の危機がどうしてアメリカで生じたのかを説明する。すなわちアメリカは，金融主導型の資本蓄積を採用することで変容していったが，それが助長されたのは，世界の金融仲介の中心であるウォールストリートが台頭し，それと同時に商業銀行と投資銀行を切り離すかつての規制が撤廃されたことによってである。
5) 金融市場の情報効率性にかんするこの中心的な仮説が評価されなおしたことが意味するのは，アクターたちによる将来についての意思決定——それは資本蓄積やイノベーションの動態にとって決定的である——の調整のためには，これとは別の配置が想起され，できればそれが実行される必要があるということである。それは立法にかんする**国家介入**であったり，マクロ経済的アンバランスが現れることについての**情報をプールする**ことだったり，企業・銀行・消費者期待を社会化することであったりするであろうが，それらは金融的アクターたちが——投機的バブルに至りつくような——模倣行動を普及させるような内的傾向を打ち消すかもしれない。こうした公的介入がなく，中央銀行がその役割を市場に追随することに限定しているならば，自己均衡化システムという幻想は，少なくとも一時的には消散する。自由市場やリバタリアンのイデオロギーをかつて採用していた政府は，破産した銀行システムを救済しなければならず，1929 年のアメリカで起こった不況に似た劇的な経済崩壊のリスクを食い止めるためだけに，公的債務が拡大するのを認めなければならなかった。2010 年代にはついに，過剰生産力が大きくなると，例えばアメリカにおける公的支出の**ケインズ的乗数**が大きくなることを，経済学者たちは認めざるをえな

くなった。このことはまた，ユーロ危機に応じて EU で緊縮政策が行われた際に自己破壊的となったのはなぜかについても説明する。金融危機の経済的，社会的，政治的コストが深刻なものになると，それらが避けられないものであり──一度起きてしまえば──当局は**危機の解決**に集中するほかないとの考え方よりも，それを**防ぐ**ことが優先されるべきだろう。こうして**国家は復活する**のであり，マクロ経済学は，純粋な市場メカニズムが現代経済の持続性を保証しえないという事実を考慮しなければならないのである。

6) 市場が複雑な社会を監視する力をもつという信念は，もうひとつのマイナスの帰結をもたらした。すなわち理論家，専門家，政策立案者は，製品，生産的投資，金融資産が国境を越えることがますます容易になるという**グローバル化過程**がもたらす付随的な結果を劇的なほどに誤って伝え，そして／あるいはそれを不正確に評価した。

国内領域では，賃金が競争力に不利に働くコストとしてますます認識されるようになり，このことは，実質賃金と生産性の同時的上昇という労使妥協が終わりを迎えたことを意味した。たいていの社会では，これによって資本が自国領土から離れたり，成功して国際化の恩恵を得ることのできる有能な人々と，国際競争の激化や生産システムの自動化に脅かされる低技能労働者との二極化が生じたりした。逆説的ではあるが，こうした現象は欧州連合（EU）のなかでも見られたが，そこでは加盟国間で自由競争原理が働き，経済統合の**勝者と敗者**の間での連帯が欠落していた。いわゆる福祉の「合理化」や個人所得税の累進性低減は，このように現れつつあった国内の社会的分断を悪化させた。国内社会の分断が存在し，それが重要性をもつことがはっきりと明らかになったのは，イギリスでの Brexit〔EU 離脱〕投票，アメリカでのトランプ大統領選出，EU での連邦主義の深化に反対して国家主権を守ろうとする政権の登場（オーストリア，ハンガリー，イタリア），そしてドイツを含むいたるところで見られる移民排斥を唱える政党の伸張によってである。

国際面では，グローバル化のもつ可能性がきわめて過大評価された。第 1 に**グローバル・バリュー・チェーン**（GVC）が次第に形成されたことで，

今やほとんどの国民国家よりも力をもつに至った多国籍企業の主導権のもと，かつてない相互依存性が生み出された。その結果，もはや国民レベルでは，**需要と供給**の間に素朴な補完性は存在しなくなった。企業は世界市場で繁栄し，反対に消費者は GVC で作られる財の価格低下を頼りにするようになった。これは，しばしば見過ごされているが，ケインズ政策が放棄された構造的な原因である。中小規模の経済にとって，乗数効果はもはや存在しないのである。第 2 に，国際貿易の規模が急増すると，GVC の各段階における付加価値シェアが最小化されるという事実が覆い隠されてしまう。工業生産の外部委託(アウトソーシング)を受けることで成り立つ経済の多くは，**生活水準**を引き上げることができない。それはメキシコのような象徴的ケースによって裏づけられているとおりである。この点について，中国の躍進はきわめて例外的である。なぜなら中央当局と地方当局の両方が，中国国内で活動する多国籍企業が創り出した価値のかなりの割合に対して課税する力をもっているからである。第 3 に，国際貿易にかんするリカード理論は，最終完成財の交易に関連する比較優位にもとづくものである。したがって新たな国際分業が，補完的な中間財の交易や規模にかんする収穫逓増の獲得にもとづいているならば，相対価格や為替レートのスムーズな調整が行われるかは不確実なものとなる。例えば**通貨切下げ**は，天然資源と工業財との交易条件を焦点としていたこれまでの国際化の段階においてよりも，ずいぶんと小さな影響力しかもたない。このように貿易収支が，自己調整メカニズムによって長期均衡に収束するという保証はない。そうであればますます，短期的な資金の流れが重要になる。なぜならこのとき，為替レートはもはや競争力の帰結ではなくなるからである。すなわちそれは各国金融資産の収益率——それは共通の通貨で表されるが——を均等化させる必要がある。生産システムの競争力にとって必要とされる実質為替レートと，グローバル金融の諸力によって決定される現実の為替レートとの乖離は，アメリカ，中国，EU の**貿易摩擦**の源泉のひとつであると同時に，ラテンアメリカで繰り返し起こる経済危機の源泉のひとつでもある。世界は変化したのであり，この新しい歴史的時期を考慮に入れる点で，**理論構築は遅れをとっている**。

7) 社会経済システム間の競争によって**ひとつの標準教科書なモデルへ収斂する**はずとの見通しが誤っていることは，繰り返し立証されてきた。

　第1に，第二次世界大戦後の期間において，ヨーロッパとアジアの資本主義は，アメリカの大量生産・大量消費モデルをまねようとしてきたが，ハイブリッド化が純粋な模倣に勝利した。歴史研究や比較研究が示すのは，対照的な資本主義諸形態が共存し，ともども繁栄したということである。その理由はまさに，国際貿易に着実に開かれるなかで，各国の制度設　計（アーキテクチャー）のいかんによって，**その特化を深化させること**ができた点にある。

　第2に，ソヴィエト型体制と**市場主導型資本主義**との競争は，双方の構図がもつ利点を混合したある共通のモデルを生み出しはしなかった。それとはまったく反対に，**ソ連の崩壊**が，将来は自由市場経済へと向かうとの信念を後押しし，この代替的システムが消え去ったことが核心的役割を果たして，賃金稼得者の交渉力は弱体化し，かれらは労働のフレキシビリティを受け入れざるを得なくなり，福利厚生は一部引き下げられることになった。

　経済システムが将来的に収斂するという見通しが誤ったものであることを示す3つ目の事例は急速な**中国の発展**であり，それは西洋の研究者たちが広く共有していた考え方に相反するものだった。技術的なキャッチアップや新興部門の探究には，必ず政治的民主主義の発展が必要だという考え方である。日々の経済的調節が，共産党による全面的コントロールから競争へと委譲される一方で，21世紀の科学技術を漸進的に習得するにあたっては，共産党がこれをとりまとめている。

　4つ目の観察は，さらにいっそう重要だ。1990年代から2000年にかけて，多くの独裁制に代わって民主主義が登場してきたが，その後の10年間ではある種の退歩が生じた。民主主義は形式的には生き残っているが，選挙で優勢なのは**専制的政府**であり，そこでは行政機関が，立法府や司法当局や報道機関に対する絶対的な支配を模索している。驚くべきことに，こうしたことは，伝統的に権威主義的な国家（ロシア，中国，トルコ）や，ソ連圏崩壊後に生じた新興の民主主義国家（ハンガリー，ポーランド）だけでなく，近代民主主義揺籃の地のひとつであるアメリカでも生じているの

である．さらば，政治的民主主義と市場経済との「自然な」相乗作用よ．これは，社会経済理論に向けられた抜本的な挑戦である．

　複雑で変わりゆく政治と経済の関係を分析することはまさに，レギュラシオン理論の目的のひとつである．それは本書の今後の諸章で十分に展開されるが，ここで簡単に提示しておくのがよかろう．

3　構造変化と制度変化の理論

　社会科学はたいてい，専門領域に特化することで成り立っている．社会学，政治学，法学，経営学，経済学，等々といった具合である．それらは研究上のパラダイム，方法論，そして好みの技術的ツールによって細分化される．一般的には，実証的研究はその適用範囲を一定の地理的領域や特定の時代——たいていは現代——に限定する．そうした知的分業は，細分化された小分野の各々が専門職業化したことの結果である．そしてそれは前例のない規模で豊富な成果を提供することが判明した．しかしながら，この知的組織化には明らかな盲点がある．各研究プログラムの戦略は，普遍的とされる所与の理論と現実との整合性を検証することにある．

　この前提は，物理学や自然科学ではきわめて強力なものであることがわかっているが，社会経済的分野ではまったく誤解を招きやすい．社会は歴史を有しており，社会関係や経済関係で幅広い多様性を示す．そのような社会経済関係は，過去に生じた危機に対して，技術的，制度的，組織的，政治的な意味で急進的なイノベーションによって対応した結果である．したがって現代の経済は，ある単一で不変なパターンに沿って自らを再生産するのではなく，継続的に進化し，ある時代には，長い歴史においてこれまで見られなかったような明確なパターンへと混じり合っていくのかもしれない．これは1970年代末に確立して以降，レギュラシオン理論が触発されてきた見方である．それ以降，多様な国民経済の長期歴史的分析を行ったり，現代という時代を対象にした国際比較を継続的に広げていったりして，**資本主義の本性と進化**にかんする貴重な教訓がもたらされた．資本主義は，強力な**歴史性**と，それゆえ還元不可能な**多様性**を示す．これら2つの特徴によって，従来の経

済理論では未だ十分に説明できなかった構造的変容をよりよく理解することが可能になる。これは，核心的仮説のセットを採用したことで得られた結果である。

　静態的安定均衡の概念は棄却されるべきである。なぜなら，資本主義的社会関係が支配的な経済システムは**非エルゴード的**〔時間的・空間的に均質であるというエルゴード性が成り立たないこと〕だからである。この概念は，**動態的過程**の分析によって取って代わられるべきである。この動態的過程は，**大域的に持続可能なレジーム**へと一体化していくかもしれないし，あるいはそうでないかもしれない。このことは，ワルラスが創始し，そして未だ新しい古典派マクロ経済学の中心をなしている伝統から，完全に決別することを意味する。現実にこの伝統は，現代のかなり混沌とした世界を理解するのに，見えない障壁となっている。すなわちそこでは，ひとえに外生的な確率的ショックだけが安定均衡を動かし，景気後退は生産性にかんする負のショックあるいは金融市場に対する信頼の喪失の結果とされる。これらは架空の説明であり，科学的分析ではない。結果を原因と取り違えている！

　経済的過程は，資本主義の動態を引き下げたり押し進めたりするが，それは完全に自律的なわけではない。なぜなら経済的過程は**社会的分業に埋めこまれており**，課税，公的支出，為替相場体制の選択にかんする政治的意思決定に影響を受け，さらには，多かれ少なかれ資本蓄積に有利に働く法体系が存在することで生じる機会や制約に，経済的過程がうまく対処する必要があるからである。資本主義は基本的に，**経済・社会・政治の複合的過程が交差する点に存立する**。このことは2008年の大危機がなぜあれほど対照的な反応を生み出したのかを説明する。それは，経済的自由主義の教条的考えが支配する欧州連合において採られた緊縮政策であったり，金融業者が主導する社会的連合に応える形でアメリカで大規模かつ迅速に行われた大手銀行の救済であったり，政治権力と経済的イニシアチブの両方が集中する一党独裁国家が統治する中国で実行されたインフラ投資や信用緩和の巨大プログラムであったりした。一般法則はきわめて稀にしか存在しない。というのも経済は

社会的・政治的関係のつながりの中に組みこまれているからである。

　社会的，政治的，経済的過程の結合は国によって異なり，長期的には**これら諸過程の階層性が逆転する**かもしれない。資本主義においては，これら動態的諸過程がもつ力が対等であるというのは稀なことなので，社会経済レジームの特性は，ひとつの制度階層性が別のものへと変化することによって直接的な影響を受ける。成熟した産業経済では，第二次世界大戦後の黄金時代に，選挙民主主義を完全な形で実施することによって，**政治的過程**がこれまでにない経済レジームを生み出したのであり，そこでは特殊な制度諸形態によって企業家階級に制約を課すことができた。このことがとりわけ当てはまるのは，ある賃労働関係によって，規模にかんする収穫逓増を動員することで得られる生産近代化の恩恵を明示的に分配する仕組みが設けられたときである。最近20年間に見られたのはより伝統的な構図への回帰であり，そこでは大規模な多国籍企業や銀行への**経済的権力の集中**が，国家に影響力を行使する能力へと転換され，規制緩和政策や世界競争への開放に好都合な形で――命令したのではないにしても――圧力をかけた。純粋経済学ではなぜこうした転換点を十分理解できないかの理由がそこにある。**リニューアルされた政治経済学**ではそれが可能なのである。

　少なくとも**3つの分析水準**が絡み合うという認識は，経済全体の進化を理解するのに決定的な重要性をもつ。一方で，マクロ経済の変化をまねようとする代表的行為主体（エージェント）などいはしない。この単純な一言で，現代のマクロ経済研究のほとんどが無価値なものになる。他方で，進化論的モデルが説得的に示すのは，起こりうるマクロ的規則性は――競争によって淘汰されたり学習の成果を享受したりする――異質なエージェントの各種戦略が相互作用することから生まれる創発的特性だということである。レギュラシオン理論はこれに加えて，個人的行動とマクロ経済的変化との間に直接かつ単純な対応関係を求めるのは現実的でないと主張する。実際，組織，特殊な競争形態をもつ部門，社会的諸階級間で見られる対照的な行動，さらには地域ごとに不均等に分布する資源や能力が存在することを考慮するためには，**中間的なメゾ**

レベルが必要である。このことは，**危機を検出する点**で重要な結果をもたらす。つまり，マクロレベルでは明白な安定性が見られるのに対して，ミクロレベルやメゾレベルでは新たな戦略が登場してこうした規則性を脅かすかもしれず，社会経済レジームが崩壊する可能性をもたらすかもしれないのである。一般的には，こうした**ミクロ的・メゾ的**過程は事後的にしか検出されず，それではこうした破局の連鎖を予防しえたはずの政策を構想するには遅すぎる。既存のレジームを破綻させるにちがいない動因や力が蓄えられていく**過程をリアルタイムで検出する**ことは，困難な挑戦である。**投機的バブル**は，それが累積的債務でファイナンスされる場合には，こうした力をもつかもしれない。いくつかのバブルはそれが破裂する前に検出されるかもしれず，それは実証分析が担うべき任務のひとつである。

　安定的な社会経済レジームの経済モデルを作る際によく見られる**時系列的時間**（クロノロジカル）は，蓄積体制が創出され，成熟し，そして構造的危機に至ることを示す**歴史的時間**（ヒストリカル）と混同されてはならない。レギュラシオン理論が強調するのは，各種の分析ツールが動員されるべきだということである。それは**安定的レジーム**の動きを検証するための形式的モデル化や計量経済学的テストであったり，危機の期間におけるアクターの戦略にかんする政治的分析であったりする。後者はことによると，選り抜きのゲーム理論モデルによって磨きをかけられたものかもしれない。最初の形式的モデル化のケースでは，分析者たちはある種の**経済決定論**が功を奏しているとの印象をもつかもしれないが，しかしそうすることでかれらはおそらく，現行の蓄積体制を支える制度諸形態がどのような社会的，政治的起源をもつかについて忘れてしまうだろう。反対に，構造的危機は**根本的不確実性**の時期を開く。なぜなら要となるマクロ的規則性のいくつかが失われてしまうからである。そのような文脈においては，社会的グループや諸個人は新たなゲームのルールを構想し，それを強要しようと格闘する。そのルールとは，自分たちの利益を増加させるものであり，および／または，危機のコストをいちばん力のないアクターに転嫁するものとなろう。それは**偶然の時代**であり，過去に繁栄した秩序を想起し，そこへ回帰することへの誘惑にかられる時代である。しかし結局は，危機の

前には想像しにくいのだが,政治的,組織的イノベーションが次第に波及し,それが社会経済レジーム全体を再設計していくことに資するのかもしれない。それがどの程度の構造安定性をもちうるかを事前に評価するのは困難である。なぜなら評価が可能なのは,制度諸形態を再配置することで明確な進歩が見られ,そうした再配置が資本蓄積過程を調整(モニター)するのに十分な整合性をもつ時に限られるからである。

　現在の標準的経済理論が仮定するのは,いかなる公的介入もないなかで,経済主体は自らのニーズを効率的に満たすのに必要な市場を自然発生的に構築するだろうということである。こうしたヴィジョンはしばしば,経済危機を克服すべくデザインされる新自由主義的政策を鼓舞する。そこでは,**市場は自己均衡化的であるばかりでなく自己実現的でもある**とされる。したがって,いかなる国家介入も,陳腐化した技術,組織,能力を競争によって排除する論理——資本主義の中心的メカニズム——を歪めてしまうという。資本主義の**構造的危機**を体系的に再検討すると,これらの仮説は誤りであることがわかる。第1に,支配的な制度諸形態によって調整されているメカニズムが資本蓄積の前提条件を回復させることができない場合,経済学者は,繰り返し発生する**景気循環**と**不況が累積化**していくリスクを混同してしまう。第2にそしていっそう重要なのは,レギュラシオン派の研究が次のような決定的事実を指摘してきたことである。すなわち純粋な経済合理性をもつ個人や企業の行動では,危機の期間が持続してしまう原因となる**コーディネーションの障壁**を解消することができないのである。政治的レベルでの集合行為があれこれの形態をとる場合にのみ,こうした行き詰りが解決されるだろう。にもかかわらず現代の研究者たちは「見えざる手」への信仰にもとづいてこの行き詰りを研究し続けている。行き詰りの解決には,新しい制度諸形態が考案されなければならず,それらはイデオロギー的,社会的,政治的な闘争の産物なのである。新しい制度諸形態は,蓄積体制を新たに規定するかもしれないし,しないかもしれない。先述したことを繰り返すが,**政治的過程と経済的過程は本来的に組み重なっている**のであり,しかもその階層性は時期によって変化するのである。

資本主義の興隆は，多数の社会的，技術的，経済的イノベーションを通じて社会を動かした。このことは**非エルゴード的過程**を引き起こすが，それは不変でほぼ機械的なシステムに適用される均衡アプローチには手に余るものである。したがって，公理から**演繹**(ディダクション)**と帰納**(インダクション)へといった通常の手法はもはや適切ではなくなる。基本的に経済学者は繰り返し変則性(アノマリー)に直面してきた。過去の理論立てや観測から引き継いだ分析枠組みは，理論が説明すべき新しい定型化された事実を解釈することができない。したがってやるべきことは，可能性のある他の要因を推測することである。これが**仮説的推論**(アブダクション)〔観察された現象を説明する仮説を発想・形成する手続き〕の役割である。このアブダクションという操作が援用されたのは，1929年の危機において観察されたデフレとはちがって，フォーディズムの構造的危機にあってはどうしてインフレの加速と失業の上昇が結びついていたのかを説明しうる仮説を明確にするためであった。寡占的競争のうちには，名目賃金上昇の完全なる制度化——やがて名目賃金上昇はインフレおよび生産性上昇予想にインデックスされていった——という文脈において，単位労働コストに対してほぼ固定的な比率で当てはめられたマークアップがなされることが含意されているという考えが現れた。こうしたコスト圧力がなぜ名目価格の上昇に転換されたかは，純粋に信用にもとづく貨幣創造策が採用されたということによって説明される。もう一歩先に進めれば，資本主義における**基本的社会関係を体系化**することで真正の蓄積体制が生み出されたかどうか，そしてそこではインフレが主要な調整変数となったかどうかを検討することになる。しかしながら，あらゆる所得が完全に物価にスライドするようになると，そうした解決策を長期に対して拡大適用することはできない。企業と賃金稼得者は，危機を乗り越える方途を見つけ出すべく徹底的な闘争を繰り広げたが，それはレギュラシオン派にとって研究の新時代が切り開かれたことになる。**制度諸形態の進化**を司る過程とはどのようなものだろうか。フォーディズムの蓄積体制がなぜインフレ基調であったのかを理解するために彫琢された学的議論は，限界を迎えた。再び**アブダクション**によって研究者は起こりうるさまざまな原因を検討し，そのうちのいくつかを選別し，それぞれの妥当性を検証するために，一

連の**アブダクション**–**演繹**–**帰納**の手続きを遂行していかなければならない。

　方法論にこのような方向づけを与えてみると，レギュラシオン理論の旗のもと研究してきた経済学者集団が集めた事実がまことに多様かつ進化的なものであることが説明される。本書はこの研究プログラムの全体像を提示するが，以下では，この枠組みが日本の進路がもつ独自性を把握したり，日本資本主義から得られる一般的教訓を示したりするのにとりわけ有益な理由を示しておこう。

4　国際的視点からみた日本の進化と特殊性

　1970年代以降，日本は資本主義の本性，その進化，そして国際関係の将来にかんする分析において，大いなる存在感を示した。日本はこもごも，模倣されるべきひとつのモデルとして，そしてアメリカに取って代わる次代世界の覇者として，そして最終的には，自由市場経済へのアンチテーゼとか危機管理政策の失敗例として見られてきた。本書は第二次世界大戦から今日に至る日本の歴史を包括的に分析し，成功と失敗が共存するいっそうバランスのとれた評価を与える。

　アメリカとフランスの両国は第二次世界大戦後に類似した蓄積体制を切り開いたが，それについての理論や研究結果が発表されてすぐ後に，日本の研究者は自国でこれに相当する変容が生じたか否かについて研究しはじめた。実際1945年以降，大量生産・大量消費のひとつの形が現れたが，資本蓄積はまったく異なる制度諸形態のなかに埋めこまれていた。そこでの制度は，大企業における事実上の雇用安定性を伴う**企業主義的**賃労働関係，行政と協調する大規模な企業集団が牛耳る競争レジーム，顧客企業の経営に関与するメインバンクが提供する忍耐強い資本である。この**メゾ・コーポラティズムの日本資本主義**が示す特殊性の証拠は印象的なものであった。すなわち，1973年以降，**市場主導型のアメリカ資本主義**や**国家に仲介されたフランス資本主義**の明らかな減速とは対照的に，日本では成長の加速が見られた。このことは，資本主義の多様性にかんする一連の活発な研究の出発点をなした。

ちなみに，日本的制度諸形態の補完性——賃労働関係，競争形態，銀行中心の金融システムの間での——は，他で再現するのがきわめて困難であるような，ある特殊な歴史の結果である。したがってこれら諸過程を動員しうる企業組織がないなかで，ジャストインタイムやカイゼンといったいくつかの技術的装置を移植しようとすると問題が生ずる。こうした発見は，世界中の自動車メーカーの企業組織を比較する国際研究プログラムを促進することになった。

新古典派理論は，一定の成長率という特色をもった定常状態の存在——しかもこれは永続的なものと想定されている——に焦点を合わせる。また経営学の専門家の多くもまた，いくつかの効率的な企業組織は**永久に成功**するだろうと考えている。マネタリストや新しい古典派マクロ経済学者はしばしば，危機を回避するためには，経済政策は自律的ルールに従うべきとの見解を示す。その際危機は通例，政府の誤った意思決定に起因するとされる。日本の経験が明らかにするのは，蓄積体制の動態に対する**過度な信頼**がまさにその構造的危機の源泉となるかもしれない，ということである。1980年代末，企業やマクロ経済政策が直面した限界を示す主要な指標は，過重労働の圧力や貿易黒字の累積であった。**いかなる社会経済レジームも未来永劫存続することはできない**。なぜなら，それ自体の成功によって，レジームから逸脱した行動が生まれるかもしれないし，そして／または，組織や制度が徐々に硬直化していくことで行動を再考する余地が減ってしまうかもしれないからである。組織や制度が硬直化すると，それによって予期せぬ出来事に反応することができなくなってしまう。結局のところこれは，マルクスが言うところの基本的な示唆に戻ることになる。すなわち，資本蓄積の矛盾は一時的には適切な制度諸形態によってチェックできるが，矛盾は結局は現れ出て構造的危機を引き起こす，と。日本が「ナンバー・ワン」経済から傷もの資本主義の状態へと急速にシフトしたことは，こうした**内部代謝**（エンドメタボリズム）という一般的過程があることの証左なのである。

金融自由化と資本勘定の対外開放は，長らくワシントン・コンセンサスの

一環をなしてきた。それらは，経済発展を速め，世界レベルで資本の効率的配分を促進するために必要な改革だと紹介されてきた。繰り返しになるが，失われた10年と呼ばれる1990年代の日本において実行されたそうした改革は劇的な結末を生んだが，それはアジア各国，ラテンアメリカ，ヨーロッパ，そしてもちろんアメリカに対して警告していたはずだった。1930年代の世界的な崩壊が繰り返されないように制定された規制すべてを慌てて撤廃すべきではない，と。事実，日本政府が行政的な誘導制御——それは生産的投資を行う方向で信用の配分を準備することである——を放棄することで，株式市場と不動産で**投機の横暴**が解き放たれた。生じたバブルはあまりに巨大だったので，銀行が負債を解消するのに10年以上を要した。こうした問題によって，日本政府が経済を監視し誘導する能力にかんして世間の信頼が失われることになった。**日本の経験から得られる教訓**は明らかである。第1に，強力な**金融自由化**によって広がった楽観主義は，粘り強く構築されたダイナミックな産業モデルやかなり安定的な蓄積体制を**打ち壊してしまう可能性がある**。第2に，不良債権が内生的かつ自然発生的に減少するのを待つことは，デフレ・リスクに繰り返しさらされつつ**長期間にわたってほぼ経済が停滞する**ことを意味する。世界は最初のメッセージを聞く耳をまったくもたなかった。専門家たちが，1990年に日本で起きた危機は異例で変則的な出来事ではなく，金融主導型蓄積にもとづく資本主義の危機を**予期するものだ**と考えていたならば，1997年のアジア危機，1990年代および2000年代に多数生じたラテンアメリカの危機，2008年のアメリカ経済破綻，2011年のユーロ危機は予期できた可能性があり，避けられたかもしれない。第2の教訓はよく理解された。アメリカ財務省と米国連邦準備制度理事会は迅速に大手銀行を救済し，財政制約を緩和した。このことは，アメリカの回復がなぜヨーロッパのそれよりはるかに力強いものであったかを説明する。その政策がどんなに議論の余地があり不公平と見られようとも，**銀行の資本増強の決定が遅ければ遅いほど，それだけ経済停滞の期間は長くなる**。

日本のケースから得られる重要な教訓の4つ目〔第1～第3の教訓については先行の3つのパラグラフ参照〕は，**企業組織**の型と**資本主義の本性**との関係に

かかわる。資本主義の多様性学派は，ミクロレベルで企業が果たす機能と経済全体に関わる制度に現れ出るものとの間には**厳格な補完性**が存在すると喧伝した。例えば，アメリカのビジネス・モデルはドイツのそれとは異なるので，社会全体のレベルで，競争，賃労働関係，教育制度の対照的な形態が見られるという。因果関係は経営手法の補完性から特定の資本主義の構図へと向かっている。レギュラシオン・アプローチはこうした考え方に異議を申し立てる。これら両レベルが相互依存するなかで，**上位にあるのは資本主義の型である**。というのも平時においては，いかなる企業もロビー活動をして，自らに特定の競争優位をもたらすような法案を政府に通させる力をもっていないからである。これは集合行為，各種利害の集積，そして結局は政治的熟議と交渉の問題である。**ドイツ資本主義**の長期的変容にかんする歴史分析がこの仮説を裏づけることになる。日本のケースを検討すると2つ目の教訓がつけ加わる。同じ法的制度的文脈にあっても，同一部門——例えば自動車産業——に属する企業にとって，ある単一のモデルや利潤戦略が完全に支配することはなく，まったく異なる生産モデルが長期にわたって共存することがある，と。すなわちトヨタ，日産，ホンダは3つの異なる組織選択を代表している。それらの市場シェアは，それぞれが経済の文脈や消費者の期待にどれほど適合しているかに応じて変化するのであり，このことによってそれら企業が共に生き残っていることが説明される。サービスなど他の部門にまで分析を拡張してみると，この議論はより強固なものとなるが，こうした区別は日本にとっては決定的な意味をもつ。基本的にマクロレベルの制度は，多様な企業が採用する組織モデルの**統計的分布**を形作るにすぎない。マクロレベルの制度は唯一の「最適」モデルが存在することを意味するわけではまったくないのである。こうした**異質性**は資本主義がもつ**復元力**を説明するひとつの要因である。

1990年代初頭以降の日本の経済パターンは，2010年代末において注目を集めている問題に対する示唆を与える。つまり，2008年危機以前の成長トレンドに復帰した先進経済国はひとつとして存在しない。それはなぜか。成熟した資本主義は長期停滞に陥るものなのだろうか。当初ほとんどのアメリ

カの研究者は，金融政策運営の過ち——業績不振の銀行に対する資本注入の欠如——とか，間の悪いタイミングでの租税政策——時期尚早な消費税率の引上げ——とかを引合いに出した。停滞が10年以上継続してからは，他の説明が必要になった。イノベーションの枯渇や少なすぎる有効需要が咎められるべきだろうか。こんにちアメリカでまさに**同様の議論**が盛んになっている。それは**ケインズ**の信奉者に対して，**シュンペーター派**の経済学者を対峙させるものであり，審判はまだ下されていない。所得や富の不平等拡大，とりわけ超富裕層の所得の急増は，成長体制をこのように阻害する構造的な原因なのだろうか。それともまた，外国との競争や低技能職の海外移転は，雇用なき回復の主要な原因なのだろうか。さらには自動化や人工知能が大多数の人々の所得をほぼ停滞させてしまっているのだろうか。こうした仮説のすべてが，日本について数十年来検討されてきたが，そのいずれも広範な合意には至らなかった。レギュラシオンによる解釈が強調するのは，発展様式にかんする**戦後期の例外性**である。こんにち，労資間の権力分布が偏っており，国際展開するバリュー・チェーンが極端に細分化され，貿易・投資・金融の規制緩和がもつ可能性を大いに利用する強力でまったく自由な多国籍企業が政府を圧倒するなかでは，戦後的発展様式の再現は難しい。簡潔に言えば，次の蓄積体制——そこでは経済的な持続力と社会的・政治的な正統性とが調和しなければならない——は，現代においていまだ**根本的に不確実**なままである。ICT主導型，知識経済，金融主導型，輸出主導型，レント型，内向型発展といったこれまで構想された新旧の各種レジームのほとんどは，期待されたほどの成果を生むことはできなかった。さらに気候変動に対処する環境にやさしい発展は，自国利害を守るための激しいコンフリクトがあるなかでは，合意するのが困難である。最後にもうひとつ，幻想を取り払っておこう。つまり，生まれつつある生産モデルは，労働生産性や全要素生産性といった従来の尺度に従って評価されるべきではないのである。なぜなら，極端な製品差別化，品質測定の困難さ，製品とサービスの融合，技術的効率性に対する収益性の優位，人々の福祉が見られるもとにあって，**従来の尺度では現代資本主義の論理を捉えることができない**からである。

資本主義の**各種ブランド**はどのように**自律的**であるのだろうか。1945年以降における日本経済の変容は，もうひとつの重要な教訓を提示するかもしれない。すなわち，日本は国際関係に対して着実に開かれていったが，それによって共通の構図に収斂していったわけでもなく，また国民国家が解体されて超国家的組織体に統合されたわけでもない。日本では自由化政策が実施され，それは競争の性質を変えた。自由化政策はある実験的な過程を開き，**企業主義的**企業に代わるものを探求する道を切り開いた。同様に，銀行システムは不動産バブルの崩壊から立ち直らなければならなかった。サービス部門が伸長したり生産システムの一部が海外移転したりして，雇用や労働管理に対して影響を及ぼした。それにもかかわらず，2010年代に制度諸形態のアーキテクチャーにかんする国際比較が確認したのは，**日本がアメリカ型の自由資本主義に収斂したわけではない**ということである。この成熟した経済は，組織や制度の選択において一定の自律性を保っているのである。しかしながら日本経済は，今やますます依存的となっている。それは第1にアメリカで生じた衝撃に対してであり，第2にそして最近では，中国の動態と将来のありうべき危機に対してである。ある意味では，最近20年間に控え目ながらも成長が回復した原因は，主として中国を中心にして展開しているアジアの新たな分業に日本が成功裡に組みこまれたことにある。日本が精巧な部品に特化することはうまくいったが，中国が決定した2020年に向けた意欲的な科学技術プログラムが意味するのは，両国の相対的地位が今後も変化を続け，日本が将来の**アジア地域経済統合**において果たすべき役割を見つける必要があるということである。その主旨は明快である。およそ**すべての資本主義ブランド**——および天然資源を輸出するレント型レジーム——は，**いまや相互に依存しあっている**のであり，それらが繁栄するか否かは，世界経済が継続して開放的であるかどうかにかかっている。それは今，ナショナリズム的な反動に応えた保護主義的な動きという脅威にさらされている。このナショナリズム的反動は，グローバル化という失敗に終わった約束に対する遅ればせの回答なのである。こうした**社会経済レジームのかつてない相互依存**によって，いっそうの協調が求められることになろう。それはグローバルな公共財やコモンズを管理する新たな国際的制度を構築するためである。また諸政府は，

国民の社会的結束を国際分業と調和させるような，持続性のあるゲームのルールについて合意しなければならない。しかしながら「**自国第一**」の戦略が諸大陸に広まるならば，各々の資本主義——それがイノベーション・輸出主導型，金融支配型，国家管理型のどれであれ——の将来は**根本的に不確実**になる。こうして日本は再び，萌芽的な社会経済諸レジームの社会的実験室となる。

　日本社会はまた次のことをも示唆している。フォーディズムに対するトヨティズムがそうであったように，将来は先行する発展モデルのひとつの変種として予想されるのではなく，人類発展の目的にかんする考え方についての**コペルニクス的転回**が必要だということである。経済思想史を簡単に振り返ってみよう。古典派理論は**商品**による商品の生産を分析し，分業の帰結を分析する必要性を指摘した。マルクスにとっての近代社会は，人間のニーズを満たさないという代償を払いつつ，**資本**による資本のあくなき生産によって突き動かされていた。ヨーゼフ・シュンペーターの信奉者たちによれば，現代経済は，過去の知識ストックの動員による新たな**アイディア**の生産によって動いている。今や再び，将来に対するケインズのヴィジョンについて考えるべき時である。かれは『**一般理論**』の最終章で以下のように記している。

> われわれが生活している経済社会の際立った欠陥は，それが完全雇用を与えることができないこと，そして富と所得の分配が恣意的で不公平なことである。［Keynes 1936, 訳書（下）p. 178］

　資本が増加することによって，国家が決定する再分配政策を通して全人口の基本的なニーズを満たすことは容易になるであろうから，人間の活動は**福祉**の増進や，個人的・社会的生活の快適さを享受する方向に向けて徐々に移っていくべきである。この点，日本は 21 世紀にありうべきモデルの最前線に位置している。それは**人間主導型**（アンスロポジェネティック）と呼ぶことができる。というのもそれは，**人間活動による人間の生産**に焦点を当てているからである。高齢化社会の課

題に対処するために教育, 医療, レジャー, 文化, 福祉, 都市再計画といった部門が着実に成長していることは, こうした見方を裏づける多くの証拠だといえる。この静かなる革命はアメリカでも起こっており, もちろん, かつて福祉資本主義の利点として称賛された欧州連合でも起こっている。しかし自由市場のイデオロギーが遺したものは大変に復元力があるので, こうした広範囲で生じている構造変化は誤解されがちである。すなわち, そうした部門の否応なき成長は**人間主導型発展**の開花をいち早く先取りするものであるのに, 福祉支出や累進的な所得税や相続税は資本蓄積の障害になると説明される始末である。再び『一般理論』から最後の文章を引用しよう。

> 役人や政治家, あるいは扇動家でさえも, 彼らが眼前の出来事に適用する思想はおそらく最新のものではないだろう。だが, 早晩, 良くも悪くも危険になるのは, 既得権益ではなく, 思想である。[ibid., 同訳書 p. 194]

レギュラシオン理論はこの主張を修正する。アイディアは**集団的アクター**によってもたらされるに相違なく, その時かれらは社会を変化させようとしているのである。この点で日本は格好の位置を占めている。なぜなら自由市場のイデオロギーは自国生まれのものでなく輸入されたものであり, その約束を実現したわけでもなく, コミュニティや市民社会の運動がもつ伝統的重要性が触媒となって, 人間主導型発展という未来が切り開かれるかもしれないからである。

2018 年 8 月

ロベール・ボワイエ

目　　次

日本の読者へ　1
レギュラシオン理論──変わりゆく世界を見定める羅針盤
1　説得力ある説明を要する 7 つの定型化された事実　2
2　レギュラシオン理論は最新の解釈を提供する　5
3　構造変化と制度変化の理論　11
4　国際的視点からみた日本の進化と特殊性　17

序　説　37
1　新しい古典派マクロ経済学の誤り　37
2　資本主義概念への回帰　38
3　アナール学派の歴史的伝統と調和したマルクス的アプローチ　38
　　3.1　レギュラシオン理論の 7 つの問題　39
　　3.2　理論の基礎　40
■コラム 1　レギュラシオン理論は何でないか──いくつかの誤解を解く　41
4　第二の「大転換」に応じた展開　42
5　各種資本主義の不確実な再編　44
6　新しい調整様式の出現という大きな問題　45

第Ⅰ部　基礎編

第1章　資本主義経済の基礎──制度諸形態　49
1　政治経済学への回帰　49
　　1.1　トーマス・ホッブズからアダム・スミスへ　50
　　1.2　個人主義の原理 対 市場の楽観主義　51
■コラム 2　方法論的個人主義とは何か　52
2　市場経済の隠れた制度　54

2.1　貨幣レジーム──第1の基本制度　54
　　2.2　市場は社会的構築物である　56
　　2.3　競争形態の多様性　58
■コラム3　不均衡理論の貢献と限界　60
　　2.4　労働需要から賃労働関係へ　61
■コラム4　ポランニーの業績　63
　　2.5　生産者から組織として把握された企業へ　64
■コラム5　制度学派の企業理論　66
　3　レギュラシオン理論の中心問題　67
　4　国家／経済関係　68
　　4.1　貨幣レジームの選択は政治的である　68
　　4.2　競争は公的介入なしには成立しない　70
　　4.3　賃労働関係と市民権　70
　　4.4　相反する論理に従う国家　71
　　4.5　国際経済に挿入された国民国家　71
　5　結論──5つの制度諸形態　72

第2章　資本主義の鉄の法則から調整様式の継起へ　74

　1　正統派マルクス主義の批判的解釈　74
　　1.1　社会関係の形態を特定する　75
　　1.2　同一社会関係内における変化　75
　　1.3　資本主義的生産様式の壮大な動態ではなく　76
　　1.4　国家──資本の単なる代理人でなく，制度化された妥協の仲介者　78
　　1.5　危機は次々と起こるが，それらは互いに似てはいない　79
　2　媒介概念を彫琢する──制度諸形態　80
■コラム6　5つの制度諸形態──その定義　81
　　2.1　もともと不確実な調整　82
　　2.2　調整様式はどのようにして出現するに至るのか　85
　3　数世紀規模での調整様式の変遷　87
　　3.1　18世紀末までの旧式調整　87
　　3.2　19世紀に典型的な競争的調整　87
　　3.3　長い変化の時期──戦間期　88
　　3.4　独占的調整──栄光の30年　90
　4　現代の調整様式　90
　　4.1　国際競争を含めた競争の深化　91

4.2　サービス化中心の調整様式？　91
　　　4.3　金融化された調整様式？　91
　5　結論——均衡，不均衡……調整　92

第3章　蓄積体制と歴史的動態　94

　1　再生産表式から蓄積体制へ　94
　　　1.1　その起源と意義　94
　■コラム7　制度諸形態からマクロ経済へ　95
　　　1.2　蓄積体制の継起　96
　2　発展様式を特徴づける　98
　　　2.1　競争的調整下における外延的蓄積　98
　　　2.2　大量消費を伴わない内包的蓄積　99
　　　2.3　大量消費を伴う内包的蓄積　99
　　　2.4　不平等の拡大をともなう外延的蓄積　101
　3　フォーディズムを定式化し，その持続可能性と危機を検討する　103
　　　3.1　カギとなる連鎖　104
　　　3.2　基本方程式　105
　■コラム8　フォード的成長モデル　106
　　　3.3　持続可能性にかんする3つの条件　108
　■コラム9　フォーディズム的成長過程が好循環となるための諸条件　109
　　　3.4　危機の源泉　110
　4　いくつかの体制に対応する一般的モデル　111
　■コラム10　蓄積体制——一般モデル　112
　　　4.1　競争要因を再導入する　113
　　　4.2　多種多様な生産性体制と需要体制　114
　　　4.3　時代区分への回帰　114
　5　結論——フォーディズム，重要な概念ではあるが唯一のものではない　116

第4章　危機の理論　118

　1　成長と危機の弁証法　118
　　　1.1　大まかな考え方　118
　　　1.2　各種危機の総覧　119
　■コラム11　一個同一の制度的構図のなかに存在する危機の5つの形態　120
　　　1.3　危機の歴史を解読する枠組み　122

- 2 発展様式の内生的衰弱 124
    - 2.1 フォーディズムの危機 125
    - 2.2 内部代謝——ひとつの定式化 126
- ■コラム 12 製品差別化が生産動態およびフォーディズムの危機に与える影響 127
    - 2.3 一般的特性 128
- 3 調整の空間を越えようとする資本蓄積 130
    - 3.1 資本主義の起源から 130
    - 3.2 国際化によって不安定化するフォーディズム 131
    - 3.3 従属的経済——輸出主導型発展様式の危機 132
- 4 蓄積体制を不安定化させる金融自由化 134
- ■コラム 13 2001–2002 年のアルゼンチン危機 135
    - 4.1 金融主導型蓄積体制の輪郭 136
- ■コラム 14 金融支配型蓄積体制 137
    - 4.2 おそらく持続可能ではあるが，やがて不安定性にみまわれる体制 139
    - 4.3 金融——危機伝播の要因 141
    - 4.4 蓄積体制の非整合性——グローバル化した金融の可塑性はしばらくの間それを隠蔽する 143
- 5 結論——繰り返される危機とその形態の変化 145

第II部　展開編

第5章　行為，組織，制度それぞれのロジック 149

- 1 およそ合理性なるものは制度的に位置づけられている 149
    - 1.1 企業の多様な目標 150
    - 1.2 制度的文脈がちがえば個人の合理性もちがってくる 151
- 2 社会的構築物としての市場 153
    - 2.1 もっとも複雑なコーディネーション形態 153
- 3 制度的配置の組合せとしての制度諸形態 156
    - 3.1 利害関心 対 義務，水平性 対 垂直性 156
    - 3.2 制度経済学——分類の必要性 158
    - 3.3 賃労働関係——対照的なコーディネーション原理を組み合わせた制度形態 161
    - 3.4 市場的金融のシステム——自己組織化の幻想 163

- 4 組織と制度――同型性から階層性へ 164
  - 4.1 資本主義の多様性理論――企業は自らの制度的環境をつくり上げる 164
  - 4.2 レギュラシオン理論――制度が組織をつくり上げる 165
  - 4.3 ミクロとマクロの接合としての生産モデル 166
- 5 現実味のあるミクロ経済学の制度的基礎 167
  - 5.1 制度諸形態は行動を形づくる 167
  - 5.2 制度諸形態がもつ時間軸の不一致により経済動態が生み出され，危機が誘発される 170
  - 5.3 長期的な変容――ポランニーへの回帰 171
- 6 結論――マクロとミクロの必然的な仲介者としての制度 173

第6章　現代資本主義の新たな制度的配置　174

- 1 生産モデルの多様性，資本主義の分化 174
  - 1.1 制度的配置と経営手段の一貫性を図る 174
  - 1.2 時間と空間における大いなる多様性 175
  - 1.3 同一の国民的空間における生産モデルの異質性 176
- 2 部門別・地域別の制度装置 178
  - 2.1 模範例としてのワイン醸造部門 178
  - 2.2 部門別構図の異質性を識別する 179
- 3 社会的イノベーション・システム（SSI） 180
  - 3.1 資本主義とはイノベーションとハイブリッド化であり，反復ではない 180
  - 3.2 広義のイノベーション概念――組織的,制度的,金融的,国家的なイノベーション 181
  - 3.3 社会的イノベーション・システムの規模――実証的問題 181
  - 3.4 イノベーション・システムの多様性，国民的規模での補完性の表現 182
  - 3.5 SNI の共存と補完性 183
- 4 技能形成の関係――賃労働関係と教育システムの相互作用 186
  - 4.1 社会慣習的効果から技能形成の関係へ 186
  - 4.2 能力の分布はイノベーションの方向を作り出すのに寄与する 187
  - 4.3 ドイツとフランスの軌道が分岐したひとつの理由 188
- 5 国民的社会保障システム 189
  - 5.1 3つの論理の相互作用から得られる帰結 189
  - 5.2 構図の大いなる多様性 190
  - 5.3 蓄積の不均衡を是正するものとしての社会保障 192

5.4　福祉資本主義としての社会民主主義経済　193
　　5.5　社会民主主義的レジームがもつ回復力の秘密　195
　　5.6　市場と競争による調整——副次的で費用がかさむもの　196
　6　不平等レジームと発展様式　197
　　6.1　競合する諸理論　197
　　6.2　不平等の発生や拡大の過程を特定する　198
　　6.3　各社会経済レジームの内部でこれら諸過程を再度組み合わせる　201
　7　環境にかんする制度的装置　203
　　7.1　理論的な挑戦　203
　　7.2　第6の制度形態か，一連の制度装置か　204
　　7.3　資本主義類型への依存　206
　　7.4　時間軸の対立，閾値効果，不可逆性　208
　　7.5　歴史的アプローチ——経済−環境の階層関係の逆転？　209
　8　結論——制度的配置の複雑化としての資本主義の進化　210

第7章　政治的なものと経済的なもの
——現代世界の政治経済学——　212

　1　経済分析による公的介入の正当化　212
　　1.1　政治的なものにかんする現代的見方　212
　　1.2　規範的見方——市場の効率性および／または社会的公正を追求する　213
　　1.3　政治的なものの基礎としての社会的コンフリクトの忘却　214
　2　政治的なものと経済的なもの——分離から絡み合いへ　215
　　2.1　市場は政治的なものからの自律化によって生まれる　215
　　2.2　国家と資本主義の共進化　216
　　2.3　現代社会——政治的なものと経済的なものとの絡み合い　217
　　2.4　政治的なものと経済的なものの時間軸上のコンフリクト　218
　3　アントニオ・グラムシとニコス・プーランザスへの回帰　219
　　3.1　ヘゲモニー・ブロック仮説とその政治的表現　219
　　3.2　政治連合の表現としての諸制度　220
　　3.3　独自なヘゲモニー・ブロックとその危機——2000年代におけるイタリア　220
　4　政治−経済レジームの形成　222
　　4.1　実践の抽象化と普及の過程　222
　　4.2　政治と経済の接合と媒介にかんする4つの形態　223
　　4.3　各発展様式にはそれぞれの経済政策レジームがある　225
　　4.4　危機への反応は制度的遺産によっても条件づけられている　226

4.5 資本主義類型のいかんによる経済政策レジームの偏差 229
 5 理念の役割——ケインズは正しかったか？ 232
   5.1 システミックで循環的な因果関係 232
   5.2 金融は虚構の投影のうえに成り立っている 235
   5.3 表象の変容過程としての新自由主義 237
 6 大危機における政治的なもの 238
   6.1 最初に表象の慣性がある 238
   6.2 次いで直接にはシステムをなさないイノベーションが生じる 240
 7 レギュラシオン理論における経済政策の逆説的な地位 241
   7.1 簡潔な理念と正当化志向の政策の衝突 241
   7.2 不確実性を前にして規範的一般理論がもつ安心提供的な性格 242
 8 結論——政治経済学 対 経済科学？ 244

第8章 資本主義形態の多様性と刷新 245

 1 体制的収斂の理論から「資本主義 対 資本主義」へ 245
   1.1 かつてソヴィエト的体制があった 245
   1.2 経済的奇跡の時代 246
 2 資本主義の多様性 247
   2.1 4つの論理の交点にて——市場，企業，国家，市民社会 247
   2.2 資本主義の多様性を前にした諸理論 249
   2.3 政治的なものと経済的なものとの絡み合いが資本主義の多様性を構成する 251
 3 さまざまな資本主義の歴史は続く 252
   3.1 アジア諸国の快挙——諸理論に差し向けられた挑戦 252
   3.2 資本主義刷新過程としてのハイブリッド化 253
   3.3 ソヴィエト型体制のあとを継いだ資本主義 253
   3.4 株主価値資本主義 255
   3.5 ネットワーク資本主義 260
 4 中国——新たな形態の資本主義の出現 262
   4.1 とぎれのない一連の改革 263
   4.2 独自な社会関係——多数の地方コーポラティズム 264
   4.3 競争が推進する発展様式 266
   4.4 支配され分断された賃労働関係 267
   4.5 蓄積体制内部の不均衡の国際面への投影 267
   4.6 危機を引き起こす多数の原因 269

5 動態——軌道の多様性　271
    5.1　進化の2要因——内部代謝とハイブリッド化　272
    5.2　トリレンマ——フレキシビリティ，動学的効率性，社会的公正　274
    5.3　反復と新奇性の峡間——らせん状の進化　275
  6 国際化は資本主義の多様性を拡大した　278
    6.1　ラテンアメリカ——レント・レジームと資本主義的論理との緊張関係　278
    6.2　アジアとラテンアメリカの分岐　280
    6.3　地理的近接性は資本主義の形態の同一性を意味しない　282
  7 現代資本主義のX線写真　283
    7.1　旧工業化諸国における3つの資本主義　283
    7.2　4つのアジア資本主義は依然として異なっている　284
  8 結論——拡張と危機を糧にしたレジーム　285

第9章　**調整の諸水準——国民的，地域的，超国家的，世界的**　287

  1 国民的枠組みとしてのフォーディズム空間　287
    1.1　国民的妥協が国際的制約にまさる　287
    1.2　上記の空間的序列の再検討　289
  2 制度階層性逆転の2つの段階　291
    2.1　国際競争の突如とした出現　291
    2.2　国民国家に対する金融の支配　293
  3 国際化に対応した各種調整様式の再構成　295
    3.1　金融主導型レジーム——それに内在する脆弱性　295
    3.2　国際投資と国際信用による発展——華々しい危機　296
    3.3　現代産業資本主義の2つのレジーム　298
    3.4　社会民主主義的レジーム——危機はあるが高い回復能力　299
  4 レント・レジームとその国際的役割　299
    4.1　資本主義の歴史はエネルギー価格の変化によってリズムを与えられている　300
    4.2　レントの復活，理論化の必要性　302
    4.3　レント・レジームは資本主義的ではない　303
    4.4　レント・レジームと世界経済の動態　305
  5 グローバル化——あまりにグローバルな概念　306
    5.1　多型的で複雑な過程　307
  6 国民的なものと世界的なものとの間で——欧州統合　309

- 6.1 社会科学のいくつかの分野とツールを動員する　309
- 6.2 ヨーロッパの建設——政治的なものと経済的なもののすれ違い　310
- 6.3 誤診をまねく各種表象　311
- 6.4 各国別経済政策の調整は問題視されるようになった　314
- 6.5 制度的イノベーションはその抜本性が過小評価されてきた　315
- 6.6 対照的な調整諸様式をユーロと共存させる——不可能なミッション？　317
- 6.7 マクロ経済軌道の分岐の強化　318
- 6.8 ヨーロッパにおける南北の境界線？　319

7 どのような国際レジームか？　321
- 7.1 地域化過程の多様性　321
- 7.2 アジアにおける経済統合の教訓——為替レートの伸縮性を維持すること　322
- 7.3 グローバル化か？——4大政治-経済レジーム間で増大する相互依存　322

8 結論——レギュラシオン的着想にもとづく地政学に向けて　326

第10章　ひとつのレギュラシオンから別のレギュラシオンへ　328

1 なぜ制度変化はそれほど困難なのか　328
- 1.1 たんなる制度的慣性ということか　329
- 1.2 安定性は効率性を意味しない　329
- ■コラム15　劣位の構図に存在する障害——進化的安定均衡の帰結　330
- 1.3 集合行為と変化　332
- 1.4 政治的なものなしには制度諸形態は変化しない　333
- 1.5 旧秩序の崩壊　334

2 戦争，新たな調整様式の母胎か　334
- 2.1 別の前線——1914–1918年　334
- 2.2 過小評価ないし看過された一般的テーマ　336

3 制度的アーキテクチャーの構図再編　338
- 3.1 どのような経路依存性か　338
- 3.2 比較歴史的制度学派とレギュラシオン理論　341
- 3.3 現代資本主義の進化を解読する鍵　345

4 一連の周辺的な変化から別のヘゲモニー・ブロックの出現へ　345
- 4.1 ひそかにじわじわと獲得される金融の権力　345

5 相互連結的ネットワークにおけるアクターたちのゲーム　346
- 5.1 ネットワークの構造が重要である　347
- 5.2 文化分野と政治分野が経済による支配の克服を可能にする　347

- ■コラム 16　ワインの品質規格の転換　348
  - 5.3　分野の構造と核心的アクター　351
- ■コラム 17　統計物理学を援用したモデル化によってネットワーク分析の結果を実証する　352
- 6　アイディア，利害，政治的なものが新たな調整様式を生じさせる　354
  - 6.1　ユーロの起源に　354
  - 6.2　政治的なものの優越　355
  - 6.3　非効率な緊縮政策の持続　357
  - 6.4　誤った理論がどのようにして持続し，政策を正当化するのか　357
- ■コラム 18　学会でのコンセンサスが科学的真理を意味するわけではない　359
- 7　現代世界の絡み合いと複雑性　360
  - 7.1　5つの至上命令に応えるものとしてどのようなイノベーションがあるか　361
  - 7.2　未来は過去の再生産とならない　363
- 8　結論——静かなる変容の挑戦　364

結　論
——資本主義の歴史のなかでこの新たな転換を分析し理解する——　367

- 1　資本主義の諸制度の深化と複雑性　367
- 2　経済的なものを埋めこむ　369
- 3　調整と危機はともに進む　371
- 4　制度諸形態の変容——外生的なものから内生的なものへ　372
- 5　大危機の繰り返しと新奇性　374
- 6　21世紀の資本主義——多数性と不確実性　376
- 7　マルクス的系譜と歴史的制度主義の間で　377

年　表——レギュラシオン理論の起源と諸段階（1976–2015）　379
参考文献　387
図表一覧　412
訳者あとがき　415
索　引　420

資本主義の政治経済学

調整と危機の理論

凡　例

- 原書の各章内では番号が振られていないため，章ごとの構造が明確になるように，節に該当する部分には例えば 1, 2…など，項に該当する部分には例えば 1.1, 1.2…などの番号を付した。
- 原書の強調のイタリックはボールド体（太字）として表記した。
- 訳注および訳者補足は〔　〕で囲んで記した。
- （　）は原文のまま，「　」は原文の《　》の部分である。
- 引用文については，既訳があるものについては，原則それを利用したが，文脈によっては従わなかった場合もある。
- 文献指示は，［著者　出版年］の形式で示し，巻末参考文献と照応している。文献目録表記において誤記誤植と思われるものについては，適宜修正した。

序　説

　栄光の30年といわれる戦後期に成立していた成長体制は1970年代以降，なぜ急に機能しなくなったのだろうか。金融イノベーションが，当初は成長を加速させたものの，その後，1929年恐慌以来もっとも深刻な経済危機に至りついてしまったことは，どのように説明できるのだろうか。ヨーロッパを統一すると考えられていたユーロは，逆に，南北が分裂するにつれてヨーロッパを分割してはいないだろうか。ワシントン・コンセンサスの支持者たちはなぜ，1990年代末以降に中国が重大な危機に突入すると予測するという過ちを犯したのだろうか。

1　新しい古典派マクロ経済学の誤り

　現代の経済理論の多くは，**市場経済**が直面する諸問題に専念している。すなわち，シカゴ学派がミルトン・フリードマンにならって行っているように，市場経済はかけがえのない美徳として賛美されたり，あるいはまた，ニューケインジアン──ジョゼフ・スティグリッツやポール・クルーグマンがその傑出した二大代表者である──の教訓にしたがって，市場経済の欠陥が是正されたりしている。これら2つの研究プログラムは，ある共通の基礎をもっている。つまり市場は，形式的に平等な行為主体間の経済的調整を行う標準的な形態だというものである。確かに，ケインズの伝統に見られるように，国家が市場の限界を和らげることはできるが，国家の介入は，理想的な完全競争市場から比べると次善の策に過ぎないとされる。

2 資本主義概念への回帰

カール・マルクスの言葉を借りれば，資本主義を論ずるということは，この生産様式を小商品生産経済のそれと区別することを意味する。市場主体が互いに競争するという事実だけでは，資本主義を特徴づけるのに十分ではない。というのも，その基礎となる単位は企業であり，その企業では市場関係とはまったく異なる社会関係が見られるからである。その社会関係とは生産関係であり，これによって，賃労働者は，賃金が支払われることと引き換えに，企業家および/あるいは企業の運営を委任された経営者の権力に従う。この第2の社会関係は，純粋な市場関係に還元されない。なぜならそれは，典型的市場の機能とされる水平性とは反対に，ヒエラルキー的従属性を含意するからである。

こうした特徴は，情報の非対称性——労働契約を特徴づける逆選択やモラルハザード——を前面に出す新しいミクロ経済理論によって認識されている。しかしこの分析領域は，中長期のマクロ経済的変化の特徴づけに立ち戻ってくることはない。ところが，資本主義という概念のよい点は，競争関係と賃労働的生産関係との相互作用が，たんなる市場経済という見方に対して，どのように見方の転換を促すのかという点を強調することにある。小商品生産の目的は，商品生産によって必要を満たすことであり，また貨幣の媒介により商品を流通させることである。これに対して資本主義においては，資本蓄積の法則こそが支配するのであり，それゆえ商品の生産は，「自己増殖する価値」[Marx 1890] としての資本循環の過渡的段階にすぎないのである。

3 アナール学派の歴史的伝統と調和したマルクス的アプローチ

レギュラシオン理論はマルクス的な理論的伝統の一環をなす。しかしそれは，経済学者が駆使する**近代的手法**に照らしてみて，また19世紀末以降の**資本主義の変容**から引き出される教訓に鑑みて，『資本論』の分析を修正し拡張しようとするものである。

レギュラシオン理論が着想を得た第2の源泉は，まさに資本主義の長期的歴史そのものにある。資本主義の歴史は一方で，商人，生産者，銀行家，資本家，そしてもちろん国家の間の関係において大きな変容があったことを示している。そのような変容を除外して理論化を考えるのは困難である。他方で20世紀は，多くの教訓と問いをもたらした。1929年恐慌の非典型的な性格はどのように説明できるのか。逆に，第二次世界大戦後に見られた驚くべき成長を説明することは可能なのか。この好循環過程が1960年代末以降，なぜ停止し危機に陥ったのか。さらに，その時以来，アメリカ，ヨーロッパ，日本，そしてごく最近では中国がそれぞれ辿った軌道がきわめて多様であったことによって，不変の生産様式を分析することから，資本主義の現代的形態の多様性を解釈する試みへと論点が移り変わることになったのである。

3.1　レギュラシオン理論の7つの問題

このようにして，当初の問題，すなわち栄光の30年に見られた成長を停止させた原因に対する問いに続いて，レギュラシオン理論は2つの影響の下でしだいにその分析領域を拡大していった。すなわち一方で，**基礎的概念と方法の発展自体**が新たな問題と困難を生じさせた。他方で，20世紀の第4四半世紀の**経済史および金融史**は多くの驚きをもたらすのに事欠かなかった。

研究を方向づけたいくつかの主要な問題は以下のとおりである。

1. 資本主義経済の成立に必要かつ十分な基礎的制度とは何であるか。
2. これらの制度からなるひとつの構図が，一定の動態的安定性を備えた経済調整過程を生み出すのはどのような条件の下でか。
3. かつては成功を収めていた成長体制の内部そのものにおいて，危機が周期的に繰り返されることをどのように説明するか。
4. 資本主義の諸制度が変容するのはどのような諸力の影響の下においてなのか。それは，たいていの経済理論が想定するように淘汰によるものなのか，あるいは効率性によるものなのか。それともまた，政治的なものが果たす決定的な役割によるものなのか。
5. 資本主義の危機が継起しつつも，それらがまったく同様の連鎖の繰り返

しとならないのはなぜか。
6. 資本主義の新しい諸形態に持続性と妥当性があることを検証できる手段はあるのか。
7. 調整様式とその危機の諸形態を同時に分析し定式化することは可能であるか。

3.2 理論の基礎

　以上は，本書第Ⅰ部で取り組むテーマである。本書ではまず，調整様式の基礎となる制度諸形態にかんしてはっきり分かれた2つの流れを提示する。第1の流れは，一般均衡理論とともに頂点に達した古典派政治経済学から始まる伝統の延長線上にある。その目的は，市場経済のうちに隠された諸制度を明らかにすることである（**第1章**）。第2の流れは，再生産表式にかんするマルクス的な遺産の批判的評価から出発する。この時，一定数の制度諸形態が結びついた結果として調整様式を定義することが可能となる。それは調整様式というものが確かに存在するということについて強調する契機となる。さらに歴史分析によって，対照的な各種調整様式が継起していることが浮き彫りになる（**第2章**）。

　しかし制度諸形態は，たんに中短期の経済調整を条件づけるばかりでない。というのも，それらはまた資本蓄積の諸条件，したがって長期の成長体制をも形成するからである。実際，諸制度は，技術が提供する潜在的可能性に直面するなかで，消費者がその選好のみによって決定する長期均衡に対する障害に過ぎないというわけではない。改めていえば，長期の歴史分析は蓄積体制の多様性を浮き彫りにするのである（**第3章**）。

　たいていの経済理論が，危機の概念に関心をほとんど払わないか，あるいはまったく払わないのに対して，レギュラシオン理論の特色は，調整様式の諸特性とその不安定化の内生的諸要因とを同時に検討することにある。加えて，危機は，少なくとも5つの形態を呈するのであって，それを区別することが重要である。しかしながら，ある調整様式や蓄積体制の危機の源泉となる少数のメカニズムを明らかにすることは可能である（**第4章**）。

■コラム1

レギュラシオン理論は何でないか——いくつかの誤解を解く

　誤解を避けるために冒頭から注意が必要である。経済学者がうかつにアングロサクソンの術語を取り入れるにつれて，その誤解はますます増えてきた。実際，国際的にみられる研究においては，レギュラシオン理論の語によって想起されているのは，国家が公的・集団的サービスの運営を——**規制機関**と呼ばれる独立した管理機関を設立するという条件のもとで——民間企業に委託していくときの，そのやり方のことである。事実，これらの機関は増加しており，テレビ放送上級評議会，通信事業規制当局，あるいは金融市場当局がそれに相当するとされている。

　こうした誤解が増幅するのは，次の2つのことが混同されるときである。すなわち一方で，「一見するとたがいに独立した各種の制度化された妥協が最終的に持続可能なシステムになっていくのはどのようにしてか」という問題を中心とした資本主義分析と，他方で，規制の制定や契約の交渉を通じて，公権力がもつ特権のひとつを委託することを規範的に勧めること，——この両者の混同である。英語のregulation は事実上フランス語の réglementation〔規制〕と同義であり，英語の regulation の誤訳からこうした混同が生じている。

　このような誤解は，長い系譜の中で起こった。フランスではよくレギュラシオンが，国家的行為の結果として解釈されてきた。このとき国家は，企画立案のまとめ役，要するにシステム・エンジニアと理解されている。ところが，レギュラシオン派による研究が示すところによれば，栄光の30年の時期でさえ，ケインズ的着想にもとづく経済政策は，当時の調整様式の一構成要素に過ぎなかった。これと対称的に，いわゆる dérégulation——フランス語では，déréglementation〔規制緩和〕——の諸政策は，完全競争市場への回帰を促進するものとして

解釈された。

　取り上げるべき最後の混同として，次の点がある。戦後的成長のモデルは概して，ゆるやかな国際的文脈のなかでの，国民国家ごとに固有な各種妥協を中心とするものであった。だからこそ，多くの研究は国民的空間に集中していた〔つまり国内の規制政策をも研究対象とした〕。だからといってしかし，国際化や金融化の影響が強調されるようになったときにも，レギュラシオン理論はその妥当性をすっかり失ってしまうことはなかった。というのもレギュラシオン理論は，地方，地域，一国，世界といったいちばん適切な分析レベルを選択することができるからである。この点，ヨーロッパの建設ということは，この理論の発展のための絶好の機会となっている。

4　第二の「大転換」に応じた展開

　この表題は本書第Ⅱ部の指針をなす。たいていの制度派的分析とちがって，レギュラシオン理論はその創成期から，資本主義の長期的変容を理解することを目指してきた［Aglietta 1976］。1990年代以降の中心的課題は，シンプルだが手ごわいものである。すなわちそれは，第二次世界大戦後の成長を可能にしたほとんどの制度や組織を再検討に付すような自由化の過程をどのように説明するか，という課題である。

　こうした構図は，戦間期の劇的な出来事を目撃したカール・ポランニーが研究した構図［Polanyi 1944］と関係がないわけではない。だからといって，同じ分析を繰り返すのでは能がない。なぜならポランニー以降，国民経済や世界システムは著しく変容しているからである。実際，分業が著しく深化しただけでなく，資本主義の枠組みをなす制度諸形態は洗練されてきており，これについて追加的な理論化が要請されている。マクロ経済のミクロ経済的基礎づけが失敗したことで，調整様式の持続性を保証するような，市場以外の媒介が多くなったことが考慮に入れられるようになった。このことはまた，

行為の原理や合理性の形態が多様であることについて正確な内容を知る機会ともなる。それゆえ，媒介がこのように錯綜することで，代表的な個人あるいは企業から社会全体へと移行するなどということはできなくなる。そこでレギュラシオン理論が，メゾ経済的と形容されうるような，中間レベルの分析として登場することになる（**第5章**）。

　このような概念的基礎によって，現代資本主義の中核にある制度的配置をアクチュアルに理解することができる。生産モデルや国民的イノベーション・システムは，各国の制度的構図の動態や多様性において決定的な役割を果たす。マルクスやシュンペーター以来，新しい製品，技法，組織の開発いかんによって，競争における企業や国民国家の位置が決まってくることが分かっている。たとえば教育制度や企業のなかで能力が獲得されるのに応じて，賃労働関係が組織化されたり，雇用関係の面で賃労働関係が分化したりすること自体が，イノベーションの特徴に対応するものなのである。部門ごとの制度装置は，国民レベルの標準的なモデルからずれたものではまったくない。矛盾的とはいわないまでも大きく異なった各種要請を和解させようとする国民的社会保障システムを分析するさいには，制度派アプローチの長所が大いに意味あるものとなる。最後に，2000年代および2010年代には，他に2つの制度的配置が付加されるよう要請されることになった。それぞれ，不平等レジームおよび環境という制度装置がそれである（**第6章**）。

　このように制度的配置が増えてくると，どのようにして，ほぼ一貫性のある調整様式や発展の型が規定されるようになるのだろうか。ひとつの構図が持続性をもつか否かは，一定の政治的正統性と最低限の経済的効率性によって左右されるため，政治領域と経済領域との相互作用の特性が決定的に重要である。アントニオ・グラムシによって提唱され，ニコス・プーランザスによって拡張された「ヘゲモニー・ブロック」の概念は，ブロックの形成からその浸食——そしてそれはしばしば経済的にも政治的にも危機となる——へと至る過程を定式化することを可能にした。モデル化に止まらず，類型化も提起された。その類型化は，最初に出現メカニズムについての，つづいて制度的アーキテクチャーの再編過程についてのものである。これと同じ考えにもとづいて，公共空間，経済政策を正当化する代表制のレジーム，そしてさ

らに構造改革の様式について，各種概念を定義することは興味深いことである。それらのいずれもが，2008年危機に反応して政策や軌道が分岐した理由を説明する要因となる（第7章）。

5　各種資本主義の不確実な再編

　これらの分析結果をもとにして，標準的資本主義——それとの関係によって多様な国民的構図が編成される——という仮説に異を唱える必要がある。アングロサクソン資本主義は確かに，他の資本主義よりもはるかに大きな影響力をもっているが，そのヘゲモニーは結果として，それとは別のさまざまな経済的特化を加速するのであり，そしてその経済的特化自体には，各国ごと別々の制度化された妥協が反映されているのである。社会科学のさまざまな専門分野は，資本主義の多様性がこのように存続することに対して一連の説明を提起してきた。たとえば，それは生産やイノベーションのシステムがもつ特徴に由来するのだとか，あるいはそれはたとえば，大危機の際にヘゲモニー・ブロックがとる戦略的選択の表現なのだとかいった具合にである。それゆえ課題は，不安定性，危機，あるいは不平等の急拡大といった傾向を乗り越えつつ，時間を通じてひとつの資本主義形態のまとまりを維持する過程を明らかにすることにある。おそらく中国は，独自な資本主義が発展しうる社会形態のわかりやすい特徴を示す最たる例であろう。すなわち多数の地方コーポラティズムが競争状態にある点で中国は，1989年に瓦解したソ連の中央集権体制と好対照をなす。ラテンアメリカ諸国やアジア諸国の各種軌道間のコントラストも，同様に際立っている。さらに，ヨーロッパの3つの資本主義形態が困難を抱えつつ共存することで，ある大危機に至りついてしまった。資本主義諸形態のこうした創造／再創造にあっては，内部代謝とハイブリッド化が組み合わさっているのである（第8章）。

　レギュラシオン理論がフォーディズムの理論として認識されてきたという事実によって，次のような批判が繰り返されてきた。すなわち，フォーディズムという社会経済レジームは，グローバル化の時代にあってはもはや通用しない国民国家の主権を強くよりどころとしていた，と。歴史的手法にした

がえば，階層的に支配的な制度形態として，賃労働関係に代わって国際経済への編入のされ方が重きをなしてくる過程を分析することが可能となる。こうした逆転によって大きな変化が引き起こされたが，それは世界中どこでも同じものだというわけではない。早期に工業化した国は価格形成にかんするリーダーであるが，他の国はそうではない。国際的な金融仲介に特化した経済では，一連の投機的暴走が起き，次いで多かれ少なかれ深刻な危機を経験した。天然資源の輸出国はレント・レジームの呪いに刻印されており，それら諸国は世界経済の拡張局面から調整局面へといった流れに任せて変化する。このように，すべての国がやがてフォーディズム体制に収斂するといった根拠の乏しい仮説にはほど遠い状態にある。経済情勢の，より根本的には──資本主義的であれレント的であれ──社会経済レジームの相互作用が高まっているという文脈のなかでは，グローバル化という概念よりも，調整の各種水準の絡み合いという概念が選ばれるべきである。こうした相互依存性は，グローバルな公共財を識別し制度化することを容易にするにちがいない。すなわち，各種国民国家の発展様式が他者依存的だという理由そのものによって，国民国家間での利害対立は乗り越えられなくなる。こうした文脈においては，欧州連合が2010年代以降，システミックな危機に陥ったとはいっても，世界貿易が鈍化することで生まれる緊張によって，アジアでもラテンアメリカでも地域統合圏への関心が高まることになる。金融という短期的時間が支配的となったため，超国家的機関の設立は不可能ではないとしても，難しくなってしまった（第9章）。

6　新しい調整様式の出現という大きな問題

　この見出しに示したことは，現代の各種制度派アプローチと比べて，レギュラシオン理論の特殊性をなす中心問題である。すなわち，新たな調整(レギュラシオン)はどのように出現するのか，そして，ひとつの資本主義形態が別の形態へと移行するのを保証する過程はどのようなものであるか。変化は本質的に内生的なものである。つまり，ひとつの発展様式が成功し，普及し，ついで成熟する間に，それを不安定化させ，大危機に陥らせていくような諸力が働く。こう

した過程は，諸制度が局地的であるか，部門レベルのものであるか，あるいは反対にグローバルなものであるかに応じて，大いに異なる。大危機は，社会的対立に対して政治的なものが介在することによってしか乗り越えられない。それは，リーマン・ブラザーズ破綻に対するアメリカ，中国，欧州連合の反応と，それが世界経済にもたらした破滅的帰結を分析することで確認される。さまざまな社会的空間（金融，学界，政府）に属する集団的アクター間の相互作用にかんする分析によって，新たな観点が切り開かれ，大転換の時期が理解できるようになる（**第 10 章**）。

このように，社会科学の諸理論は歴史の娘であって，その逆ではないのである。

第Ⅰ部　基礎編

第1章　資本主義経済の基礎

——制度諸形態——

　最初に資本主義経済の基礎となる諸制度について考えることは，うまいやり方だろう。ところが，現代の制度学派による多くの研究が示すところによれば，制度といってもそれは実に多種多様なのである。すなわち，規範(ノルム)，価値観，慣習，法規，組織，ネットワーク，国家などである。これらいずれの概念も，市場に代わるコーディネーション・メカニズムをなすにすぎないのであれば，共通の特徴が認識されないままにそれらがただ積み上げられているのと同じことである。制度経済学にとって，もっと堅固な基礎を見いだすことはできるのだろうか。

　多くの社会科学と同様に，経済学の始原にある根本問題に答えようとするとき，次の問題に直面する。すなわち，自己の利害のみを気にする自律的諸個人間の競争がなぜ混沌に帰結しないのか。これは一般均衡理論が答えようとこだわった問題である。そこから市場経済の持続性は，分析におけるきわめて特殊な条件（外部性の不在，公共財の不在，公正さの判断と経済的効率性との分離可能性など）のみに依存するのではなく，貨幣体制，財の品質，競争の組織化にかんする隠れた制度(レジーム)の存在にも依存する，ということになる。これらの構成要素が徐々に再導入されると，驚くべきことに，レギュラシオン理論の中心に位置するほとんどの制度諸形態を見いだすことになる。

1　政治経済学への回帰

　経済学は数世紀の過程を経て学問分野として確立した。その間に経済活動は，政治的なものや封建的伝統から継承された社会関係から徐々に自立してきた。その時，自らの利益を追求する個人主義的主体像が現れた。果たして

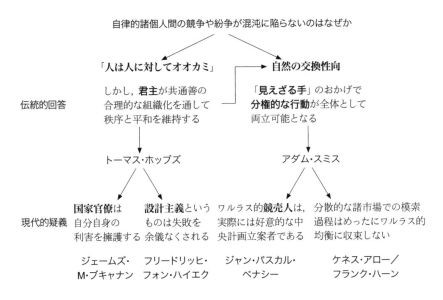

図1 政治経済学における中心問題の変遷

それは近代の中心となり，ある意味で社会諸科学を基礎づける新たな問いを生み出さずにはおかなかった。すなわち，もっぱら個々の利益追求にかかわる競争やコンフリクトが無秩序，混沌，無政府状態(アナーキー)に行き着くことを懸念する必要はないか，と。

政治哲学も政治経済学もあるひとつの問いに答えようとする試みの上に構築されている。その問いは，現代の多くの研究にとって，暗黙的であれ明示的であれ存在しつづけているものである（図1）。

ここにおいて思想家たちは，当初からきわめて対照的な2つの回答を示してきた。

1.1 トーマス・ホッブズからアダム・スミスへ

トーマス・ホッブズにとって**万人の万人**に対する**闘争**は諸個人間の競争の直接的帰結である。君主への権限譲渡だけがそのような社会を平定しうる。したがって，秩序を保証する**国家**の出現は，社会の——したがって，自己利

益を追求する自由な諸個人から構成される経済の——基本的条件となるだろう，と。

アダム・スミスによる回答はかなり異なっている。というのもかれは，**交換し物々交換するという人間の自然性向**を引き合いに出すからである。分業が深化するにつれて，加えて貨幣的秩序が保証される限りにおいて，たとえ各人が自らの利益を追求することをやめなくとも，**市場**には一国の富の増大を可能にする属性がある，と。

このように当初から，政治経済学では2つの対立する解釈が競合している。すなわち，諸個人が専念する競争のコーディネーションを保証するのは，結局，国家なのか，それとも市場なのか。伝統的マルクス主義による時代区分に従えば，商業資本主義に次いで，産業資本主義さらにはいわゆる金融資本主義が現れるときに，この対立はきわめて深刻なものとなる。今日，そうした見解の対立は残っているものの，社会科学の進歩によって，トーマス・ホッブズやアダム・スミスに由来する上記のような単純な解決法は再検討されることになった。スミス的個人が道徳原理の担い手であるからだとはいえ，かれはたんにホモ・エコノミクスに終わるわけではないだけに，それだけいっそう再検討が必要となった。

1.2　個人主義の原理 対 市場の楽観主義

公共選択の理論は，方法論的個人主義の原理を政治的領域に応用する（**コラム2**参照）。ジェームズ・ブキャナンの議論はそこから以下のように結論づけている。すなわち，国家によって権力をあたえられる政治家や行政担当者には，かれらが果たすだろうと見なされる集団的目的を犠牲にして，自らに固有の利益を追求しようとする動機がある。国家介入，汚職，経済的非効率性を関連づける分析が流行したこともあって，この理論は，資本主義の現代的見方のなかで影響をあたえずにはいなかった。

見えざる手は一連の分権的市場のメタファーであるが，**一般均衡理論の発展**によって，これを基礎づける直観が反証されることになった。というのも，ワルラスの直観を数学的に定式化することで，市場均衡が存在し，模索過程によってそれに到達するための条件を引き出すことが可能となったからであ

■コラム2
方法論的個人主義とは何か

　方法論的個人主義というのは例えば，諸個人の行為から出発して経済的・社会的諸現象を説明しようとする社会科学研究上の戦略を意味する。現代の諸理論においては，方法論的個人主義によるアプローチは，行為主体に合理的行為の原理をあたえ，これら主体間の相互作用の創発特性として集合的結果を表そうとする。このアプローチは形式的単純化や抽象化としてのモデルを用い，それによって，こうした個人間相互作用からすべての集合的存在を発生させることを目的とする。こうしたアプローチはとりわけ経済学においてみられるが，社会学，政治学，そして歴史的アプローチにまでも拡張されている。このような見方においては，制度，慣習，規則（ルール），ルーティンは，いかなる社会的アイデンティティももたない行為主体が行うゲームの均衡点として現れる。しかしそこでは，およそゲームというものはそのプレーヤーによって受け入れられたルールにしたがって行われるということ，したがって，すでに暗黙的に集団が存在すると仮定したうえで，言語──これのおかげでプレーヤーは意思疎通ができる──によってゲームは開始されるのだということが忘れられている。
　もっともこれは，いくつかの研究が認めるところである。それらの研究は，いくつかのルールを所与として，さまざまなレベルで繰り返されうる手順にしたがって，若干の制度の出現を説明しようとしている［Aoki 2001］。
　というわけで，**全体-個人関係主義**（ホール・インディヴィデュアリズム）の見方にたどり着くことになる。それは，ミクロ・レベルとマクロ・レベルを接合することを目指した研究の戦略を意味している。それにより，マクロ的なものを個人的行為のたぐいの結果として扱う標準的な全体主義（ホーリズム）からも，また，いかなる集団的なものや社会的なものへの言及をも拒否する純粋な方法論的

> 個人主義からも免れることができる。「接合は，マクロ－制度的レベル——そこでは個人的諸行為が制度を生み出す——と，ミクロ－制度的レベル——そこでは所与の制度的文脈のなかで個人的諸行為が遂行される——の間のそれとなっていく。ミクロ・レベルが所与のルールの枠内で振る舞うアクターそのもののレベルであるのに対して，マクロ・レベルは制度的アクターのそれであり，かれらの行為は各種のルールへと及んでいく」[Defalvard 2000, p. 16]。こうしたアプローチは，すべての集団的組織形態に個人主義的基礎を見いだそうとして無限後退に陥ることを回避するものであり，また，制度が形成される時間と行為主体の日々の意思決定に対して制度が影響をあたえる時間とを混同することはない。

る。ところが，そこには二重の失敗があった。

　一方で，不動点定理の厳密な定式化とは別に，基本的仮説が明らかにされると，一連の個々の行動を分権化する価格システムは，すべての情報が善意ある主体によって中央に集められ，主体間の取引が完全にその仲介者によって実現される限りにおいてのみ存在することが明らかになった。要するに，一般均衡理論は集権的システムを定式化しているのである。結局，ケネス・アロー，フランク・ハーン，ジェラール・ドブリューの研究は，逆説的にも，価格システムによって生産が調整される社会主義的市場経済の可能性を示しているわけである。

　他方で，このきわめて特殊な枠組みにおいてさえ，ある経済がひとつの市場均衡へ収束するのは，すべての生産物が粗代替的である限りにおいて，および／あるいは，諸市場がほとんど相互依存的でない限りにおいて，なのである。「実際に存在する」諸経済がそんな条件を満たすことは何ら保証されていない。

　この2世紀にわたる個人主義的社会——および市場経済——にかんする省察から，強烈な逆説が生じる。比較的短期の歴史ではまだしも見られるかもしれないが，方法論的個人主義の原理を利用して，資本主義が支配的な社会

に持続力や復元力があることは説明できないということである。しかしこうした失敗によって制度の重要性や多様性が浮き彫りになってくるのであって，制度は市場経済ましてや資本主義経済の存在にとって論理的にみて必要なものなのである。経済史がこれら制度の重要性を確証している。

2 市場経済の隠れた制度

どんな**市場の補佐役**も，ワルラスの後継者である理論家たちがあてにするような役割を果たさない以上，交換を完全に分権化することを保証しうる機関とはどのようなものだろうか。

2.1 貨幣レジーム──第1の基本制度

商品経済の基礎となる制度は，明らかに**貨幣**である（図2）。もっと正確にいえば，現代経済においてネットワークとして組織された銀行が，企業や消費者への信用供与を行う。この貨幣は，借金をその後の期間に段階的に返済することを認める取引を可能にする。とはいっても，各期間において主体間の勘定も，さまざまな銀行を介してのそれらの部分的な合算も均衡しはしない。したがって，各銀行の赤字と黒字を調整するために，リファイナンスのためのインターバンク市場が創られる可能性がある。市場の流動性を枯渇させ，複数の銀行に同時に襲い来るようなグローバルショックが一切なければ，その市場は有効である。

この時，私的保険を創設することが考えられるかもしれない。それはまさに，難局にある銀行に対して必要な流動性を供給するためのものである。このメカニズムは単独の銀行のパニックを防ぐには有効であるかもしれないが，銀行の収益悪化が連鎖して起こるシステミックな危機の発生を阻止するには荷が重すぎる。このような文脈から，最後の貸し手としての役割を演じる中央銀行の原理が歴史的に不可欠なものになった。貨幣発行の一部が伝統的に公的義務を含意するリファイナンシング・オペレーションに起因するものであるだけに，いっそう，貨幣市場を安定させる役割を担う中央銀行の不可欠性が大きくなると言える。

第1章 資本主義経済の基礎

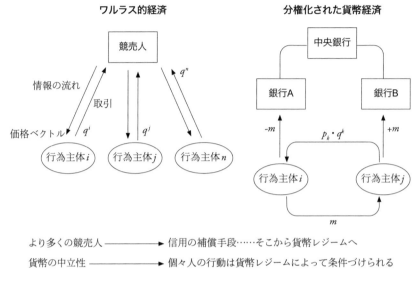

図2 競売人から貨幣による交換の分権化へ

q^i：行為主体iによって交換される財の量
p_k：財kの価格
m：貨幣的取引の価値

　貨幣の歴史が全くそうであるように，金融安定性の条件を分析してみると，階層化された組織があると好都合なことが分かる。そこでは，**中央銀行**が**法定貨幣**発行の責を負うのに対して，銀行は信用貨幣を発行する。このシステムでは結局，経済全体のレベルで現れる不均衡の全体を考慮するという意味で，中央銀行が市場の補佐役みたいなものとなる。

　支払いと信用のシステム運営を取り仕切るルールの総体を**貨幣レジーム**と呼ぶことにしよう。「レジーム」という用語を使うということは，貨幣制約や，支払循環における不均衡の解消が，いくつか表立って存在していることを想定している。すなわち，負債をかかえた銀行の整理，商業銀行間の手形交換所の創設，あるいは銀行へ流動性を供給するための中央銀行による公的証券買取政策などである。

したがって市場の諸主体は，貨幣制度が創出され正統化されることではじめて行動することができる。それは，諸主体が物々交換によって取引しようとして体験する困難から貨幣制度が生じるのだという，例のフィクションとは逆なのである［Aglietta and Orléan 1998］。したがって貨幣は，経済的秩序における言語の等価物として現れる。しかし，貨幣が制度として創られたのは，諸個人をしてその考え抜かれた利益によって市場に頼るようにするためだと考えるのでは不十分である。ところがワルラスの理論，そしてこれに続く新古典派的分析は，そのように定式化してしまった。

2.2　市場は社会的構築物である

確かに，貨幣は交換の分権化を可能にする。したがって，基本的な取引は貨幣と交換される商品の動きにかかわっており，それは物々交換が想定する欲望の二重の一致という問題を取り除いてくれる。仮に，所与の期間および特定の場所で，はじめから交換がきわめて多様な生産物と多様な品質に及んでいる場合には，こうした相互交換が結びついて一物一価が出現し，それによって交換がコントロールされることには決してならない。というのもそのためには，品質にいかなる曖昧さもあってはならないし，交換は集権化されていなければならず，すべての市場が最終的には開かれたものでなければならないからである。

市場形成の歴史［Braudel 1979］も，情報の非対称性にもとづく現代ミクロ経済学［Stiglitz 1987］も，ひとつの市場において一物一価が導き出されるのはどのような条件のもとでなのかを明らかにしている。

ひとつの前提条件——品質の定義　ごく一般的には，供給者が自らの生産物の品質について，潜在的購買者よりも**確かな情報**をもっていることは明らかである。例えば，中古車市場といったケースでは，不完全な評価——その証拠に品質にかんする統計がある——は市場の開設そのものを不可能にするかもしれない。すなわち，供給者は買い手のつかない質の劣った生産物しか売りに出さないだろう［Akerlof 1984］。労働にかんして言えば，優秀な企業が示す**シグナル**によって，諸個人は，たとえ事前の段階では同じ特徴を備えてい

たとしても，恒常的に差別化されうるのである［Spence 1973］。

したがってあらかじめ品質を定義することは，市場における価格形成のためのひとつの必要条件である。無差別価格のように，そのようなことが当てはまらない場合は，貨幣におけるグレシャムの法則に当たるものにしたがって，粗悪な商品が良質な商品を駆逐するだろう。多くの制度装置がこうした機能を果たすことになる。例えば中世において，職人たちは，自分たちが供給する生産物の品質を保証するため，そして品質の低下を通じて市場が機能不全に陥るのを回避するために，ギルドに集結した。現代世界においては，取次店がそれぞれ独立して品質保証を与えたり，あるいは，企業が高品質で長持ちする財を規則的に供給することで評判を作りあげたりすることがある。中古車市場や耐久財のケースにおいて，多少なりとも長い期間の保証があたえられることは，財の品質を示すひとつの指標となるように思われる。慣習（コンヴァンション）から帰結する品質にかんするさまざまな定義も同様である［Eymard-Duvernay 1989］。逆に，品質にかんするこうした規格（ノルム）が活用できていない国では，市場は存在しえないか，存在できても非常に限られた規模にしかなりえない。こうして最後には，そうした制度的不備が発展への障害のひとつを説明するものとして持ち出されるまでになる［Akerlof 1984］。

当事者間の戦略的相互作用を特定化する　第2の条件は，需要と供給の集計に関連するので，供給者と需要者の各組でみられる相互交渉力の影響は限られたものとなる。よって新たに，さまざまな制度装置が可能となる。中世には，複数の市（いち）が**同じ場所**で定期的に開催された。そこでは市場を規制する現代の当局に当たるものが，すべての取引が衆人環視のもとで行われることを確かなものにしていただろう。それは，供給者または需要者が自らの交渉力や自らの利益に資する情報を利用するのを阻止するためであった。例えばある農産物では，表示盤付きの競売市場があって，需要者から供給者を切り離す情報システムを介して，需給を匿名的に集中するように機能していた［Garcia 1986］。アメリカ国債は電子相場の対象となっているが，そこでは常に需要の総計に対してひとつの供給が突き合わされている。証券市場のコンピューター化や売買注文のインターネット上での処理は，一物一価の法則め

いたものが支配するためには，こうした集中化が必要なことを例証している。流動性を保証する市場における仕手の存在もまったく同様に重要である。結局，供給者と需要者との相互作用の様態が変質するなら，市場の価格はそれ自体，時にかなりの規模で変化することになる［Garcia 1986］。

以上が，市場が，品質，交換の組織化，市場へのアクセス条件，取引規則の様式にかんする合意を前提とした制度であることの理由である。したがって，それはひとつの社会的構築物なのであって，理論家がホモ・エコノミクスに備わっているとするハビトゥスによって自生的に生み出される自然状態の帰結なのではない。

2.3　競争形態の多様性

このように市場を表現すると，完全競争をきわめて一般的な比較基準や参照点として考えることができるというのは疑わしくなる。というのも，こうした構図においては，確かに各主体は価格形成に関わるものの，決定した均衡価格は参加者全員にとって必要不可欠なものとなるからである［Guerrien 1996］。それは，当該市場において——けっして経済全体のレベルではない——競売人が存在し，その競売人の管理のもとで情報が交換され，それによって均衡価格が導かれると想定することである。したがって主体間の取引は，競売人に調整されてのみ成立する。競売手続き——それは多様な形態を呈するのだが——を除くと，大部分の取引はこのモデルのようには行われない。

実際，模索過程が始まる可能性もあるが，価格を決定するのは諸主体だとされる。というのも，誰も先験的には均衡価格を知らず，ただ事後的に外部の理論家が計算できるにすぎないからである。しかも計算が可能なのは，何かの拍子に理論家が適切な情報のすべてを自由に使えるときにすぎないのである。それゆえ，市場における主体の数が少ないほど，戦略的行動が入りこむ。例えば，以下のように考えることができる。需要者が——それぞれ独立した行動をとる——さまざまな供給者に会って自らの購買を再編する場合や，あるいは反対に，生産者が価格決定において互いに理解しあっている場合である。しかし，あらゆる段階の中間的構図が存在する。例えば，供給者のひとりが価格を決める能力をもっており，ライバルがこれに適応する場合であ

る。それゆえ産業経済は，現今の日常的な経済状況とまったく同じように，いわゆる不完全競争が慣例であって完全競争は例外であることを示唆している。

　市場参加者間の関係にかんしては，ある典型的構図が存在するが，それに対応する価格形成プロセスを**競争形態**と呼ぼう。したがって，標準財生産の価格競争と品質差別化戦略とを区別すると，競争形態は先に言及したものよりもさらに多様なものになる。あるいはまた，参入障壁が高いか低いかによっても，競争形態は多様となる。レギュラシオン理論にあっては，少なくとも3つの主要な競争体制が明らかにされている。

　競争的体制は，19世紀全般にわたって長らく支配的であった。それは，絶え間ない調整過程が長期均衡価格へ収束することは決してないという意味で，完全競争とは異なるものである。

　独占的体制は，競争的体制に続くものであり，第二次世界大戦後に見られる。それは少なくとも工業財にかんして，生産と資本の集中が明確になった時期のことであり，それはまた全く異なる価格形成メカニズムを可能にするものである。価格は単位生産コストにマークアップ率をかけることで成立する。またマークアップ率自身は，景気循環全体をならして求められる資本の平均的収益性を保証するように計算される。価格はもはや調整変数ではないため，供給に対する需要の割当やその反対のメカニズム（レイショニング）が働くことになる。不均衡理論（**コラム3**）は，価格がワルラス的価格から永続的に乖離しうるということからマクロ経済的帰結を引き出した。その帰結とは，場合に応じて，古典派的失業（実質賃金が高すぎる水準に固定されている）や，有効需要が不十分な場合にケインズ的失業が起きるというものである。あるいはまた，財や労働の超過需要が支配的である場合にもインフレーションが抑えられない状態になることも明らかにされた［Bénassy 1984］。

　第3の構図は，**管理された競争体制**である。例えば，第二次世界大戦直後がそうである。当時は物資が大きく不足し準完全雇用であったため，価格／賃金／価格の相互作用を介してインフレ圧力が高まった。こうした文脈において，国家——この場合には財務省——が価格形成において，マークアップの水準と価格再調整の頻度を制限するという手続きを実行することがしばし

■コラム3
不均衡理論の貢献と限界

　1970年代初頭には，相対価格というシグナルのみに関心をもつミクロ経済理論と，有効需要の役割に立脚したケインズ的マクロ経済理論との間での，完全な二分法が支配していた。不均衡理論の関心は，一般均衡モデルに固定価格を導入することであった［Bénassy 1984］。それによって，経済がワルラス的図式から乖離することになれば，多様なレジームが可能になることが示された。このときケインズ的失業は割当ての帰結〔賃金率の調整が行われることなく過小な労働需要が過大な労働供給の一部に割り当てられて発生する非自発的失業〕として説明される。こうした量的制約（企業にとっての売行き不振，賃労働者にとっての失業）という結果は，生産性を下回る実質賃金や緊縮的な財政金融政策から発生する。不均衡理論は，マクロ経済学のミクロ的基礎のひとつを提示するものであったが，それは価格硬直性を仮定するものだとして批判された。この仮説は，当時が規制緩和と古典派マクロ経済学復権の時代であっただけに，いっそう問題視された［Lucas 1984］。ところでこの硬直性は，確かに価格の経営的コントロールが存在することに起因するかもしれないが，それはまた寡占的競争の結果であるかもしれない。すなわち企業は，各期間において，本質的に不確実な需要の予測を考慮に入れつつ，ひとつの価格を告知しなければならない。それゆえ不完全競争にあっては，見かけ上のケインズ効果が認められるだろう。たとえジョン・メイナード・ケインズは非自発的失業の原因として不完全競争を引き合いに出すことがなかったにしても，そう言える。

　レギュラシオン理論の枠組みにおいては，賃金，価格，利子率は，賃労働関係，競争形態，貨幣レジームのそれぞれの構図から帰結する。これらルールの影響が考慮されるならば，なぜ価格が，一般均衡モデ

> ルにおいて理論家が想定する値に収斂することが稀にしかないのかを想像することができよう。当初は希望がもてたにもかかわらず，不均衡理論とレギュラシオン理論の融合が生じえなかったのは残念である［Bénassy, Boyer and Gelpi 1979］。

ばであった。

競争形態の存在という直観が生まれて以来，アメリカ［Aglietta 1976］について，次いでフランス［Bénassy, Boyer and Gelpi 1979］について行われた長期歴史的研究がこれを確証した。この直観に従うと，競争形態は通時的に変化し，経済動態において一定の役割を果たすのである。

2.4 労働需要から賃労働関係へ

交換の理論においては，労働は他と同じようにひとつの商品として扱われ，需要と供給が対峙することで賃金が決定するとされる。その場合，財が貨幣の媒介なしに別の財と交換されるので，実質賃金が決定されることになる。労働をこのように扱うことで，理論の内部それ自体に問題が生じざるをえない。というのもその結果，そこでは失業は自発的なものとしてか，賃金硬直性の帰結としてしか説明できないからである。前者では，労働者が不十分な実質賃金に直面して余暇を選好しているとされるだろうし，後者に対応する形で例えば，市場均衡が含意するものに比べて高すぎる最低賃金が設定されているのだとされる。

労働は他と同じ商品ではない　もちろん政治経済学が生まれて以来，労働の扱いは諸商品のそれと区別されていた。何よりもまず，それは生産活動に関連しており，したがって純粋交換経済で取り扱うことができないため，アダム・スミスやデヴィッド・リカードをはじめとする古典派経済学者たちはそのことを明言していた。カール・マルクスはこうした伝統を拡張し，労働と労働力との区別にもとづいてかれの価値論を打ち立てた。労働は生産において資本家によって動員され，労働力はそれを再生産する価値での交換の対象

となるというわけである。利潤の元となる剰余価値の源泉は，労働によって創り出される商品の価値と労働力の価値との乖離のうちにある。同様に，カール・ポランニーの経済人類学［Polanyi 1946］は，労働は 3 つの擬制商品の一部をなすのであり（他の 2 つは貨幣と自然である），その生産をたんに市場メカニズムに委ねることはできないと示唆した（**コラム 4**）。

しかし，経済学者にとって決定的な議論が，労働関係における二重の構成要素を識別する「労働市場の新しい理論」によって提示された。

労働契約のなかにある戦略的コンフリクト　最初に，賃労働者は賃金——すなわち企業家固有のリスクとは無縁な報酬——と引き換えに雇われる。この最初の取引は「労働市場」と呼ぶべきところでなされる。しかし，取引はこの段階で終わるわけではない。なぜなら労働は他の商品とは異なるからである。

すなわち第 2 段階では，賃労働者は，企業家のイニシアティブのもとで，生産にかかわって割り当てられた仕事を実行するために，企業家の権威に従う。この従属関係は，生産のなかにコンフリクトを持ちこむ。すなわち，賃労働者と企業家は労働の強度と質にかんして相反する利害をもつ。前者は，所与の賃金に対して自らの努力を最小化する利害をもち，後者はそれを最大化しようとする。このコンフリクトは，労働市場における競争だけで調整されはしない。

それゆえ，社会史が示し理論が確証しているように，こうした労働に固有なコンフリクトはきわめて多様な法的，組織的，制度的な装置を必要とする。それらの装置は，少なくとも暫定的にはコンフリクトを克服することができる。実際，労働努力の規準〈ノルム〉［Leibenstein 1976］，管理装置（タイムレコーダー，ストップウォッチ），インセンティブ報酬（出来高給，利潤シェアリング，ストックオプション）が登場するだけでなく，団体交渉も生まれてくる。この団体交渉は，労働契約の内容を枠づける協約を定めることによって，各種の労働紛争をうまく誘導しようとするものである。ここに労働契約は，雇用条件，初任給，昇進手続き，労働時間，社会福祉給付など，個人または集団のレベルで賃労働者が置かれる状況を細かく定める。

■コラム4
ポランニーの業績

　経済人類学の研究、ならびに経済発展と市場拡張に歴史的展望をあたえる研究によって、商品交換が可能な対象のさまざまなタイプの間に重要な区別があることが明らかになった。カール・ポランニーの主要著作［Polanyi1983］の貢献がそれである。一方で、**典型的商品**は、その生産が利潤追求によって方向づけられ、顧客の需要に応じるような商品である。原材料、中間生産物、消費財、設備はこのカテゴリーに属する。他方、他のいくつかの商品は確かに市場で評価されるが、しかしその供給は、同じような純粋に経済的な論理によって左右されるものではない。自然、貨幣、労働がこれに当てはまる。これらが存在することは市場経済の条件であるが、これら**擬制商品**はそれ自体が商品の論理によっては生産されえない。市場が自然を浸食していくなかで見られた歴史的なエピソードは、エコロジー的破局で終わっている。貨幣間の競争はたいてい大危機に至っている。そして最後に、労働の商品化によって、経済および人口動態の面でかつて重大な出来事が起きてしまった。

　企業内の労働に対するこうした管理やインセンティブの装置は、現代経済においてきわめて決定的なものであるため、労働の市場的要素がその影響をこうむることになる。例えば、もし高賃金によって労働者からより多くの努力を引き出すことでコストを引き下げることができるなら、企業は市場賃金よりも高い賃金を設定するのが得策となろう。したがって「労働市場」はもはや価格によって均衡することはなく、割当てによってそれが可能となる。すなわち、ある時は失業、ある時は労働力不足が生じる。ワルラス的に需要と供給の対峙から賃金が形成されることは、たとえ皆無でないにしても稀なこととなる［Boyer 1999］。

労働契約の集団的側面　したがって，労働の特殊性それ自体から**雇用関係**の概念が導かれる。それは，**各企業**が労働組織，労働時間，賃金，キャリアの展望，社会福祉給付，その他の間接賃金といった諸要素を管理する様態を説明するものである。しかし，これらの装置自体は，賃労働者の権利，企業家の特権，両者の紛争解決の様式を細かく決めた法的・制度的なシステムに含まれている。それゆえ，賃労働を規定する一般的規則は，包括的な観点からは**賃労働関係**と定義される。論理的な見方をすれば，そのようなものは，貨幣レジーム，競争形態に次ぐ第3の制度形態であり，それは賃金を介する活動が決定的であるような商品経済を特徴づけるものである。

2.5　生産者から組織として把握された企業へ

以上のような制度諸形態によって定義された枠組みのなかに，市場経済におけるある重要な単位の活動が組みこまれる。それは企業である。企業は，標準的ミクロ経済理論や一般均衡理論による扱いとは対照的な解読装置にしたがって分析される。

生産要素の単なる管理者から……　実際，ミクロ理論や一般均衡論にあっては，生産者は利用可能な生産技術を知ったうえで，相対価格の体系を与件として捉え，それに応じて生産水準と要素需要を調整するだけの存在である。こうした考えを極端に推し進めると，生産者は，制約つき最大化プログラム——それは標準的ミクロ経済学の核心である——を解決する情報処理ソフトによってうまく置き換えることができる，と主張できるかもしれない。事実，生産要素が他と同じ生産物であると考えられる以上，消費者のプログラムと生産者のそれとの間に双対性が認められ［Varian 1995］，その結果として，生産の経済を交換の経済に還元することになる［Guerrien 1996］。

……現行の制度諸形態と適合する組織の研究へ　これと対照的に，企業の政治経済学というアプローチ［Eymard-Duvernay 2004］では，制度諸形態——企業はその中で行動する——による制約や機会が考慮に入れられなければならない。

企業はまず，自らの戦略を決めるために，自らが参加する市場で支配的な**競争のタイプ**を考慮に入れなければならない。ごく一般的には，企業が属する部門が集中化していればいるほど，当該企業が自由に活動できる余地はそれだけ大きくなる。たいていの場合，営業部門やマーケティング部門は，当該企業の競争的地位の改善を図ろうとする。よって，競争的地位はもはや戦略の与件ではなく結果となる。

　企業は同時に生産の場でもあり，したがって**雇用関係**を管理する場でもある。ところでこの雇用関係は，実に多様な装置（報酬システムや管理様式）を必要とする。それはひるがえって，一部の賃労働者が人事管理に専門化する必要があるということになる。企業による選択はたいてい，当該経済で効力のある**賃労働関係**を決定する諸制度の総体に対して，反発したり順応したりしながら行われている。

　最後に，信用へのアクセスは，企業の生産と投資の選択において決定的なことである。というのも，企業が存続し発展することを望むならば，それは投資を行い，新たな製品や生産方法を開発しなければならないからである。企業のそうした行動は，**貨幣レジーム**が一方で銀行による信用供与政策と，他方で株価の変動と相互作用する程度に応じて，それだけ貨幣レジームによる介入を受けることになる。こうして，貨幣レジームと金融レジームの関係にかんする問題が提示されることになる［Aglietta and Orléan 1998］。そしてもちろん，運転資金の管理や日々の活動における短期融資の役割も忘れてはならない。

　このようにして**企業の制度主義的分析**が現れる（**コラム5**）。まず企業の持続性は，制度的アーキテクチャーによってもたらされる制約やインセンティブに対して，企業の戦略がどれほど適合的かに依存する［Boyer and Freyssenet 2000］。次に，とりわけ重要なことだが，こうした環境に企業が組みこまれることで経営という仕事の複雑さが生じるのだが，その複雑さゆえに能力(コンピテンス)の専門化が想定される。したがって企業は，企業家の管理のもとで分業の場となる［Coriat and Weinstein 1995］。この点で，市場と企業は分業の原理に関与することになるが，この原理は資本主義経済における動態の核心をなす［Boyer and Schméder 1990 ; Ragot 2000］。

■コラム5
制度学派の企業理論

　フォーディズム的蓄積体制（**第2章**）を参照することで，自動車産業の専門家である社会学者，歴史学者，経済学者による諸研究が生み出された。国際的ネットワークGERPISA*の枠組みで進められたこれらの研究は，自動車産業の1世紀にわたる進化はもちろん，企業の現代的組織の持続的多様性をも説明する理論を構築するに至った。

　企業は，制約付き利潤最大化プログラムを解決する能力からはほど遠く，ひとつの**利潤戦略**を実行するにすぎない。その利潤戦略は少数の行為手段（規模の利益の追求，多角化，景気に対する反応性，品質，イノベーション）にもとづいている。

　この利潤戦略は，**成長体制**や国民所得の分配様式と両立可能でなければならない。したがって，ある経済空間でうまくいった戦略を別の経済空間に移し替えることが常に可能なわけではない。

　ひとつの企業が持続可能であるための第2の条件は，**統治にかんする妥協**の存在にほかならない。それは，製品政策，生産組織，雇用関係類型の間で潜在的に矛盾しあう要請を適合可能にするような妥協である。

　こうして少数の生産的構図の継起／共存が観察されることになる。それら生産的構図とは，テイラー主義，ウーラード主義〔1920年代英モリス社のエンジニア F. ウーラード（Frank G. Woollard）の名にちなむ〕，フォード主義，スローン主義，トヨティズム，ホンダイズムである［Boyer and Freyssenet 2000］。

＊ http://gerpisa.org/

　以上のように立論してみると，そこから最後に次の利点が生ずる。すなわち，現代の新制度学派の潮流では［Ménard 2000］，たいてい制度，組織，慣習が同一視されるが，上に示した議論はこれら3つの単位を明確に区別し（後

掲の**図3**），企業にかんする有機的組織体としての見方を採用する［Berle and Means 1932］。したがってそれは，標準的な法学的アプローチといちいち対立する。ここで標準的な法学的アプローチとは，株式会社を株主の所有物と見なすというものであり，それは株主価値の流行によって再び関心が高まった見解である。実際，株式会社の定款自体が，経営者が管理する生産的投資の不可逆性〔有機的組織体としての企業〕と株主が利益を享受する所有権の流動性〔所有対象としての企業〕との間の分離を規定している［Blair 2003］。

3　レギュラシオン理論の中心問題

　資本主義経済の核心をなす多種多様な制度諸形態を見据えた場合，一定の期間にわたってその整合性や持続性を保証することのできるメカニズムとは何であろうか。これはレギュラシオン理論の主要な問いである。レギュラシオン理論にとっては，新古典派理論にとっての均衡に相当するものが現れる保証などまったく存在しない。2つの主要なメカニズムが調 整(レギュラシオン)様式の持続性に寄与する。それは一方で，経済行動に事後的に観察される適合性であり，その経済行動は各種の制度諸形態に関連づけられている。もう一方は反対に，制度諸形態がコード化するゲームのルールの再定義である。それは，既存の構図では乗り超えられないような不均衡やコンフリクトが生じた際に重きをなす。こうした過程では，政治的領域が正面から取り上げられる。

　上記のような基本概念の提示から，レギュラシオン理論の2つの特殊性が出てくる。

　資本主義の諸制度にかんする多様性や複雑性がある下では，それら制度の結びつきが経済的調整にかんする持続的な様式を決定するという保証は何もない。だからこそ，**調整様式**という概念（**第2章**）は経済体制の可能性と同時に**その危機**をも示すことになる。というのも，危機は多様な形をとるからである（**第4章**）。こうして，ほとんどすべての新古典派モデルが仮定する制約——すなわち長期を含めた安定均衡の存在——が取り除かれることになる。

　純粋経済——すなわち，およそあらゆる制度，法形態，さらには政治的秩

序の欠けた経済――を想定することはできないだろう。商品経済の基本的制度は，経済以外のアクターや戦略を想定している。これらのものは，そもそも経済を安定させることを最重要な目的としているわけではない。しかしそれでも，調整様式があれこれ生じるのは，**経済的領域と法的／政治的領域の相互作用**の結果からなのである。このことは，政治経済学のメッセージを再び見いだすことを意味しており，そのメッセージは資本主義の歴史を観察することから引き出される教訓によって豊富化されていく。

4　国家／経済関係

　というわけで，純粋経済の幻想，すなわち法的なものや政治的なものから完全に独立した経済という幻想は，放棄されなければならない。というのも一般均衡理論では，国家はせいぜい，パレート最適が支配的となるような集合的選択の表現となるにすぎないからである。およそこれ以外の活動――例えば価格への介入――は，非効率を招くだけだというわけである。

　レギュラシオン理論としては，**国家／経済**関係に決定的な重要性を認める（図3）。これまですでに，制度諸形態を提示することで，そうした関係のいくつかを明らかにしてきた。

4.1　貨幣レジームの選択は政治的である

　貨幣が商品経済を創設するからには，貨幣は商品経済の結果とはなりえないわけで，このことは新古典派の寓話を覆すことになる。その寓話にもとづけば，物々交換に関連した取引費用の上昇から，諸行為主体自身によって貨幣が発明されるに至ったとされる。しかし実際には経済史で，私的貨幣を考案したのは商人であったことが示されている［Braudel 1979］。また，君主や王が自らの領土で流通する兌換通貨を発行する権利を不正に取得しようとしたことも示されている［Le Rider 2001］。多くの貨幣が公債の証券であることから始まることを忘れてはならない。これとは別に，歴史が教えるところによれば，さまざまな私的貨幣間の競争にもとづくいかなる銀行システムも長く生き長らえたことはない。中央銀行の発明は，あるアクターの必要性を

図3 国家, 政治秩序, 制度諸形態の間の相互依存性

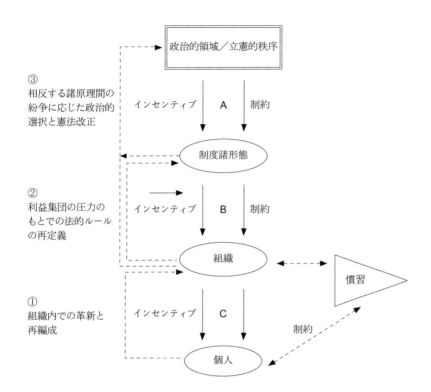

認めることになる。そのアクターは，商業的利潤の論理によって突き動かされるのではなく，つねに危機の恐れ，さらには崩壊の恐れのある支払システムが持続するよう配慮することをその役目とするものである。現代の中央銀行でさえも——それは独立したものとみなされているが——自らの立場が政治的権力によって決定されることを相変わらず理解している。したがって，**貨幣レジーム**（および開放経済における為替制度）の選択にあたっては，**必然的**に政治的領域に訴えることになる。

4.2 競争は公的介入なしには成立しない

　競争を企業の戦略的行動に任せたままにしておくと，固定費用，収穫逓増，ネットワーク効果，評判といったものが登場した途端に，競争は集中，共謀，寡占あるいは独占に至りつく傾向にある。その時，こうした過程の犠牲となるのは購買者／消費者である。このことは，政治的・立法的過程を介して，間違いなくかれらの反発を引き起こすことになる。よって，ほぼすべての先進諸経済において，競争ルールを監視する責任を負う当局が創設されることになった。それゆえ，資本の集中や企業の組織化の歴史は，大企業が採る諸戦略の帰結として読み取ることができるほどである［Fligstein 1990］。その際，大企業の戦略は，かれらが市場において過剰な権力を勝ち取ることがないよう立法機関が設ける規則や障壁に適応することをねらったものである。こうして，**競争形態**は私的領域と公的領域との媒介をもたらすことになる。

4.3 賃労働関係と市民権

　賃労働関係にかんしては，一見したところ，そして論理的に厳密な観点に立てば，国家介入の必要性は低いようにみえる。ところが，程度の差こそあれ，ほとんどの国家は労働法に介入する。それは一極には，労働法を商法に吸収させるかもしれないし（アメリカにおける研究の傾向［Buechtemannn 1993］)，反対の極では，労働者の集団的権利を社会的市場経済の基礎のひとつにすえるかもしれない（ドイツのケース）［Labrousse and Weisz 2001］。さらにまた，フランスの歴史的経験は，19世紀の初頭において，労働にかんする競争力を解き放つために，強力な国家介入が必要だったことを示してい

る［Boyer 1978］。またこのことは，いくつかの発展途上国（チリ，アルゼンチン，ブラジル）においても当てはまる。そこでは，権威主義的政府が労働法の徹底的な改革を遂行した［Ominami 1986 ; Neffa and Boyer 2004］。社会保障にたいする国家の直接的または間接的な介入はいっそう明白である。すなわち，労災認定および年金や健康保険の受給権認定をめぐる賃労働者の闘いは，うまくいけば社会権へと行き着く。その社会権は，市民権〔市民的関係性，シティズンシップ〕の性質だけでなく調整様式にも影響をおよぼす。ベヴァリッジ型社会保障への出資において政府が直接介入するにせよ，ビスマルク型システムの場合のように政府が労使間の交渉をセットするにせよ，そうである。このように，どのような形態であれ，賃労働関係は政治的領域を抱きいれるのである。

4.4 相反する論理に従う国家

　レギュラシオン理論にとって，国家の行為は一枚岩ではない。というのもさまざまな部門で，二者択一的な原理の間で矛盾や緊張が現れるからである。商法は労働法に優先すべきものだろうか。社会保障について，徴税による財源確保と賃労働者および企業家の拠出による資金調達とをどのように裁定するのか。法的・政治的平等は，企業における産業民主主義の原理と両立するのか。どの問題に対しても，政治的権力は文脈や対峙しあう諸力のいかんに応じて，異なった回答をあたえるだろう。制度諸形態と国家の役割との間のこうした強力な相互依存性は，政治的領域と経済的領域との密接な絡み合いを表現するもの以外の何ものでもない。

4.5 国際経済に挿入された国民国家

　以上の見方は，国家主権によって定められた領土空間の内部でしか有効でない。純粋経済の理論とは対照的に，レギュラシオン理論は国民国家を分析の出発点として選択しようとする。というのも，貨幣レジーム，賃労働関係，そしてこれらよりも程度は小さいが競争形態は，国民国家間で相互依存性が高まる時代においてさえ，大きくはいまだに国民的空間の枠組み内で決定されているからである。しかしこうしたことは，国民国家が完全な主権をもつ

ことを意味するわけでもなければ，反対に国際レジームがもたらす諸力のなかで国家が権限をまったく失ったということを意味するわけでもない。

その結果，第5のそして最後の制度形態が導入される。すなわち，**国際経済への国民国家の挿入**様態である。確かに，新古典派の国際貿易理論にとって唯一可能な選択肢は，関税率にかんするものであるが，どのような関税率であろうと，自由貿易システムに歪みをもたらすことになる。結果として，厳密に経済的な観点に立てば，国家は介入すべきでなく，国際的規模での価格形成メカニズムに任せておくべきだということになろう。レギュラシオン理論にとっては，国民国家は関税率のさまざまな構成要素をコントロールでき，直接投資の受入れ方を規定でき，さらには資産運用投資にかんするルールを決定することができ，あるいはまた他国からの移住の受入れをコントロールすることができる。そのぶん新たに，まわりの世界との関係を円滑化するための諸制度が導入される［Mistral 1986］。これらの制度は変革され再定義されるが，それらは今日見られる国際化の過程によって破壊されるわけではない［Boyer 2000a］。

5　結論──5つの制度諸形態

こうして，レギュラシオン理論にとっての資本主義経済は，新古典派理論が示すような理想化された世界とは区別される。しかしだからといって制度諸形態は，各人が日々行動する具体的な経済世界から作られるという直観と一致するわけではない。古典派経済学の生みの親から着想を得た理論的手続きに含まれているのは，抽象化ということなのである。そのうえ抽象化は，一般均衡理論における仮説の非現実性に向けられた異議に応じるものである（**表1**）。この時，制度諸形態，したがってある調整様式の持続性を厳密に特徴づける作業は，制度的，統計的，歴史的分析に委ねられている。

表1 資本主義経済の隠れた諸制度──一般均衡理論からレギュラシオン理論へ

一般均衡理論の仮説	仮説の整合性と妥当性	制度諸形態の役割
1. 貨幣はニューメレールにすぎない 競売人はすべての取引を1か所にまとめる	貨幣は交換手段でもあり，価値保蔵手段でもある それは市場経済ではない：事実上ゴスプラン型の計画経済である	貨幣の生成と消滅のためにルールが必要である **貨幣レジーム**および信用レジームが市場主体を定義し，取引の分権化を可能にする
2. すべての行為主体は**価格を所与**とみなす	ごく一般的には，行為主体は**戦略的**行動をとる	完全競争とは異なり，**競争形態**は多様である
3. **労働サービス**は，財市場と同じ性質の市場で交換される	労働の二重の構成要素：商品取引と**従属**関係	労働契約は**賃労働関係**を定義する諸制度のネットワークに組みこまれる
4. 国家の不在	貨幣，競争，公共財の管理のために，市場の外に位置する当局が必要である	**国家／経済関係**の構図
5. 国民国家の不在	いかなる国家も境界の定まった領土でのみで主権をもつにすぎない	**国際体制への挿入**の様態

第2章　資本主義の鉄の法則から調整様式の継起へ

　レギュラシオン理論創設にかかわった一研究は，当時の新古典派理論に対するきわめて批判的な評価から出発している［Aglietta 1976］。というのも新古典派理論は，南北戦争以降に北米資本主義で起きた変容を分析できないだけでなく，アメリカの現状を分析することもできないことが明らかになったからである。同様にレギュラシオン理論は，国家独占資本主義型の当時のマルクス主義理論をも批判した。それは巨大コングロマリット企業，労働協約，ケインズ的金融政策からなる経済を描くことに不向きで，資本主義がイノベーションや構造的変容によって特徴づけられるにもかかわらず，変化を考察することができていなかったからである。レギュラシオン理論による努力は，資本主義の内生的変容の法則を発見することに向けられた。それが調 整（レギュラシオン）という語にあたえられた意味であった（巻末の**年表**を参照）。

1　正統派マルクス主義の批判的解釈

　マルクス『資本論』の理論的貢献は，資本主義を生産様式として扱い，その基礎と長期動態を明らかにしたことにある。マルクスの後継者たちは，二重の要請にしたがってかれの理論に現代的意味をあたえようとした。すなわち，まず20世紀全体にわたって起こった諸変化を考慮にいれ，次いでとりわけ，政治闘争のための用具を鍛え上げようとしたのである。そうすることで資本主義分析は大いに進展したが，それらは20世紀の経済史に照らしてみるとき，その限界を，さらに言えばその誤謬性を露呈することになった。おまけにその後，経済分析の手段は大いに進歩し，そのいくつかによってカール・マルクスが直面した困難はある程度乗り越えられることになった。

1.1 社会関係の形態を特定する

　長期的歴史の信奉者であったカール・マルクスは，産業化の高まりにともなう重大な変容に強い刺激を受け，先行するすべての生産様式（アジア的生産様式や封建的生産様式など）を基にして出現した生産様式について，ある特徴づけを提起した。ドイツ哲学からも影響を受けた『資本論』の著者は，野心的な概念体系を築き上げた。それはマルクス自身の表現を借りれば，「俗流経済学」に対抗して，抽象化するという努力から引き出されたものである。

　他の生産様式とは対照的に，資本主義は2つの特徴によって区別される。まず，商品でないものにさえも価格を付けるまでになるという意味で，富の他の分配様式とは対立的に，商品関係が支配している。次いでとりわけ，社会的生産関係は，資本と労働のコンフリクトによって特徴づけられている。すなわち，資本にアクセスすることができないプロレタリアは，自らの労働力を資本家である「金持ち」に売らざるをえない。交換関係（労働 対 賃金）という外観のもとで，資本による労働の搾取があらわになる。それは，賃労働者によって創出される価値がかれらの労働力を再生産するための価値を上回るという意味においてである（後掲の**図4**）。

　マルクスは，資本主義とその長期的趨勢の理論を構築するにあたっては，こうした特徴づけがあればまったくもって十分だと考えたのかもしれない。階級闘争についてかれは，とりわけ政治的な著作において大いに研究していたが，その階級闘争によって，必ずしもこの生産様式が急激に瓦解し，別の生産様式に——まず社会主義に，つづいて共産主義に——取って代わられることになるとは限らないと予測することは，マルクスにとって難しいことであった。ところが，資本主義が支配的な諸国の歴史からは，商品関係の編成と同じく社会的生産関係もかなり多様であることが明らかになったのである。

1.2 同一社会関係内における変化

　数世紀にわたる長期的な展望に立つとき，仮に，種々の生産様式が継起し，それらが異なる社会関係に立脚しているとしても，それらの社会関係が**同じ生産様式の内部**で展開可能であると考えられなくはない。たとえば，賃労働者は産業恐慌の際に，賃金の低下を抑えるために闘うかもしれない。そして，

かれらの名目賃金が物価に連動する(インデックス)ことを要求して，これを勝ち取るかもしれない。さらには，労働者がその実現に貢献した生産性上昇について，その成果が自分たちにも分配されるような原則を獲得するかもしれない［Boyer 1978］。このことは，マルクスの概念体系の問題としていえば，労働力の価値はもはや不変の社会的必要によって決定されたり，少なくとも賃金生活者の再生産という要請によって決定されたりするといったものではないことを示している。資本／労働間のコンフリクトの結果は，搾取関係の形態に影響をあたえるのである。

　同様にたとえば，金本位制によって管理されるシステムから法定不換貨幣という制度の下での信用経済に移行するならば，貨幣レジームは不変ではありえない。国家／経済関係における変化も重要である。ごく大ざっぱにいえば，経済的変容や，それ以上に政治闘争によって，伝統的で王権的な機能（法律，司法，国防，外交）を中心におく国家から，ほとんどの制度諸形態——すなわち競争，賃労働関係，貨幣レジーム——にかかわる国家へと変化するのである［Delorme and André 1983］。

　レギュラシオン理論の目的は，まさに，世紀単位で機能してきた社会関係の正確な形態がどの程度変化したかを検出することにある。それは，アメリカ［Aglietta 1976］やフランス［Cepremap-Cordès 1978］を対象として行われた。

1.3　資本主義的生産様式の壮大な動態ではなく

　マルクス派の伝統とのもうひとつの相違点は，ある経済が資本主義的生産様式に属するというだけで，そこに一般法則が存在するとされることについて，レギュラシオン理論はこれを疑問視している点にかかわる。マルクスにとっては，利潤率の傾向的低下が重要であった。かれの後継者たちは，金融資本の台頭［Hilferding 1970］や，帝国主義の興隆［Luxembourg 1967］，さらに独占資本主義の出現［Baran and Sweezy 1970］を引き合いに出した。経済における国家介入の高まり受けて，国家独占資本主義論が現れたことも忘れてはならない。これらの著者の多くにあっては，こうした特徴は利潤率の傾向的低下法則を阻むための戦略だとされた。もうひとつの解釈にもとづけば，どの段階も集産的活動という経済体制に向けた歩みの一部をなすという意味

図4 マルクス的理論のカテゴリーからレギュラシオン理論のカテゴリーへ

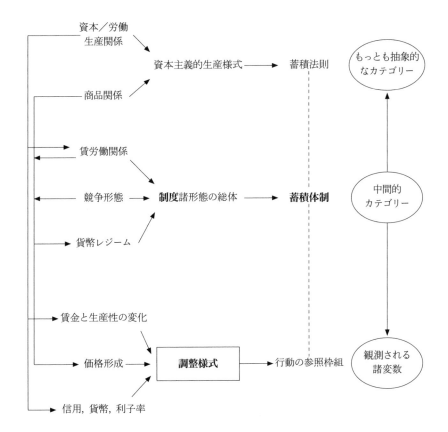

をもつものであった。

　レギュラシオン理論の目的は，国民経済計算から得られた統計に拠りつつ，時間および空間の中で観察されるさまざまな蓄積体制のパラメーターを正確に特徴づけることにある。こうして再生産表式の概念に代わって，蓄積体制の概念が導入される（図4）。

1.4　国家——資本の単なる代理人でなく，制度化された妥協の仲介者

　マルクス派の理論家たちは，国家形態を資本の本性から演繹しようと努めた。それは国家導出理論と呼ばれた［Mathias and Salama 1983］。この見方は，結果としてまず，政治的領域を経済的領域に従属させることになり，次いで資本の動態における国家の機能主義を仮定することになった。その結果，国家独占資本主義論においては，事実上すでに集産的なシステムのなかで国家独占資本主義を逆転させるだけで十分だ，ということにまでなった。しかし，国家成立の歴史も社会科学の発展もこの二重の仮説を否定している。

　国家の始原には，概して戦争によってかち取った空間における主権の確立が見られる。支配者は，必要な租税を経済から取り立てる。そのため，支配者が商業ブルジョワジーや産業ブルジョワジーの興隆を促進するかどうかは明らかでない。公的財政が繰り返し赤字に転落すると，有力な金融業者に頼ったり，法定貨幣価値の低下〔インフレーション〕に頼らざるをえなくなったりする。それらのいずれも，まっとうな資本主義の出現を妨げることになる。

　学際的な研究が示すところによると，事実上，経済的領域と政治的領域との区別が必要なのである。いちばん抽象的なレベルでは，資本主義の刺激のもと，経済的領域は富の蓄積を目指し，政治的領域は権力の蓄積に集中する［Théret 1992］。しかしながら実際には，国家は経済から財源を取り立てなければならない。また逆に，国家は蓄積に必要な諸制度を出現させ，それらを利用することを多少なりとも促進するだろう。この点，政治的なものと経済的なものとの相互作用が長続きする形で生まれるかどうかは，事後的に確認できるにすぎない。実物・租税体制というものがあって，そこでは経済活動が租税の規模にどのような遡及効果をもつのか，また逆に，税法や税制がどのように蓄積を方向づけるのかが描かれる。

　この実物・租税体制の持続性が自動的には保障されないことの理由は，簡単である。すなわち，すべてではないにせよ，公的支出や税制の大部分は，一連の**制度化された妥協**から生じるものであり［Delorme and André 1983］，それらの妥協はもともと互いに独立しており，蓄積を安定化させることを目指すものではまったくないからである。たいていの場合それは，事後的にしか分からない意図せざる結果なのである。例をひとつだけ示すと，さまざ

な社会権の獲得は，賃労働者によってその適用範囲を広げられたが，これらの進展から結果として生じる利潤率の低下を理由に，特に企業家は蓄積を不可能にするものだとして，これをとらえた。ところが，とりわけヨーロッパにとっては例外的であった第二次世界大戦後の成長は，賃労働関係のこうした変化が事実上，先例のない――そして少なくとも一定の期間まったく持続可能であった――蓄積体制の媒介者だったことが明らかになった（**第3章**）。

1.5 危機は次々と起こるが，それらは互いに似てはいない

「調整」（レギュラシオン）という語が暗黙のうちに想起させるイメージとは裏腹に，レギュラシオン理論は，ほぼ安定した蓄積体制とその危機を同時に問題とする。しかしこの点においてなお，レギュラシオン理論はマルクス派の見方とも，あるいは古典派的見方とさえも区別される［Duménil and Lévy 2002］。マルクスにとって，蓄積の特徴は本質的に循環的なものであり，それによって，成長の局面とこれに続く産業的または金融的な危機による調整の局面が継起する。しかしながら，かれにとってもうひとつのタイプの危機がある。すなわち，資本主義の諸矛盾（集中の高度化や利潤率の低下など）の影響のもと，資本主義的生産様式が崩壊するという危機である。かれの後継者たちは，これとは別の2つの見方を前面に押し出した。

幾人かの歴史家や経済学者は，商業資本主義の出現以来，およそ半世紀の長さをもつ長期波動が継起してきたという。資本蓄積の活性化と相対的繁栄という第1の局面のあと，それは長期的に逆転し，不況という下降局面へと突入することになるだろうし，場合によってはデフレ局面へと突入することになろう［Kondratieff 1925］。この問題設定によって，1970年代における反転を診断し分析することが可能になった［Mandel 1978；Wallerstein 1999］。

他の経済学者，とりわけアメリカ・ラディカル派は，あわやアメリカ経済の崩壊を刻印しかねなかった1929年の危機〔恐慌〕にショックを受けた。ところで一見つじつまが合わないのは，危機に先立つ期間において特に収益性の高い生産が行われていたがゆえに，利潤率は販路が問題になるほど高水準に達していたということである。蓄積体制におけるこの新たな不均衡は，独占資本主義における需要管理の役割という独自の解釈をもたらした［Baran and Sweezy 1970]。もっと一般的にいえば，経済史家や専門の恐慌論者は，1929-1932年のアメリカの恐慌を20世紀資本主義における危機の典型ととらえる傾向があった。

レギュラシオン理論は，標準となる蓄積体制など存在しないということからすべての帰結を引き出す。1929年の危機をその前の19世紀に起きた出来事と折り合いをつけさせることができる仮説は，各々の蓄積体制にはひとつの危機の形態が対応するというものである。加えて，そうした分析手法は，結局，資本主義以前の経済についてアナール派が彫琢してきたものに近い。というのも，アナール派による研究は，「各々の社会はその構造に特有の危機を有する」ことを教えてくれるからである［Labrousse 1976］。こうした見方はすでに，19世紀を通じての危機形態における変化を明確にするために利用されてきた［Bouvier 1989］。レギュラシオン理論の諸研究は，これらの知見を20世紀に拡張するものである。各々の経済には，その蓄積体制および／あるいは調整様式に対応する危機があるのだ，と。

2　媒介概念を彫琢する——制度諸形態

このようにマルクス派の資本主義論に対して批判的評価を行っていくと，結局，制度諸形態を特徴づけていくことになる（**コラム6**）。最終的にそこから得られる特徴づけのリストは——新古典派理論が考案したたぐいの——市場経済からは隠された制度を分析し明らかにすることによって得られたリストと同じものとなる（**第1章表1**）。これら2つのアプローチ〔レギュラシオン理論とマルクス派〕は結局は補完的である。というのも，両者は異なる抽象水準に対応するからである。すなわち，一般均衡理論を内在的に批判することで，**厳密な論理的観点**から必要とされる諸制度が浮かび上がる。そうした分析はもっとも抽象的な理論空間においてなされているのである。

また，マルクス的アプローチを再検討することによって，ある社会のある所与の時期に支配的な基本的社会関係の特徴を，ひとつの**歴史的過程**の結果として特定化することができるようになる。

第1のアプローチを機能主義的とするなら，第2のものは歴史的で，一連

■コラム6
5つの制度諸形態——その定義

制度形態（または構造形態） ひとつないし若干数の基本的社会関係のコード化の総体。5つの基本的な制度諸形態が識別される。

貨幣形態および貨幣レジーム 貨幣形態は，所与の国および所与の時代にとって，市場主体を確立する基本的な社会関係が呈する様態である。貨幣は特定の商品なのではなく，蓄積拠点，賃労働者，その他の市場主体らを関係づけるひとつの形態である。**貨幣レジーム**は，収支の黒字・赤字を調整しうる適合的な構図を意味する。

賃労働関係の形態 労働組織，賃労働者の生活様式および再生産様態の間の関係からなる資本／労働関係の構図。分析的観点からは，資本／労働関係の歴史的構図を特徴づけるために，5つの構成要素が介在する。すなわち，生産手段のタイプ，社会的・技術的分業の形態，賃労働者を企業へ動員し定着させる様態，直接的または間接的な賃金所得の決定因，最後に賃金生活者の生活様式であり，この最後のものは，多かれ少なかれ商品の獲得や市場外の集団サービスの利用と結びついている。

競争形態 それは，一見たがいに独立した意思決定を行うバラバラの蓄積拠点総体の間の関係がどのように組織されるかを示す。いくつかの典型的なケースが識別される。すなわち，私的労働が価値評価されるか否かが市場での事後的対峙によって決定されるならば，それは競争的メカニズムである。それとほぼ同等の量と組成からなる社会的需要に対して，その生産を事前に社会化するいくつかのルールが支配的であるならば，それは独占主義である。

国際体制への参入形態 それは，国民国家とその他の世界との関係を組織化する各種ルールの結びつきである。その国際関係は，商品貿易にかんするものであったり，生産の地域集中——それは直接投資を介

> したり，対外フローや対外残高の資金調達を介したりする――であったり，はたまた移住にかんするものであったりする。
> **国家諸形態** 制度化された妥協の総体であって，これはいったん定まると，公的な歳入と歳出の変化におけるルールや規則性を生み出す。

の制度化された妥協が持続するかどうかの問題は将来に開かれたものとなる。これらの制度化された妥協は，歴史の中で作り出され，ついには5つの制度諸形態へと至る。というのも，ごく一般的に言えば，社会的闘争，政治的コンフリクト，経済的金融的大危機は，新しい制度化された妥協に行き着くからである。その妥協は，もはや国家／経済関係のみにかかわるのでなく，賃労働関係や競争形態にもかかわるものとなる。したがって，レギュラシオン理論は機能主義的だとみなすのは不当である［Jessop 1997］。ある制度的アーキテクチャーに結びついた経済体制の持続可能性という問題は，当初から解決されているわけではない。そのような持続可能性について事後的に観察するだけでは，機能主義だという幻想に陥ることになろう。この幻想は過去を見ているだけなのであって，とりわけ理論家が陥りやすいものだ。というのも，実際の経済のアクターはといえば，かれらは制度変化の結果にしばしば驚かされているからである。

したがってレギュラシオン理論は，時と場所を問わず有効な理論とマクロ経済データの簡単な観測との間に，いくつかの**媒介概念**を発展させることになる。それは意図的に**過少決定**であろうとする。すなわち，ある経済の特定期間について制度諸形態の性質を明らかにするのは，実証分析に属することになる（**図5**）。

正確にいえば，このような理論的非決定性から，核心的概念――すなわち調整様式の概念――が提示されることになる。われわれは，3つの命題を用いて，調整様式という概念が直面する問題の要点を概括することができる。

2.1 もともと不確実な調整

このように，制度化された妥協は制度諸形態の基礎である。ところで，そ

図5 レギュラシオン理論の方法

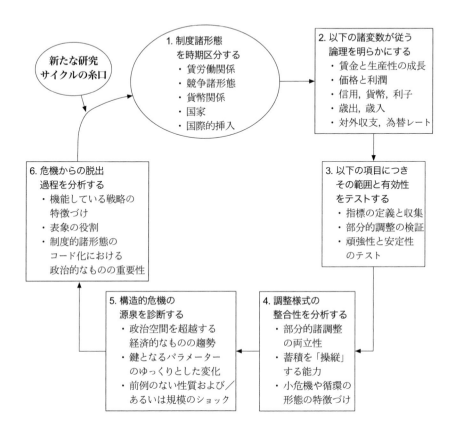

れらの妥協は一般的には互いに独立している。それは，諸制度が経済活動のさまざまな領域に特化しているからにすぎないとしてもそうである。たとえば中央銀行は，貨幣レジームの諸特徴を政府から受け取り，労使関係は賃労働関係を形成し，規制や企業戦略は競争形態を左右する。いかなるシステムエンジニアも，事前にこれら多様な制度諸形態間の適合性を監視する責を負わない。というのも，各々の経済的アクターは，制度的枠組み——かれらはその中で行動し，価格システムを考慮に入れる——に固有な制約やインセンティブに応じて，自らの戦略を決めるからである。貨幣的したがって分権的

な経済において，こうした個々の行動が結合してマクロ経済的次元で持続可能な構図を規定するという保証は何もない。

より根本的なレベルでいえば，レギュラシオン理論にとっては，もともと不整合こそが常態であり，規則性や秩序ある進化は例外なのである。したがって，このレギュラシオンの語がもともと，物理学や生物学で使われていたということが分かる［Canguilhem 1974］。すなわち，一見すると独立した単位（意味を広げて制度諸形態）が共存し，それぞれ存続しながら全体的に進化することが，要するにそれらが（この場合は経済的な）システムを形成することが，いかにして可能であろうか。もし答えがイエスであるなら，当該経済メカニズムの総体を**調整様式**と呼ぶのがよかろう。こうして，調整様式のきわめて重要な2つの特徴が導入される。

第1に，それは大きな変化なしに，現行の制度的構図が期間をまたいで再生産されることができなければならない。

第2に，それは，経済的アクターがシステム全体を支配するルールの総体を内面化しているのだといったように前提にすべきではない。この点，レギュラシオン理論は合理的期待形成学派と対立する。合理的期待形成学派は，マクロ経済において，経済主体が理論家と同じように，主体間相互作用を支配するメカニズムを熟知していると想定してしまった［Lucas 1984］。というわけで制度諸形態の役割は，個々の行動に必要な知識を要約し，動員される情報や認知の中身を単純化することにある。こうして諸主体は部分的な知識と**制度的に位置づけられた合理性**によって行動するのである。

この見方は限定合理性［Simon 1983］と関係がないわけではない。しかし，固有に認知的な側面——不確実性に直面したさいに合理的行動が抱える困難にかかわる側面——よりも，制度的な構成要素の方が重要なのである。正確にいうと，制度諸形態は妥当とみなされる情報を要約し集中化する。そしてその点において制度諸形態は，戦略的行動をすべて集めた場合に現れる固有の不確実性を縮減する［Aoki 2001］。相互両立的な行動の総和として理解される均衡の存在という問題は，ケースバイケースで検討されなければならない。いかなる主体も全員が既知の価格体系を前提にした制約付き最大化を行うわけではないから，この均衡概念はワルラス的均衡とは何の関係もない。

2.2 調整様式はどのようにして出現するに至るのか

多様な過程やメカニズムが，レギュラシオン理論に着想を得た多くの歴史研究や定式化によって明らかにされた。

ブリコラージュと偶然？ 第二次世界大戦後のフォーディズムの調整様式を説明するために，**思わざる発見と模索**ということが引き合いに出された[Lipietz 1979]。科学的労働管理法であるテイラー主義，続いて組立てラインの導入は，早くも1920年代に先例のない生産性上昇をもたらした。しかし，それに対応して財の相対価格が低下したにもかかわらず，需要がこの生産増加に追いつくには不十分なことが明らかになった。論理的に厳密に言えば，大量消費が大量生産に必要な対応物だと考えるのは，外部の観察者にとってかなり容易なことである。しかしながら，経済主体が自分自身の自発的行動に委ねられているのであれば，そうした大量消費と大量生産の両立は一切生じない。何らかの形での集団的介入が必要なのである[Boyer and Orléan 1991]。それはまさしく，第二次世界大戦後に起こったことである。すなわち，生産性上昇に応じた実質賃金の上昇をコード化し普及させる団体協約が，事後的に新しい調整様式の確立を保証するようになったのである。それゆえシステムの整合性は，事前的に獲得されたものではなかったのである。

効率による選択——疑わしい 制度諸形態はそれらの**経済効率**に応じて**選択されるわけではない**。というのも，経路依存性に相当するものが現れるからである。すなわち，制度の構築にかんしては回収不能なコストが存在する。さらにいくつかのネットワーク技術とまったく同じように[Arthur 1994]，制度諸形態は収穫逓増をもたらすことがある。その結果，優れてはいるが現れたばかりの制度諸形態は，十分確立したものに比べてハンディキャップを負うことになる。最後に想起すべきは，いかなるシステムエンジニアも制度諸形態の進化を連動させるようなことがその役目ではないということである。われわれは国家の目的や介入の多様性を示したが，そうした国家でさえもそういう役目は果たさない。それは，多くの新古典派的見方と対立することになる。新古典派的見方では，最終的に敗者となる人が勝者によって補償され

ることになるかもしれないが，パレートの意味で効率的となるような制度変革をめぐって交渉することが合理的な主体にとって常に得策だとみなされる。しかしたいていの場合，このような移転のメカニズムは存在せず，したがって潜在的な敗者は改革に反対するのである。

進化論的プロセス　第3のメカニズムは制度諸形態間および制度諸形態と技術変化との**共進化**に訴える。時期ごと，制度諸形態を再編する各種戦略が対立したり共存したりすることがあるが，調整様式につながるアーキテクチャーが生じるのは，制度諸形態の相互適合からである。ただし調整様式は，結局後になってしかそうだと分からない。このメカニズムは，前述のものと同様に，効率性と直接的な関係をもたない。こうした特徴は，調整様式の持続的な**多様性**にかんして重大な帰結をもたらす。

補完性の仮説　持続可能な調整様式の出現はまた，2つないし数個の制度諸形態の間で**補完性**が存在することに起因するかもしれない。たとえば，金本位制の体制において，国際価格とまったく乖離した場合には——賃金の上下への伸縮を媒介として——生産コストの再調整がなされるにちがいない。したがって，貨幣レジームとこのような調整を可能にする賃労働関係との補完性を指摘できる。あるいはまた，ケインズ的政策と呼ばれる景気安定化政策は，20世紀の経済において，名目賃金が硬直的になったという事実と補完的であることが明らかとなる。

制度諸形態の階層性　調整様式はまた，ひとつの制度形態が他の制度諸形態に対してもつ決定的な役割からも生じるかもしれない。というのも，制度諸形態間に**階層性**(ヒエラルキー)が存在することや，それに対応する非対称性が頻繁に特定の政治的妥協から派生することが，歴史において示されているからである。支配的な制度形態の構造変化が，ひとつまたは数個の他の制度諸形態における変化を引き起こす性質があるのが観察されることから，このような構図を見いだすことができる。仮にたとえば，貨幣レジームと中央銀行の政策がケインズ的なものからマネタリスト的なものになるなら，より高い平均利子率が

企業活動の結果に影響を及ぼし，このことは雇用や賃金に影響をあたえる。あるいは，政策が十分長期に拡張されるなら，影響を受けるのはまさに賃労働関係の構図である［Boyer 1986b］。この場合，調整様式の出現および／あるいはその変容の過程を説明づけるのは，階層性の逆転なのである。

いずれのメカニズムも調整様式の持続可能性を説明することができる。しかしこのことはまた，それらの**時間的・空間的可変性**をも明らかにする。

3　数世紀規模での調整様式の変遷

（18世紀から20世紀の最後の10年にかけての）フランス資本主義にかんする長期的研究から，少なくとも4つの時代が相継いだことが浮き彫りになった。賃労働関係の3世紀以上にわたる変化が何をもたらしたかは，名目賃金および実質賃金の変化を見れば明らかである。

3.1　18世紀末までの旧式調整

この調整様式は多くの旧体制（アンシャン・レジーム）において支配的であったが，この旧体制のなかで本質的に農村的な構造から商業資本主義が発展することになった。その経済動態は，農業を襲う偶然事によって左右されていた。不作に直面すると生活費に影響する食料品の価格は高騰し，その結果，農業の危機は工業部門に伝播する。それが今度は農村部や農業部門からの需要の減少を引き起こし，名目賃金が低下する。その結果，実質賃金は暴落し，生命存続の条件が不安定になるため，死亡率が高まる。このことは，言うまでもなく，マルサス・モデルを基礎とする仮説のひとつを想起させずにはおかない。それはまたスタグフレーション的調整の一例でもあるが，その痕跡が再び見いだされるのは，やっと2世紀後の管理された調整様式のもとにおいてである。この点，レギュラシオン理論はアナール派の研究を再発見することになる。

3.2　19世紀に典型的な競争的調整

この第2の調整様式は，まったく異なる経済情勢の展開を引き起こす。つまり，19世紀の中葉から経済を推進する中心は製造業となり，好況からそ

の逆転への局面継起によってリズムがあたえられるようになる。資本の集中度は低く，よって価格は競争的である。他方で，賃労働者はかれら自身，蓄積の変動に左右され，名目賃金に影響をあたえる力をもっていない。結果として，名目賃金，工業価格，景気は同一方向に変動する。レギュラシオン理論におけるこうした構図は，新古典派理論におけるワルラス的均衡が意味するものと同じである。しかしながらひとつの違いは，資本蓄積というものの影響があるのだから，経済システムは決して静止状態——新古典派的均衡——にあるのでなく，過剰蓄積と過少蓄積が交互に起こるということである。このタイプの調整は，多くの経済理論で暗々裏に示されてはいる。しかしながら，この調整タイプは不変なままにとどまりはせず，徐々に変化していった。

3.3 長い変化の時期——戦間期

というのも，時代を経るごとに，とりわけ危機の折に，資本の集中が見られたからである。同時に，工業における賃金生活者の増加によりその集団組織化（労働組合，団体，共済組合）が可能となり，女性や子どもの夜間労働を制限したり，労災を認めさせたり，さらには不況期の賃下げを阻止したりすることを目指した闘争が行われるようになった。こうした動きは19世紀の最後の3分の1の期間に起き，第一次世界大戦後にその重要性が高まった。この時期は信用貨幣への移行によって特徴づけられる。信用貨幣は，潜在的に兌換性というものから切り離されるため，金本位制と結びついた競争的調整に特徴的な一般的物価水準の変動とは対照的に，慢性的なインフレーションが現れることになった。

たとえばフランスでは，退職年金受給権が認められるといった具合に，賃労働関係の集団的要素が現れた。同じくまた，インフレーションが累積的に進行していくのに対して，賃労働者は，名目賃金を消費者物価指数にインデックスするよう要求した。このように，制度諸形態は19世紀と比較して明らかに変化した。しかしながら賃金の調整は，これまでと同様，競争的形態によって統御されていた。この点はレギュラシオン理論の主要成果のひとつとして，しばしば引き合いに出されている。

図6 調整様式の継起——賃労働関係の例

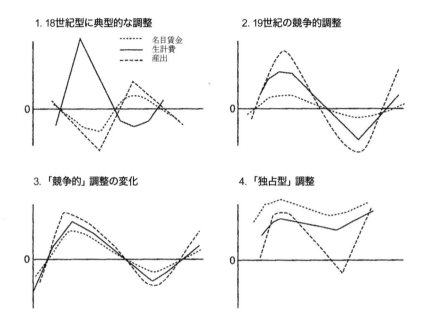

　新制度派理論は制度の出現と行動の変化の間に完全かつ即時的な相関を想定しているが、これに反して、長期歴史的な研究によって、急進的なイノベーションをもたらす制度の出現とそれに対応する調整様式の確立のあいだにはおよそ四半世紀の隔たりがあることが明らかになった。調整様式の変容は、生活様式や生産技術が変更されたり、諸活動が目に見える形で変化したりするのに長い期間を要するという点にかかわるのであって、短期間に期待が揺らいで起こるものではない。したがってこうした研究は、多くの制度派経済学における研究プログラムにおいて支配的な仮説——North［1999］のそれは別として——とは対照的である。

　1919–1939年の逆説的な構図は、調整様式の長期的な展開において重要な一段階を画す（図6）。

3.4 独占的調整――栄光の30年

管理されたとも形容されるこの**独占的な調整**が確立したのは，1950年代後半以降にすぎない。それは，フランスでもアメリカでも戦間期には萌芽にすぎなかったものである。というのも，不換貨幣への移行は資本蓄積への資金供給のために用いられ，もはや戦費には利用されなくなったからである。賃労働関係は，名目賃金の物価へのインデックス化によって根本的に変化した。それはまた，当時「進歩の配当」と呼ばれたもの――ここに進歩とは予想される生産性の上昇のことである――によっても変化した。並行して，賃労働者の生活様式に加わりはじめた集団的要素（教育，医療，住宅等へのアクセス）は，社会保障制度――ビスマルク的であれ，ベヴァリッジ的であれ――のうちに組みこまれた。前者では賃労働者への社会保障給付が社会あるいは雇用者による拠出によって賄われ，後者では社会的連帯が一般税収によって賄われる。

こうした大変化から，これまでにない賃金の推移が説明されることになる。すなわち，ほぼ連続的な実質賃金の上昇，名目賃金の失業に対する感応性の消失，景気後退のスタグフレーション的特性である。したがって，独占的調整は競争的調整とはっきりと区別される。こうした理解はまた，他の制度派アプローチとの違いをなす。他の制度派アプローチは，依然として，対称的情報にもとづく完全競争均衡を参照基準としている。その基準は，現実に存在する制度がもたらす不完全性と比較するためのものである。反対にレギュラシオン理論にとっては，上記の制度的構図は整合的だったのであり，今から振り返ってみると注目すべきパフォーマンスを生み出したのである。

この調整様式は，1960年代末に危機へと突入した。以来，制度諸形態の再編が始まったが，現在まで，明らかに独占的調整と同程度のパフォーマンスを示せるほどの後継の調整様式は生まれていない。

4 現代の調整様式

しかしながらレギュラシオン派の研究はいくつかの仮説を探りあててきたのであって，それは制度諸形態の階層性にかかわって展開されることになっ

た。

4.1 国際競争を含めた競争の深化

　第1に，1960年代中葉以来ほぼ絶え間なく進む規制緩和と対外開放により，**競争**は，支配的ではないとしても，ひとつの重要な制度形態になった［Petit 1998］。というのも，それは賃労働関係の再編に影響をあたえる傾向にあり，したがってもはや賃金は，単なる有効需要の構成要素としてだけでなく，競争力の形成に寄与するコストとして現れることになるからである。必要な変更を加えていえば，国民国家は，資本移動が増大しているため，財政を含めて競争状態に置かれることになった。したがって，国家／経済関係は変容することとなる。しかしながら，この潜在的な調整様式は，19世紀に典型的だった競争的調整とは異なる。なぜならそれは，社会保障の領域を含め，多様な介入を行う国家という枠の中で機能しているからである。

4.2 サービス化中心の調整様式？

　第二次世界大戦以来，ゆっくりとしてはいるが，生産構造の変容が絶えず起こってきた。かつては製造業が経済のエンジンであり，その動態が全体の経済情勢に強い影響をあたえる傾向にあったが，いまや第3次産業の雇用が経済の重心をずらすほどまでにたえず発展してきた［Petit 1986］。ところで，このサービス部門は制度諸形態の独特の接合（労働契約の相対的な分断化，さらには細分化，品質や立地による競争など）を示している。その結果，現代経済にあっては，調整様式の特性のうち重要な部分が第3次産業部門に由来することになった。たとえば，サービス部門では慣性が強く働くために，経済活動の変動幅はより小さなものになる。この調整様式は，（農業部門によって支配されていた）旧式調整から（工業によって推進された）競争的調整への，さらには（工業とサービスとの独自な接合によって特徴づけられる）独占的調整への，連続的な移行の一環をなすものであろう。

4.3 金融化された調整様式？

　第3のアプローチとして，金融イノベーションの増加，および開発途上国

として発展している多くの経済が国際資本移動に対して開放されたことで、以上とはまた別な仮説が出現した。すなわち調整様式の金融化である[Aglietta 1998]。ところで、過去20年間に行われた制度諸形態再編の過程がきわめて複雑だったため、今のところ金融化された調整様式が確立していくかどうかは、1990年代のアメリカを除いて、不確かで困難な状態である。しかも、この調整様式はインターネットバブルの崩壊によってその限界を露呈したのであり、大多数の国で適用可能とはいかないようである［Boyer 2002b］。

　潜在的な調整様式がこのように複数存在するということは、この理論の根本的なインプリケーションを分かりやすく説明している。すなわち、今から振り返ると、調整様式の複数性を明らかにしたことで、レギュラシオン理論が機能主義的な解釈にもとづくという印象をあたえてしまったかもしれないが、構造的変容が起こる現実の時間においては、機能主義とは対照的な不確実性がはっきりと現れ、それが調整様式の出現を支配することになるのである。

5　結論——均衡，不均衡……調整

　以上，この問題設定の貢献やそれを特徴づけるために調整（レギュラシオン）という語を選択することの根拠が、なおいっそう明確になってきたと思う。

　新古典派理論は、たとえ経済成長過程を研究するときでも、**均衡**概念のうちにとどまる。というのも成長過程が、価格システムによって十分に特徴づけられる動学的安定性を備えた経路へと収斂するとみなされるからである。おまけに、この理論は貨幣の影響を過小評価し、資本主義経済に典型的な蓄積過程の動態的性格を無視する［Sapir 2000］。

　不均衡理論［Bénassy 1984］は、価格にかんするワルラス的仮説を取り除き、価格形成における寡占的過程から不均衡が生じると考える。この点は確かに、現代的な競争形態に対応している。しかしながら、これに対応するモデルは、例外なく資本蓄積のダイナミクスを考慮に入れておらず、経済主体の戦略間コーディネーションにおいて諸制度が果たす役割も考察の対象としていない。

　レギュラシオン理論は、資本蓄積のダイナミクスに対する制度諸形態——

賃労働関係，競争形態，貨幣レジーム——の影響力を大いに評価する。蓄積のダイナミクスは，もはや単なる相対価格の作用から生ずるものではないのである。賃金や利子率といったいくつかの価格は制度諸形態の作用に由来するのであり，その限りで，不均衡理論によって彫琢されたツール，とりわけ割当ての概念は，調整様式を定式化するのに利用できるかもしれない。

第3章　蓄積体制と歴史的動態

　レギュラシオン理論は長期的趨勢に関心があるので，調整様式(レギュラシオン)という第1の概念に続き蓄積体制という第2の概念が重要な役割を果たす。これをマルクスやその後継者らによって展開された再生産表式の概念と関連づけて位置づけなおすことが肝要である。その目的は，マルクス的な用語法を継承すべく，賃金・利潤間の所得分配，および価値増殖の要請と価値実現の要請の間の両立性に対する制度諸形態の効果を明確に考慮に入れることによって，経済動態を定式化することである。このとき，理論的視点のみならず歴史的視点からも，蓄積体制の多様性が明らかになる。分析の対象が古くから工業化している経済だけでなく工業化が遅れている経済へと広げられるほど，この多様性はいっそう顕著なものとなる。

1　再生産表式から蓄積体制へ

　調整様式が主要なマクロ経済変数の状況的連鎖を——経済主体が知覚するままに——示すものだとすれば，蓄積体制は長期における成長モデルの概要を描写するものである。このような二重性によって，これらを解釈する際にいくつかの困難が現れざるをえない。

1.1　その起源と意義

　蓄積体制の概念は基礎的なものであり，調整様式の概念とは重複しない。蓄積体制によってさしあたり明らかになるのは，他のマクロ経済理論で見られる同じような共存関係との対比である。ケインズ的伝統においては，IS-LMモデルの機能は経済政策が経済活動水準にあたえる効果を明らかにす

■コラム 7
制度諸形態からマクロ経済へ

蓄積体制

　資本蓄積が広範かつほぼ一貫して進行するのを保証するような，すなわち，その過程自体から不断に生まれる歪みや不均衡を吸収したり時間的にずらしたりしうるような，そういった規則性の総体。
　これらの規則性は以下のものと関連する。
・生産組織の，また賃労働者と生産手段との関係の，進化の型（タイプ）。
・資本の価値増殖の時間的範囲。これを基礎として経営原理が引き出される。
・価値の分配。これによってさまざまな社会的グループや階級のダイナミックな再生産が可能になる。
・社会的需要の構成。これは生産能力の趨勢的進化を有効なものにする。
・非資本主義的諸形態との接合の様態。非資本主義的諸形態が当該の経済的構成体において重要な位置を占めていれば，の話であるが。

調整様式

　次のような特性をもつ個人的，集団的な手続きや行動の全総体
・歴史的に規定された制度諸形態との結合を介して，基本的な社会諸関係を再生産すること。
・現行の蓄積体制を支え「操縦」すること。
・分散的な意思決定の総体について動学的両立性を保証すること。その際，経済的アクターはシステム総体の調節原理を内面化する必要はない。

ることであるのに対して，より長期を取り扱う別のモデルが研究するのは規則的成長が達成されるための条件を明確にすることである。現代の新古典派

ミクロ経済学においても同様の二重性が存在する。すなわち、リアルビジネスサイクル・モデルは貨幣的ないし技術的な変化の帰結を描写するのに対して、内生的成長モデルは——ソロー・モデルも同様であるが——長期的成長に寄与する諸要素を明らかにすべく、循環については記述していない。

しかし、蓄積体制の概念を用いるのには、もっと根本的な理由がある。というのもレギュラシオン理論は、マルクス派の基本的直観に忠実に、資本主義的生産様式を参照基準とすることによって、蓄積が決定的な役割を果たすという仮説を導き出すからである。しかしながら蓄積体制は、その特徴的なパラメーターが本質的には2つの制度諸形態——賃労働関係と競争形態——に由来するという事実によって、再生産表式とは区別される。さらにこれらパラメーターの値は、たいていの場合、国民経済計算の長期系列から推計される。したがって、栄光の30年におけるフランス経済に対して2部門モデルが利用されたり［Bertrand 1983］、アメリカに対して同様のモデルが利用されたり［Juillard 1993］、あるいはまた戦間期を組みこんだ複数の体制を擁するモデルが利用されたりしてきた［Boyer 1989］。

蓄積体制の概念の完全な定義は**コラム7**に示されている。この概念については、その量的側面とともに質的側面を強調することができる。というのも、ある蓄積体制の持続可能性は制度諸形態の再生産という問題を提起するからである。ある蓄積体制が崩壊するとき、制度諸形態のアーキテクチャーはそこから直接的な影響を受ける。最終的に明らかになってくるのは、この概念がすぐれて抽象的で、決して経済主体の行動を描写する意図はないということである。すなわち、それはレギュラシオニストにとって、ひとつの分析用具なのである。

1.2 蓄積体制の継起

アメリカ、フランス、ヨーロッパ諸国、そして日本を対象とする長期にわたる歴史的研究によって、実際に蓄積体制の変化が明らかになってきた。簡潔に言えば、**キーとなる2つのパラメーター**が世紀単位の規模で現れてくる。それは一方で、**蓄積の性格**である。

生産の構図が生産技術の大きな変化なしに拡張されるなら、それは**外延基**

表2 　4大蓄積体制——理論と歴史の間で

消費の性質 \ 蓄積の性質	基調 外延的	基調 内包的
資本主義にあまり統合されていない	18-19世紀のイギリス経済 ①	19世紀のアメリカ経済 ②
資本主義に大きく統合されている	20世紀最後の1/3期におけるアメリカ経済 ④	1945年以降のOECD経済 ③

調の蓄積体制である。

　反対に，生産性上昇を引き出すために生産組織が恒常的に変化するときには，**内包基調**の蓄積体制である。

　他方で**需要の諸特徴**については，決定的な形で対照的な2つの構図が生じる。

　第1の構図では**消費様式**——賃労働者のそれを含む——は，資本主義によって支配される工業生産にあまり統合されていない。その理由としては，小商品生産や地代的関係によって特徴づけられる農業部門によって消費様式が保証されていることが挙げられようが，とにかく消費様式が資本主義的工業生産にあまり統合されていないケースである。

　第2に，賃金制度が進歩し，その結果賃労働化率が高まるに応じて，賃労働者の生活様式はそれ自体変容し，しだいに資本主義部門によって保証される生産に依存するほどまでになるというケースがある。

　これら2つの特徴を組み合わせると，大まかに4つの蓄積体制を定義できる。それらは歴史のなかで実際に観察されたものである（**表2**）。こうした変化は数十年単位で生じた点に注意する必要がある。蓄積体制の進化の起源となる要因が何であるかを明らかにすることが重要である。ひとつの蓄積体制の限界を画し，新たな蓄積体制の兆しとなる変容を引き起こすのは，概して大危機なのである。

2 発展様式を特徴づける

今やこれら多様な蓄積体制が，こうした大時期に特徴的な制度諸形態の特性から生じるのはどのようにしてかを突き止め，どういった条件のもとで持続性のある蓄積体制が支配的になるかを検討するときである。その中で，各々の蓄積体制を支える調整様式にも言及することにしよう。ある蓄積体制とある調整様式の結合を発展様式と呼ぶのがよかろう。

2.1 競争的調整下における外延的蓄積

レギュラシオン理論が自らの原点とし，また自らの妥当性を見いだしたのは，競争と賃労働関係が自らの論理を経済に押しつけるような諸国においてである。このことは，旧工業化諸経済において当てはまる。19世紀後半には，きわめて特殊な制度的構図が観察された。競争とは，生産方法や生産組織における優位性にもとづいて，資本主義的企業が行使する競争である。すなわち，企業は以前の形態――マルクスの用語法を踏襲すれば，たとえば小商品生産のそれ――に取って代わる傾向にある。生産性は，エンジンとなる部門――資本主義的工業企業の部門――における蓄積の影響のもとで上昇する。この意味において蓄積を外延的と規定することができる。工業部門の賃金生活者はといえば，かれらは増加しつつあるがまだ少数派であり，したがって，かれらは決定的に利潤形成には寄与するが，まったくもしくはほとんど需要形成には貢献しない。その結果，経済的再生産は，農民，ブルジョワジーあるいは公的支出によって表現される需要に留まっている。この意味でこれは利潤主導型需要だと言うことができる。

この蓄積はどのように安定化するのだろうか。それは主として，産業予備軍の変動を通してであり，すなわち産業活動の変動が名目賃金の形成に対して果たす役割を通してである。実際，集団的組織がないので，賃労働者は交渉にかんしてきわめて弱い力しかもたない。景気が過熱するときに雇用は増加するが，これにより賃金の上昇が可能になる。逆に景気が逆転すると，賃労働者は産業危機〔恐慌〕の影響をまともにこうむる。農業活動を中心とし

た旧式調整が色褪せるにつれて，産業危機は経済全体へ影響を及ぼしていくことになる。

事実，社会の変容は目覚ましくも多分に痛みを伴うものでもあった。しかし，そうしたことを越えて，この蓄積体制は初期の産業資本主義の躍進を保証したのであった。

2.2 大量消費を伴わない内包的蓄積

必ずしもすべての蓄積の構図が，動態的安定性を備えた体制になるとは限らない。この点にかんして戦間期は恰好の例をなす。実際，ほとんどの制度諸形態が重大な変容を経験した。第1の変化は，新製品の開発や生産方法の合理化推進に科学・技術を動員するようになったことにかかわる。これまでにない生産性上昇は，生産技術改善の積み重ねのもとで築き上げられる内包的蓄積へと移行したことを立証している。それは大量生産とそれによる規模の利益の時代であった。賃金生活化が発展したが，それによって19世紀末と比較して2つ目の変容が生じた。爾来，賃労働者からの需要が重要となったのであるが，その需要形成は，賃労働関係が相変わらず賃金形成における競争的性格によって刻印されていたという事実と衝突してしまった。

このような条件のもと，生産性の促進は利潤主導型蓄積の口火を切るに至った。しかし，それは生産能力と需要との不均衡につまずくことになる。というのも，工業生産の成長は雇用にも好都合な展開とはならず，したがって，実質賃金は生産性上昇に合致しなかったからである。結果として賃金総額の成長は抑制され，需要を圧迫した。

こうして，アメリカで1929年に始まった危機〔恐慌〕が呈するきわめて独特な性格が説明される。すなわち，1920年代の好況や陶酔（ユーフォリア）も，また1929–1932年の不況も，第一次世界大戦後の蓄積体制が持続可能なものではないことを証明するものとなった。

2.3 大量消費を伴う内包的蓄積

第二次世界大戦後にはなぜ，このような物事の連鎖が，当時懸念されていたようには再現しなかったのだろうか。再現どころか実際には，制度化され

表3 蓄積体制の概観表

構成要素＼体制	競争的調整にもとづく外延的蓄積体制	大量消費なき内包的蓄積体制	大量消費をともなう内包的蓄積体制	不平等な外延的蓄積体制
生産組織	巨大な製造業	テイラー主義と組立てライン	規模の利益の動員	生産性上昇の枯渇とサービス化
賃労働関係	競争的	賃金生活者の増加にもかかわらず常に競争的	生産性上昇の分配の体系化	集合的形態の分権化，個別化，衰退
付加価値の分配	産業予備軍による調節	利潤に有利	分配の事前的安定化	賃金シェアの低下と安定化
社会的需要の構成	農民，ブルジョワ階級，公的支出	賃労働者による需要割合の拡大	賃労働者による需要が推進的役割	所得に応じた階層化，所得は能力に関連づけられる

た妥協において起こった変化が大規模で，かつそれらが同調して起こったため，これを源泉とする持続可能な内包的蓄積が確立したのである。それは，1950年代から大量生産と大量消費が両立したことによる。この変化が起きたのは，とりわけ生産性上昇の成果を事前に分配する原理に立脚したフォーディズム的賃労働関係が制度化されたおかげなのである。並行して，科学や技術進歩の生産への適用がシステマティックなものとなる一方で，資本の価値増殖の時間的見通しが延長された。この延長はそれ自身，成長の力強さと相対的安定性に依存している。またそのような成長の力強さや安定性には，国家／経済関係にかんして新しい考え方が出てきたことが一役かっている。国家は生産的投資を促し，必要とされるインフラストラクチャーを自らの効率性基準に合わせて実現する。それはまた，賃労働者を保護する社会保障も推進する。最後に，ケインズ主義の旗のもと，政府は景気安定化政策を行う。いずれの要因も予測の視野を延長し，規模の利益や学習効果の動員を可能にするものである。

第3章　蓄積体制と歴史的動態　101

　このようにして，大量消費を中心としたこの内包的蓄積体制は，フォーディズムの時代を切り開いた。先行する体制と比較したとき，その特色は投資と賃労働者の消費との間に事実上の補完性を制度化したことにある（**表3**）。この補完性は，賃金と利潤の間だけでなく賃労働者それ自体の間でも，所得分配の際立った安定性へと行きついた。この蓄積体制は，独占的あるいは管理されたと形容される調整様式によって特徴づけられる。というのもそれは，経済活動の不確実性に対応した調整手続きを制度化することによって組織化されているからである。この発展様式が成功したのには，もうひとつ条件があった。それは国際的環境から受ける強い制約がなかったことである。それはブレトンウッズ体制によって可能となった。さまざまな国民的調整によってもたらされるインフレーションの速さが異なるとき，各国の潜在成長力は，一般に為替レートが定期的に調整されることで回復することになる。

2.4　不平等の拡大をともなう外延的蓄積

　直接に技術的理由（差異化された製品への需要に直面した中で生産性上昇を追求することの困難さ）によるものであれ，あるいは社会的理由（フォード的な労働の論理に対する異議申し立て）によるものであれ，従来の生産性上昇の源泉が枯渇したことによって，アメリカでフォーディズムが危機に陥って以来，この不平等の拡大をともなう外延的蓄積の体制がフォーディズムの後を継いだ。ある生産的パラダイムが危機を迎えたときに，それと同等の特徴を備える別のパラダイムがそれを引き継ぐわけでは必ずしもないのであって，それゆえ1970年代は外延基調の蓄積への回帰として特徴づけられる（**図7**）。イノベーションへの努力が強化されても，それが生産性上昇の回復となって現れないだけに，この体制はいっそう逆説的なものとなる。その努力が成果に結びつくのは，1980年代さらには1990年代になってからにすぎない。

　この蓄積体制の第2の構成要素は，フォーディズム的賃労働関係の衰退，さらには崩壊に由来する。それはフォーディズムの危機から生じる失業に直面して労働組合が交渉力を失ってしまった中で起きた。企業レベルへの交渉の分権化，能力にもとづく労働契約の個別化，インフレーションや生産性上

図7 アメリカにおける生産性と実質賃金

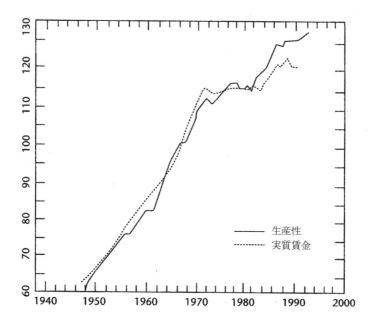

生産性
実質賃金

図8 アメリカにおける所得不平等の変化
（第1十分位 対 第10十分位）

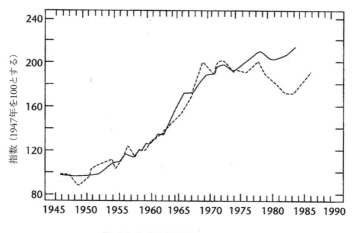

-------- 第1十分位〔低所得層〕　——— 第10十分位〔高所得層〕

昇に対して賃金をインデックスする条項の削除といったものは、どれも賃労働者間の不平等が拡大することを容認する要因である（図8）。分類闘争が階級闘争に取って代わる傾向にあり、こうした要因は以前の賃労働関係を分裂させるのに一役かうことになる。

したがって、この体制は、不平等の拡大に呼応して製品の差別化が進むことにもとづいている。なぜなら、そうしたことが蓄積の回路を閉じるための原理だからである。他方、雇用関係の「フレキシブル化」によって、賃金の抑制を介してコスト削減が可能となり、それはもはや労働節約技術の追求——実質賃金上昇の持続性にかんする期待によって特徴づけられるフォーディズムのもとではそうであった——によるものではなくなる。実際、次第に際立ってきた国際競争への開放は、賃金コストの抑制効果を及ぼす。さらに、産業部門ごとおよび国民経済ごとの軌道は、競争力の程度に応じて分化することになる。

重要な注記をしておこう。この発展様式は、生活水準の上昇にかんする明白な減速、より高い失業率、より不確実な利潤、そして社会的不平等の拡大——この体制が受け入れられるかどうかにとって取るに足りない事柄ではない——によって特徴づけられているので、全体のパフォーマンスにおいてフォーディズムのそれを下回る。にもかかわらずそれは、フォーディズムの後に位置するものであり、このことは、蓄積体制の進化がより高い効率性をもたらす能力があるかどうかに応じて決まるという仮説を無効化する。それは新古典派的体系の否定であると同時に、マルクス的見方——それは生産性が成長に対して、また生産力が社会的関係の再構成に対して、それぞれ果たす決定的役割を想定している——の否定でもある。レギュラシオン理論の見方に立てば、制度諸形態こそが——イノベーションの方向や強度を含めた——成長体制を作り上げていくのである。

3　フォーディズムを定式化し、その持続可能性と危機を検討する

ある発展様式の持続可能性はどのように明確化できるだろうか。この疑問に答えるには、制度的・定性的分析から、制度諸形態の各構図において機能

図9 フォード的成長の好循環とその3つの条件

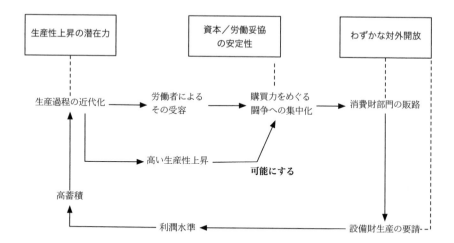

する主要変数間の関係を定量化した表現へと進む必要がある。教育的な目的のためには，最初に示されるのはフォーディズムの定式化であり，次節でもっと一般的なモデルを展開する。

3.1 カギとなる連鎖

先に行った特徴づけから，フォーディズムの核心をなす3つのメカニズムを明示することができる（図9）。第1は，生産性上昇のダイナミクスに関係する。すなわち，規模の利益や学習効果が存在することで，経済成長によって生産性上昇が可能になる。第2は，多くの場合はっきりと賃金形成を消費者物価動向や生産性上昇へと関連づける。したがってこの第2の要素は，生産性上昇が賃金と利潤にどのように分配されるかを規定する。第3のメカニズムは，いったん所得分配が決まると，どのように需要が形成されるかを描きだす。そこでは，賃労働者による消費が企業の投資決定にとってカギとなる指標であると想定されている。

最後に，需要が生産に変換されるためには，生産能力が利用可能であり，輸入がこの需要の大きな部分を吸収してしまわないことが必要である。その

根底をなす仮説は，経済が国際経済にほとんど開放されていないか，まったく開放されていないということである。この最後の仮説が取り除かれるとき，まったく異なる蓄積体制が登場する。それはとりわけ，1980年代および1990年代に妥当し，それ以上に，いわゆる周辺諸国——すなわち貿易，技術，金融の点から見てきわめて従属的な諸国——に妥当する。

3.2 基本方程式

　経済の回路をきわめて単純化した**図9**の表現にもとづいて，この体制の主要変数を描写するモデルを構築することができる（**コラム8**）。

　生産性の変化は，技術変化の趨勢，資本形成の強度，さらには収穫逓増の存在に依存する〔**コラム8の(1)式**〕。これら3つの項は，さまざまな見方を取りまとめたものである。シュンペーター的伝統〔技術革新〕は定数項で表現され，それは技術変化の外生性を表している〔**(1)式 a**〕。資本のヴィンテージ・モデルは，投資フローが技術改良にあたえる効果となって現れる〔**(1)式 b**〕。最後にカルドア型の分析——当面これが本質的な点なのだが——によって，生産のダイナミズムが生産性に対してあたえる影響が考慮に入れられる〔**(1)式 d**〕。

　資本形成の強度は，消費増加の速さの関数である。これには二重の解釈が可能である〔**(2)式**〕。一方で，ポストケインジアンの伝統にしたがって，加速度原理が認められる。それはまた他方，フォーディズムおいては，消費財を生産する部門の近代化が設備財生産の主要な刺激剤であるという事実を表している。それゆえこの第2の方程式は，生産部門モデル〔Bertrand 1983〕のカギとなる特性を要約したものである。

　消費についていえば，ケインジアンというよりもカレツキアンの論理に組みこまれている〔**(3)式**〕。というのも，この式はカルドアから借用しているが，そのカルドアはカレツキの格言——「資本家は支出するものを得て，労働者は得るものを支出する」——にヒントを得ているからである。ここには賃労働関係を特徴づける根本的な非対称性が示されている。こうして，消費は賃金総額に依存しており，賃金生活者による活動が支配的になってくればくるほど，この仮説はいっそう盤石なものとなる。賃労働者と利潤取得者が

■コラム8
フォード的成長モデル

方程式
(1) $\dot{PR} = a + b \cdot (I/Q) + d \cdot \dot{Q}$　　PR：生産性，Q：産出
(2) $(I/Q) = f + vC$　　I：投資量，C：消費
(3) $\dot{C} = c \cdot (N \cdot SR) + g$　　N：雇用，SR：実質賃金
(4) $(\dot{SR}) = k \cdot \dot{PR} + h$　　k：生産性上昇成果の分配係数
(5) $\dot{Q} = \dot{D} \equiv \alpha \cdot \dot{C} + (1-\alpha) \cdot \dot{I}$　　D：需要，ただし $\alpha = (C/Q)_{-1}$ は長期の変数
(6) $\dot{N} \equiv \dot{Q} - \dot{PR}$　　雇用決定式

・は各変数の成長率を表す

グラフによる表示

以上のモデルは，以下の二重の過程の結果であると容易に解釈可能である。

1. 市場成長のテンポがわかると，生産性の趨勢はどのようになるか［関係（Ⅰ）］

2. 生産性の変化が所与である場合，賃金・利潤間の所得分配，消費と投資の成長，したがって全体の需要の成長はどのようになるか［関係（Ⅱ）］

以上から，グラフによる表示は次のようになる。

モデルのいくつかの関係を簡略化し線型化すると，解析による解は次のようになる。

（Ⅰ）　$\dot{PR} = A + B \cdot \dot{Q}$　　　（Ⅱ）　$\dot{Q} = C + D \cdot \dot{PR}$

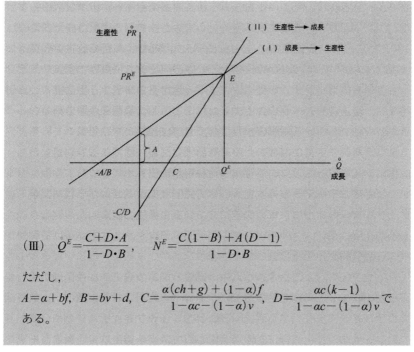

(Ⅲ) $Q^E = \dfrac{C+D\cdot A}{1-D\cdot B}$, $\dot{N}^E = \dfrac{C(1-B)+A(D-1)}{1-D\cdot B}$

ただし，
$A = a+bf$, $B = bv+d$, $C = \dfrac{\alpha(ch+g)+(1-\alpha)f}{1-\alpha c-(1-\alpha)v}$, $D = \dfrac{\alpha c(k-1)}{1-\alpha c-(1-\alpha)v}$ である。

異なる消費行動をとるということは，大した困難もなく考慮にいれることができよう。賃金形成については，2つの中心的な仮説が考慮されている〔(4)式〕。第1に，名目賃金が完全に消費者物価指数にインデックス化〔両者の伸び率を連動させること〕されているため，適切な変数となるのは実質賃金である。ところで，この実質賃金は生産性上昇に対するインデックス化の対象となり，それはたいてい明示的に制度化されている。第2に，フォーディズムのもとでは失業の役割が小さなものになったということを示す計量経済学的研究の成果にしたがって，雇用や失業の状態を表す項はまったく存在しないことに，留意されたい〔Boyer 1978〕。

5番目の方程式は，生産と需要を釣り合わせる単純な会計方程式の体裁をとる。しかしそれは，生産を制限するのが需要の動態であることを想定しているので，独特の経済的意味を有する。つまりそれは，現代のマクロ経済学が短期でしか検討しないひとつの仮説を中長期に拡張するものである。この

仮説は，ほとんどのマクロ経済学者（新古典派，ニューケインジアン，古典派）によって共有されている考え方から解放されている。それゆえ，それは批判されもしたのであるが［Duménil and Lévy 2002］，しかし，投資と加速度メカニズムを通して，また技術変化の強さが需要圧力に依存するという理由から，生産能力が需要の変化に依存することを明白にするという長所をもつ。同様に，最後の第6方程式は，生産の趨勢と生産性の趨勢の間の乖離として，雇用の成長を定義する。実際それには，強力な仮説が組みこまれているが，それは計量データによって必ずしも無効化されるわけではない。すなわち，雇用は本質において，資本／労働の代替現象に依存するのでなく，需要水準および生産性の決定要因に依存するのである［Boyer 1999］。それは，ポストケインジアンの成長モデルの伝統に含まれるものである。

3.3　持続可能性にかんする3つの条件

　フォーディズムに適用された累積的成長の理論の典型的な特徴は二重の過程をなすが，以上の方程式はそれを明示するものとして解釈可能できよう（前掲**コラム8**後半部分）。二重の過程とは一方で，需要成長のテンポがわかっているとき生産性の趨勢はどのようなものであるかであり，他方で，生産性の変化に対して所得はどのように分配され，結果として消費，投資の成長，つまりは生産の成長はどのようになるかである。比喩的にいえば，フォーディズム的成長は，ちょうど二段階のエンジンみたいなものから生まれる。まず，生産性が成長の引き金となり，次いで成長が生産性を増進させるのである。このように叙述的に定式化すると，急激な成長を遂げる過程であるかのような印象をあたえる。なぜなら，それが基本的に不均衡にもとづくものだからである。

　実際，ひとつの体制が持続可能であるためには，一時的な外生的攪乱が成長経路に影響をあたえないことが重要である。こうした条件は，実質賃金の生産性に対するインデックス化の度合いが，生産性体制と需要体制に依拠して定義される2つの境界値の間に収まることを想定している〔コラム9 C2〕。もしインデックス化の度合いが低すぎれば，経済は瓦解する恐れがあり，それが高すぎれば暴発することになるだろう（**コラム9**）。

■コラム9
フォーディズム的成長過程が好循環となるための諸条件

1950–1967年の期間を観察してみると，3つの本質的な特徴が浮かび上がる。雇用が控えめではあるが趨勢として成長していること，景気循環が比較的安定していること，少なくとも初期においては利潤シェアの顕著な低下傾向が見られないこと，この3つである。モデルは，どのような技術的・制度的条件の下で，これら3つの特性が保証されるのかを明らかにすることができる。

雇用増加のためには，需要の自律的要素（投資と同様に消費も）が，労働節約的技術進歩の趨勢を上回るダイナミズムをもたなければならない［条件C1］。

短期の不均衡を自動的に補正する過程によって成長経路が安定するためには，賃金の生産性に対するインデックス化の度合いが，技術特性と需要形成によって定められた2つの境界値の間に収まらなければならない［条件C2］。

利潤シェアにとって不利な変化が生じないためには，賃金のインデックス化の度合いが，技術および需要のパラメーターからなるもうひとつの境界値を下回る必要がある［条件C3］。

C1 $\dfrac{C(1-B)+A(D-1)}{1-D \cdot B} > 0$　　雇用成長の条件

C2 $1 - \dfrac{|1-\alpha c-(1-\alpha)v|}{\alpha c(bv+d)} < k < 1 + \dfrac{|1-\alpha c-(1-\alpha)v|}{\alpha c(bv+d)}$　　成長経済の安定条件

C3 $A+B \cdot \left(\dfrac{C+D \cdot A}{1-DB}\right) \geq \dfrac{h}{1-k}$　　利潤シェアが傾向的に低下しないための条件

しかし，それが唯一の条件ではない。なぜなら，利潤が〔**コラム8の**〕**方程式（2）** の有効性を再検討に付すほど都合の悪い方向へ変化しないこともまた，保証されねばならないからである。ここで**方程式（2）** とは，投資の

説明因子として消費の動態のみを仮定するものである。実質賃金の生産性に対するインデックス化は，生産性体制および需要体制に左右されるもうひとつの閾値よりも低くなければならない〔C3〕。

最後に，フォーディズムの期間の重要な特徴を考慮に入れるには，雇用が成長することが保証されねばならない。この条件は，需要の自律的要素が労働節約的技術進歩の趨勢を上回るダイナミズムを有するときに満たされる〔C1〕。こうして，フォーディズムのネオ・シュンペーター的特徴づけに対応するものが見いだされる。すなわち，プロダクト・イノベーションがプロセス・イノベーションにまさる限りで，雇用は成長するのである。

こうしたモデル化の利点によってこそ，きわめて単純ではあるが，フォーディズム的体制が可能となる諸条件が明らかになる。これと対をなして，フォーディズム体制の危機要因を診断することも可能になる。

3.4 危機の源泉

このモデルに照らしてみると，危機の源泉は全部で3つある。

まず，フォード的生産方式に結びついた**生産性上昇の枯渇**があろう。それはアメリカで〔Bowles, Gordon and Weiskopf 1986〕，やや遅れてフランスで〔Coriat 1995〕観察された。それによって，他のすべてが等しいなら，経済は不安定領域に突入することになろう。

第2に，完全雇用さらには過剰雇用が維持されたことによって，生産性上昇に対する賃金の**より完全なインデックス化**を当時求めていた賃労働者に強い交渉力があたえられた。その上，生産性の趨勢が実際には，期待されていたもの——団体協約はこれにもとづいていた——に比べてやがて低下したこともまた，後からみると，インデックス化の度合いを高めたかもしれない〔Boyer 1986b〕。条件 C2 によって定義される上限値を上回ると，成長体制の安定性はもはや保証されなくなる。

最後に，根本的なプロダクト・イノベーションがないまま大量消費が成熟すると，雇用やプロセス・イノベーション——これがプロダクト・イノベーションにまさってしまう——にとって不利な変化を引き起こすだろう〔Lorenzi, Pastré and Tolédano 1980 ; Réal 1990〕。さらに，フォーディズム的生

産の成功それ自体が，雇用を第3次産業へ移動させることになった［Petit 1986］。そこには，教育，医療，レジャーといった，一見するとフォード的方式が適合しない分野が含まれる。これらの分野に対する需要は国家の介入によって支払いの裏付けがあるものでなければならないだけに，このテーマはレギュラシオン理論を創設した研究においてすでに提示されていた［Aglietta 1976］。というわけで，不安定圏に突入する前でさえ，経済は労働力人口の変化と雇用の動態との間で乖離を経験することがあるのである。

その上，利潤がこのときネガティブな影響を受けるなら，投資の減速さらには停滞が起こる。こうして，経済はフォーディズムが成立しうる領域から離脱し，いわゆる古典派的な領域に入る。そこでは，利潤低下が経済活動の水準に対してネガティブな影響をあたえる。

以上はいずれも定型化された事実であって，1970年代にアメリカのみならずヨーロッパ各国で見られた変化を想起させずにはおかない。

4　いくつかの体制に対応する一般的モデル

1970年代末以降，戦後の成長体制の限界——それはフォーディズムの危機あるいは国際通貨体制の不安定化に起因する——が，大多数のアクターにとって明らかになってきた。それは，まず経済政策の転換を引き起こし，次いでいくつかの制度諸形態の妥当性について反転を促した。ケインズ主義と正統性を争いあう第1のものとしてマネタリズムが現れたとしたら，続いて第2に注目すべき反転として現れたのは，古典派的な見方である。すなわち賃金は，以前は需要にダイナミズムをあたえる要因であったが，次第に企業の収益性や国民経済の競争力に重くのしかかる負担として認識されるようになった。その結果，多くの保守派政府が労働立法を再検討し，競争や対外開放を促進し，さらに国家の役割を定義しなおした。1980年代初頭には，少なくとも政治的言説において，フォーディズムとは対極にある見方が幅を利かせるまでになった。すなわち，今日の賃金抑制は明日の投資や明後日の雇用につながる利潤を作り出すと言われ，これは**シュミットの定理**の名で知られる命題となった。それは，フランスでは**競争的ディスインフレ**［Lordon

■コラム 10
蓄積体制——一般モデル

競争的調整様式を，フォーディズム的蓄積体制の変容に対する自由主義的戦略の影響として扱うためには，先に示された成長モデル（前出**コラム 8** 参照）を一般化することが肝要である。古典的連関は基本的に次のようなものである。競争的賃金によって高利潤が可能となり，その高利潤が投資したがって生産性を促進する。高度な成長——投資主導型か，あるいは開放経済では輸出主導型——は，やがて雇用の活力を生み出す。というわけで，理念的な古典的好循環は次のように示される。

古典的成長の連関

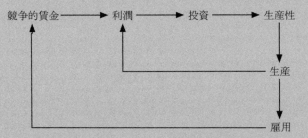

事実，分析の要請から，このメカニズムは，実質賃金と生産性の同期化にかんするフォード的回路のメカニズムと組み合わされることになる。これを行うには，2つの一般化を導入すれば十分である。

投資率は消費成長のテンポばかりでなく，付加価値における利潤のシェアにも依存する（方程式 2'）。この方程式は，純粋に古典的仮説（$v=0$, $u \gg 0$）も典型的なフォード的仮説（$v \gg 0$, $u=0$）も，ともに特別なケースとして含む。

実質賃金は 2 つの対照的な決定因を組み合わせたものである。すな

わち，生産性上昇成果の明示的な分配と，雇用動向に対する正の弾力性に応じた競争的効果とである（方程式 4'）。典型的なフォード的ケース（$k \gg 0$, $l=0$）から純粋な競争的ケース（$k=0$, $l \gg 0$）まで，さまざまな構図が並ぶ。

したがって以前のモデルと比べると，次の 3 点で変更がある。

(2') $I/Q = f + v \cdot \dot{C} + u\left(\dfrac{PRO}{Q}\right)$　　I：投資量，$\dot{C}$：消費成長率，$\dfrac{PRO}{Q}$：利潤シェア

(4') $SR = k \cdot PR + l \cdot \dot{N} + h$　　l：雇用に対する実質賃金の弾力性

(7') $PRO = Q - SR \cdot N$　　利潤決定式

単純化と線型化を施すと，解は先ほどと同様の一般的形式をとる（前出**コラム 8** の式（Ⅰ）〜（Ⅲ）参照）。ただし，式は次のように新たに書き換えられる。

$$A = \frac{a + bf + vg + b(vc - u) \cdot h}{1 - b(vc - u) \cdot (k - 1 - l)} \qquad B = \frac{b[vc(1+l) - 1] + d}{1 - b(vc - u) \cdot (k - 1 - l)}$$

$$C = \frac{(1-\alpha)f + (ch + g)[\alpha + (1-\alpha) \cdot v] - h(1-\alpha)u}{1 - [\alpha + (1-\alpha)v] \cdot c(1+l) + l(1-\alpha)u}$$

$$D = \frac{[\alpha c + [(1-\alpha)v]vc - (1+\alpha)u] \cdot (k - l - 1)}{1 - [\alpha + (1-\alpha)v] \cdot c(1+l) + l(1-\alpha)u}$$

1997］の名で知られ，国際的規模では**新自由主義的な保守的政策**［Bowles, Gordon and Weiskopf 1986 ; Boyer 1990］の語で知られる戦略の第 1 段階にすぎなかった。このような蓄積体制はどの程度持続可能なのだろうか。

4.1 競争要因を再導入する

経済政策のこうした新しい流れは，フォード・モデルに競争メカニズムを付け加えて一般化するための第一歩となる。それはまた，19 世紀に特有の競争的調整のもとでの外延的蓄積体制を，フォード・モデルの極端なケースとして分析していくやり方でもある。それには 2 点について一般化をすれば十分だ。第 1 に，投資は消費の変化だけでなく利潤の変化にも依存するとい

うこと。第2に、実質賃金はもはや、生産性のみに依存するのでなく、「労働市場」の状態の尺度としての雇用成長にも依存するということ、これである（**コラム10**〔特に（2'）（4'）式の純粋競争的ケース〕）。

4.2 多種多様な生産性体制と需要体制

このように拡張することによって、生産性体制と需要体制の構図はともども大いに充実してくる。生産性体制にかんしては、生産性が生産とともに増大しうることが明らかになる。それは、規模の利益が高くインデックス化が限られていたフォード的ケースのみならず、成長が利潤を支え利潤が投資——生産性上昇の源泉——を刺激するという、典型的な古典的ケースにおいても当てはまる。需要体制もまた、賃金形成が主として競争的で投資が利潤に強く依存するという、古典的ケースにおいて、生産性とともに拡大するだろう。こうして、古典派的直観に合致した蓄積体制が可能であるように思われる。

また、いくつかの**ハイブリッドな体制**が存在しうることが明らかになる。たとえ収穫逓増が存在しても、賃金のインデックス化の度合いが高すぎると、生産性と成長との負の関係が観察されるかもしれない。同様に賃金のインデックス化は、生産性とともに拡大する需要体制が存在するための十分条件とは言えない。なぜなら、需要体制が逆転するためには利潤の役割が強まるだけで十分だからである。

したがって、さまざまな生産性体制と需要体制が組み合わされると、ある時は持続可能な蓄積体制に対応する構図、ある時は危機の状態に対応するそれといった具合に、多様な構図が得られることになる。

4.3 時代区分への回帰

こうした類型化によって、先に示した時代の継起をいっそう分析的に解釈することが可能になる（**図10**）。

19世紀は、生産性に対する資本蓄積の強い影響があった一方で、控えめな規模の利益によって特徴づけられる。賃金は本質的に競争的であり投資は利潤依存的である。パラメーターがありそうな値をとると、競争的調整にも

第3章　蓄積体制と歴史的動態　115

図10　蓄積と危機の時期区分

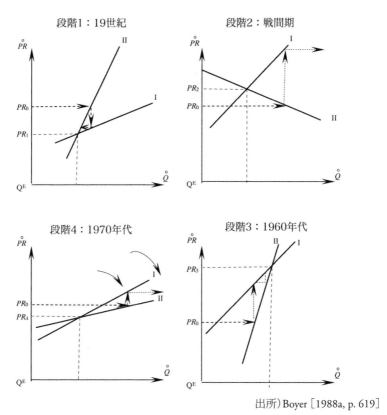

出所) Boyer [1988a, p. 619]

とづく外延的蓄積体制——と先に規定されたもの——が確立する可能性があり、それは**控えめではあるが安定的な成長**をもたらしうる。

　戦間期は、大量生産に特有の規模の利益の重要性によって特徴づけられる。賃金は、先の期間から続いて、本質的に競争ベースで決定されている。その反面、新しい点として、投資が需要感応的になるという事実が生じてきた。そこには賃労働者の数が増加することによってかれらに由来する需要も含まれる。したがって、成長のテンポは高まるが、需要と生産性が負の関係にあるため、その過程は不安定になる。それは何よりも、生産性に対して実質賃

金がインデックスされないことに起因している。かくして，1929–1932 年の危機〔大恐慌〕は大量消費の出現なき内包的蓄積体制の危機として解釈できる。

栄光の 30 年という黄金時代は，労働の科学的管理法が追求され，投資が需要のダイナミズムへの依存を高めたという点において，ある意味で戦間期の延長である。モデル化してみると次のことが分かる。すなわち，主要な変化はフォード的賃金妥協と関係があり，そのおかげで賃労働者は「進歩の配当」つまり生産性上昇の分配を受け取ることができるようになったのである。アメリカを対象とする計量経済学的推計［Leroy 2002］は，この変化がフォーディズム——すなわち大量消費を中心とした持続可能な内包的蓄積体制——への移行を可能にするのに十分であったことを裏付けている。

苦悩の 20 年（1970–1980 年代）は，さまざまな変化が組み合わさった影響のもと，この体制から逸脱したことを示している。決定的な現象は，フォード的工業が成熟してしまい，規模の利益がほぼ消滅したせいで，生産性上昇がひどく減速してしまったことである。この現象はアメリカにおいて顕著であり，やがて他の工業化諸国へと伝播していった。ヨーロッパのいくつかの国では，賃金の過剰なインデックス化が利潤に不利に働き，かつての好循環を破壊する一因となった。最後にさまざまな自由化戦略は，国際・国内双方のレベルで競争を激化させた。このことは，投資の決定要因の揺り戻しを引き起こした。すなわち，国民経済が国際貿易さらには資本移動に対して開放されればされるほど，それだけいっそう投資は，賃労働者による国内需要よりも利潤によって決定されるようになったのである。以上のことから，成長の急激な鈍化と経済情勢の展開の悪化が生じ，それによって栄光の 30 年が終焉し——度重なる不安定性を制御し，ことに第二次世界大戦後から引き継がれている諸制度を再編するために——公的権力の介入が繰り返し必要となった。

5　結論——フォーディズム，重要な概念ではあるが唯一のものではない

このように概観することによって，レギュラシオン理論がフォーディズムをどのように位置づけているかを理解することができる。この概念によって，

成長の速さと安定性だけでなく，生活水準の向上の点でいよいよ例外的となっているように思われるひとつの時期を説明することができるようになった。それは，長期的歴史の眼で見れば突出したものであり，1980–1990年代に見られた凡庸な経済パフォーマンスとは好対照をなしており，この蓄積体制が独自なものだという診断を強固に裏づけている。というのも，この蓄積体制は，高水準かつ安定的な利潤と賃労働者の所得上昇を両立させ，動学的効率性と不平等の抑制を組み合わせ，民間部門のダイナミズムと大規模な公的介入を組み合わせることを可能にしたからである。

　しかし，こうした解釈は理論構築の結果のひとつにすぎない。すなわちこの体制に先立って，異なる特性を備えた別の体制が存在しており，この体制は自らの成功ゆえに危機へ陥ったのである。さらにその時以来，レギュラシオン理論による尽力の大部分は，どの体制がその後継者となりうるかを見立てることに当てられてきた。最後に，本書序説以来注意してきたように，こうした問題設定が出現したのは，フォーディズムの危機に立ち会ったことにある。そして，以上のような成果を総決算することによって，危機分析にかんする問題設定への入口に立つことになる。

第4章　危機の理論

危機というテーマについてはこれまでの章ですでに取り組んできたが，この章では，危機の定義，源泉，展開にかんして，もっと体系立てた分析がなされる。というのも，レギュラシオン理論の諸概念は，ある調　整　様式とある蓄積体制の**存在**を保証する要因と，それらの**不安定化**の要因とを同時に説明するために彫琢されたものだからである。そうした理論構成は，現代のマクロ経済諸理論と比較して十分に独創的である。それはアナール学派から着想を得ているが，経済史研究を単に反復したものというわけではない。危機が呈する**形態の多様性**を明らかにしても，危機へと至る少数の**基本メカニズム**——それは一定の抽象レベルでは不変性を備えている——を説明することを妨げはしないのである。

1　成長と危機の弁証法

実際，持続可能な蓄積の条件を強調することは，各種体制の不安定化要因にも同時に関心を抱くことへとつながる。レギュラシオン理論は，マルクス的な系譜に順じて，景気の循環的様相が競争や賃労働関係といった制度諸形態の特性そのものに起因すると考える。この景気循環においては，拡張期には過剰蓄積の傾向が見られ，これに次いで反転と不均衡の調整が現れ，こうして景気後退期すなわち不況期や危機期が現れるということである。

1.1　大まかな考え方

したがって，生産様式という概念を改めて参照することこそ核心をなす。というのもこの概念は，市場全体で作用しているのは競争のみであるという

表4 標準的理論との比較

	標準的理論	レギュラシオン理論
一般的見方	相互依存的な諸市場の総体	資本主義，制度諸形態の総体
成長要因	（外生的／内生的）技術進歩	蓄積体制の（局所的・過渡的）持続可能性の結果
危機の起源	市場の不完全性 経済政策の失敗	ある調整様式，ある蓄積体制の趨勢の表現

考え方に対して，蓄積という追加的な決定要因——すなわち賃労働関係の形態に及ぼす影響——を導入するからである。同様に成長は，技術進歩の応用によって保証される結果ではなく，一揃いの制度諸形態がもつ整合性の表現なのである。こうした解釈の違いは，危機にかんしてさらに顕著になる。たいていのマクロ経済理論においては，危機は市場の不完全性，あるいはそれを未然に防ごうとする政策の不適合性の結果として生じるとされる。しかし事実はといえば，危機は調整様式や蓄積体制の諸特徴の表現そのものなのである（**表4**）。

実際，レギュラシオン理論が危機を理解するのにどれほど貢献しているかは，この理論に着想をあたえた3つの源泉に言及することで説明される。

1.2　各種危機の総覧

市場がもはや交換を組織する唯一の形態ではないような経済にあっては，さまざまな型(タイプ)の調節不良が考えられる（**コラム11**）。まずそれは，外生的とみなされるショックの結果として現れることがある。例えば，国際的な危機やコンフリクト，自然災害である。しかし多くの場合，マクロ経済変数の変化が示す**循環的な様相**は——周期的に過剰蓄積の傾向を解消することを通常の機能とする——現行の調整様式の表れそのものなのである。重大な変容もなく**その調整様式の中で**不均衡は解決されるので，経済の持続性が危険にさらされるわけではないが，編年史家や同時代人にとってこれはひとつの危機と感じられる。

■コラム 11
一個同一の制度的構図のなかに存在する危機の5つの形態

　レギュラシオン理論は5つの類型の危機を識別する。それは，次第に本質的な制度諸形態にかかわっていくという意味で，深刻さが増大していく順序によって分類される。

1. 外的攪乱としての危機
　これは所与の地理的単位の経済的再生産の続行が妨げられるようなエピソードのことであり，その原因は，自然災害や気候異変による欠乏であったり，あるいは外的空間とりわけ国際空間に端を発する経済的崩壊であったり，さらには戦争であったりする。

2. 内生的ないし循環的な危機，調整様式の表れ
　拡張期に蓄積した緊張や不均衡の解消局面。それは，経済メカニズムおよび社会的規則性のなかで，それゆえ特定の国の特定の時代に支配的な調整様式のなかで起こる。この意味で，蓄積に有利な局面と不利な局面が反復することは，現行の制度諸形態から生じる直接的な帰結である。このとき制度諸形態は，こうした循環的危機によってごく緩慢かつ部分的にしか影響を受けない。

3. 調整様式の危機
　たとえ少なくとも当初は**蓄積体制**が持続可能であったとしても，現行**調整様式**にかかわるメカニズムでは，好ましくない景気変動を逆転させられなくなったことが判明するようなエピソード。

4. 蓄積体制の危機
　蓄積体制の危機は，いちばん本質的な制度諸形態——**蓄積体制**を条

件づけるようなそれ——の内部で矛盾が激化し，それが限界に到達したことによって定義される。蓄積体制の危機はやがて調整の危機を，それゆえ発展様式総体の危機を意味する。

5. 生産様式の危機

ある**生産様式**にとってある社会諸関係が固有なものであるとして，その社会諸関係の総体が崩壊すること。換言すれば，制度諸形態のひとつの構図が限界に達することで，現行の社会諸関係——それがいっそう根本的なものであるかぎり——が再検討に付され，廃止が促されることになる。

しかしながら，それが危機の唯一の形態ではない。というのも，蓄積における循環の繰り返しはゆっくりながらも現行体制のパラメーターを変更させてゆくかもしれず，対応するメカニズムが補整要因から不安定要因になっていくかもしれないからである。そういった出来事が見通しうるのは，蓄積が減速しさらには停止しても，それによって内生的に蓄積が再開される保証はないという事実があるからである。レギュラシオン派による当初の研究は，こうした出来事を**大危機**あるいは**構造的危機**と規定した。

各種の研究が展開されることによって，この第一段の区別は充実してきた。つまり，**調整様式の危機**と**蓄積体制の危機**を区別することが有用なのである。前者のケースでは，景気動向が好ましくなくとも，蓄積体制は持続的でありつづける。それに対して，後者のケースでは，検討に付されるのは蓄積体制の原理そのものである。これは深刻さのレベルがいっそう高い。最後に第5のものとして，制度諸形態の再編に失敗することによって，生産様式を構成する基礎的な社会関係が問われることがある。このとき**生産様式の危機**について語ることができよう。

レギュラシオン理論を構成する基本諸概念の組立てから導き出されるこの類型論は，抽象的なものに見えるかもしれない。しかし実際は，よく似た見方が，アナール学派に着想をえた経済史における多くの研究で暗示されてい

表5 危機分類の適用例

類型	歴史的には	現代においては
1. 見かけ上は外生的なショック	供給の危機	1973, 1979年のオイルショック 第1次および第2次イラク戦争
2. 調整の一部としての危機	19世紀の景気循環	独占的調整におけるストップ・アンド・ゴー政策
3. 調整の危機	非再生的循環：1929-1932年のアメリカ	1960年代におけるインフレの加速とインデックス化要求
4. 蓄積体制の危機	大量消費なき内包的蓄積	1990年代の日本の危機, 1997年のアジア危機
5. 生産様式の危機	封建制度の危機	ソビエト経済の崩壊

る。さらに1970年代以降，危機の再来によってレギュラシオン理論が提起した区分の妥当性が明らかになりつつあるのである。

1.3 危機の歴史を解読する枠組み

したがって，これらの危機類型はいずれも過去に観察され，上記の類型論は現代の危機を照らし出している（**表5**）。

ショックは常に起こっている　天候の偶然性に代表されていたショックに相当するものは，現代経済においては，原料（特に石油）の価格，利子率，さらには為替レートの急激な変化にかんして国際経済からもたらされる攪乱にかかわって存在している。したがって，**第1類型の危機**はいつも見られるが，その影響は各国の調整様式のいかんによってさまざまである。1973年以来続いて起こった**オイルショック**が，まったく同一の景気後退を反復し再現させたわけではないことに注目しよう。なぜなら一般的に，エネルギー消費の強度は弱まったし，競争激化という刺激のもとで，管理された調整は大きく変容したからである。

ストップ・アンド・ゴー政策——フォーディズム的調整の表現　これらの「外因的」ショックがなかったとしても，蓄積は，ある調整様式の内部で景気の拡張と後退の交替をもたらす経済動態を引き起こす要因となる。こうした変動は，栄光の 30 年という期間にも存在したのであり，それは実際，経済政策——景気の刺激局面とこれに続く安定化局面の連続によって伝統的に特徴づけられるストップ・アンド・ゴー政策——の差配に影響を及ぼした。それゆえ，そうした蓄積の波動は，景気循環という形で競争的調整のもとで見られたものとは異なる形態をとる。どちらのケースにおいても問題となっているのは，**調整のなかでの危機**，すなわち制度諸形態の変更も例外的な政治介入もなしに乗り越えられる危機である。

調整様式の危機としての非「再生的」循環　上記とは反対に，調整様式の作用によっては，景気後退からの回復への転換を内生的に引き起こすことができないような歴史的状況がある。例えば，1929–1932 年のアメリカにおける不況について社会的蓄積構造学派〔SSA〕の経済学者があたえる解釈がそうである［Bowles, Gordon and Weiskopf 1986］。かれらはそれを非再生的循環と形容する。というのも，経済活動の低下は，利潤を立て直すにはほど遠く，それをさらに低下させ，その結果，内生的にはいかなる回復も起こらなかったからである。それは**調整様式の危機**——この場合は競争的調整のそれ——である。当然の相違点は別として，それはのちに独占的調整において観察されたものでもある。すなわち，蓄積の緊張を示すインフレーションは加速傾向にあり，それはほとんどすべての所得をインフレにインデックス化する要求を広めることになった［Boyer and Mistral 1982］。一定の閾値を超えると，インフレは調整能力を失い，調整様式の危機への扉が開かれる。

1929 年とフォーディズムの危機——蓄積体制の危機　この危機は蓄積体制の持続可能性を危うくするかもしれない。事実，それは現代において観察されることであり，1929 年以降のアメリカで見られたものと同じである。前者のケースでは，適切な制度的構図を引き出すことができずにフォーディズムの危機に至った。後者のケースでは，大量消費を伴わない内包的蓄積体制とい

う整合性の欠如が見いだされた。これら2つの状況は，すでに**第3章**で分析したところである（前出の**図10**）。理屈では，**蓄積体制の危機**は，調整様式の危機よりもその影響が長期にわたる。実際には，先の2つの例が示しているのは，調整様式の危機が解決されないことによって，蓄積体制の危機が引き起こされうるということである。

ソヴィエト的生産様式の大危機　最後に，制度化された妥協にかんする再交渉が——多くの場合政治的に——行き詰まるなかで，発展様式の危機によって，制度諸形態の精密な形姿ばかりでなく，制度諸形態によって表現される基本的な社会諸関係もが再検討に付されてしまうことがある。エルネスト・ラブルースは封建制度の危機を分析したが，この危機と，ソヴィエト的体制下にあった諸経済の崩壊との間には，意外にも注目すべき一致が見られる。すなわち，ゴルバチョフ大統領が企てた改革は成功せず，この体制の2つの原理——一方で，生産手段の集団的所有とゴスプランによる経済管理，他方で，共産党による政治的代表の排他性——が見直された。こうして，われわれは**生産様式の危機**について語ることができる。

　レギュラシオン理論にとって，以上の5つの類型を区別することが重要である。というのもこうした区別によって，現代世界ならびに歴史において観察される危機が解き明かされるからである。そのうえさらに，危機にかんする研究が蓄積されることにより，危機の源泉となる一定数の一般的メカニズムが引き出されることになった。

2　発展様式の内生的衰弱

　ひとつの調整様式の内部では，蓄積過程は，過熱局面とこれに続く反転局面の継起という刻印をおびる。けれどもこの時，蓄積の回復が保証されるのは，制度諸形態のおかげで作用する各種調節の働きそのものによってなのである。とはいえ，これらの循環が相継ぐにつれて，当該調整様式の成功という事実それ自体のゆえに，さまざまな変化がこの調節過程のなかで生じてくる。

2.1 フォーディズムの危機

　フォーディズム体制の危機は以上のような形で解釈される。1930年代の危機はといえば，それは基本的に，大量消費を伴わない内包的蓄積体制という非整合性に原因があった。だからこそ，その危機は激しいものとなった。**独占的調整**のおかげで，数十年間にわたって整合的な体制であったフォーディズムで機能していたメカニズムは，これとはまったく異なる。そこでの事実としては，副次的な変容が積み重なることによって――この場合には，一見外生的なショック（石油価格の高騰）への反応として――この体制が転覆するほどに脆弱化していったのである。

　1950年代中葉から成長が速いテンポで続いた。もはや景気後退が見られなくなったため，すなわち単に成長が鈍化するだけになったため，1930年代の大不況再来への危惧はかすんでしまったのである。しかし，この調整様式の成功が周知のものとなるにつれて，緩やかな構造変化が現れてきた。それは当初，副次的なもので重大な帰結をもたらさないと考えられていたが，それが累積していくことで，調整様式の持続可能性を急変させてしまう可能性が出てきた。この調整様式の特性はインフレーションをマクロ経済的調節のキー変数とする点にあったので，価格や所得を一般的な指数――例えば消費者物価指数――にインデックス化するという要求が広がることは驚くべきことではない。しかし，インデックス化が完全かつほぼ即座に行われるや否や，インフレーションは調整能力をまったく失ってしまう［Boyer and Mistral 1982］。そこから帰結するインフレーションの加速によって，貨幣・金融システムの安定性が危険にさらされてしまうことがある。

　危機の第2の要因は，さまざまなメカニズムによって生産性の上昇が鈍化している時でさえ，賃金交渉は過去に見られた生産性上昇の継続を期待してなされるという事実にかかわる。経済はまず，大量生産パラダイムに固有の技術的限界に突き当たる［Boyer and Juillard 2002］。他方で，完全雇用の近傍にあることで，労働強度の低下を埋め合わせるための監督費用が上昇する［Bowles, Gordon and Weiskopf 1986］。これらはいずれも，最終的にはフォーディズム的蓄積体制の持続可能性を危うくしかねない要因である。それは実際に，1960年代末以降に観察されたことである。この調整様式に特有なパ

ラメーターにこうした漸進的な変化が導入されることで，蓄積体制の持続性から不安定性への逆転を説明することが可能となる（前出の**図 10**）。

2.2　内部代謝――ひとつの定式化

レギュラシオン理論の主要な目的にしたがえば，成長期も危機期も同じ分析枠組みで分析することが重要である。

2つの時間尺度　そのことはまさに，2つの時間尺度を区別する定式化によって可能となる。すなわち，一方で調整様式が意味する調節という短期と，他方で制度諸形態や技術の変容が起こる長期である［Lordon 1996］。定式化において導入される経済学上の仮説について言えば，まず，フォーディズムが開花して豊かになったがゆえに製品差別化が求められるようになり，それがロジスティック関数で表されるような形で生産性に悪影響をあたえるというアイディアが考慮される。すなわち，製品差別化は当初は容易であるが，次第に困難となり，いずれ生産性上昇における限界にぶつかるということである。第2の仮説としては，さまざまな時間尺度を区別する以上，経済変化の循環的様相を考慮に入れることが重要だと考える。最後に，こうした短期の動態にゆっくりとした動態が付け加えられる。すなわち，所得が伸びるにつれて，差別化された商品への需要が増大し，このことは生産性上昇から引き出される成長が困難になるという形で明らかになる（**コラム 12**）。

不連続性としての危機　中期の特性は線形化されたモデルのそれとほぼ同じである（前掲**コラム 8**）。それは力強くかつ安定した成長である一方，循環的である。その反面，長期では，生産の非線形性によって独自な動態が加わってくる。期間の初めにおいて，所得の上昇が消費や生産の差異化を促進しているときに，生産性の減速が和らげられるにすぎない。成長のテンポは持続的に低下し，それは製品差別化が大量生産の可能性を危うくするような限界点に達するまで続く。この時，成長のテンポにしたがって雇用が突然低下するのが見られる。こうして，一連の副次的で継続的な変容は，最後には成長のテンポに重大で急激な変化をもたらすことになる。

■コラム 12
製品差別化が生産動態およびフォーディズムの危機に与える影響

A. 短期の動態
(1) $\overset{\circ}{PR} = f(Q, \beta)$　　生産性はロジステック関数の形状をとる
　　　　　　　　　　PR：生産性, Q：産出
(2) $\overset{\circ}{Q} = C \cdot \overset{\circ}{PR} + D$　　需要は生産性に対して線形的に変化する

B. 生産性体制の長期的変容
(3) $N(t) = \Omega[\bar{R}(t)]$　　$\Omega' > 0$　　財の数 $N(t)$ は家計の恒常所得 $\bar{R}(t)$ とともに増加する

(4) $[\bar{R}(t)] = \int_{-\infty}^{t} \mu(t-\tau) [\int_{-\infty}^{\tau} Q(s) ds] d\tau$　　恒常所得は過去の所得の移動平均である

(5) $\beta(t) = \Gamma[N(t)]$　　$\Gamma' < 0$　　財の多様性は生産性上昇に不利に働く

ここから, T を恒常所得の形成における平均的なラグとすると, $\beta(t)$ の動態は生産性, 所得, 成長のそれよりもはるかに緩慢なことがわかる。

(6) $\beta = \dfrac{1}{T}[R-\bar{R}] \cdot \Omega'(\bar{R}) \cdot \Gamma'[\Omega(\bar{R})]$

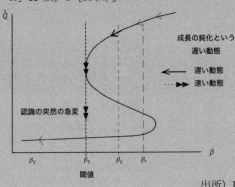

出所）Lordon [1996]

各種ショックの目録の先にあるもの　このモデルの独創性はさらに，高成長から低成長への移行が**不可逆的**であることを示唆している点にある。危機や所得減速のせいで，差別化が停滞すると仮定したとしても，当該経済が再び高成長のリズムを取り戻すことはないだろう。定性的な観点から言えば，当該モデルの特性は，フォーディズムの危機の結果として急激な変化が観察されることに対応している。それらの変化は急速な石油価格の上昇に関連づけられ，もちろんこの要因は重要な役割を果たした。しかしこのモデルの利点は，以下のことを指摘する点にある。すなわち，外的なショックがまったく存在しない中でさえ，生産性の減速傾向によって，この発展様式の純粋に内生的な危機がきっと引き起こされたであろう，と。こうした分析は，フォーディズムの危機における現実的な経緯を説明できると主張しているのではなく，そのごく一般的な特性を明らかにすることを意図している。すなわち，ある発展様式の成功それ自体が，最終的にはそれを不安定化させる一連の構造的変容を引き起こすのである。

2.3　一般的特性

ある体制が危機に陥る多くの事例が，歴史や国際比較によって提供されている。危機への突入は，多くのアクターが，これまでの景気循環で経験した成功という事実そのもののゆえに，今後もその（好ましい）傾向が継続すると期待している，まさにその時に起こるのである。

日本モデル——自らの成功の犠牲者　1970年代以降の**日本経済**の展開は，ひとつの発展様式がその成功ゆえに危機へ陥ったという，もうひとつの例を提供している。実際，メゾ・コーポラティズム型の調整様式は，大量生産と大量消費の同調〔同時化〕によって特徴づけられるひとつの発展様式が出現するのを保証していた［Boyer and Yamada 2000］。

1980年代の国際的文脈において，この構図は注目すべきマクロ経済的結果を生み出したが，それはこのモデルが危機に陥ったフォーディズムの後継者になるだろうという信仰を煽るほどまでになった。実際，日本の制度諸形

態は他に類を見ないものであった。企業主義的な賃労働関係は雇用関係の安定性を前提としており，この安定性は労働時間や報酬のフレキシビリティによって埋め合わされていた。系列——きわめて多角化したコングロマリット・グループ——は，自らの中長期戦略を部分的に調整しつつ，系列どうしの間で寡占的競争が行われる。国家は生産や所得再分配に直接的に介入するのでなく，経済諸主体の期待を一致させるようにする。これらの特徴いずれもが成長を助長し，準完全雇用を促した。しかし，拡張期が長く続くにつれ，労働時間の延長や賃労働者に求められる労働努力の強化によって，賃労働関係に大きな緊張が現れた。こうして日本の競争的優位のひとつは，時間が経つにつれ侵食されていった。

　こうしたメカニズムは，フォーディズムに特徴的な生産モデルの危機について先に言及したものと同じである。もうひとつの似たところは，そうしたものが日本の危機を引き起こした直接的な要因ではないという事実にかかわる。実のところ，それは「日本モデル」の成功がもたらしたもうひとつの帰結にかかわっているのである。つまり日本は貿易黒字を累積させていたので，輸入のみならず金融でも開放せざるを得なかった。それに対応する改革，とりわけ金融自由化にかんする改革は，投機バブルに主導された経済ブームの引き金となった。危機への突入を際立たせたのはバブルの崩壊である。そして危機は持続的な成長の鈍化と失業率の上昇となって現れたのである。

　公的支出とか，準ゼロ金利の金融政策とかいった景気回復政策のいずれによっても，1980年代のパフォーマンスを取り戻すには至らなかった。そのような事実は，調整様式が，そして最終的に蓄積体制自体が危機に陥ったことを示している。他のたいていの理論は，これを経済政策の誤謬や日本経済の時代遅れなスタイル（アルカイスム）の結果として解釈するが，レギュラシオン理論はこうした危機をむしろ，ショックや急変——たしかにこれらは危機の引き金となった——のさらに先にあるところの，発展様式が限界に到達したものとして分析する。

輸入代替戦略の危機　ラテンアメリカの諸経済の多くは，輸入代替戦略にもとづいて発展を遂げた。対外貿易をコントロールしたおかげで，それまで輸

入されていた財を国内の企業が順次生産していくようになった［Ominami 1986］。この発展様式によって，1950–1960 年代，ラテンアメリカ経済は国際経済情勢にあまり左右されることなく，以前よりも高い成長が可能となった。しかしながら，輸入代替が次第に技術集約的な財に，あるいは規模の利益を動員する財に及ぶにつれて，この戦略の有効性は徐々に失われていった。なぜなら，国内市場の規模があまりに限られたものであることが明らかになり，世界的規模で技術の新たなうねりが到来することで，キャッチアップの見通しが危うくなったからである。こうした限界は，金融危機，経済危機，そして政治危機さえをも促進することとなった。1990 年代に支配的だった解釈に反して，頻発するこれらの危機は，この発展モデルの非持続性という整合性の無さから来たものではなく，むしろ，繰り返しになるが，まさにその成功ゆえに限界へ到達したことから来たものなのである［Boyer 2002b］。

3　調整の空間を越えようとする資本蓄積

この表題に示されたものが蓄積体制の数々の危機の源泉となった第 2 のメカニズムである。

3.1　資本主義の起源から

商業資本主義の出現以来，交換は国内空間を越えて展開されてきたのであり，すでにして世界経済(エコノミー・モンド)を構成するまでになった［Wallerstein 1978］。蓄積の外向性というこの傾向は，第一次産業革命期や 19 世紀の外延基調型蓄積体制においても示されていた。というのも，資本主義的形態の発展が可能にした生産の増大が，国内市場の吸収能力を凌駕したからである。それは結果として，それほど発展していない諸地域・諸国向けの輸出拡大を助長した。以上が，国内の制度諸形態と国際レジームとの新たな相互依存を作り出し，その結果，危機をひとつの国から他の国へ伝播させていくメカニズムなのである。この相互依存性は，生産的投資や金融資本もまた続けて国際化されるのだから，たんに国際貿易のみの問題ではない。分析が国民経済レベルから世界経済全体のレベルへ拡張されると，それまでは外生的ショックとして分

図11 国際化の効果のもとでの需要体制の逆転

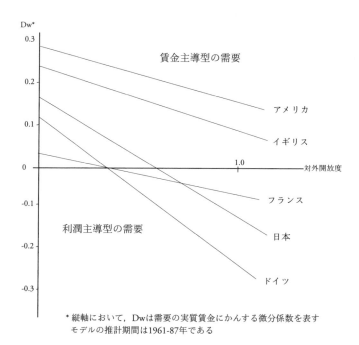

* 縦軸において，Dwは需要の実質賃金にかんする微分係数を表す
　モデルの推計期間は1961-87年である

出所）Bowles and Boyer［1995］

析されていたものが，実際には取引，生産，投資，金融の国際化によって作り出される各国間の相互依存の表現となる。

3.2　国際化によって不安定化するフォーディズム

　フォーディズムとて例外ではない。初めはそれが，主に国内空間において大量生産と大量消費が同調したおかげで機能していたとしても，続いて外向化の過程を作動させることになる。というのも，基幹部門においてインフラストラクチャーや投資が再編されると，規模の利益の追求は，もはや国内市場のみではその実力を発揮することにはならない。したがって輸出の拡大が，収穫逓増にもとづく生産性体制の潜在的可能性を広げる手段として現れる。さらに富裕化にともない差別化された需要が拡大し，これが国際貿易を躍進

させる第2の要因となる。

　需要体制はこのことに影響をうけることになる。なぜなら，賃労働者の消費や企業の投資のうえに，純輸出が加えられなければならないからである。その輸出はといえば，これは世界経済の成長や，国際競争に関連する国内生産物の相対価格に左右される。輸入の面では，それは国内経済の成長と相対価格に反応することになる。このようにして，国際貿易のシェアが増加するにつれて，競争力を表す項——それ自体利潤シェアに直接関連づけられる——が需要体制に導入されるようになる［Bowles and Boyer 1990］。

　フォード的回路が支配的であるほど，需要に対する実質賃金の影響はプラスであるが，その程度は小さい。それは，独占的調整の重要ではあるが意外な特性である。しかし，実質賃金の外生的上昇の効果〔図11のDw〕が逆転する対外開放度の閾値が存在する。もとは〔Dwの値が〕プラスであったその効果がマイナスとなるのである。いくつかの計量的推計は，ドイツおよびフランスの経済が1980年代にこの閾値を越えたらしいことを示している（**図11**）。

　したがって国際貿易への開放は，当初は生産性体制の存続に好都合な役割を演じるが，最終的には，フォーディズムが含意していたものとはもはや異なるマクロ経済的規則性に行き着くほどまでに，需要体制を変質させてしまう。これは，内部代謝の一形態から帰結する危機のもうひとつの事例である。

　こうして製品差別化により，先進国間の取引は同一部門内で行われることが多くなる。取引はもはや，単に国民経済が異なる部門に特化することから生じるわけではなくなる。なお，異なる部門への特化は，19世紀に典型的な構図であり，今日もまだ多くの南北関係においては当てはまることではある。

3.3　従属的経済——輸出主導型発展様式の危機

　古典的体制の可能性——需要が利潤に主導される——や国際開放の可能性——競争力に結びついた体制を可能にする——を考慮に入れるべく，モデルをこれら2つの点で一般化すると（前出**コラム10**），いわゆる従属的経済の危機がもつ特殊性を説明することができる。

フォーディズムの対極　実際には，従属的経済の体制を可能とする3つの条件はどれも十分ではない。

まず生産性の展開は，本質的に，最先進の諸経済で生産される設備や中間財に体化されている技術を輸入し，適用することに依存している。当該技術が輸出部門――海外直接投資であれ国内企業であれ――で利用されれば，それだけいっそうこうした潜在的な成果が上がることになる。

第2に，需要体制は国際経済への編入に影響を受ける。というのも賃金が国内需要の形成ばかりでなく，とりわけ競争力の形成に寄与するからである。結果としてこうした開放により，国内空間で蓄積の回路が完結しなくなる可能性が秘められており，それはフォーディズム的蓄積体制と対立する第2の点である。

最後に何より，賃労働関係の制度化が脆弱であることにより，賃金形成において競争的メカニズムが支配的なものになる［Bertoldi 1989 ; Boyer 1994］。

ここで輸出主導型の蓄積体制が実際に持続可能であるための条件を明確化できる。生産性の上昇，競争力の改善，活発な輸出，所得分配，内需の成長を結びつける好循環メカニズムが実際に始動するためには，経済が十分に開放されており，価格弾力性が一定値を超えていなければならない。広範な産業予備軍の存在は，経済が活発な時でも実質賃金をそれほど上昇させはしないので，そうしたモデルの出現に好都合な条件である。

危機のユニークな2つの形態　反対に，これとは別の2つの構図ではまったく満足できない展開となる。第1に，賃金がきわめて競争的な性格をもつため，賃金の力強い成長が輸出部門の利潤や競争力を危うくするほどのものになるや，生産性体制も需要体制の不調と結びつき，成長は生産性の減速によって特徴づけられるものとなることがある。こうした構図は，1980年代中葉の韓国経済の危機を連想させずにはおかない。

第2に，もっとも好ましくないケースは，賃金形成が競争的で当該国がわずかにしか開放されていない時，および／あるいは輸出に対する低い弾力性しか備えていない時に見られる。というのも，こうした賃金規律は，当該国

の輸出——たいてい世界価格の影響を受ける商品に限られている——を増加させるどころか，それ以上に国内需要に不利に働くからである．この体制は，ラテンアメリカ諸国を特徴づけることになるだろう．しかも，それら諸国が工業製品ではなく原材料の輸出に依存するのであれば，なおさらそうである．これら諸国は，停滞主義体制および／あるいは構造的不安定性によって特徴づけられる．

アジアとラテンアメリカの顕著な差異　こうして従属的経済に固有の閉塞や危機の要因が導入される．当該経済が世界経済との生産性格差を十分急速に埋めることに成功できないか，賃労働関係の競争的性格が技術的キャッチアップを可能にする規模の利益の動員と両立しないことが判明するか，のいずれかである．ここに，多くの従属的経済が直面する危機が呈する2つの形態がある．したがって，制度諸形態の再生産に対する要請に関連して，成長テンポに分岐が生じてくる．以上は，ラテンアメリカの多くの国で当てはまるように思われる．あるいは，国際経済への開放の結果として生じた急速な経済拡大により，1997年以降のアジアで見られたように，大危機が発生することになったのである．

　したがって，従属的経済で起こる危機のユニークさは，それらの蓄積体制がフォーディズムの一変種といったものではまったくないという事実に起因する．国際的金融仲介に対して各国がきわめて不均斉であることに注目するとき，その特殊性はさらに強められる．その結果，為替相場の危機はしばしば銀行危機に結びついていく［Boyer, Dehove and Plihon 2004］．

　加えてこうした危機原因は，特定の蓄積体制を非持続的にする原因ともなる．アルゼンチンは，各種の危機原因がこのように重層化していることを示す典型的なケースである［Miotti and Quenan 2004］（**コラム13**）．

4　蓄積体制を不安定化させる金融自由化

　市場金融に支配された調整様式の可能性については，独占的調整のありうる後継者として，すでに言及した．金融の優位性は明らかに，フォーディズ

■コラム13
2001–2002年のアルゼンチン危機

　アルゼンチンが辿った軌道は特殊なものだったので，数多くの研究がなされた。その集大成はNeffa and Boyer［2004］に見られる。危機の類型論（前出の**コラム11**）は，金融的，政治的，社会的，経済的な危機に至りついた1990年代の動態に格別にうまく当てはまる。

　最初は一連の**負のショック**が続いていたが，やがてアルゼンチンはメキシコ危機（1994–1995年），アジア危機（1997年），ロシア危機（1998年），そして重要な貿易相手たるブラジルの平価切下げの影響をこうむった。

　これらのショックはそれ自体としては，あれほど深刻な危機を説明するのに十分ではない。制度諸形態の変容から帰結する**調整様式**の特徴を考慮に入れることが必要なのである。ここに制度諸形態の変容とは，ペソからドルへの完全かつ不可逆視された交換性の選択を意味する。国際貿易や国際金融に突然に開放されたことで資本が大量に流入し，それによる豊富な信用に助長されて経済が拡大局面を迎えた。

　内生的な力によって経済情勢が反転したとき，アルゼンチン経済はこれまでの不均衡を解決すべく，金融政策も為替政策も自律的に行うことがもはやできなかった。政府が負債を抱えているためにいっそう，財政政策はプロサイクリカルにならざるを得なかった。生産性に比して実質賃金を完全に下げているにもかかわらず，拡張期に蓄積した不均衡を解消することはできなかった。1998年から景気後退が始まり2001年まで続いた。これは**調整様式の危機**の兆候である。

　しかし，それはまた**蓄積体制の危機**でもあった。というのも，輸出部門——たいていそれは農産物に関わっている——を近代化しても，それによって，民間主体や政府のドル建て負債を返済しうるほどの貿易収支黒字を回復させるのに十分ではなかったからである。直接投資

は何よりも保護された部門――主に民営化された公的サービス――に向けられた。こうした資本の配分は，輸出主導型成長体制を確立しようとして，1976年のクーデター以来懸命に追求してきた戦略を危うくするものであった。

　危機にかんするこれら諸要因の結びつきは，**大危機**または**システミック危機**を意味し，これによって**財政**危機（政府がその対外債務を返済できない），**銀行**危機（銀行の活動停止），**為替**危機（交換性の突然の崩壊），**社会的**危機（失業率の急上昇，貧困の深刻化，貯蓄を凍結された中間層の怒り）が同時に起こったことが説明される。危機は**政治的**領域において激烈に現れた。例えば，政府の不安定性，諸制度の正統性の喪失，民衆の抗議運動の多発がそれであり，さらには社会的爆発を避けるべく独自の通貨を発行せざるをえなくなった諸州とのコンフリクトさえもそうである。

ムで見られた制度諸形態の構図とは正反対のものを含意する［Aglietta 1998］。株主価値にかんする言説が有する外見上の一貫性なるものにとどまることなく，こうした体制の持続可能性と一般性を検討することが重要である。

4.1　金融主導型蓄積体制の輪郭

　金融の自由化と金融革新によって特徴づけられる1980年代以降のアメリカ経済を観察すると，資産効果を介して投資や消費を規定する株式の評価が，核心的なマクロ経済指標として中心的な性格をもっていることが判明する。株式相場で利潤を生み出す動態とその逆の動態が，生産性と実質賃金，大量生産と大量消費を調整していた動態に取って代わることになる（後出**図12**）。

　フォーディズムと比較すると，この体制では，金融にかかわるストック変数や資産形成にかんする意思決定に対する金融収益の影響に決定的な役割が付される（**コラム14**）。かいつまんで言えば，投資は，もはやたんに需要の変動だけでなく，金融市場によって決まる収益目標を考慮に入れなければならない〔(2) 式の ρ〕。消費は賃金所得に依拠し続けるが，さらに家計が保有

■コラム 14
金融支配型蓄積体制

需要形成

(1) $D = C + I$ 　　　　国家も対外貿易も存在しない閉鎖経済

(2) $I = aK_{-1} \cdot (r-\rho) + b \cdot (D - D_{-1}) + i_0$ 　　　　投資は金融的ノルムと収益性の乖離に応じて，また需要の加速度項から形成される

(3) $C = \alpha \cdot MSR + \beta \cdot W + c_0$ 　　　　消費は実質賃金の総額および家計の富に応じて決定される

需要供給の相互作用

(4) $K = K_{-1} \cdot (1 - \delta) + I$ 　　　　資本ストックは減耗率と投資率に応じて変化する

(5) $\bar{Q} = v \cdot K$ 　　　　生産能力は資本ストックに応じて決定される

(6) $Q = Inf(\bar{Q}, D)$ 　　　　生産の水準は生産能力と有効需要のどちらか少ない方に合わせて定まる

所得分配

(7) $r = \dfrac{Q - MSR}{K_{-1}}$ 　　　　利潤率は資本ストックに対する粗利益をもとに構成される

(8) $W = q \cdot \dfrac{Q - MSR}{i}$ 　　　　富は，利子率およびトービンの q を考慮に入れつつ，利潤をもとに評価される

金融的および貨幣的諸変数

(9) $MSR = f \cdot Q - e \cdot \rho + w_0$ 　　　　実質賃金総額は需要とともに増加するが，金融ノルムとともに

(10) $\rho = \bar{\rho}$　　　　　　　　減少する
　　　　　　　　　　　　収益性ノルムは金融市場で規定
　　　　　　　　　　　　される

(11) $q = \bar{q}$　　　　　　　　トービンの q は外生的に定まる
　　　　　　　　　　　　と仮定される

(12) $i = j_0 + \psi(\dfrac{W}{Q} - r^*)$　　通貨発行機関は金融バブルの形
　　　　　　　　　　　　成を回避すべく利子率を決定す
　　　　　　　　　　　　る

(13) $r^* = (Q, \psi)$　　　　　富と所得の関係は発展水準およ
　　　　　　　　　　　　び通貨発行機関によって評価さ
　　　　　　　　　　　　れる裁量的変数の関数である

内生変数（11 個）
D：総需要，C：消費，I：投資，r：利潤率，MSR：総実質賃金，W：富，K：資本ストック，Q：生産能力，Q：実際の生産量，i：利子率，r^*：所得と富の関係
外生変数（2 個）
$\bar{\rho}, \bar{q}$
すべてのパラメーターは 0 以上である：$a, b, \alpha, \beta, v, \delta, f, e, \psi$

する株式資産の価値を計測する項が付け加わる〔(3) 式の W〕。

　この価値は，中央銀行の市場介入金利から算出される割引率を考慮に入れつつ，将来の利潤の実現に応じて形成されると想定される〔(8) 式〕。金融資産が賃金所得に比べて少ないときには，この消費関数はカレツキアン的特徴を呈する。すなわち，消費は賃金に比例して増加する。その反面，金融化が非常に進んでいれば，収益性に有利に作用しつつ株式価値を増大させるのは，賃金の抑制である。このことにより結局，資産効果の作用で消費拡大が可能になる。実際には，資産効果は信用への容易なアクセスを通じて機能するが，**コラム** 14 の簡略化された定式化では考慮されていないが，**図** 12 の図

第4章 危機の理論 139

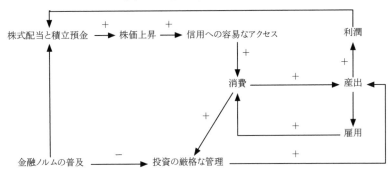

式にはこれが示されている。

こうしてひとつの好循環が始まりうる。すなわち，金融収益性の上昇は株式相場を刺激し，このことは消費を増加させ，それが投資を刺激することになる〔**図12**の金融ノルムから株価上昇を経て消費，投資へと向かう回路〕。それはまた，金融収益ノルム〔**コラム14（10）式**〕の上昇という一見マイナスの効果〔**図12**の金融ノルムから投資の厳格な管理へと向かう因果〕を相殺する。したがって，生産の水準は金融的評価の帰結となる。このことはフォーディズム下において支配的だった実物領域と金融領域の関係を逆転させることになる。

4.2 おそらく持続可能ではあるが，やがて不安定性にみまわれる体制

一見すると，期待の楽観主義にもとづくこうした体制が首尾よく確立することはないのではないかと懸念されるかもしれない。また反対に，1990年代のアメリカがそうであったように，ひとたび金融主導の拡張局面が観察されると，そこからアナリストたちは，金融の柔軟性によって危機を引き起こすすべてのリスクが取り除かれたのだという結論を引き出すかもしれない。このモデルを解明することで，そのような体制の潜在的可能性だけでなく限界も明らかになり，上記の2つの直観は否定される。

一方で，資産効果がきわめて高いときに，金融市場の影響で収益性に強く規定される投資行動が一般化するならば，**金融化された成長という好循環体制**が成立するかもしれない。この体制にあっては，収益性ノルムの上昇は，

株式市場で評価される家計の富に影響を及ぼす。このことは消費の拡大をもたらすことになる。企業が需要に十分感応的であるならば，この加速度効果は投資に正のインパクトをあたえる。またそれは，金融界から要請される金融収益性ノルムの上昇がもつ投資制限的な効果を相殺することさえあるだろう。必要な変更を加えれば，この体制は，まさしくフォーディズム的発展モデルの潜在的後継者である。株式取引の動態が，累積的成長の源泉として賃金に取って代わったわけである。この体制の核心は，金融体制にとって利益となるように制度諸形態の階層性が逆転することにある。

過度の賃金フレキシビリティは害になる　しかしながら，この体制の持続性はいくつかの条件が満たされることを想定している。とりわけ，**賃労働関係が過度に競争的でない**こと，すなわち，賃労働者の実質的な報酬が需要の変化に決定的な影響を受けないことが必要である。というのも，過度の賃金フレキシビリティはマクロ経済的安定性を害するからである。ところで制度階層性の逆転は，それ自体賃労働者の交渉力が失われたことを反映しているが，それにより賃金形成において競争的要因が萌芽的に再導入されることになる。したがって，金融化が労働や社会保障に対する顕著な規制緩和と結びつくものである以上，危機のひとつの要因が導入されることになる。

内部代謝による危機　他方で，金融市場の発展により金融主導型体制の圏域〔ゾーン〕は機械的に拡張するが，同時に当該経済は構造的に不安定な圏域に近づいていく。このように，**金融化がマクロ経済的均衡を不安定化させる閾値**が存在する。ここに，レギュラシオン理論における危機の一般的解釈に再び出会うことになる。というのもここでは，完全市場が仮定されているので，この型の危機が不完全性の表現，あるいはアクターの行動における不合理性の表現というわけではまったくないからである。このような場合には，当該調整様式に特有のパラメーターの漸進的な変化すなわち内部代謝は，最終的には成長体制を不安定化させるのであるが，他方アクターたちは，その成長体制は成功し永続するに決まっていると見ているのである。

中央銀行当局──金融安定性の番人　最後に，この金融化された成長体制は，金融政策の目的が変化することを前提としている。というのも，金融化された経済のこうした体制を安定化させるには，危機へと至る成長の暴走を未然に防ぐために，**貨幣発行機関の反応が十分に迅速である**ことが重要だからである。こうした文脈では，利子率の動きが経済の安定性にとって決定的となる。

　これらの結果によって，1990年代アメリカの経済情勢が明らかになる。実際，モデルによる検証によって，この国はおそらく金融化された成長体制に位置づけられることが可能な唯一の国であり，結果的に新たな型の危機を体験する最初の国であることが示されるからである［Boyer 2000b］。同様に，金融的暴走の現出を防ごうとするために，そしてそうした暴走防止が不可能であると判明したときには利子率を素早くかつ急激に低下させることで経済を活性化するために，金融政策は決定的な役割を付与されることが明らかとなる。

4.3　金融──危機伝播の要因

　この体制は危機のさまざまな原因を備えている。その危機は，金融自由化がどのような制度的文脈のもとで生じるかに応じて，現実化する仕方が異なる。危機のいちばん根源的な要因のひとつは，資本から生まれる経済的〔実物的〕収益といくつかの金融資産から生まれる金融的収益が乖離していく点にある。

極端な収益の要請　例えば利子率が非常に低い状態であるがゆえに，高い収益が観察されると，経済主体は自らの資本がもたらす収益性と利子率との不一致から利益を得ようとして，合理的な水準以上に借入れを行うインセンティブをもつ。それは，1990年代に実際見られたレバレッジ効果に合致する［Plihon 2002］。こうして，「実物」経済による利潤形成能力とは関係のない収益ノルムが一般化されることがある。先の定式化（前出**コラム14**）は，それぞれのケースにおいて**金融市場から要請される収益性の閾値**が存在することを示している。その閾値は，投資の加速度効果が低い時に最大値をとり，

反対にそれが大きい時に最小値をとる。したがって，金融市場の能力に限界があるように思われる。しかしそれが尊重されなければ，一連のマクロ経済的病理（均衡の不在や不安定性）がもたらされることになる。

フォード的体制は金融化によって不利益をこうむる　当該モデルの2つ目の結果は，どんな経済にとっても金融主導の成長体制を採用することが得策とは限らないということである。というのも，**未だに勤労者社会によって支配されている経済**——すなわち労働所得が消費様式の主要な決定因である経済——において金融化が起こると，金融収益性ノルムの上昇は反対に負の効果をもつからである。

　この結果から，1990年代に起きた日本の危機を解釈することができる。というのも，国際金融に開放されたことで，事実上，収益性あるいは実質賃金上昇の指標とならんでマクロ経済パフォーマンスも悪化したからである。2000年代のドイツ経済もまた，未だに賃労働関係が重要性をもち，**工業への特化が支配的である**という特徴をもつ体制が金融化した際にぶつかる限界を示している。

金融グローバル化——従属的経済にとっての危機の要因　多くの経済にとっては，金融化が**国際資本移動への開放**と結びつけられるにつれて，またもっと程度は小さいが，それが銀行の内部組織の近代化に結びつけられるにつれて，過去の傾向とは異なり，資金調達源の顕著な弾力性が見られるようになる。結果として1990年代には，先例がないほどに，経済拡張期を変化させる出来事が連なって起きることが多くなった。というのも，それが豊富な信用によって牽引されたからだが，それは資本の流出をも引き起こし，それにより経済情勢の急変もまた起こった。

　銀行危機や為替危機，不動産危機や株価危機，銀行破綻，さらにソブリン危機が，さまざまな強度や深刻さで組み合わさるようになった。金融のグローバル化は，発展様式——それは緊張も矛盾もないわけではなかったが——に混乱を引き起こすことになった。しかし金融化のショックがもたらす斬新さとその広がりに直面して，ほとんどの制度諸形態が金融によって侵食され，

図13 従属諸国における金融自由化——成長体制の大部分における不安定化

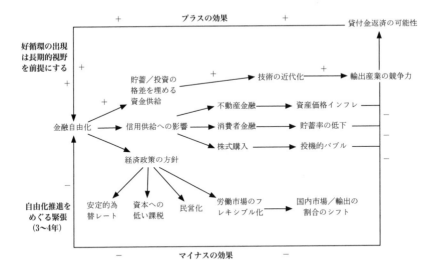

この調整様式が限界に達したため，金融グローバル化の持続性が急激に危うくなった（図13）。

4.4 蓄積体制の非整合性——グローバル化した金融の可塑性はしばらくの間それを隠蔽する

金融が大危機の発生にあたえる影響には，もうひとつの形態がある。ある国が完全に国際金融に開かれると，そしてその経済政策が正統派——例えばワシントン・コンセンサスのそれ——に合致するようになって以来，そこでは資本がもっとも収益性の高い部門へ殺到するのが見られる。こうしたことはたいてい国際競争から守られた部門で起こるが，それには公共サービス，不動産業，あるいは公的債務への融資が該当する。したがって信用の発達が——消費に好都合だとしても——国際競争から守られた部門の生産能力しか発展させず，国内の経済主体は外国通貨建ての債務を負うことになる。こうしたことは，国際貿易に開放された経済において輸入を活発にする。

資本移動に関連した歪み　対照的に，直接投資は，中短期では設備財や中間財の輸入を生み出すとしても，結局輸出能力を発展させるにすぎない．仮に，国際競争への開放がまず，競争力を失った国内企業の破綻や再編をもたらす効果をもつなら，貿易赤字はさらに悪化する．そうである以上，資本の流れが一気に逆転し，銀行と為替へ同時に影響をあたえる金融危機が発生するには，金融市場の見方が転換するだけで十分である．

　しかし，危機の発端は必ずしも銀行のひどい経営やけじめのない財政・金融政策にあるわけではない．危機が深刻なものになる原因は，むしろ，輸出主導で，金融グローバル化に従った蓄積体制が有する回路がうまく機能しないことにある．そのような機能不全はシステミックなもののように思われる．なぜなら，為替相場の崩壊，銀行システムの瓦解あるいは閉鎖，そして時には公的債務の危機が組み合わさるからである．

アルゼンチンの崩壊　以上が，アルゼンチン経済を崩壊に導いた諸連鎖である．一見したところでは，この国は1990年代に自由貿易や金融グローバル化と両立可能な成長体制を確立していた．1990年代後半にはワシントン・コンセンサスの優等生となって，この国は銀行監視の近代的システムを備え，ドルとの固定的かつ不可逆的な為替相場制度を選択することによって信頼性を獲得した．

　ところが実際には，国際競争への適応は，競争力を創造するというよりもそれを破壊するものであることが判明した．したがって小規模な輸出部門しかもたない国で起こる金融危機は，蓄積体制の非整合性の表れである．この体制を維持するには，この国は累積的に債務を負わざるを得ないのである．1993年から1997年にかけてアルゼンチン経済で見られた傑出したパフォーマンスによって，ある意味で，自由化によっては克服できない構造的不均衡が隠蔽されてしまったのである．

　このように，アルゼンチンの軌道は，他に類を見ない危機の形態を示している（前出**コラム 13**）．資本の流入がプロサイクリカルに起こり，信用供給によって助長される拡張期が始動するばかりでなく，このように信用へのアクセスが容易であることによって，先例のない制度的構図のうちにある蓄積

体制が持続可能でないことがしばらくの間隠蔽されてしまうのである。カレンシー・ボード〔特定の外貨に為替レートを固定した上で，国内の通貨発行量を外貨準備の額に連動させる制度〕の採用や完全に自由な資本移動，そして国内市場の自由化は，国際経済の不確実性に反応する力を消し去ってしまった。さらにこれらの制度変化によって，アルゼンチン経済は，蓄積体制の中で増大する不均衡――大量の資本流入によってしばらく隠されてしまったが――によって特徴づけられる経路に迷いこんでしまったのである。

5　結論――繰り返される危機とその形態の変化

　当初からレギュラシオン理論は，危機の分析をその中心に据えてきた。フォーディズム的成長体制の停滞が観察されてから，諸研究は大危機の継起という形での歴史分析を提示することに専念してきた。1980–1990年代において危機が多発し，しかもそれらの性格が意外なものであったため，経済学者の関心は一変し，金融危機を定式化したり危機の歴史へと回帰していったりした。そしてそうした動きは多くの結果や直観をもたらしたのである。それでも，レギュラシオン派の問題設定(プロブレマティーク)は独創性を保持している。

　まずその問題設定においては，危機を調整様式および／あるいは蓄積体制の限界への到達とする一連の独創的な定義が提示された。およそ危機は時間的経過の帰結なのであって，均衡状態にある市場経済と比べて不完全であることを確認するものなどではない。こうした評価の相違は，理論の出発点が資本主義という概念にあり，相互依存的な市場から構成される経済を基準とするわけではないという事実に由来する。

　つぎにこの理論は，制度的歴史的マクロ経済学のプロジェクトの一環をなすものである。たいていのマクロ経済学者は，株式市場の危機は継起するがそれらは互いに似ていないことに，さらにまた，アジア危機の原因が1980年代にラテンアメリカで観察された危機とは同じものでないことに気づいて，愕然となった。レギュラシオン理論の方は，「各々の経済はその構造に固有の危機を有する」と考える経済・金融史研究の系譜に属する。もっと正確にいえば，小危機あるいは大危機の形態の詳細は，それぞれの調整様式に対応

図14 レギュラシオン理論の基礎的諸概念の構造

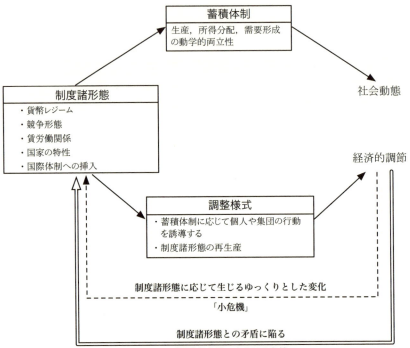

するということである。同様に，危機が次々と起こり，それらが互いに似ていないとすれば，それは，資本主義とは制度的・技術的イノベーションであり，さまざまな蓄積体制が時間的に継起し，空間的に共存しうるものだからである。

　最後に，新しいマクロ経済理論は，経済的均衡の安定性という公準から出発している。その結果，危機は必ず変則的なものあるいは特異なものとして現れるとされる。これに反してレギュラシオン理論にあっては，制度諸形態が経済的調節の性質に及ぼす帰結を分析すれば，経済体制の持続性という問題や，反対にその非整合性やそれに続く危機への突入の問題への扉が開かれると考える（図14）。調整と危機は同じ問題設定の2つの側面なのである。

第Ⅱ部　展開編

第5章　行為，組織，制度それぞれのロジック

　本書は，ワルラス的均衡というアプローチがもつ欠陥や不整合を明らかにすることから始まった（**第1章**）。ここでは分析の順序を裏返して，各々の制度的アーキテクチャーにかかわるミクロ経済学がどのようなものであるかを明らかにする必要がある。そのためにはまず，企業の概念を資本主義の有機的組織体として重要視しつつ，生産者の理論に対する対 案（オルタナティブ）を作り上げることが前提となる。続いて，**実質的**合理性の原理を**文脈的**合理性の原理に置き換える必要がある。最後に，これも重要なことだが，市場が唯一の調整メカニズムではなく，それにはほど遠いものであることを示す必要がある。逆説的ではあるが，市場が持続的であることを保証するのは，それとは異なる各種制度の配置なのである。こうしてマクロ経済的・制度的基礎の視点に立つことによって，大規模組織や多様な公的介入が存在する世界において適切なミクロ経済とは何かが理解できるようになる。

1　およそ合理性なるものは制度的に位置づけられている

　純粋経済という閉じた場を気にするあまり，たいていの経済学者は，企業の本質は利潤の最大化にあると考えている。現代を対象とした国際比較によって，企業が追求する細かな目標がきわめて多様であることが浮き彫りにされているが［Aoki 1988 ; Boyer and Freyssenet 2000］，企業の歴史について読みこんでいくといっそう含みのある考え方にたどりつく［Chandler 1977 ; Hatchuel 2004］。

表6　企業類型の数ほどに企業目的がある

	同族企業	小規模企業	フォード的企業
目的	資産の相続	生き残りと収入	規模効果の最大化
統治の様式	家父長的	アドホック	労資妥協
経営スタイル	資本の安定性，選択の慎重さ	ハードワーク	技術基調＋マーケティング

1.1　企業の多様な目標

　こうした先行研究のレビューから分かるのは，企業の存続を可能にするのに十分な利潤は，中間的な目標によって得られるのであって，それは利潤の最大化とは異なったものだということである（**表6**）。

　例えば最近の研究では，金融的領域でも産業的・社会的領域でも，同族企業が株式会社よりも一般に優れたパフォーマンスを示すことが明らかにされている［Allouche and Amann 2000］。そうした企業に回復力があるのは，リスクにさらされることを極力避けつつ家族的紐帯を十分に動員する組織を通して，家族がノウハウや相続資産を世代から世代へと引き継ぐことを目指すからである。また，政府は失業手当を削減するが，現代の経済では，失業者が個人企業を作って勤労所得を手に入れるためのひとつの手段となるという限りで，個人企業は第2の例外をなしている。

　これら2つの事例を通じて，レギュラシオン理論をミクロ経済学へと拡張するためのひとつの中心的な論点が浮上してくる。すなわち企業の合理性は，いわば複雑性や不確実性の縮減装置たる制度的文脈によって強固に条件づけられているという論点だ。第二次世界大戦後の制度改革が成果をもたらし，賃労働者を巻きこむ大量消費市場が発展するに至った裏では，資本主義の長期的歴史からみて異例といえる労使妥協にもとづいて，フォード的企業が規模の効果を最大化しようとしていたのである。そして近代的経営技術が発明されたのは，まさにこの時期だった。1945年以降，日本の企業家はこのモ

日本企業	シリコンバレーのスタートアップ企業	ウォールストリートの投資銀行	労働者協同組合
品質による製品差別化	急進的イノベーションによる超過利潤	金融資産の価値	賃労働関係からの解放
メゾ／ミクロ・コーポラティズム	カリスマ的	トレーダーとクォントの間での利潤分配	民主主義的熟議
賃金関係のフレキシビリティ＋下請け	リスク共有，雇用者の内在的動機づけ	金融数学の発展，最大限のリスクテイク	経営参加モデル

デルに適応することを強く望んだが，市場の狭隘さに直面し，それにより日本企業は——とりわけ日本的労使関係に固有なフレキシビリティや下請けの徹底的な利用という恩恵を受けて——製品差別化や高品質を利潤戦略の核心とするようになったのである。

こうした分析枠組みによって，労働者による生産協同組合という理想が初期の工業化局面以来現れたものの，なぜそれが市場の主要部分をかち取るのにあれほどの困難を経験したのかを理解することができる。例えば，商業銀行からの競争圧力に抵抗できる協調融資制度といった，組合の持続性を保証するような国民的制度が欠落していたのである。制度諸形態は各種利潤戦略に対する制約やその好機をつくりだすがゆえに，明らかに，何らかの形の整合性が——たとえそれが補完性ではなくとも——生産組織の型と制度諸形態との間には存在しなければならないのである。

1.2 制度的文脈がちがえば個人の合理性もちがってくる

これと同じ原理を適用すると，消費者理論に代わる別の理論が得られる。消費者理論は2つの柱にもとづいている。第1に社会的文脈から独立した選好の存在と，第2に消費財にしか依存しない効用の最大化である。ところが，これら2つの仮説は有効でない。現代社会において，消費ノルムは並外れた模倣過程に従い，その模倣過程自体は，利潤マージンを拡大すべく企業が提示するイノベーションによって促進される［Frank 2010］。同じように制度主

義の一派は，文脈が個々人の定める目標をほぼ完全に決定すると仮定している［Douglas 1986］。

　ここでも経済史は，さまざまな構図の類型の特徴を提示してくれる。例えば，なぜ中世の農民は自らの土地区画をあちこちと分散させていたのだろうか。現代農業を研究する経済学者にとって，それはまったく不合理なものにみえる。この農民は，規模の利益を享受すべくかれの土地をひとつにまとめるべきであろう，と。事実はといえば，貧農は立て続けに起こる天候不順に直面するなかで，リスク（川辺の氾濫や丘の上で生じる霜害……）を最大限に分散することによって，かれの子孫を確実に生き残らせようとしたのである。したがって，不合理性などまったく存在せず，むしろ，定期的に繰り返される飢餓によって特徴づけられる旧式調整に適応しようとする試みだったのである［Boyer 1991］。19世紀の職人労働者，ヘンリー・フォードの従業員，トヨタのサラリーマン，あるいはシリコンバレーのベンチャーキャピタリストがそれぞれ並べ立てた目標と手段を比較すると，諸個人の合理性がきわめて多様なことはよくある現象だということがわかる。この点は，トレーダーやクォント（金融の計量的アナリスト）のケースについても当てはまること，言うまでもない。かれらの行動は社会の中の他人からは非合理的だとみなされるのだが，実際には，かれらの行動は利潤の分配にもとづく，したがって最大限のリスクテイクを行うことにもとづく，ひとつの報酬システムの結果なのである［Godechot 2001］。

　逆説的ではあるが，合理性の原理がもっとも明快に表現されるのは，近代の公共機関の枠組みのなかにおいてである。この場合の関心事は，価格メカニズムを介した資本主義経済への統合ではなく，むしろ経済に繁栄をもたらすような規則やルーティンを生み出したり調整したりすることである［Weber 1921］。現代まで分析を延長すると，政治的なものが経済的組織にかんするイニシアティブをとった過去のレジームとくらべて，金融化の時代においては，公共的行政機関を改革するために民間部門の手法が動員されるのというのは，驚くべきことではなかろうか。このようなことは，現代の自由主義的戦略の核心をなす。その象徴的事例はイギリスにおいて見いだすことができる［Faucher-King and Le Galès 2010］。

こうして，合理性の原理に細かな内容を与えた途端，どこでも通用するというミクロ経済学の可能性はどこかへ消えてしまう。経済史がもたらす定型化された事実と照らし合わせると，以上にみた合理性の原理と標準的なミクロ経済理論とが対立しているということは，この学問が妥当性を犠牲にして規範性に固執していることの証拠である。

2　社会的構築物としての市場

消費者理論への対案にかんする第3の柱についても同様である。ここにいう消費者理論とは，市場は自律的とみなされる主体のコーディネーションを一手に担う形態だとするものである。実際，企業と家計（あるいは個人）のミクロ経済理論から一般均衡理論のそれへと推移するのがマクロ経済学の唯一厳密な表現だとみなされ，それは「市場」と呼ばれるひとつの制度の存在を仮定することで行われている。そこでは，互いに独立した原子とみなされるきわめて多くの市場参加者から発せられる需要と供給が同時に対峙するとされる。

すでに強調したように，標準的なミクロ経済学の教科書で証明されていることは，競売人の存在に立脚している。そして競売人は取引の総体を集約し，模索過程の後に均衡価格が見出された時にしか取引を許可しないとされる（**第1章**）。

2.1　もっとも複雑なコーディネーション形態

以上のような虚構は支持できない。というのも，それは多数の反論に直面するからである。第1に，個々人の合理的な反応として行われる物々交換が一般化することで遭遇する困難さから市場が生まれるというオーストリア学派の物語は，多様な貨幣の歴史が存在することによって，まったく妥当でないことがわかる。やり方はどうであれ，貨幣の創出を基礎づけるのは信用であり，そしてこの貨幣が次に商品交換の発展を可能にするのである［Alary 2009］。反対に，一般均衡モデルに貨幣を導入する試みは失敗した。というのもそこでは，個々人は財やサービスのバスケットを交換するのであり，いっ

たん取引が行われると貨幣は消滅してしまうからである。第2にとりわけ，古典派政治経済学はその点において，よほど満足できるものである。なぜならそれは，主体が空間や時間によって価格が上がり下がりするのを観察しつつ，自らに利潤をもたらし，自らの存在を正当化するこうした交換の仲介者となろうとすることを示しているからである［Marshall 1890］。したがって市場は組織を表現するものであり，それらが結集することで，独自の制度レジームが定まることになる。標準的理論は「自然」失業率，「自然」利子率など「自然」という形容詞を濫用するのだが，その標準的理論に反して，市場は自然状態の表れなどではまったくない。最後に第3に，市場の創出はいつでもどこでも，需要と供給を全体として整合させるための解決策となるわけではない。すなわち，製品の品質や規模の利益についてのいくつかの構図に対しては，市場は成立しえないかもしれない。というのも，それは安定的な構造を与えられているわけではないからである［White 2002］。

　こうした省察から始めて，理論的および歴史的な研究によって，所与の市場が持続可能となる制度的かつ組織的な条件を抽出することができる。

　社会のレベルで，市場の構築に不可欠な条件のリストを作成することができる。第1に，制度的観点からすれば，市場取引は何より所有権の移転である。交換がうまく展開するのを保証するには，信頼や相互性の関係だけではもはや十分ではなく，所有権の移転はたいていの場合，契約を保証する法体系を前提とする。同様に第2に，財やサービスの交換は支払いに対応して行われる。このことは計算単位や支払システムの存在を想定している。最後に第3に，各種の取引を統御する税制を考慮に入れる必要がある。仮にこうした包括的条件のひとつでも満たされなければ，この市場の持続性は危機に瀕することとなる。

　別の一連の条件は生産物やサービスの特殊性に起因する。関係者は財の性質について合意しなければならず，そしてこのことは，複雑なサービスの提供が時間的に一定間隔にわたって続くような場合，ひどく難しくなるかもしれない。もっと根本的にいえば，財の質について合意することが重要なのであるが，例えば労働や雇用にかんしてはそれは自明なことではない。不完全情報のミクロ経済学が示したように，質について合意することができないと，

市場を開くことができないかもしれない（中古車市場については，Akerlof [1984] の研究がある）。また多くの市場においては，一見独立している第三者が生産物の質を鑑定すべくやってくる。このことは，例えば大企業が，自ら発行する金融証券を格付機関によって評価してもらう際に，当該企業が資金を提供する時には当てはまらない。このことはつまり，いわゆるデリバティブ商品の危機へと導いた要素のひとつだったのである。市場の開設やその働きを規定する手続きは，可能であれば処遇の平等さを保証しつつ，市場参加者の信頼を維持するものでなければならない。例えば，専門家による不正行為というものは株式市場における信頼を切り崩す。取引がきわめて頻繁に行われると，潜在的に処遇が不平等になる。これにより，そうした実践の体面が危うくなるに違いない。こうした条件は，包括的でもあり特殊的でもあるのだが，新たな市場ができるたびに，適応しなおされ，補完され，構築されてゆくべきことなのである。

　例えば，デジタル化が出版，音楽創造，映画産業に影響を与えるときには，知的財産権が問題となる。限界費用がほぼゼロで作品が配給されることによって恩恵を受けようとする大衆からの圧力に対して，クリエーターたちの収入を守ろうとする長期にわたる過程を経て，相反するこれら２つの要求に折り合いをつけるルールが現れることになった。同様に，取引が場所に縛られなくなると，法的紛争の解決を局所的に行うことについて，また電子的な支払手段の安全性について，さらには租税を徴収する国民国家について，問われることになった。こうした問題はまったく解決されておらず，このことは電子商取引が未だ安定的な構図をえるには至っていないことを示している。電子取引の発展は，時間的にも空間的にも市場関係を変化させる。歴史的に見ると，市場はもともとローカルであまり定期的でないものとして現れたのであるが，eコマース——そこでは高い関税障壁はほぼ消滅している——は，潜在的に世界的規模で常時開設されている市場を意味する。高頻度で行われるこれらの取引は，それが完全な形で現れるのは金融市場であるが，投資が実行され，さらにはイノベーションが成熟するのに必要な時間的猶予とは反対に，短期的時間の専制をもたらす。要するに，市場をもっともシンプルでもっとも明白なコーディネーション形態とする見方に異議を申し立てなけれ

ばならないのである。それどころか市場は，もっとも脆弱なもののひとつであり，経済の各種領域に属する各種ルールが補完的であることを前提としているのである。

3 制度的配置の組合せとしての制度諸形態

ここに至って，原子から構成される分子に似せて，5つの制度諸形態の起源と性質を再検討することができる。

3.1 利害関心 対 義務，水平性 対 垂直性

市場の欠陥にかんする研究においては，しばしば国家の介入がこれに代わるコーディネーションの原理として示されている。この二分法が元となって，新古典派とケインズ派の間の意見対立が生まれている。ネオ・コーポラティズムにかんする研究［Schmitter 1990］や経済社会学［Hollingsworth, Schmitter and Streeck 1994］の長所は，市場と国家の区別を超えて，コーディネーションにかんする4つの異なる中間形態を考慮に入れた分類法を示している点にある［Hollingsworth and Boyer 1997］（図15）。

アリアンス［図15ではアソシエーション］はコーディネーションのひとつの様式をなす（英語ではガバナンス）。それは，市場と同じく経済のロジック〔水平的関係〕の範囲で十全に機能しながら，関係者の合意によって維持される。関係者の関心は，例えばイノベーションや新技術の実行にかかわる不確実性を共有する点にある。

私的なヒエラルキー〔企業〕は垂直統合された大企業のスタイルである。それはコーディネーションのもうひとつの形態を構成し，それが果たす役割は資本主義の長期的歴史において増大しつづけている。それは取引費用ならびに生産費用の動態を最適化できるだけでなく，イノベーションを促進することができる。

コミュニティは共同体，党派，地域，クラブの寄せ集めである。それはひとつの結合形態であり，そこではアクターがさまざまな規模のグループ・レベルで——ただし一般的にその規模は限られている——通用するゲームの

図15　各種コーディネーション原理の分類

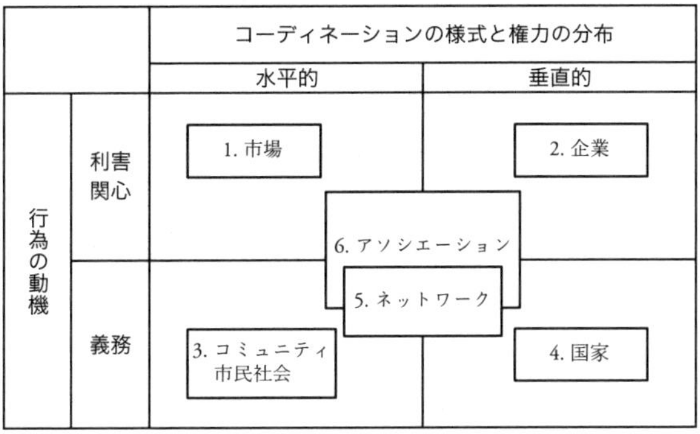

		コーディネーションの様式と権力の分布	
		水平的	垂直的
行為の動機	利害関心	1. 市場	2. 企業
		6. アソシエーション	
		5. ネットワーク	
	義務	3. コミュニティ 市民社会	4. 国家

出所）Hollingsworth and Boyer［1997］にもとづく

ルールに同意している。コミュニティ成立の重要な決め手となるのは信頼の確立であり、これは大部分の経済活動、とりわけ商取引や信用取引において必要なものである。

　最後に**ネットワーク**は、職業組合、労働組合、私的利害の管理に対応するものであり、この最後のものは伝統的には集権的国家に付与されていたある種の活動の部分的移譲に対応する。しかしそれらはまた、社会関係（家族や集団……）の空間において築き上げられるものでもある。これら両方のケースにおいて、こうしたネットワークは経済競争やイノベーションにおいて動員されることがある。

　市場と国家〔**図15**では1と4の項目〕といういささか二元論的な二分法は、二重の基準の上に築かれた分類を根拠としている。その基準とは、一方で――経済学者にとっておなじみの個人的利害関心であれ、社会学者が前面に押し出す義務的感情であれ――行為の動機である。他方の基準は、コーディネーション過程にかかわる水平的かつ平等主義的な性格か、これに対するヒエラルキー的かつ不平等な構成要素かである。そのうえ、これら制度的配置の各々は特定の条件を要求し、一般に利点とともに弱点も露わになる。それゆえ、提示される問題の構図がどうであれ、先験的に最適な配置などは存在しないのであって、この点は経験的な観察や比較研究によって十分に確かめ

られることなのである。

以上にみた分類の利点は強調するに値する。すなわちコーディネーションの諸原理は，ミクロからマクロへと移行することを保証し，またその逆もある。というのもこれら諸原理は，アクターと最も一般的なレベルで観察された経済システムとの間の中間のレベルで機能するからである。最後に，レギュラシオン理論の諸概念は，単にマクロ経済的レベルだけでなく，部門レベルで作用するレジームの分析に資することができる（**第6章**）。

3.2 制度経済学——分類の必要性

1990年代を通じて制度派の研究は急増したが，それはしばしば，市場と制度の対立ということに立脚していた。そこでは，純粋な経済調整ではないものはすべて制度であり，非市場的とみなされる一個同一のロジックにしたがっていると前提されていた［Hall and Soskice 2001 ; Yamamura and Streeck 2003］。しかし，各々のコーディネーション原理〔**図15** の6つの原理〕と結びついた制度的配置は多様なのであって，そのことがこの仮説を早々に反証している。したがってその意味を明確にする必要があり，1990年代の諸研究によって，互いに関連づけられた——そしてもっとも一般的なものからもっとも特殊なものへと至る6つの構図を区別するような——一連の定義が提起された（**表7**）。

立憲的秩序は政治学［Sabel 1997］や経済史［North 1990］の研究によって導入された。それは，フリードリヒ・フォン・ハイエクの反設計主義［Hayek 1973］によってこの語に与えられた意味を変えるものである。この立憲的秩序は正統性の領域で機能し，熟議を通して，さまざまな秩序や領域において，矛盾しあうようになった部分的なロジックの間での対立を解決できるようなルールを規定する。そこでは，本質的に政治的な過程が重要となり，これがのちに法律として表現されることになる。

制度は，一般には非物質的な手段を規定する。それはたいてい法律となって，組織（場合によっては個人）間の相互作用を構造化する効果をもつ。手がかりやルールのない空間において多数の戦略的行動が展開しているが，制度はそれゆえに生じる不確実性を減らすのに役立つ。制度は政治的領域と経

第5章 行為，組織，制度それぞれのロジック　159

表7　制度的秩序からハビトゥスまで

構成要素＼性質	定義	行為の原理	変化の要因
立憲的秩序	（制度，組織，個人といった）下位レベルの諸審級間の紛争を解決できるような**一般的ルール**の総体	討議を経ることによる**正統性**	・民主主義社会では一般に大いなる慣性あり ・法的な再構成における**政治的**過程の役割
制度	組織（や個人）間の**相互作用を構造化する**ことを可能にする無形の手続き	戦略的行動にかかわる**不確実性**の縮減または除去	・構造的**危機** ・低効率は変化の十分な理由とはならない
組織	コーディネーション問題や機会主義的行動を克服するための**権力構造**および**ルーティン**総体	**アメとムチ**（すなわち報酬と監視の体系）は制度や慣習と結びつけられている	・競争とくらべると成果は不十分 ・大危機が構造再編を生み出す
ルーティン	暗黙的知識の**体系化**に由来する行為のルールの総体	**標準化**が複雑な手続きを簡素化し，理解や共通の反応を促進する	・環境の**不合**な変化 ・一連のルーティン間の**不整合**またはテクネーからエピステーメへの変化
慣習（コンヴァンシオン）	一連の分散的な相互作用から生まれる，**相互に強化しあう期待や行動**の総体	慣習の起源にかんする**記憶は失われている**ので，「自然なこと」に見える	・**全般的危機，侵入，解釈**…… ・効率性が淘汰の基準となることは稀である
ハビトゥス	個人の社会化プロセスを通じて作り出される，諸個人に合体された**行動**の総体	特定分野に対する**適応**だが，他分野に移された場合は不均衡の可能性	・ハビトゥスを他分野に移す ・一般的には困難な新たな**学習**

出所）Boyer and Saillard［2002］をもとに拡張

済的領域を同時に司る。制度が立憲的秩序に明白に依拠していることは、多くの歴史研究によって示されている［North 1990］。同じ教訓は市場自体と公的介入の関係についても当てはまる［Fligstein 2001］。

組織は、以下の事実によって制度とは根本的に区別される。その事実とは、明示的な権力構造が、当該組織のなかでとられる個々の戦略や行動——それは場合によっては機会主義的である——をコーディネートすべく、一連のルーティンを実行するということである。こうした単位は、企業や非営利目的の組織に対応するかもしれない。個々の組織の整合性を保証すべく、管理プロセスと経済的インセンティブが一体化する。そこから、企業と市場の対立ということが、取引コスト理論［Coase 1937］やその現代的な展開［Williamson 1975, 1985］によって前面に押し出され、一般化していった。

ルーティンは、たいていは暗黙的なノウハウをコード化することで得られる行為のルールや、それを定式化された知識に転換することとして定義される。ここで定式化された知識とは、同じ組織に属する——あるいは同じ問題に直面する——行為主体全体に伝達可能であり、かれらがアクセス可能であるような知識を指す。行為の原則は、本質的に認知的・間個人的だが、非物質的であり、これによってルーティンはハビトゥスや組織から区別される。ルーティンの概念は、進化論的な諸理論、とりわけ企業を能力（コンピテンス）の集合として特徴づけた理論［Nelson and Winter 1982 ; Dosi and Salvatore 1992, Ch. 5］の強調したところである。

慣習（コンヴァンシオン）は、いかなる明示的なコーディネーション過程も存在しない中で、完全に分権的な相互作用を通して、一連の相互依存的な期待や行動が——多くの場合意図しない形で——収束していくことから生じる。それゆえこの過程は、もっぱら認知的なものではなく、まったく社会的なものである。慣習は一度確立されれば、当該の各種主体の全体にとって「自然な」ものとなる。これによって、忘れ去られた慣習の起源が行為の原則となっていく。レギュラシオン理論とコンヴァンシオン理論との関係はすでに強調されてきたところなので、コンヴァンシオン理論による研究はもう知られているのかもしれない［Favereau 1989, 1993a, 1993b, 1997 ; Boltanski and Thévenot 1991 ; Orléan 1994 ; Salais and Storper 1994 ; Batifoulier 2001］。ルーティンとは反対に、慣習はそれ

が出現しえた空間を超えて容易に輸出できるわけではない。結果として，これら2つの形態の動態は最初から別個のものなのである。

最後に**ハビトゥス**〔習慣〕は，個々の表象や行動の形成にかんする社会化の過程の帰結を確認するものである。ピエール・ブルデュー［Bourdieu 1980］の社会学において要となるこの概念は，きわめて役に立つ。というのもこの概念は，同じ社会的グループに属しつつ，所与の場で，大いなる強制力や明らかな組織からはほぼ独立して行う諸個人の行動が規則的となる可能性を示しているからである。こうして，制度的秩序が個々人自身のなかに組みこまれる［Douglas 1986］。これは経済学者が選好と名づけるものであるが，それは外部から与えられるものではなく，過去の相互作用の結果なのである［Bowles 1998 ; Gintis 2000］。ハビトゥスはおそらく，日本的賃労働関係（性別分業）あるいはブンデスバンクによって実行される貨幣レジーム（ハイパーインフレーションのトラウマ）といった，いくつかの制度諸形態が持続的となるために不可欠な要素であるのかもしれない。

このように定義された「基礎的要素」の組合せにもとづいて，レギュラシオン理論の制度諸形態を再構成し一般化することが，新たな研究に求められている。この点において，コンヴァンシオン経済学における近年の展開はまさしく，これと同じ目的——すなわちマクロ社会やマクロ経済を形成する制度を生み出すこと——を目指している。それは全体-個人関係主義のプログラムを現実のものとすることに他ならない［Defalvard 1992, 2000］。そのうえ，レギュラシオンのプロジェクトという観点からすれば，これは各種制度が出現し，成熟し，続いて危機に陥って消滅することを理解するための，ひとつの段階をなすかもしれない。

3.3 賃労働関係——対照的なコーディネーション原理を組み合わせた制度形態

以上のような組立てによって，賃労働関係の概念を再検討し，この概念と労働市場論的アプローチとの相違を際立たせることができる。それはまず，賃金生活者と企業の利害の相互作用の結果として示される契約——すなわち正統派理論が特権化する水平的関係——によって規定される。しかしそれはまた，労働を組織化する際に行われる権限移譲の名のもとに形作られる垂直

的関係——すなわち市場的関係と結びついた権力関係——をも含んでいる。それゆえに,賃金を市場調整の結果として捉えるのは現実的根拠のないことである。なぜなら,組織的規定(雇用条件,昇進,報酬決定の手続き……)は全体として,商業関係や経済的偶然性に典型的に見られる競争メカニズムから,雇用関係——賃労働関係の各企業レベルでの偏差——の管理をほぼ完全に切り離そうとするものだからである。こうした視点から見ると,特徴の異なるいくつかの労働契約が持続的に共存しているのであり,一義的な労働者という身分に対応するような統一的賃金に向かって収束するといったことは確認できないのである。

しかしながら,商品関係と権力関係のこうした接合に対して,第3のコーディネーション原理を加えなければならない。それは,賃労働関係の集団的性格から帰結するものである。ごく一般的には,民間契約はたいてい労働法に含まれており,それは労働組合と使用者組織という団体にかかわっている。結局,賃労働関係の本質的に対立的な性格を考慮すると,社会的な平和を最低限維持することが国家の特質をなす。それゆえ,製品市場と労働市場を同様に扱うことはできない。なぜなら,新自由主義的戦略が支配的となる時代にあっても,賃労働関係を司る複雑な装置を,完全市場に対しての単純な摩擦といったものに還元することはできないからである。企業家と賃金稼得者との間には非対称性があるので,雇用水準は投資の意思決定に規定されるという,ケインズやカレツキの視点もまた忘れるべきではない。すなわち労働は,経済動態に対してヒエラルキー的に従属しているのである。ある意味では,賃労働関係の制度的な体系化は,権力のこうした不平等を部分的に阻止するための試みとして現れる。このことは,労働契約のフレキシブル化政策がなぜ繰り返し失敗するのかを説明する。一方で,賃金を唯一の調整変数とすることは,企業の観点からさえ現実的でない。他方で,労働法の本文を修正〔労働市場規制を緩和〕することで企業に対する忠誠心が失われたり,さらには需要が賃金に牽引されている場合にはそれが低下したりするといった,政策意図に相反する傾向が生み出されることになる。

3.4 市場的金融のシステム――自己組織化の幻想

金融市場はしばしば象徴的なものとして提示される。というのもそれは，標準的理論の基礎をなす仮説に近いからである。しかしそこでは，仮説を支える制度的配置の緻密さが無視されており，制度的配置の安定性が過大評価されてしてしまっている。金融市場は投機的熱狂と劇的暴落を交互に引き起こしつつ，模倣過程の影響を受けて展開するため，経済政策のアクターが制度的配置の脆弱性や不安定性を意識するのは，やっと大危機が到来したときでしかない［Orléan 2004］。結果として，歴史全体を通じて，公的権力はこうした危機の規模や頻度を制限しうるようにコントロールする過程を発展させようとしてきた。

ニューヨーク証券市場を観察すると事態は明らかである。まず，その社会的理性が金融市場の品位を高めることであるような，そういった民間企業が存在する。金融資産の質を評価することの難しさを考慮すると，行政当局すなわち証券取引委員会（SEC）が，取引の透明性や公平性を担保する責任をもつようになる。しかし，その SEC はといえば，それは金融業者自身によって翻弄される可能性があり，この金融業者の誘惑は，会計の厳正さや株主に提供される情報の質をごまかすほど大きなものとなる。インターネットバブルの際に，エンロンのようないくつかの企業は「創造的会計」を開発して，例えば収入は公開帳簿に集め，損失は裏帳簿に集めた。危機が勃発した時には，政治権力は，この種の行動に対して制裁を強化すべく法律を定めざるをえない。

もっと広げて言えば，インサイダー取引を発見するのは困難であり，また金融業者たちは，儲かるが有毒な新しい金融手法を積極的に生み出したりしている。たとえアナリストが，新しい顧客が古くからの顧客への報酬を支払う形となるポンツィ的な投機を見破ったとしても，あるカリスマ的金融家が――権力ではないにしても――影響を与える関係があれば，それで十分に訴訟を鎮めることができるのである。長期的にそして不完全にではあるが，金融市場の持続性が保証されるのは，規制緩和，金融イノベーション，危機，そして公的権力による再掌握を関連づけるこうしたサイクルの反復を通してである［Shleifer 2000］。こうして組織，市場，規制が一緒になって，金融シ

ステムを安定させることができるのである。

4　組織と制度──同型性から階層性へ

　市場によるコーディネーションに代わるものとして，多くのアナリストは組織と制度を未分化なままに取り扱っている。ところが，制度派の研究によって，対立する2つの因果関係が浮かび上がってきた。資本主義の多様性(VoC)学派にとっては企業が制度構築の起源をなすのに対して，レギュラシオン理論にとっては因果関係は逆となる。

4.1　資本主義の多様性理論──企業は自らの制度的環境をつくり上げる

　実際, Hall and Soskice［2002］は，企業組織のスーパー・モジュラー理論〔企業が活動する複数の領域(ドメイン)を独立したモジュールとみなして，ドメイン間の補完性を議論する理論〕［Milgrom and Robert 1990］を資本主義の諸制度に拡張した。その手続きは，ベンチマーキングという素朴な見方とは反対に，経営の装置にかんして対照的な構図が存在しうるという事実と合致している。ベンチマーキングという名のもと，それぞれの経営諸装置の役割は厳密に加法的な関係〔相乗的でなく相互独立的な関係〕にあるとされ，したがって，ある最善の道(ワン・ベスト・ウェイ)から別の最善の道へ移行するのは容易なことだとされてしまう。

　ひとつだけ例をあげてみよう。ジャストインタイムや総合的品質管理のモデルは次のようなことを想定している。すなわちそれは，部品供給の時間的な制約に応えるために産業地域に典型的な組織，ある製品の生産から別の製品の生産へ容易に移動できるようにするための多能工，そしてもちろん，ストライキ──それがごく小さな作業班に限られたものだとしても──の脅威がバリューチェーン全体を妨げてしまうことがないようにするために，十分平和的な労使関係を想定しているのである。

　したがって理論的に言えば，2つの仮説の組合せから資本主義の多様性が生み出されると考えられる。すなわち一方では，労働，生産設備，製品の間に成立する技術・組織型にかんする補完性であり，もう一方は，企業組織と全体的な経済制度との同型性(イソモルフィズム)である。

図16　組織的補完性，組織と制度の同型性，制度補完性

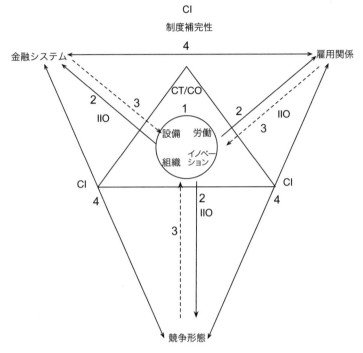

1　CT/CO　技術的的補完性／組織的補完性
　（例：ジャストインタイム，総合的品質管理，多能工）
2および3　IIO　制度と組織の同型性
　（例：ジャストインタイムと産業地区，多能工と技能形成システム）
4　CI　制度補完性
　（例：産業地区，雇用安定性，忍耐強い金融市場）

出所）Boyer［2002c, p. 182］

4.2　レギュラシオン理論——制度が組織をつくり上げる

　レギュラシオン理論においては主要な因果関係は，マクロ経済的なものからミクロ経済的なものへと向かう。もちろん，たとえ全体の動態が各種企業の動きを結合した結果にすぎないとしても，そう考える。なぜか。制度諸形態は社会全体のレベルにおける集合行為から生ずるのであり，この社会全体

のレベルは個々の経済活動を支配するものとはレベルが異なるからである。加えて，マクロ経済の特性は，ある代表的企業が直面する制約の表現だとするいかなる理由も存在しない。これら2つのアプローチの間で交わされる議論は図16にまとめることができる。

4.3　ミクロとマクロの接合としての生産モデル

　これら2つの概念は代替的であるのか，あるいは反対に一体化可能だろうか。ひとつの解決法は，マクロからミクロ——およびその逆——へと直接に移行するという期待を諦め，制度諸形態のうちにありながら今度はそれが集団的・個人的行動を作り上げていくような，そういった中間的レベルを設けることである。生産モデルという概念の意義はそこにある。この概念は，GERPISA（自動車産業とその賃労働者にかんする常設的研究グループ）が研究した自動車部門の賃労働関係分析の際に導入されたものである［Boyer and Freyssenet 2000, p. 24］。

　金融，競争，賃労働関係を規定する制度諸形態は，企業にとって適切な情報を集約し［Aoki 2001］，組織にかんする選択に情報を提供するものであるから，企業を取り巻く環境は価格システムに要約されるわけではない。**成長様式**や所得分配を特徴づけることで，これら制度諸形態の影響を全体的に考慮することができる。

　結果として，適切な**利潤戦略**は本質的に，こうした制度的およびマクロ経済的な特徴に依存する。そのさい媒介となるのは，企業がその製品政策の点で直面する不確実性や変化の型，生産組織，雇用関係——全体的な賃労働関係の企業レベルでの偏差——の体系とかいったものである［Billaudot 1996］。

　最後に，企業の中長期的持続性は環境からのシグナルや採択された利潤戦略の要請に対して，とりわけ部門ごとに異なる特徴を考慮しつつ，常に経営を調節していけるような**統治にかんする妥協**みたいなものを想定している。

　こうした視点に立つと，企業が組織を選択する際に課されるそれなりの制約やインセンティブを伝達するものとして，制度的アーキテクチャーが支配的であることが分かる。だからといってしかし，制度諸形態間の補完性と企業の経営装置間の補完性とのあいだに1対1の対応関係を想定しているわけ

ではない。つまりこれは，フォーディズム的成長体制と企業——それ自身フォーディズム的である——との間にそうした一致が存在することをにおわせたレギュラシオンの当初の研究に対する重要な修正である。

5　現実味のあるミクロ経済学の制度的基礎

こうした分析枠組みに立つと，ワルラス的ミクロ経済理論の規範性よりも，所与の社会，所与の時代において支配的な制度的アーキテクチャーを考慮することの方が，もっと重要なことがわかるだろう。

5.1　制度諸形態は行動を形づくる

不完全労働市場論に依拠するよりも，賃労働関係の分析を行う方が多くの成果が得られる。

歴史と国際比較からのアプローチ　雇用と失業の変動のうちに含まれる規律ということを根拠にして，ある鉄の法則が存在するとされてきたが，フランスにおける長期的な賃金形成の分析によって，そのような鉄の法則の存在も永続性も否定されることになった［Boyer 1978］。そのようなメカニズムは工業賃労働者の形成期に支配的であったが，このとき賃労働者は自らの利益を集団的に守る権利を剥奪されていたのである。競争的調整（レギュラシオン）においては，雇用と賃金は，資本蓄積のリズムに合わせてプロサイクリカルな変動に従っていた。しかし社会闘争によって，労働者の結束の成果が開かれていく。この社会闘争によって，賃金は広範囲にわたるルールによって体系化された変数——資本／労働妥協の表現，コンフリクトと不確実性の縮減装置——となることが要求され，ついにはそれが実現した。フォーディズム的賃労働関係はこうした新しい調整の典型である。この新しい調整によって，需要の刺激が与える効果が高まったり，生産の近代化が深まったりして，そのおかげで賃金の上昇に続けて雇用が好転しうるようになった。したがって，石油価格の急騰によって引き起こされた景気後退は，名目賃金を——さらには実質賃金さえも——上昇させ，失業率を高める可能性がある。このスタグフレーショ

ンは，独占的あるいは管理された調整様式の新しさと，それが危機に陥ったことを同時に知らせるものである（図 17）。

　しかしながら，アメリカとフランスで観察されたこうした構図は普遍的なものではない。日本では妥協が，雇用の急速な調整に対する賃金の体系化を対象とするのではなく，反対に，賃労働関係のその他すべての要素にかんする柔軟性と引き換えに，中核労働者に対する雇用の暗黙的保障を対象としていた［Boyer and Yamada 2000］。

　社会民主主義の社会では，さらに異なる構図が探求された。労働組合が労働者を代表する力をもつことで，賃労働関係は定期的に当初の妥協を現実に合ったものにしていった結果として落ちついたものとなった。ここで当初の妥協とは，賃労働者の可動性を高めるような一連の諸手続きによって具体化されるが，それは南ヨーロッパを依然特徴づけているような，既存の労働者による雇用防衛とは正反対のものである［Boyer 2002d］。以上とはまったく別の形態のある賃労働関係においては「ニューエコノミー」の諸企業や金融グループが優勢であり，そこでは報酬や労働の移動性は企業の財務パフォーマンス指標に反応している。

定式化による分析的アプローチ　力関係が雇用関係の中核にあるので，賃金は賃労働者の努力を最適化するように決まる。それに伴い，労働の需要と供給を均衡させるという属性はもはや賃金にはなくなってしまう。すなわち効率賃金理論にしたがえば，非自発的失業が通例であり，それはもはや例外ではない。企業家と賃金労働者とのコーディネーションの度合いをそれぞれ変えることが戦略となっていく。そこから，賃労働関係の典型的な 3 つの構図が浮かび上がってくる。

　企業が競争状態にあり，その中で自らの利潤を最適化するような賃金を労働者に与えるとき，完全雇用は達成できないことがわかる。なぜなら完全雇用に近づくことが，労働の強度や質を低下させるからである。すなわち，雇用／賃金の空間においてフィリップス関係みたいなものが見られるようになり，持続的な完全雇用の可能性に異議をはさむべく提唱された既存の議論を再発見することになる［Kalecki 1943］。

図17　賃労働関係の4形態にはその数だけの雇用／賃金の交錯的関係がある

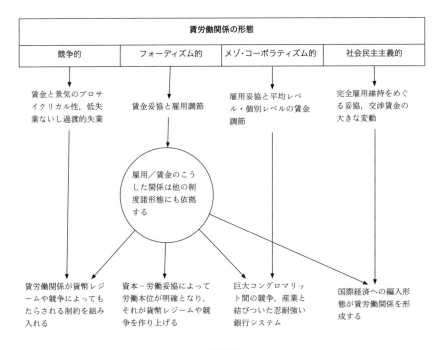

出所）Boyer［1999c］

　反対に，賃金政策を調整するよう企業間で意思疎通がはかられるなら，労働強度低下の構成要素となる障害が取り除かれるかもしれない。その行きつくところ，雇用水準が広範囲に変動しても賃金は一定であり続けることになる。

もう一方の極端で言えば，統一的な労働組合が，多かれ少なかれ統一された経営者団体との交渉において交渉相手となるような力を発揮する。それゆえ需要形成については，経済が広く国際競争にさらされているならば，特に競争力を介して賃金形成がどのようなマクロ経済的帰結をもつかについて，労働組合が考慮することが求められる。この文脈では組合に与えられる目標が重要である。すなわち，組合が賃金労働者全体の雇用を促進しようとするなら，この交渉モデルは，各自は自分のために式のモデルよりも優れていることが明らかになる。反対に，組合が組合員の利益しか守らなければ，よりよい雇用や賃金にアクセスすることができない一部の賃金労働者を犠牲にする形で，雇用の割当てを得ることになるだろう [Boyer 1995]。

5.2 制度諸形態がもつ時間軸の不一致により経済動態が生み出され，危機が誘発される

新しい古典派のマクロ経済学には，ある隠された仮説がある。つまり，ワルラス的一般均衡モデルにおいてと同様に，財やサービスであろうと，あるいは労働や信用・金融資産であろうと，およそ取引なるものは一義的な周期性にしたがって展開するという仮説である。ところが，この仮説は支持できるものではない。というのも各々の制度形態はそれ固有の時間軸にもとづいて展開すると言えるからである。社会のさまざまな領域を関連づける過程の連関から構成される経済動態は，そうした制度諸形態の時間軸の不一致から現れてくるのである。

金融レジームはその反応時間がもっとも短いレジームである。そうした特徴は危機の歴史において長年にわたって観察され，グローバル化や，各種資産の評価づけ操作のデジタル化によって強化される。競争は蓄積過程を作動させ，それは賃労働関係といういっそう長期の時間軸と対立するにちがいない。これら2つの制度諸形態の相互作用を定式化すると，標準的理論が仮定する均衡が実際は不安定であるようなモデルを得ることができる。その結果，当該経済の変化について典型的にみられる過程は，外来のショックを一切必要とせず，構造的に安定的な均衡を不安定にするような内生的循環である [Goodwin 1967]。

資本主義の論理が深まっていくにつれて，コスト低減による競争は限界に達することになる。このことは，利潤マージンを回復させる戦略としてイノベーションの急増を引き起こす。ところで，イノベーションの時間軸は，標準製品の価格低下による競争を特徴づける時間軸よりも長い。したがって，各々のイノベーション・システムと関連づけられるサイクルが現れる可能性がある（**第6章**）。人口動態はさらに異なる時間尺度を導入する。それは世代交替の時間尺度であり，ハビトゥス，表象，ノルムの形成においてきわめて重要である。インフラストラクチャー，住居，教育，医療への支出を通じて，いっそう長期的な動態が現れる。最後に，エコロジーの過程にかんする時間は，こうした時間軸のヒエラルキーに追加的な次元を導入する。以上のことからひとつの直観が得られる。すなわち，例えば排出権取引といった現代の価格体系が伝えるシグナルでは，終わりなき経済成長の過程が今後遭遇するであろう限界を明らかにすることはできないということである。

こうしたアプローチは，危機の源泉にかんするもうひとつの解釈を可能にする。すなわち危機は，異なる時間軸の間の不一致を示しているのである［Boyer 2013a］。一例しか取り上げないが，金融の短期的時間は投機的バブルの頻発を助長する。どのバブルも共通して，急進的とされるイノベーションが――そうした革新を行なった者が期待する――収益を実際に上げるのに必要な時間を過少に見積もってしまう。

5.3　長期的な変容――ポランニーへの回帰

問題を以上のように展開すると，さらにまた，長期の歴史にかんする再解釈が可能になる。

いくつかの時期にあっては，過去に生じた危機の教訓が，制度諸形態の一定の階層性を通じた政治的コントロールを再確認する形で表現される。第二次世界大戦後の場合がそうであった。復興とこれに次ぐ近代化の要請とともに，国家は，信用システムの組織化にかんする特権を再確認した。また国家は，表象，報酬，社会保障へのアクセスにかんする賃労働者の権利を強化した。さらに国家は――イノベーションを促進し，公的研究制度から研究成果の移転を行うことを通じて――産業部門と新しい関係を結び，こうして国民

的レベルで，競争にかんしてひとつの教義が練り上げられていった。事前には，企業の躍進や業績に有害な制約だと見られていたことが，事後からみれば，生産を近代化したり人口の大部分の生活水準を改善したりすることにかんして，とりわけ有効な制度的レジームだったことが判明したのである［Streeck 1997］。

　このような構図は際限なく存続するのだろうか。レギュラシオン理論は，ひとつの制度的レジームの成熟が，その成功それ自体のゆえに反対の傾向を始動させることを明らかにした。上記のケースでは，企業は利潤の源泉となる新たな販路を見出すべく自国領土から抜け出そうとする［Boyer 2002c, p. 180］。したがって，企業は，賃労働者とのこれまでの妥協を再検討に付し，国家的ルールや税制をいまや受け入れがたい制約とみなすことになる。言ってみれば，市場関係や競争は国境を越え，それによって企業は追加的な力を手に入れるのである。同様に，銀行や，より一般的には金融システムは，国民的規制から解放される。最後に，市場経済の自動調整的性格という考えがまたぞろ頭をもたげ，企業家は，このことを公的機関や政治家たちにうまく納得させることができた。ほとんどのアクターたちは，これまで行われていた規制の理由——惨劇的な危機が繰り返されるのを防ぐこと——を忘れ，経済の組織化を民間の企業や投資家に委任すべきだと説得されてしまうのである。

　こうした解釈は，1945年から2010年代に生じた新たな長期サイクルを考慮に入れることで，ポランニーの解釈［Polanyi 1944］に立ち戻り，これに現代的な意味を与えることになる。貨幣は公的なものから本質的に私的なものとなり，賃労働関係は典型的な市場的かつ契約的な関係に解消されていく。そして環境サービスを商品化するのが唯一の合理的選択肢なのだと推奨されることになる。驚くべきことではないが，現代経済は金融的不安定性と大危機に再び直面している。前述の労働市場におけるフレキシビリティは，勤労者社会のまとまりに悪影響を与え，そして最終的には重大なエコロジー危機が立ち現れてくる。

6 結論——マクロとミクロの必然的な仲介者としての制度

　レギュラシオン・アプローチは多くの場合，制度的歴史的マクロ経済学を目指すものとして紹介されており，本書第Ⅰ部はこれを導きの糸とした。時の経過とともに，新たな領域へ拡張することで，ミクロ経済理論——伝統的理論ならびに情報の非対称性にもとづく理論——が独占してきた諸問題をも扱うことのできる理論構成の見通しが開かれてきた。

　その際の中心的な仮説は，制度諸形態こそがマクロ経済的な規則性と個人的集団的な行動との間の必然的な通過点をなすということである。

第6章　現代資本主義の新たな制度的配置

　理論の適用範囲が広がってくると，もはやマクロ経済学的ではないいくつかの問題を解明するために，これまでとは異なる諸概念を練り上げる必要があることが分かってきた。

1　生産モデルの多様性，資本主義の分化

　マクロからミクロへの移行にかんする戦略を説明した際，生産モデルの概念は，それが中間レベルを確立するがゆえに，きわめて本質的なものとして現れてきた（**第5章**）。概念的にも実証的にも，この新たな概念の裏づけをとることが重要である。

1.1　制度的配置と経営手段の一貫性を図る

　すべての企業が技術的フロンティアで操業しているとする仮説は，多くの統計分析によって退けられた。そしてこれに代わって，X 効率の理論〔市場的要因でなく企業内的要因ゆえの効率・非効率についての理論〕などの新たな理論が生み出された［Leibenstein 1966, 1982］。ある意味で生産モデルの概念は，企業の組織的選択を規定する内部的およびマクロ経済的な要因を説明しつつ，こうしたアプローチを拡張するものである。第1に，各種の可能性の空間における生産組織の最適性ではなく，利潤戦略こそが生産組織の選択を条件づけているのである。第2に，さまざまな利害関係者――経営者，エンジニア，技術者，オペレーター，さらに消費者や下請業者――の利害やインセンティブを調和させようとする政府の妥協がなされるにつれて，潜在的可能性は現実化していく。最後に，各企業の選択は成長モデルがもつ一般的特徴の一環

をなすはずである。すなわち所得がどのように分布すると, 低コストの標準化された製品の供給が促進されたり, 品質の差別化が促進されたりするのだろうか。こうした各種決定要因が導入されるからこそ, あらゆる制度的配置は——技術的知識ならびに雇用関係や生産における競争類型の表現を寄せ集めた——生産モデルの形成に貢献することになる [Boyer and Freyssenet 2000]。

1.2 時間と空間における大いなる多様性

こうした問題が展開され, 多くの実証的結果がもたらされたのは, 自動車部門である (**表8**)。各時期において, また所与の社会の中で, 需要の構造, 雇用関係の構図, 競争形態, 下請けを発展させる能力の有無から, ある特殊な生産モデルが生まれてくる。20世紀初頭のアメリカでは, 労働の管理と標準化にもとづくテイラー・モデルが出現し普及した。同じ時期にイギリスでは, 熟練工に対して相変わらず労働の自律性を与えたり, 資本のコントロールにかんする別の考え方があったりして, ウーラード・モデルが成立した。

フォード・モデルはさらに異なるものである。というのもそれは, 組立ラインにもとづく労働の同期化と, 収穫逓増の追求とのうえに確立されたものだからである。しかしながら, 社会が富裕化し, 賃金ヒエラルキーが安定化したことによって社会の階層分化が進んだのに伴い, スローン・モデルが登場し, これによって規模の利益と範囲の効果がうまく組み合わされることになった。それは結局, フォーディズム的蓄積体制に関連づけられた生産モデルであった。

まさに生産モデルと蓄積体制との間に見られるこれと同じような区別によって, 日本のケースの分析が可能になった。国際的な専門家による諸研究は, リーン生産を日本の自動車産業における標準的モデルにする傾向にあり, これは同国の成長モデルの核心をなし, スローン主義のうってつけの後継者だとまで言った [Womack *et al.* 1990]。GERPISAによる分析は反対に, 一定の生産量に対するコストの恒常的削減というトヨタ・モデルは典型的性格をなしていないことを明らかにした。トヨタは, 日本における他のメーカーの利潤戦略を代表するものではないのである。それを証明するのがホンダ・モデルだ。これは, 不平等が拡大するという成長体制が現れてきた局面で, そ

表8　生産モデルの概観

生産モデル	利潤戦略	企業統治の妥協
テイラー・モデル	労働の統御と標準化	流動的で安価な労働力
ウーラード・モデル	多様性と柔軟性	労働の自律性 対 資本への高報酬
フォード・モデル	生産量規模と収穫逓増	高賃金 対 生産性
スローン・モデル	規模の利益と範囲の利益	企業への賃労働者の持続的な組込み
トヨタ・モデル	一定の生産量に対する継続的原価低減	企業の永続性と多能的労働者の安定性
ホンダ・モデル	イノベーションとフレキシビリティ	個々の労働者の昇進 対 高反応性と自発性

出所）GERPISA（http://gerpisa.org/biblio）の研究プログラムの成果にもとづき作成，その総括

してもはや新規購入ではなく買替えが主となるという市場的文脈においてイノベーションによる差別化に重きを置きながら，イノベーションとフレキシビリティに立脚するものであった。

1.3　同一の国民的空間における生産モデルの異質性

　前節の最後にみた事例によって，もうひとつの重要な教訓が得られる。すなわち日本では，トヨタ・モデルとホンダ・モデルが異なっているだけでなく，両者が持続的に共存しているということである。同様に現代のアメリカ市場では，少なくとも3つのモデルが共存している。すなわち，スローン・モデル——これはゼネラル・モーターズ（GM）経由およびある意味ではフォード経由である——，北米に進出した工場にもとづくトヨタ・モデル，そしてホンダ・モデルである。3つのモデルは，1960年代においてさえ相互作用していたがゆえに，これが一般的な特性となった。すなわち，標準化による生産総量や収穫逓増の追求（フォード），規模の利益と範囲の効果の間

成長と所得分配のモデル	事例
緩慢な成長,競争的調整	20世紀初頭のアメリカ
低成長,競争的調整	19世紀初頭のイギリス
大量生産だが,大量消費でない	大戦間期のアメリカ
大量生産と大量消費の同期化を制度化する	第二次世界大戦後のアメリカとフランス
国内需要,つづいて輸出に牽引された力強い成長	1970-1990年の日本
不平等拡大をともなう成長と市場刷新の必要性	1980-2000年の日本

は Boyer and Freyssenet [2000] に示されている

のシナジー (GM),さらにはイノベーションとフレキシビリティとのシナジー(クライスラー)という3つのモデルである。

最終的にひとつの興味深い解釈が引き出される。すなわち,同一の制度的アーキテクチャーの内部でも,市場や分業が発展し洗練されてくると,さまざまに異なる利潤戦略を展開するための空間が作り出されてくるのである。各々の利潤戦略はひとつの競争的優位を備え,他の戦略の弱点につけこむ。しかしいかなる戦略も市場全体を征服することはできない。その代わりに,当該の各種組織モデルの分布は,制度環境の展開によって通時的に変化するのである [Boyer 2002c, p. 184]。

代表的企業という仮説に反して,マクロレベルで支配的な制度的アーキテクチャーが各種生産モデルの分布を決定することが確認されるのである。

2 部門別・地域別の制度装置

　産業部門を取り扱う際に見出されるのが，これと同じ異質性の問題である。レギュラシオン理論の当初の研究は，次の2つの戦略を推し進めることであった。つまり，同一の論理がすべての部門で同じようなやり方で投影されているのか，あるいは，各部門はフォーディズムという産業的論理の要請に対して補完的なものとみなされるのか，と。ところが，これら2つの考え方は有効でなかった。というのも，他のほとんどの部門では，例えば組立ラインが見られなかったり，また，ごく典型的ないくつかの部門（建設業やワイン産業）は，フォーディズム体制によってもたらされる制約に依拠することなく，自らに固有の生産組織や雇用関係を発展させたりしていたからである。

2.1 模範例としてのワイン醸造部門

　それゆえ，レギュラシオン派は，部門を分析に適したレベルと考えた。つまり製品の同質性——それはワルラス的着想である——という観点からでなく，部門とは，歴史的に識別でき，かつ生産にかかわる領域の複合的な社会的構築物であるという観点から分析をした。これにかんする考察は，フランスのワイン醸造部門の長期的変化にかんする初期の研究のおかげで洗練されていった［Bartoli and Boulet 1990］。すなわちこの部門では，高級品市場と一般消費用の市場という二重性が顕著に見られる。それぞれの市場は，高価格を保証する産地の特有性にもとづく制度装置か，あるいは収益の追求にもとづく制度装置か，あるいは場合によっては，商業的ブランドの論理にもとづく制度装置を通して組織される。この研究はまた，特級格付けの序列が長期にわたって安定的であり，生産地区と国家法制——それ自体，ヨーロッパ・レベルの農業部門規制に組み入れられている——との間に相互作用があることを強調した。したがって，以下のことを導入する必要があった。

- 精密な生産的構図の存在をよりどころとする労働の社会的関係
- 組織された競争という枠組みのなかで対峙しあう個別諸資本
- 国際レジームのなかで当該部門の動態を枠づける国際的諸規制

第6章 現代資本主義の新たな制度的配置　179

図18　グローバルなものと部門的なものとの複合的な接合関係

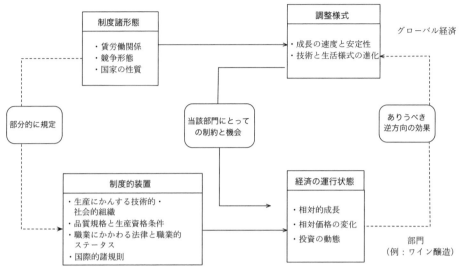

出所）Boyer［1990b, p. 69］

　それゆえ，フォーディズムに関連して想定された同質性の仮説や補完性の仮説を放棄するとしても，それでもやはり，マクロ経済動態と各部門との関係にかんする性質を明確にすることが重要となる（**図18**）。

2.2　部門別構図の異質性を識別する

　歴史的，社会的，経済的なこうした見方は，相異なる生産諸活動間で行われるべき切分けにかんする研究や議論を引き起こした。このことはとりわけ，石油化学部門の出現［Du Tertre 1989］や農業分野について当てはまる。ここに農業分野とは，農業全体なり［Lacroix and Mollard 1994］，あるいは――AOC［原産地呼称統制］クラスのワイン部門と一般向けワインの部門の区別にまで至る――もっと細分化されたレベルの農業なり［Bartoli and Boulet 1989, 1990］を意味している。サービスについての切分けを定式化すると，それはもっと複雑となる。商業的サービスと非商業的サービス，家計向けサー

ビスと企業向けサービスを差別化すれば［Petit 1988］，それは競争形態を分析するための諸要素となるが，それだけでは競争形態を正確に定義するには十分ではない。この点はまさに，非物質的なタイプの構図を生み出すような競争形態の場合に当てはまる［Du Tertre 1994］。

3　社会的イノベーション・システム（SSI）

　生産モデルの概念も部門別装置の概念も，本質的に静態的なものに見える。それらは制度諸形態のネットワークのうちにどのように組みこまれるのだろうか。レギュラシオン理論においては，これは社会的イノベーション・システム（SSI）の主題であり，それはネオ・シュンペーター的分析によって提起された国民的イノベーション・システム（SNI）の概念を一般化したものである。

3.1　資本主義とはイノベーションとハイブリッド化であり，反復ではない

　「調整（レギュラシオン）」という用語で何人かのアナリストが想起するものとはちがって，調整は単に経済的・社会的再生産を指し示すのでなく，こうした再生産の条件が変容すること自体をも意味する［Aglietta 1976］。事実，競争によって，標準的財を生産するためにいっそう効率的な技術を追求する過程が始動するが，この過程が限界を示すとき，競争はイノベーションに向かっていくことになる。ヨーゼフ・シュンペーターはこうした活動を企業精神の帰結として理解し，中間層の出現がイノベーションの活力を阻止することを危惧していた。仮にそうだとしても，歴史が証明しているのは，頻繁にとは言わないまでも時に金融的バブルが継起することによって，イノベーションが集団的に発生し，周期的に成長が始まるかもしれないということである。これはまさに，国民的イノベーション・システム（SNI）の分析を通して，シュンペーターの後継者らが行った研究が明確にしたことである［Freeman 1987 ; Nelson 1993］。SNI は 2 つの方向で拡張された。ひとつは生産的イノベーションを超えるものへの拡張であり，もうひとつは適切な分析レベル——それは必ずしも国民レベルとは限らない——に広げることである。

3.2 広義のイノベーション概念——組織的,制度的,金融的,国家的なイノベーション

いくつかの研究は,ネオ・シュンペーター的アプローチをさまざまに拡張することによって,レギュラシオン的概念形成のうちにイノベーション・システムを組みこむことへと向かった［Amable *et al.* 1997 ; Amable 2003］。何よりもまず,資本主義の各時代が大きく時期区分された。そのうえでフォーディズムの局面においては,技術にかんしても製品にかんしもイノベーションが決定的要因となった。続いて,生産モデルの概念を見ればわかるように,生産組織にかんするイノベーションが重要視された。最後に,そして何にもまして,制度的イノベーションに決定的な位置があたえられることになった。例えば,労使間の労働協約が考案されることなしには,大量生産の対応物として必要な大量消費が展開することはできなかったであろう。

イノベーション・システムと発展様式を関連づけるプロジェクトを考慮に入れれば,金融イノベーションを同一の次元で取り扱うことが不可欠となった。まさに金融イノベーションのおかげで2008年まで金融主導型の蓄積が発展したのであり,この点はイノベーション（ベンチャーキャピタル,ストックオプションの支払い,スタートアップ企業買収への公的関わり……）を促進するためのものと理解されていただけに,いっそう不可欠となった［Boyer 2011b］。同様に,税制や社会保障によって,所得の3分の1から2分の1が再分配される経済では,国家による多方面の活動を合理化するようなイノベーション,あるいは／そして国家に新たな資源（例えばグリーン税制）を提供するイノベーションが考慮されるべきである。こうしたことは北欧経済の秘密のひとつであって,そこでは国家による改革は,経済の構造的競争力を構築し拡張するのに貢献するものと理解されている［Pedersen 2008］。

3.3 社会的イノベーション・システムの規模——実証的問題

国民的イノベーション・システムの概念を別のやり方で一般化すると,イノベーション過程が作用するレベルの問題が開けてくるという事実へと至る。いくつかの経済（日本,韓国,ドイツ）では,社会的イノベーション・システムは実際,ナショナルな領域での構造的競争力を守ることに集中している。反面,他の領域では,巨大多国籍企業グループが有する研究所しか受け入れ

ないが，それというのも，イノベーションは本質的に大企業の内部で回っているからである。最後に，シリコンバレー・モデルによって一新されたイタリアの産業地区の伝統の中では，たとえ潜在的には相手とする市場が世界的なものだったとしても，相互作用のネットワークは小さな領域に極端に集中していることが分かった。このことは，調整の規模と水準の問題を提起しているのである（第9章）。

3.4　イノベーション・システムの多様性，国民的規模での補完性の表現

　国際的な規模で各種のSNIが収斂することが目撃されるのだろうか。経営学的な発想にもとづく研究はベスト・プラクティスを奨励する傾向があり，それらを組み合わせれば，ありうる最善のシステムへと収斂するに十分だとしていた。ところが，SNIの各種構成要因にかんする指標を集約した著者らがたどり着いた結論は，これとはちがっている［Amable *et al.* 1997 ; Amable 2003］。実際は，少数の構図を定義する特異な補完性が現れてくるのである（**表9**）。それぞれの社会は長い歴史全体を通じて，諸制度の出現にかんする考えやノウハウを発展させてきたのである。

　SNIの第1のグループは，イノベーションを生じさせそれを社会全体に波及させることにかんして，市場に信頼をおく。競争原理が支配的であり，イノベーションは知的所有権によって保護される。そして教育システムはイノベーターと生産者とに人々を分類するのである。ここから，富の偏在を助長する急進的(ラディカル)なイノベーションのうねりが継起するという，きわめてシュンペーター的なメカニズムが帰結する。このSSIは，情報処理，製薬，金融，レジャー産業において発展する。

　もうひとつの構図においては，自らイノベーションを組織し，つづいてそれが掌握する各種部門にイノベーションを波及させるのは大企業であり，コングロマリット（系列あるいは財閥(チェボル)）である。そこでは，きわめて広範に普及した一般的能力――コングロマリットはそれを特化しつつ動員する――の基礎のうえで，個々人のうちに体化された暗黙知が決定的な役割を果たす。こうした特化はやがて，自動車，エレクトロニクス，ロボットといった専門的知識を要する各種分野に広がったコーディネーションを要請する分野にお

いて発展していく。

　真の意味での民間のシュンペーター的企業家がいないため，そして市場競争に対する大きな不信感があることに対応して，公共部門もまた第3のタイプのSNIを突き動かしている。研究は公的なものが中心である。そのため研究は，発展の見込める市場にむけての製品開発とはあまりつながっておらず，需要はたいてい公的な発注が先鞭をつけている。資金調達は銀行融資の結果であるが，それは過去，行政当局によって強力に指導されていた。教育システムは確かに普遍的であるが，それはエンジニアリング，イノベーション，行政についての才能を見出すことを目的としている。このSNIはしたがって，公共インフラ，輸送機器，航空機，宇宙，兵器に特化する。

　最後に第4の伝統があり，それはすべての利害関係者の間における妥協のための交渉によって，経済活動──イノベーションを含む──の組織化が引き起こす問題を解決していこうという伝統である。その目的は，天然資源の活用にもとづく関連産業を構築し，さらには教育，生涯的な職業教育，社会保障，医療にかんする社会的欲求を満足させることにある。このとき，平等主義的で良質であろうとする教育が切り札となる。というのもそれこそは，イノベーターだけでなく，まっとうで手厳しい消費者も生まれてくる土壌だからである。

3.5　SNIの共存と補完性

　こうした国民的文脈の強固な特殊性を考慮した場合，これら4つのSNIが持続することに対して，グローバル化の過程がしばしば脅威として提示されてきた。制度的に構築された優位性にもとづくアプローチは，そのような仮説に異論を唱える。すなわち金融化のために実質為替レートが移ろいやすいことで生じる混乱をものともせず，国際化によってこれらのシステムのそれぞれは，自らの競争優位を深めることが可能になる［Amable *et al.* 1997］。特化は互いに競争的というよりは補完的であることが確認されるならば，このことは所詮驚くべきことではなくなる（**表9**）。

表9 イノベーション・システムの4類型

	構　図	
	市場型	**メゾ・コーポラティズム型**
1. 一般的原理	市場がイノベーションの本質的媒介者	大企業がイノベーションと能力を内部化
2. 以下への含意		
科学	防衛，医療といった公的資金の獲得を含む，競争にもとづく研究システム	技術的応用と学術システムとは多分に分断
技術	イノベーションのインセンティブや保証としての，特許や著作権の重要性	イノベーションの一部は，暗黙的でコード化されず，企業内部で共有されるにとどまる
人的資源	一方で高技能とイノベーション，他方で低技能と生産活動への著しい両極化	一般的かつ同質的で広く普及した教育，その後企業内で発揮される特殊的能力
金融	イノベーションのためのベンチャー・キャピタル関係を含む，金融手段の高度化	安定的な出資，信用経済，長期主義
3. 以下への帰結		
イノベーション	急進的イノベーションにもとづくシュンペーター的波動；特許の論理やイノベーション利益の個別化の支配	漸進的だが収益性の高いイノベーションを実行しつつ，製品や生産過程を模倣したり適合させたりする能力
特化	急進的イノベーションに関連する部門：情報，宇宙，医薬品，金融，レジャー産業	大規模なコーディネーションが必要だったり，局所的であるが累積的な能力を動員したりする部門：自動車，電子機器，ロボット
事例	アメリカ，イギリス	日本，韓国

構 図	
国家主導型	社会民主主義型
公的なものがイノベーションと調整様式の核心	制度と交渉による,イノベーションの動機と帰結の社会化
製品開発とはほとんど関連しない公的な基礎研究	天然資源の利用可能性や社会的欲求によって方向づけられている
公的調達および/または設備財にもとづく学習によって促進される	技術的段階の段階的引上げ:天然資源から情報技術へ
技能の二極化における教育の役割:管理とイノベーション 対 生産	教育と報酬にかんする平等主義的理想;もし「進歩の弊害」が出たら公的制度による技能の再教育
銀行の役割,イノベーターが資金調達するのは相対的に難しい	比較的未発達の金融市場
・巨額投資と長期的視野を前提とする急進的なイノベーション ・フォーディズム型イノベーション,すなわち比較的集権的なイノベーションへの適応	周辺的であれ根本的であれ,社会的・経済的問題の解決に結びついたイノベーション
大規模な公的インフラストラクチャーに関連する部門:輸送,電気通信,航空,宇宙,兵器など	医療,社会保障,環境といった社会的需要に対応する部門,もしくは技術再向上によって天然資源を開発する部門
フランス	スウェーデン,フィンランド,デンマーク

出所) Amable *et al.*[1997] にもとづく

4 技能形成の関係——賃労働関係と教育システムの相互作用

　賃労働関係にかんする当初の研究は，相継ぐ各種蓄積体制と関係をもつ典型的な構図を明らかにした。イノベーション過程が資本主義という社会経済体制に顕著な特徴として重要である点に着目すると，技術変化と賃労働関係が保つ関係を考慮に入れることによって分析を補完することがきわめて重要となる。それぞれの社会において，技能資格や能力はどのように作り出されるのか。また反対に生産パラダイムの変化は，技能形成の組織や制度にどのような緊張をもたらすのだろうか。

4.1 社会慣習的効果から技能形成の関係へ

　この問題は，生産パラダイムとしてのフォーディズムの疲弊を意識し，そのオルタナティブの探究を意識したレギュラシオン派の研究に対して提起された。その際，オルタナティブの中では作業員の能力をフルに動員するようなものが有望だとされた。例えば日本は，かつてフォーディズムの原理を採用していた経済において観察された惰性とはちがって，もうひとつの労働の組織化を開拓しているとみなされた。まさにこの文脈において，技能形成・労働関係の概念が提唱されたのであり，この概念は教育システムにおいて能力を創り出し，企業がそれを動員することを描き出すものである［Caroli 1993 ; Boyer and Calori 1993］。

　しかしながら，同一部門に属するドイツとフランスの事業所をそれぞれ比較した重要な研究を振り返っておく必要がある［Maurice *et al.* 1982］。ひとしくヨーロッパ市場で競争しあいながらも，企業は異なる労働組織——ドイツでは多能的組織，フランスでは科学的労働編成原理に近いもの——を採用した。こうした違いは，一方は職業的技能形成を重視するシステムに，他方は一般的教育による選抜を重視するシステムによるものだとされた。技能形成・労働関係の概念を導入したことにより，能力構築のシステムと賃労働関係との間の相互作用をいっそう明確にすることにつながっていった。両者のそれぞれの構成要素は交差した関係にあることがわかり，経済パフォーマンス

――見かけ上の労働生産性についてよりも当該製品の価格形成力について測られることが多いが――の大部分は，能力構築システムと賃労働関係という2つの領域のシナジーの度合いに淵源するのである。

したがって，帰納的な方法によって観察されるこれらの結果が分析的な定式化によって得ることができるかを確かめることが戦略となる。

4.2 能力の分布はイノベーションの方向を作り出すのに寄与する

基本的なアイディアは，生産性の進歩が大量生産に典型的な規模の利益を動員することだけでなく，生産の新たな手続きや方法を提案する作業者の能力にも起因するということを考慮する点にある。同様に十分に効果的な教育や訓練のシステムによって，有能な作業者を十分な数だけ養成することも重要である［Caroli 1993］。程度の差はあれ多数の能力を育成するという意思決定は，一方で，新興の生産パラダイムが必要とする水準〔技能労働者の数〕と国民全体で支配的な水準〔現行の技能形成システムで養成可能な数〕との開きに依存し，他方では，企業や公的当局がこのように増加する技能形成の費用負担を行おうとする意思に依存する。最後に，内生的成長理論が想定するように，長期にわたって恒常的には収穫逓増を示さずに，ロジスティック曲線の形状に沿って生産の変化が示されるのは，ある社会技術的パラダイムの本性なのである。

そのモデルの動きは，生産パラダイムの潜在的特性と，技能形成システムのこうした変化に対する反応性との相互作用として要約できる。そうした相互作用が可能にする潜在的な利得を理由に，イノベーションが自動的に展開するというにはほど遠いのであって，その社会が十分な資金を技能形成に割り当て，技能形成の組織が十分に成果をあげる場合にしか，イノベーションの実績はあがらない。反対の条件が優勢になるならば，新たなパラダイムは当該経済において採用されないであろう。

生産パラダイムと技能形成システムの相互作用を考慮に入れて賃労働関係の概念をこのように一般化することが意味をもつのは，代替的なパラダイムが採用される可能性をアナリストがはっきりさせようとする時期においてである。教育および技能形成のシステムの不適合性や惰性のせいでかなりの停

表10 フランスとドイツ――2つの能力形成システム

構成要素	ドイツ	フランス
技能教育制度の効率性	・職業訓練と技術学校の制度の質 ・州と企業との持続的な対話	・技術的・職業的教育の威信は弱い ・学校で取得した能力と企業の要望との乖離
能力開発への企業のかかわり方	・職業訓練にかんするデュアル・システムを介した強いかかわり ・継続的な技能教育に対する関心	・技能教育の細分化 ・継続的な技能教育は高技能を優先
能力教育に対する拠出の傾向	州と企業が拠出する巨額の基金	かなりの金額の公的資金，だが効果は薄い
技能教育と職業訓練が制度化される範囲とその質	・資格にかんする高度な制度化・体系化 ・こうした資格の定期的な改訂	・制度化されているが，企業の期待とはあまり一致していない ・新たなパラダイムに対する一定の遅れ
能力が経済パフォーマンスにあたえる影響	輸出や製品価格支配力の面で重要	フォーディズム・モデルの惰性と価格支配力不足のため脆弱

出所) Caroli [1993] から着想を受けて著者作成

滞が生じうるだろう。〔生産パラダイムと技能形成システムのそれぞれが相互作用しつつ変化する過程で生じるであろう〕2つの安定均衡と，もうひとつの不安定な中間状態を考慮すると，多大な労力をかけなければ，経済は新興の技術を採用することがいつまでもできない状態に陥るかもしれない。このことはまた，教育水準が低い社会が未発展のままであり続けることを説明すると同時に，韓国のような国がテイクオフする際に教育の抜本的な近代化が果たした決定的な役割を説明する [Seo 1998]。

4.3 ドイツとフランスの軌道が分岐したひとつの理由

社会慣習的効果(ソシエタル)にかんする社会学者の診断がなされて30年以上が経過す

るが［Maurice et al. 1982］，技能形成・労働関係の概念は，2000年代初頭以降フランスとドイツの間で続いているマクロ経済的軌道の分岐を説明するのに，依然として適切である［Boyer 2011a, 2015a］。それはまた，労働や生産物の質と市場の影響力との補完性を強調する分析から得られる結論でもある［Salais and Storper 1994］。ライン川の両岸の教育システムに見られる大いなる慣性に着目するのはすばらしいことであり（**表10**），これはモデルから得られる一教訓とのもうひとつの一致点である。

5　国民的社会保障システム

　賃労働関係を規定する諸要素のなかには，間接賃金や賃金生活者がこうむるリスクをカバーするための諸項目もある。ところで第二次世界大戦以降，こうした構成要素はとりわけGDPに占める社会支出の割合の拡大という点で決定的に重要なものとなった。このような変容は新たな問題を提起した。社会保護は，賃金生活者間の連帯に関わる問題であるべきか，反対にそれは市民権の証であるのか。民間保険の市場は，やがて社会保障の集団的形態に取って代わることになるのだろうか。あるいは反対に，家庭空間に典型的な連帯関係はケア社会へと転換していくと考えることができるのだろうか。

5.1　3つの論理の相互作用から得られる帰結

　社会保護は制度派の研究の中にあってさえ単純な概念ではない。国際比較研究においてはきわめて多様な定義が際立つが，このことによって，Esping-Andersen［1990］による分類が多くのアナリストに対して共通の参照基準となりつつあるものの，非常に多様な類型に至りつくことになる。構造主義的アプローチの利点は，一般的解釈の手がかりを提供するとともに，国民的社会保護システム（SNPS）の持続的多様性を説明する独自の分類を提供している点にある。実際，Théret［1996a］のおかげで，経済活動ならびに政治活動についての人々の再生産条件を保証するものとして，社会保護を定義することができるようになった。「賃金生活者の社会保護が**経済的なもの**と実質上一体化されているがゆえに，**政治的なもの**は勤労者の社会保護を経済的な

図19　社会的保護の基本構造

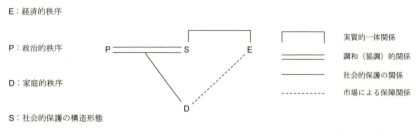

出所）Théret［1997］

ものとの同盟を結ぶための手段として取り扱わざるを得ないし，このような取扱いのおかげで，政治的なものは，**家庭的秩序**——労働市場を介して〔経済的なものの制度的形態である〕雇用関係を補完すると同時にそれに取って代わることもできる——の保護について，行政的つながりによって繰り返し根拠づけることができるのである」（ibid. p. 204）。したがって，構造的形態としての社会保障は，経済的，政治的，家庭的という3つの秩序の結節点にあり，それらの間で同盟ないし／および代替のさまざまな関係が結ばれうるのである。

社会保護はこれら3つの秩序に属する活動や論理のうえに立脚しているのであり，その混成的な性格が推しはかれよう（**図19**）。

5.2　構図の大いなる多様性

対応しあう結びつきの強さや方向に応じて，国民的社会保護システム（SNPS）には8つの理念型が考えられる（**図20**）。自由主義的 SNPS は例えば2つの変種を示す。家庭的秩序が経済的秩序によって支配されるときには個人主義的 SNPS となる（アメリカ）。反対に，労働者のリスクをカバーするのに企業が一定の役割を果たすことを通じて，家庭再生産の要請が経済的領域に伝達されるならば，家父長主義的(パターナリスト) SNPS となる（日本）。これらとは逆に，社会保障のうちに政治的なものが強固に入りこんでおり，それが家庭再生産に大きく関与し，それがひるがえって経済の論理に制約を課す場合に

図20 各種の国民的社会的保護システム(SNPS)は4つの原理を異なる形で組み合わせている

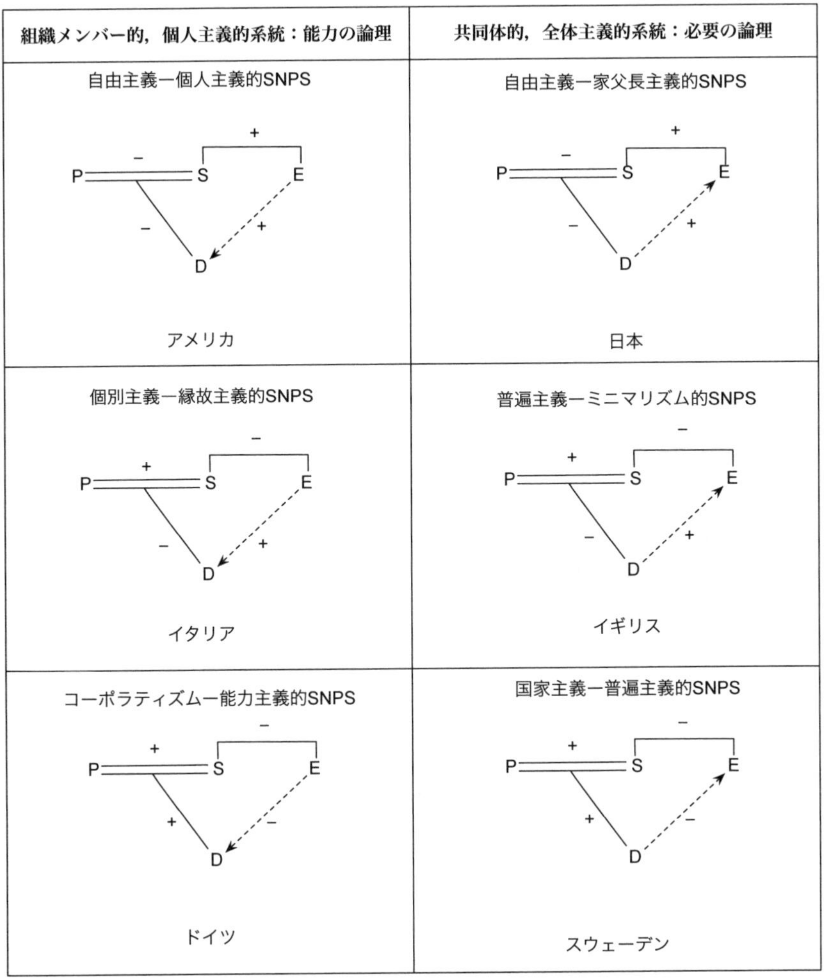

組織メンバー的，個人主義的系統：能力の論理	共同体的，全体主義的系統：必要の論理
自由主義―個人主義的SNPS アメリカ	自由主義―家父長主義的SNPS 日本
個別主義―縁故主義的SNPS イタリア	普遍主義―ミニマリズム的SNPS イギリス
コーポラティズム―能力主義的SNPS ドイツ	国家主義―普遍主義的SNPS スウェーデン

出所) Théret [1997, p. 210]

は，SNPSは典型的に国家主義的－普遍主義的なものとなる（スウェーデン）。しかし，普遍主義－ミニマリズムのSNPS（イギリス）やコーポラティズム－能力主義のSNPS（ドイツ）は，さらに異なった構図を定義する。先の2つの構図に比して，経済的秩序と家庭的秩序との間の序列が逆転するからである。いくつかの組合せは所詮は持続的な構図とはならないかもしれない。これにより，観察されるSNPSの数は減少する。こうしたアプローチの利点として最後に指摘すべきは，これまで見た多数の類型がこの分類のなかで自らの位置を見出し，こうして互いに比較されうるようになるということである。

5.3　蓄積の不均衡を是正するものとしての社会保障

　こうした分類は構造主義的かつ静態的なアプローチからもたらされる。SNPSの首尾一貫した構図とはどのようなものであろうか。この問いはまた当該システムが発生し成熟していくための起源や条件とも関わりがある。経済・社会・政治の3つの審級が，次のような共通の特徴を示す過程において結びあわさっていく。

　1）生産構造が変化するとき，それが農業，工業，サービス業に影響をあたえるようになるにつれて，社会保障に対する欲求が現れてきたのであり，これは再編途上にある旧秩序に比べて新しい欲求であった。産業革命はこうした不安定性を際立たせ，ひるがえって集団的な保障に対する要求を引き起こしたのである。

　2）こうした要求は，各種の利害団体や社会階級によって支えられるはずであり，これらの団体や階級は結果として，あれこれの分野で社会保障を確立すべきだという提案を集め選びぬいていった。労災保障の新設を検討するか年金制度設立の要求を検討するかどうかによって，圧力団体は大いに異なってくる。そこから，個々の社会保障レジームの多様性だけでなく，各種レジームの絡み合いや相互依存性が分かってくる。

　3）仮に当初は，個々のリスクにかかわる団体によって擁護されたのが相互扶助の原理であったとしても，賃労働者層の拡大によって，各種レジームへの細分化を克服するような社会保障の必要性が現れ出てきた。このような

文脈のなかで，持続的で可能ならば効果的なシステムを構築すべく，政治的介入が生じ，行政のノウハウが生まれてきた。例えば，農民政党の存在とその力が，ヨーロッパにおける SNPS の構造化に対するひとつの説明要因となっていることがわかる［Manow 2009］。年金システムが積立保険を提供する民間の保険会社に基礎をおく場合でさえも，当該レジームを確立するのは法律なのである［Montagne 2000, Fellman *et al.* 2009］。

　このように社会保障にかんする国民的歴史は，これら3つのメカニズムの相互作用から生み出される。経済の構造や特化が異なり，利害の構造化がさまざまな形態をとり，政治的レジームが結果として社会的要求を選別し順序立てるのであるから，たとえ例えばヨーロッパ・レベルの体系的な国際比較が展開されるなかにあっても，社会保障がきわめて多様であることが観察されても驚くべきことではない［Emmenegger *et al.* 2012］。こうしたことはとりわけ，健康保険の面で観察される［André 2007, 2014］。ラテンアメリカに適用された社会権にかんする分析も，結論として SNPS の大いなる多様性を語っている［Lautier 2012］。

5. 4　福祉資本主義としての社会民主主義経済

　これまでの展開で，社会保障は，資本主義の論理が広がることによって典型的に見られる不安定性，危機，そして格差拡大を補償するメカニズムの一形態として現れてきた。北欧経済の軌道［Fellman *et al.* 2009］は，社会民主主義的資本主義に典型的な構図へと至りついたのであり，これは独自の理論化を要請していた［Visser and Hemerijck 1997］。実際，標準的理論が民間企業の競争力にのしかかる強制徴収費用の語によって分析していることは，経済パフォーマンスに貢献する社会資本の形成ということによって埋め合わされている。雑駁にいえば，社会的公正という目的の追求は社会保障の各種構成要素への投資を可能にするのであり，それは最終的に動学的効率性を高めることになる（**図21**）。

　確かに，最低賃金制度は労働市場の短期的調節を混乱させるかもしれないが，それは労働を節約し生産性を引き上げるような生産組織を発展させるインセンティブとなっている。加えて，賃労働者層が支配的になっている社会

図21 社会民主主義諸国における社会保障は経済の活力を高める

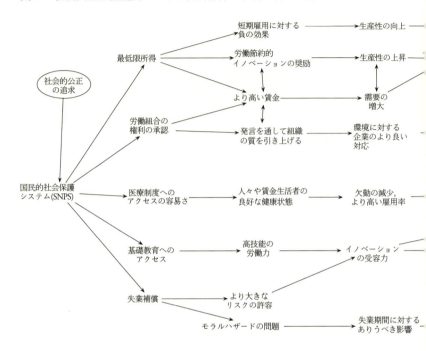

では、報酬が高いほど需要が高まり、それによって企業が提供する雇用も引き上げられることになる。労働組合の権利を認め、企業経営に賃労働者の代表が参加することは、社会的対立を減らしつつ、企業が競争や技術変化に適応するのを促進するかもしれない。教育が拡大しその質が高められると、企業が動員しうる包括的な能力が作り出されることになる。このことはとりわけ——加工労働よりも問題解決をねらった——知識労働の場合によく当てはまる。失業補償は、確かに失業期間をより長期化させてしまうが、窮乏化を回避可能にし、需要を下支えして技能資格の維持さらには伸長をもたらすような雇用に再度ありつくための時間を与えることになる。

　こうして、多岐にわたる社会保障は短期的な対応能力に負の影響をあたえるかもしれないが、それはまた動学的効率性に貢献する社会資本を構築する媒体のひとつとなるのである。

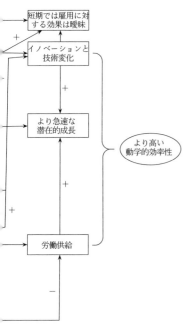

出所）Visser and Hemerijck［1997］から
着想を得て著者作成

5.5　社会民主主義的レジームがもつ回復力の秘密

　だからといってしかし，諸種の SNPS は静的な存在ではない。というのもそれ自体，とりわけ大危機の際にはコンフリクトや不均衡を経験してきたからである。事実，社会民主主義経済は，社会保障の重大な改革を実行し，その方向はといえば，社会民主主義的**ウェルフェア**よりはアングロサクソン型の**ワークフェア**のモデルにいずれ収斂していくだろうと観察者には思えるようなものであった［Andersson 2006］。1990 年代初頭に起きたスウェーデンにおける金融危機の唐突さと深刻さは，同国の基礎にあった制度化された妥協を，長期にわたって転換させたように思われる［Notermans 1995］。金融化が与える不安定化効果と社会民主主義的レジームの回復力との間の対立において，好意的な予測を述べる論者もいる［Aglietta and Rebérioux 2004a］。回顧的な歴史研究は以下のような結論を下している。すなわち，戦後スウェーデ

ン・モデルの再検討は,社会保護システムの非効率性や基礎となる妥協の内生的浸食よりも,1991-1992 年の金融危機の帰結に起因している。そうした危機は,社会会計を悪化させ失業を引き起こしつつ,権力関係を持続的に移動させたのである,と［Vidal 2010］。いずれにせよ,スウェーデンの福祉資本主義はアングロサクソン・モデルに収斂するものではなかった。

　レギュラシオン・アプローチは約 1 世紀にわたる北欧諸国の軌道の比較にもとづいて,次のことを提唱する。すなわちこの福祉資本主義が存続していく条件は,国民的イノベーション・システムのダイナミズムの刷新と補完性をもつことである,と［Boyer 2015b］。理論家たちは資本主義のマルクス的アプローチ,イノベーションのシュンペーター的ヴィジョン,広範な社会保障の利益について理論化することに反対しがちであるが,デンマークといった国は,これらの理論が引き合いに出す 3 つのメカニズムが両立可能であることを示唆している。教育システムや国家による管理は結果／目的として,その経済が国際経済に組みこまれるにつれて経済の継続的近代化を促進するからには,当該経済は,社会保障の諸構成要素に継続的に資金提供ができるのに十分な価値を作り出している［Boyer 2015b］。他の社会もまた広範な社会保障を有してはいるが,産業基盤の衰退や輸出部門の規模縮小との葛藤に陥っている。北欧諸国の回復力の核心にあるのは,まさしく SNPS と SNI との相乗作用(シナジー)なのである。

5.6　市場と競争による調整──副次的で費用がかさむもの

　この最後の事例は,次のような信念にもとづいて築かれた改革戦略に限界があることを物語っている。すなわちその信念とは,いかなる集団的介入がなくても市場は最適となる均衡に至ることができるが,それとは逆に公的な組織は本質的に常に非効率だとするものである。より一般的にいえば,イギリスやアメリカのような国で社会保障を合理化し削減しようとしても,GDP に占める社会的移転の割合を事後的に削減することはできないのである。その原因は,失業が増大し選別的保障プログラムを必要とする貧困が拡大するという結果にあったり,あるいは,医療分野での技術変化や人口動態の変化であったりする［Boyer 2015c］。

制度派アプローチの観点からみれば，こうした失敗はさほど驚くべきことではない。すなわち社会保障が提供する財やサービスの複雑性を考慮すると，市場競争を組織しうるような標準化は，不可能でないにしても困難なことがわかる。おまけに，図20によって示されたのと同じように複雑な構成は，時間を通じて発展し，顕著な回復力を示すのだが，その理由は以上のことのうちにある［Boyer 2002c］。

このように諸制度は，純粋市場メカニズムに対してもちこまれた摩擦なのではなく，コーディネーションにかんする手強い問題を克服しうる制度的配置の代替的諸形態なのである。各種 SNPS はこのカテゴリーに属するものである。

6 不平等レジームと発展様式

賃金不平等の縮小は大量生産・大量消費体制の出現に貢献したが，この体制が行き詰まって次のような見方への回帰が助長された。すなわちその見方とは，不平等の深まりをもってして，国内的自由化や貿易・資本移動の対外開放によって競争の継続的な拡大に立脚するもうひとつのレジームが樹立されるための条件たらしめようとするものである［Boyer 2014］。

6.1 競合する諸理論

20年以上にわたって不平等が持続的に拡大し，これに促されて膨大な研究がなされてきた。そこに共通する特徴は，所得形成を全体的に条件づけると考えられるひとつのキー・ファクターを特別視する点にある。

最初の理論化は，経済発展の当初は不平等が拡大し，その後は縮小するという事実の観察から生まれた。こうした形状は，技術革命の結果，当初は所得分散が拡大するが，その後になると技術革命の効果が社会全体に波及するからだとされた［Kuznets 1955］。

技術変化の専門家はこれと類似の仮説を展開した。かれらが強調したのは，情報通信技術といった汎用的技術の普及が高技能に有利な技術進歩に偏向するという点である［Aghion *et al.* 1999］。重要なのはそのものとしての技術革

命というよりも，それが内包する能力の二極化だということだろう。

　経済の国際的開放が恒久化することで，広義のグローバル化が本質的な説明要因のひとつとなってきた。例えば標準化された財の生産において新しく工業化した諸国——その筆頭は中国——の間での競争を考慮すると，グローバル化は，フォーディズム伝来の中低程度の技能資格に不利益を与えることになると言われている。しかし実証研究によれば，一国内の個人間での不平等を考察するか，それとも諸国間での不平等を考察するかに応じて，グローバル化の影響は曖昧になることが強調されている［Milanovic 2005］。

　金融イノベーション主導型の蓄積体制を特徴づける金融所得の急増は（**第4章**），独自な理論化を呼び起こした。すなわち資本収益率が成長率を上回っている限りは，金利生活者の所得と雇用者所得の乖離により，不平等は拡大するというものである［Piketty 2013］。長期的な歴史研究が示すところによれば，類似した構図は1930年代や，フランスやイギリスにおける旧体制（アンシャン・レジーム）にさえ見出されている。

　制度派のアプローチは第5の一般的仮説を提起する。すなわち，報酬や利子率決定にかんする経済のゲームのルールをコード化している制度的配置が全員対全員の競争関係によって取り替えられるとき，不平等はこうした構図の論理的表現となるというものである。この仮説は日本のケースに適用され［Uni 2011］，同一の部門内で生産性上昇の不均等性が拡大する場合には，なおさら当てはまる［Lechevalier 2011］。

　こうしたリストを読んでみると，当然のことながらひとつの疑問が生じる。すなわち，各論者は普遍的な射程をもつ一般的な理論を提起しているのか，それとも各論者は不平等の創出や再生産にかんする特定のメカニズムを特別視しているのか，という疑問である。

6.2　不平等の発生や拡大の過程を特定する

　事実上アドホックなモデルを示すために，経済学者はおそらく「理論」という語を乱用している。つまり「理論」という場合，語の良い意味では観察から引き出された定型化された事実との一致を指し，悪い意味では，この場合，社会的世界にかんする特定のヴィジョンにもとづく主観的選択の結果を

指している。制度派アプローチにあっては，各種の過程こそが調整様式や成長体制さえをも形成すると考える。調整様式や成長体制の相対的な強度や接合関係は制度的構図に依存する。こうした考え方から，不平等レジームという概念が構築されることになる。不平等レジームは過程の特殊な組合せとして分析される。その過程は時空間において見られるが，所与の場所と時代においてかなりの程度特異な様式で接合されている。以下がこうしたメカニズムのいくつかである。

労資コンフリクトは所得の機能的分配にかんする不平等の第一義的発生源である。賃労働者であるか，賃金と利子を同時に受け取る中間層の構成員であるか，さらには金利生活者であるかという，身分のいかんに応じて，労資コンフリクトは所得の個人間分配に影響を与える。付加価値に対する利潤シェアが高まると，個人間の不平等にかんする指標が悪化するのは当然となる。

栄光の 30 年間に構築された勤労者社会にあっては，分類(クラスマン)をめぐる闘争が伝統的な階級(クラス)闘争の上に積み重なっていた。まさにこの分野において，教育や技能形成へのアクセス，したがって最高報酬の雇用へのアクセスということが出てくる。市場競争に代わって，賃金の序列や変化を規定する労働協約が登場してくるだけに，こうしたメカニズムがいっそう重要になる。このことは，以前に言及した制度派の解釈に通じるものである。

金融化にともない，労資のコンフリクトは，金利生活者の権力と多額の負債を抱えた活動的階級——企業もしくは個人——との対立という方向へと移動していく。活動的階級のなかにはシュンペーター的革新者を見いだすことできる。かれらは本性上，新製品を開発するために負債を負うにちがいない。反対に，イノベーションによる利得が最終的に立地のレントに転換されてしまうのは注目すべきことである。それゆえ，こうした不平等の源泉は，生産的資本と労働所得との対立から生まれる不平等とは区別される。この点はトマ・ピケティの著作を暗黙裡に貫いているものである。もっとも他方では，技術変化の専門家が，こうしたメカニズムは急進的なイノベーションの波が訪れた後に起こる経済調節の期間においてしか当てはまらないと考えてはいるのだが［Perez 2002］。

表11 発展様式に関係するさまざまな不平等レジーム

発展様式	不平等レジームの構成要素		
	労使間	賃労働者間	レント階級と活動階級の間
農業経済／レント経済と旧式調整	副次的	副次的	地主による支配
内包的蓄積と競争的調整	中心的になる	仕事による違い	地主に対して企業家の増大
内包的蓄積と大量消費,管理された調整	賃金-利潤分配の安定化	制度化によって賃金不平等は安定化	金利生活者の安楽死
戦後の社会民主主義的レジーム	設立時の妥協の表現	連帯的賃金表という理想	革新者に対する助成
金融化された蓄積	中心的：金融資本家対その他	重要だが副次的	革新者が金利生活者に転換する傾向
レント型／原材料輸出レジーム	周期的に重要	フォーマル／インフォーマル労働の対立	中心的対立：レント階級と産業家

　第4の過程によれば，連帯と個人主義との弁証法をめぐって，歴史のうちに長期波動みたいなものが交互に起こっているのだという。市場と競争の躍進に後続する危機期においては，新しい世代が――とりわけ再分配志向の税制によって――連帯の基礎を修復することに合意する。反対に繁栄期には個人主義が奨励され，また，以前連帯の基礎になっていたものを検討し直したり，累進税制を廃止しようとしたりという誘因が助長される。1950年代から2010年代にかけて生じた一連の展開はこの論理に従うものであった。

　教育，医療，余暇，そしてまともな仕事にあずかるという基本財の大部分が――それらを市場の論理から守る――社会保障を介することで保証されるのだとしても，不平等は所得，資産，あるいは社会的影響力の不均衡だけに還元されるものではない。国民的社会保護システム（SNPS）の段階的な構築は，こうした過程の一部をなす。ごく一般的にいえば，SNPSが拡張する

		一般的特徴	歴史的・現代的事例
個人主義と連帯の間	民間財と公共財(社会保障)		
低率で逆進的な税制	家族的連帯にもとづく	社会的地位の不平等レジーム	アンシャン・レジームのフランス
どちらかと言えば逆進的で低率な税制	問題の発生	クズネッツ型不平等	ヨーロッパにおける産業革命, 現代中国
所得と遺産に対する租税の強力な累進性	公共財 (医療, 教育) へのアクセスの重要性	ショーンフィールド流の混合経済体制	栄光の30年 (フランス), 黄金時代 (アメリカ)
再分配的度の高い税制	普遍的かつ包摂的な使命	メードナー流の福祉資本主義	北欧諸国(1950-1990)
課税の単一で低い税率を理想とする	社会保障の増大は主に私的なものである	99%に対する1%の社会 (ウォールストリート占拠)	イギリス, アメリカ, アイスランド, アイルランド(1990-2007)
限定された税制と乏しい再分配性	萌芽的かつ分断的	周辺, 不安定性, 不平等 (プレビッシュ)	ラテンアメリカ (戦間期)

ことによって不平等は縮小する傾向にある。ところが他方，大危機ゆえの金融的困難に直面するなかで「合理化」が行われると，こうした不平等は結果的に増大することになる。1990年代および2000年代の20年間は，改めてそうした逆転によって特徴づけられているのである。

とはいっても，先に引き合いに出した理論と同様，以上の各種メカニズムと過程が，不平等にかんする普遍的な輪郭を作り上げたと主張することはできない。

6.3 各社会経済レジームの内部でこれら諸過程を再度組み合わせる

実際，不平等のこれら構成諸要素は偏って表現され，その強さはそれぞれの歴史的時間や社会／国民空間に固有な制度的構図に応じて大きく変わるものであった(**表11**)。農業の力学に支配されていた経済や旧式調整のもとでは，

不平等レジームはアンシャン・レジームの社会的身分に起因するものであった。産業革命と資本蓄積の増大にともなって，不平等の源泉は主に労資間のコンフリクトに起因するものとなった。そしてこの点は典型的にマルクス的なレジームを定義していようし，また部分的には，すなわち少なくとも生産転換と不平等が結びつくような上昇局面においては，クズネッツ型のレジームに例えることができよう。

　フォーディズムの開花を可能にした混合経済レジームは，それ以前のすべてのレジームとは断絶したものとして位置づけられる。というのもそれは，不平等の各種源泉を一時的に安定化する妥協を組織しようとしていたからだ。すなわち賃金妥協が賃金−利潤間の分配を安定化し，賃労働者間の分類をめぐる闘争が和らげられ，インフレーションは金利生活者の力を除去して企業家に利益をもたらした。こうした動きはきわめて強力な再分配志向の税制によって継続し，またその税制は蓄積のダイナミズムを阻害するようなことはなかった。最後に家族類型の変化や都市化は，公的支出や社会的移転の増大によって集団的基盤にもとづく連帯を再構成するための媒介となった。

　こうした変容は，第二次世界大戦後の社会民主主義レジームにおいて極限にまで推し進められ，ついには「福祉資本主義」［Fellman *et al.* 2008］あるいは「交渉にもとづく資本主義」［Pedersen 2008］という用語に根拠が与えられるまでになった。対照的に，金融化された資本蓄積は，金利生活者の論理が支配的になるということを現代的な形態のもとで再び登場させ，それによって驚くべき富の二極化が正当化された。

　最後に，ラテンアメリカ社会は確かに自国経済の金融化によって悪影響を受けたが［Bruno 2008］，賃金の不平等はフォーマルな雇用にありつく難しさに由来し，それが社会的・政治的な二極化の主要な源泉となっている。このことは，相変わらず原材料や農産物の輸出に基礎をおく社会経済レジームと表裏一体をなしている。すなわちこうした所得の集中は，民主主義への移行によっても，そして——各国ごと多かれ少なかれ発達させられた社会保護システムを介した——セーフティ・ネットによっても，大して和らげられることはないのである［Jimenez and Lopez-Azcunaga 2012］。

7 環境にかんする制度的装置

　不平等拡大の原因について経済学者や政府の関心が広がったのは最近のことであるが，環境問題は，2000年代以降，急激な気候変動を示す科学的研究に大きく影響を受けつつ，国内政策や国際会議の議事日程に組みこまれるようになった。それはエネルギーの相対価格が突然に反転したのを契機に1970年代初頭に提起されていた問題である。すなわちこれは，再生不可能な天然資源の有限性によって制約された成長に突入したことを示しているのだろうか。

7.1　理論的な挑戦

　各学派はその理論的基礎にしたがって，環境関連の制約を組みこむ手段を見出そうとした。このことは多様な診断や分析をもたらした。

　標準的経済理論から見れば，費用を負担する必要がない環境資源を経済が浪費するのは当然のことである。したがって解決策は，これらの資源に所有権を設定し，それ相応の価格を定める責任を市場に課すことである。よって公的機関の行動は，これらの権利の総額を決めることに限定されるべきだ，と。このような提案は，例えば生物多様性にかんする国際協定の折に，ほとんどの政策当局が採択するところであった［Boisvert and Vivien 2012］。産出される汚染物質の排出権をめぐる世界市場を創設することは，気候変動に代表される脅威に対する論理的な反応なのである。

　取引費用理論は，多くのケースで，利害関係者の各々の権利と義務を規定するルールを交渉することによって，例えば汚染関連の負の外部性を内部化することができると考える。所有権の明確な定義がなくても合意は可能だと見る点で，この第2のアプローチは先の標準的経済理論から区別される。汚染の深刻化によって対立の解決が難しくなっているので，こうした解決法はその効力や一般性においてあまり有効でなくなっている。

　歴史的で帰納的なアプローチによる共有財（コモンズ）の理論は，なんらかの理論を参照することなしに，集団がどのようにしてこれらのコモンズを管理するルー

ルを見出しているかをうまく示している。それは私的所有権を設定するわけでもなく，上位の権威を作り出すわけでもない。何にもまして重要なのは，農村の共同体(コミュニティ)である。そこでは互いが近隣関係にあるので話し合うことができ，いくつかのケースでは互恵的な関係のおかげで信頼が醸成されるのである。国際化によって新たなコモンズが作り出されると考えるのは，理知的には正しいとしても，こうした小規模集団による学習メカニズムを国際経済に拡大適用することは困難である。地球温暖化を食い止めようとする国際的合意が繰り返し困難に突き当っていることが，それを証明している。

　コンヴァンシオン理論の主題はまさに，(商業的，産業的，市民的といった)さまざまな正当化の論理や原理の間に対立があるという点から出発する。この理論は，こうした衝突によって，慣習(コンヴァンシオン)——さまざまな表象の間で成立する妥協——が出現しうることをテストによって示す。こうした妥協の利点は，各種アクターの行動に生じる不確実性を縮減することによってコーディネーションが可能となる点にある。一部ではあるが，生物多様性のコンヴァンシオンはこうしたタイプの過程を動員することによって成立したのであり，そこから一つの共有された表象に至ったのである［Boisvert and Vivien 2012］。

　レギュラシオンの貢献は，社会的な階級やグループ間の利害対立を再び導入したことにある。例えば汚染者と汚染の被害者との対立は，経済・社会・政治の間の関係として，またこの関係が有する権力関係の関数として，位置づけ直されるはずである。この理論はまた，妥協とその制度化の可能性を強調する。それは表象や利害の一致を意味するのではなく，単純に，支配を受けた利害関係者はかれらが得た譲歩分以上には受け取ることができないことを認めるということである。こうした制度化された妥協の持続性にとって，道徳的な正当化とか政治的な正統性とかはまったく必要ないのである［Amable and Palombarini 2005］。

7.2　第6の制度形態か，一連の制度装置か

　こうした妥協は，第6の制度形態みたいなものを作り出すほどに十分強力なものであろうか。いくつかの議論がこの点にかんして展開されている［Becker and Raza 2000］。まず最初に，この対エコロジー関係が，教科書的な

5つの制度諸形態のいずれかに含まれるわけではないとすれば，現代の社会経済レジームの柱として例えば「自然-社会関係」を提起するのは道理だろう。次に，これと同じ論者が注意を促すのは，貨幣レジームが当初，ミシェル・アグリエッタによって「貨幣制約」［Aglietta 1976］の表現として導入されたということである。つまり，生態的(エコロジカル)な再生産の制約やその編成方法を，一個の制度形態に転換してならない手はなかろう。最後に，カール・ポランニーの3つの擬制商品――貨幣，労働，自然――を参照するのも魅力的だ。共同社会がそれらの利用を制御しなくなり，商品化の過程が展開するままになると，社会の存在自体が脅かされることになる。レギュラシオン理論では，第1の貨幣が貨幣秩序の制度によって統御され，第2の労働は――純粋な商品関係に還元されえないであろう――賃労働関係の対象となり，そして第3の自然は「経済-環境関係」となりえよう。

　レギュラシオン派によってなされた概念的研究や実証研究は，大半においてこうした視点を採用してはおらず，これに部門別制度装置に匹敵するものをあてることを選んできた［Rousseau and Zuindeau 2007 ; Élie *et al.* 2012］。当初から，リオ・サミットで諸国が行った意見表明に注釈を施しつつ，アラン・リピエッツは環境にかんする介入の様式が蓄積体制に依存するという仮説を提示していた［Lipietz 1999］。この依存関係は，相関が完全というわけではないものの，工業化の発展程度ゆえの南北対立に対応している。環境的制度装置（DIE）は，いわば経済／環境関係の空間にかんする制度諸形態を投影したものであろう。先験的に言えば，賃労働関係の制度的体系化の度合いは，DIEの発展と歩を一にするはずである。同様に，競争形態は環境制約を組みこむ過程を発展させる能力を決定するかもしれず，他方，国家と経済政策のタイプは規範と補助金，規則と租税，補償と予防措置のそれぞれの間の選択について情報を与える。金融・貨幣レジームはといえば，これは企業がエコロジーのイノベーションにかんする研究プロジェクトに資金調達をする能力に影響を与えないわけにはいかない。最後に，経済特化の型や国際経済への編入形態も，DIE発展へのかかわりの度合いに入ってくる［Élie *et al.* 2012］。

図22　環境的制度装置と資本主義類型との関係

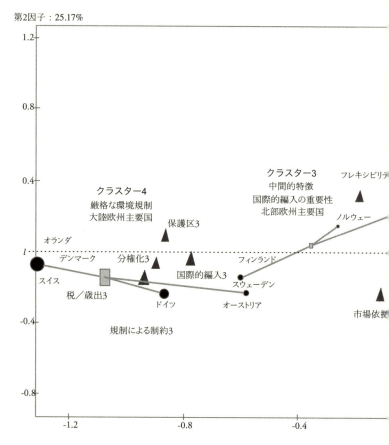

7.3　資本主義類型への依存

　資本主義の多様性にかんする研究［Amable 2003］の延長線上に，次のような問題がある。すなわち，汚染・廃棄物管理・水質にかんする改善努力を計測する国際比較データの照合，環境保護規制適用の規模と程度，環境税制の水準，環境イノベーションへの尽力といった問題である。これらは何よりもまず制度的装置が適用される程度の多様性を示している。そのような議論は，これらの問題は一個の包括的な制度化された妥協から生じたもの——そ

第 6 章　現代資本主義の新たな制度的配置　207

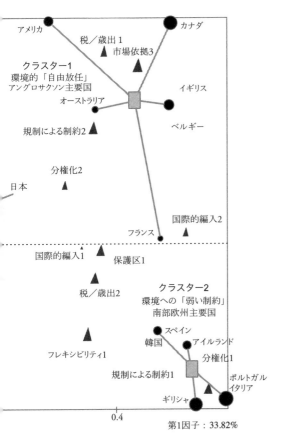

出所) Élie *et al.* [2012]

　の妥協の各種領域での偏差でしかない——として考えるものとは別種のものなのである。
　横軸の第 1 因子にしたがって諸国が分布している。横軸では，一方で介入主義的かつ社会主義的な管理——北欧および中欧のケース——と，他方で環境への介入が，公的にも，市場を媒介とする場合でも制限されている南欧諸国が対立している（図 22）。縦軸となる第 2 因子の分析から，環境の管理にかかわる著しく自由主義的な論理が浮かび上がってくる。それは租税や規制

的制約が小さいことによって特徴づけられる。アングロサクソンのすべての国はこのグループに属する。ここには，国民的イノベーション・システムにかんするその影響についてすでに示したように，各々の資本主義形態を特徴づける調整様式の基本原理との相同性へと通じるものがある（**表**9）。

さまざまな資本主義形態が，グリーン税制の水準や環境イノベーションの規模に対して，どのような影響をもつかを直接チェックしても，完全な対応関係が見いだされるにはほど遠い。このことはDIEと発展様式を結びつける関係の複雑性を例証している。

7.4 時間軸の対立，閾値効果，不可逆性

さまざまなDIEがエコロジー・プロセスをコントロールしようとしているのであるが，そのプロセスの各々はそれに固有な時間定数にしたがって変化するのであり，その時間が経済的意思決定の時間と一致するという先験的な理由は何もない。それゆえ，エコロジー的不均衡が成長の追求を危うくしたり，場合によっては，企業・社会団体・国家の側からする矯正策を喚起したりするよりも前に，蓄積が重大なエコロジー的不均衡を引き起こすかもしれない。水質管理，産業的・都市的汚染への反対闘争，種の多様性の進化，地球温暖化のどれを取り上げるかに応じて，これらの時間軸は結局のところ異なってくるのである。こうして，エコロジー制約は常に出現することになるのだが，たとえ突然の危機を通してであっても，このエコロジー制約は経済の動力学を形づくるのに一役かっているのである。

経済とエコロジーの関係にかんする非線型の動力学は，エコシステムの急激な悪化についての多くの事例によって明らかになった［Muradian 2001］。またそれは，そうした瓦解に導く要因が何なのかを解明するための理論化や定式化への努力をかきたてた［Good and Reuveny 2009］。直観的な反応は以下のようなものである。すなわち，このような閾値越えの原点にはアクターたちの近視眼や短期主義があるのであり，それゆえ，科学の進歩によってこうした破局はやがて回避することができるはずだ，と。つまり「知識の現状において，エコロジーは遷移の閾値を推定するよりも大規模な変化を予見することに長けている。その上，価格体系はシステムが断絶点に近づいている

のかを評価することができないため，専門家も消費者もエコロジー的な閾値を正確に予測することができそうにない」［Muradian 2001］。

　新古典派理論は，価格体系によってエコロジー崩壊の可能性が探りあてうると主張する。そこに見られる楽観主義は，たんに合理的期待仮説や，経済と環境をつなぐ過程にかんする完全知識の仮説に依拠しているばかりでなく，本質的に，そしてとりわけ，完全代替の仮説やそれに対応する成長モデルの線形化にも依拠し，したがって完全可逆性を導入することにも依拠している。しかし，エコロジー的不均衡が積み重なり閾値効果が出現するとき，あるいは非再生的資源が生産に必要とされるからには，これらの仮説は誤っている［Arrow *et al*. 1995］。

　こうして，環境制約によって成長が近いうちに制限されるという見通しは，レギュラシオン理論が果たした2つの貢献を喚起させてくれる。すなわち一方で，およそ理論化にあたっては不可逆性のさまざまな形態を考慮することであり［Boyer, Chavance and Godard 1994］，他方で，長期均衡への収斂でなく過程や軌道の理解に力点を置くことである。

7.5　歴史的アプローチ──経済-環境の階層関係の逆転？

　経済成長の理論家や計量経済学者は事実上，例えば成長と汚染のあいだにある関係に関心を寄せてきた。国際比較研究を行いつつ，かれらはクズネッツ曲線に相当するものを見いだした。すなわち，低所得の国は当初，汚染を引き起こさない技術を採用する術をもたないが，豊かな国は成長の追求が汚染の減少を伴うという閾値を超えてゆく［Grossman and Krueger 1995］。非常に多くの統計的研究が行われているが，ひとつの経済法則に値するものが確立されたとはとても言えない。というのも，きわめて多くの別の要因が介在してくるからである。すなわち因果メカニズムの検証は難しく，決定論などを持ち出しても，それはおよそ厳密に経済的なものではない。なぜなら，例えば富裕化によって個々人の優先順位〔選好〕が変化するような〔経済学の範疇をはみ出る〕やり方を介在させる必要があるからである。おまけに，汚染の減少がイノベーションによるのか，あるいは生産構造を汚染の少ない活動の方へ変容させたことによるのか，これについてはわからないのである

[Carson 2010]。したがって、きわめて脆弱な理論的な関係が——成長に対する楽観的な見方を広めつつ、また環境条項を含まない自由貿易条約の交渉を促進しつつ——2000年代における国内的経済政策や国際経済においてそうした影響力を行使したのは驚くべきことである。

レギュラシオン・アプローチや制度派アプローチからの批判は、これとは異なる。一方で、国際比較分析は、歴史的軌道が大いに異なる国の現状を明らかにし、今日の開発途上国は旧工業化諸国と結局は同じ構図になるだろうと想定する。しかし、国際関係、特化、イノベーションの変容によって、同じ行程を歩むことは許されないことが分かったときには、こうした仮説は懐疑的なものとなる［Chang 2002］。他方で、経済的諸利害や社会的グループの諸戦略のゲームがどのように環境問題を扱うようになるかについて取り組むことが重要であり、したがってDIE構成の経過を説明変数として考慮に入れることが重要である（**図22**）。

日本の成長体制は環境制約を段階的に考慮に入れてきた点で好例をなす［Okuma 2012］。近代化の時期が終わると、環境破壊が公的当局の側から高い関心を集めるようになり、企業はこうした優先課題の影響をその投資に反映させた。最後の段階では、京都会議の延長線上に環境規準の国際化が論議された。

8 結論——制度的配置の複雑化としての資本主義の進化

レギュラシオン理論の概念的発展にかんする以上の要約的紹介から、同理論がもはや単なるマクロ経済理論でないことがわかる。実際、レギュラシオン理論は、新たな領域や対象に無数に適用され、制度的に基礎づけられたミクロ経済学と歴史的マクロ経済学との中間レベルで生じる問題を取り扱うことができるような一般化ができるようになった。

第2の一般的教訓は、資本主義経済の長期的動態にかんする特徴づけにかかわる。自由化政策が席捲したことで、多くの観察者たちは将来が市場領域の継続的な拡大にかかっているとの印象をもっているが、それに伴う逆の動きを強調しなければならない。すなわちそれは、競争メカニズムを持続させ

るのに必要とされる新たな制度装置を適切に作り出すことである。国際分業を含む分業の深化に対して，イノベーション，各種部門，社会保障，そして環境をつかさどる制度装置はますます複雑になっていくということを付け加えなければならない。

第7章 政治的なものと経済的なもの

――現代世界の政治経済学――

　議論がこの段階に至ると，ある大きな問いが現れてくる。すなわち，これほどに多様な制度的配置が一時的にせよ安定的なレジームをうまく定義できるのはどのようにしてなのか，と。進化論的理論は市場による競争と淘汰の過程を強調する。それは，技術選択や新製品の成否において実際に機能しているメカニズムである。しかしながら，基礎的社会関係のコード化たる制度諸形態はまた政治的なもの――すなわち権力の問題――を浮かび上がらせる。本章が提示するのは，社会政治的レジームのなかで整合的な形態を生み出しうるような集団的過程を説明づけることである。

1　経済分析による公的介入の正当化

　第二次世界大戦後，国家による経済介入の必要性は3つの名目で認められるようになった。景気を安定させ，市場が提供しえない公共財を供給し，社会的正義という共有されたヴィジョンにしたがって再分配を行うという，この3つであった［Musgrave 1959］。ところが1990年代以降，思想的および政治的な構図ははっきりと異なるものとなった。ここ約20年来推し進められてきた経済政策にもとづいて，この刷新（アッジョルナメント）の理由を理解することが重要である。

1.1　政治的なものにかんする現代的見方

　時が経つにつれ，また戦後の成長モデルが侵食されるにつれて，公共経済の3つの柱が再検討に付されるようになった。

　第1に，マネタリズムの理論は，中央銀行にしろ財務省にしろ，それらが

もつ経済循環の調整能力について疑義をはさみ，ついには，例えば貨幣供給量増加のルールを憲法に書きこめとまで提案した。新しい古典派経済学はこの立場を一般化し強固なものにして，マクロ経済を安定化させるための積極政策の可能性に異議を唱えた。

第2に，公共部門それ自体による公共財の生産が再検討に付され，さまざまな民間の供給者の競争にゆだねるようなモデルに軍配があげられた。

最後に，不平等の拡大を正当化するために，新しいインセンティブ理論が前面に押し出されるようになった。この理論によれば，不平等は労働努力，企業精神，イノベーション，そして最後に貯蓄形成に好都合だとされた。貯蓄は投資の決定因だとされたのだが，それはかつて支配的だったケインズ的見方と絶縁するものであった。

2000年代以降，これら3つの問題は新たな正統派へと統合されていった。このことは，効率性の改善において結局は唯一の原動力となる市場メカニズムを強化しつつ，経済改革の課題を公的権力に託すことになった。こうした考え方がアメリカで民主党にも共和党にも共有されたことは注目に値する［Council of Economic Advisers 1996, pp. 39–42］。

財市場，労働市場，さらには金融市場を自由化するこれらの政策を実行すると，結果的に不平等は拡大してしまい，ついには再分配や累進税制への復帰の問題を再登場させてしまったのは，さほど驚くべきことではない。こうした問いはアカデミックな場でも示されたし［Piketty 2013］，政治的発言でも示された。後者の証拠としては，オバマ大統領による2014年の一般教書演説があり，また，アメリカ中央銀行〔連邦準備制度理事会〕議長ジャネット・イエレンによる意見表明があり，そこで彼女は金融政策が不平等拡大に一役かったことを認めた［Federal Reserve 2014］。このように，経済政策は経済的効率と社会的公正の間での裁量によるべきものなのであり，この問題は与党の選好に左右されることになろう。

1.2 規範的見方——市場の効率性および／または社会的公正を追求する

広くコンセンサスを得ているこうした立場は，政治的なものについての特定の考え方に由来しており，それを明らかにするのがよかろう。政策決定者

は2つの要請に従っていよう。第1に，市場理論によって定められた経済効率性の要請と，第2に，社会的公正という普遍的原理を求めて道徳哲学が提起する要請である［Rawls 1971］。理想は2つの基準を組み合わせることだろうが，一部の経済学者によればその理想はおそらく達成できないとされる。逆説的であるが，福祉資本主義の理論家は社会的公正を経済効率性の媒介者だと考え（**第6章**），完全市場の働きから帰結することこそが正義にかなっているとする市場原理主義者と同じような意見となってしまう。

というわけで，国家とその行政の活動を通して，政治的なものは経済的なもの〔経済効率性〕や社会的なもの〔社会的公正〕に仕えることになり，その際，経済的なものや社会的なものの投影にすぎないかもしれない政治的な領域に固有の特殊性は，すべからく捨て去られてしまう。

1.3　政治的なものの基礎としての社会的コンフリクトの忘却

例えばフランスにおける公的介入についてのいくつかの歴史と照らし合わせてみるとき，上記のようなお見事な論理構成はどれほどの妥当性があると言えるのだろうか。評価は生ぬるいものではない。事実，2つの介入ロジックが存在するが，それらはきわめて特殊な形態をとり，常に集団的なアクターが政治的な場で引き起こす闘争の結果なのであって，介入のロジックというのは君主に助言を行う知識人たちによる熟議の結果などではないのである。

一方で，政治的な介入の必要性が露わになるのは危機や不況期なのであり，そしてその介入は，効率性という抽象的な原理を擁護するためではなく，まったく単純に——構造的ないし周期的に不安定になる——市場を基礎とする経済の可能性それ自体を再建するためになされるのである。そうした理由により，当初は民間的地位にあった中央銀行が公的機関になったのであり［Bouvier 1973］，あるいはまた，第二次世界大戦後に大半の政府が，農産物価格——その不安定性が戦間期に決定的な役割を果たした——に対する特別な体制を設立することが必要だと判断したのである。

他方で，道徳面からの要請はもちろん存在するが，各種法律を変えるに至るには，さまざまな社会的グループの間で連合を結成する必要があり，強力な議論が政治空間で巻き起こる必要がある。このとき，社会的公正の理論に

かかわって道徳的な権利要求が厳しく派生してくることもあるが、そのこと以上に、各種の力関係の結びつきの方が決定的な役割を果たすのである。

以上のような過程に導かれて、労働保障、商法とは異なる労働法の制定、公的権力の権威・象徴としての貨幣の発行・管理、年金受給権の承認、あるいは医療制度の利用といった面で公的介入の分野が拡大し、正統化されていったのである。同様に、基礎教育を義務化する法律は当初、経済学者の機能主義的な見方が想定するような人的資本の形成をねらったものではなく、新たな政治的秩序に結びついた市民的関係性〔シティズンシップ〕を育てようとしていたのである。

このように政治的な空間は、経済や社会の中で働く諸力を単に投影したものではなく、それ固有のロジックを有している。つまり一定の領土において、経済的なものを含むゲームのルールを制度化する権力を行使するというロジックである。

2 政治的なものと経済的なもの——分離から絡み合いへ

経済学と政治学の分離は現代世界を理解する助けにならない。経済学者は、「理論の教訓」を無視しているという点で、いわば非合理性という点で、政治学者を非難しがちである。反対に政治学者は、経済の変化が政府の選択や意思決定に与える影響を無視する傾向にある。2つの専門分野のこうした分離は、合理的選択理論が政治的なものの分析にまで普及したことによって、問題とされなくなってしまった。両分野は方法論的には再統一されたが、それぞれの領域に特化しているため、両者の相互作用があるわけではない。それどころか、こうした分離仮説は歴史分析によって無効なものとなっている。

2.1 市場は政治的なものからの自律化によって生まれる

いくつかの社会では、社会関係と経済関係は未分化のままである。ところが商品交換が社会に浸透するやいなや、この商品交換は、政治的領域と経済的領域の分離必然性を出現させる動きを促進する［Braudel 1979］。こうした動きは社会ごと、さまざまに異なった時代に生じる。またソヴィエト型体制

が崩壊した事例は，こうした分離が自ずから起こるものでないことを示している。早期に工業化した資本主義経済にあっては，政治的なものと経済的なもののこうした分化は，約4世紀前に生じた。商業の繁栄と製造業における分業をできる限り促進するために，早くも黎明期の政治経済学が君主の政策を司っているはずの諸関係を解明しようとしたのは，まさにこの時代である。

しかしながら，この時以来，2つの領域は論理的に分離された。政治的なものは，ある領土に居住する諸個人に対する権力の問題を取り扱う。また経済的なものは，政治的なものによって定められた国境を不断に越えていく傾向にある商品と富の流通に関心を寄せる。ところが，権力の追求によって統治される政治的秩序と，富の際限なき追求によって左右される経済的秩序との両立という核心的問題が直ちに現れてくる。

例えば，君主によって制定された貨幣のルールが，商品の動きを支える民間信用の流通を阻まないということが重要である。政治的権威を高める目的のために，現地通貨の価値を減損させることになる機会主義的な行動は，その領土における商業や生産活動の方向を変えるかもしれない。こうして，政治的なものと経済的なものとの相互依存が生まれる。もし経済的条件がきわめて悪いものであれば，政治家が自らの絶対的な権力を行使するのに必要な租税を引き上げるのは非常に難しくなる。

2.2 国家と資本主義の共進化

こうした相互依存は，資本主義の歴史全体を通じて不断にその形態が変化し，ある意味では強化される。産業資本主義の隆盛は，交通網によって領土の統合を促進するような，ある国家類型を要請する。両世界大戦の後には，国家が生産を組織し，金融を制御し，社会政策を発展させる形で経済に介入することが正統視されるようになった。富の増加を創り出す内包的蓄積の確立に国家が寄与するにつれて，民間所得に対する国家課税の増加はいっそう受容されるようになった。国家は「挿入された」ものとなり，もはや「夜警」ではなくなったのである［Delorme and André 1983］。

図23　陰と陽——政治的なものと経済的なもの

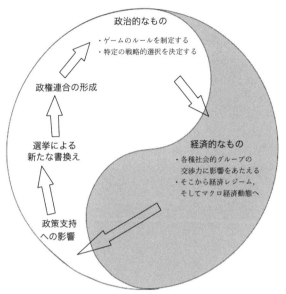

出所) Palombarini [2001] へのまえがき

2.3　現代社会——政治的なものと経済的なものとの絡み合い

　一方で，政治的権威は資本蓄積の必要条件のうちのいくつかを提供する。それは何より，所有権の定義と尊重であり，支払システム，貨幣レジームである。

　他方で，政治的なものの具体的な組織とその媒介的役割は，経済領域で作り出された価値に課税することを想定する。このことは，両領域における第2の結びつきを定義する。つまり，財政金融レジームと発展様式との関係が存在するのである [Théret 1992, 1999]。

　こうした展望を補完するために，民主的政治レジームを一般化する必要がある。形式的にみると，民主的政治レジームは，選挙の過程，世論調査，圧力団体の展開を通した，市民と政府の相互作用にかんする新たな手続きを前提とする。例えば，政府は経済的・金融的権力からの期待に応えるだけでな

く，選挙の際に政府が市民に対して掲げた公約を守ろうともする。経済政策にかんする意思決定過程はそうした市民と政府の相互作用に影響を受けやすく複雑なものとなり，ついには，妥協がないと行き詰ってしまうかもしれなくなる（図23）。

2.4　政治的なものと経済的なものの時間軸上のコンフリクト

　こうした絡み合いは，もうひとつの重要な帰結をもたらす。それは社会変容の永続的な動きをさらに活発にすることである。そうした動きが展開する諸領域のひとつでは，選挙日程や政権連合の形成によってリズムが与えられ，もうひとつの領域は，生産，投資，イノベーション，さらには人口動態にかかわる時間の一環をなす。これら2つの時間軸が完全に一致するという理由は何ら存在しないのであり，このことは政治経済システムが内生的に進化することを意味する。2つの領域の一方におけるアクターにとってしばしば外生的なものに見えることは，実は時間軸上の相互作用の産物なのである。

　こうした動態のきわめて特徴的なケースは，いわゆる「政治的景気循環」モデルによって定式化されるケースである[Nordhaus 1975]。選挙が近づくと，政権は有権者の支持を獲得すべく景気振興策の実行に傾きがちであろう。その結果，当該政権あるいは後継政権はやがて，財政赤字削減という補正策を採用せざるをえなくなる。フォーディズムとケインズ主義が同盟していた時期，アメリカでこのような循環が実際に観察された。他にも多くの構図がある。例えば，自国のユーロ加入を切望する政府は，欧州条約の基準を尊重すべく厳格な調整政策を推し進めた。しかし，いったんユーロ加盟が達成されたら，次にはこうした政策は緩和された。経済循環とは言ってみれば，政治組織がある程度非合理的なことの表現であり，あるいは少なくとも，経済過程——それ自体は自動調整される——に対して政治組織が干渉することの表現なのであろう。

　レギュラシオン理論の枠組みでは，この循環は政治的なものと経済的なものに同時に影響をあたえる。なぜなら，構造的な理由のために両者の時間的特性が異なるからである。変革の兆しは突然に現れるかもしれないが，しかしその変革が成果を生むのは，アクターの行動全体が漸進的に再調整される

ことを通じてでしかないだろう。そして場合によっては，当初の変革が成果をもたらすには，一連の補完的な変革が必要なことが明らかとなるだろう。金融界の評価尺度が株式相場や公債の利子率にリズムをあたえる時代にあっては，このような時間軸の分岐は，政府の信頼性やマクロ経済的安定性に対して破壊的なことにみえるかもしれない［Boyer 2013a］。

3 アントニオ・グラムシとニコス・プーランザスへの回帰

このような論法を手がかりとすると，時間を通じてある種の安定性をもった政治-経済レジームが出現することは，はじめから困難となる。このことは，レギュラシオン理論の根本問題を再び見いだすことを意味する。すなわち，もし危機の可能性が常に存在するのであれば，まずまず安定した構図はどのように観察することができるのか，という問題である。例えばフォーディズムや——短期間ではあれ——金融化された蓄積体制はほぼ安定していたわけだから。

3.1 ヘゲモニー・ブロック仮説とその政治的表現

その場しのぎと偶然，進化による淘汰，補完性や階層性のメカニズムといったことが，蓄積体制の出現を説明するために，次から次へと引き合いに出されてきた（**第2章**）。経済領域において，長期にわたって見劣りのするパフォーマンス（高失業，低成長……）によって特徴づけられる制度的構図が見られたが，それによって効率性による淘汰なるものに疑義が生じ，ひとつの政治-経済レジームが成立するための十分条件として，政治連合が形成されていく道筋ということが問われるようになった。こうした問題はプーランザスやグラムシの分析の系統に属する［Poulantzas 1968 ; Gramsci 1978］。かれらの分析は，政治連合の形成と調整様式の整合性とのつながりを理解するために，現代的意味をあたえられることになった［Palombarini 1999, 2001］。

あるケースでは，厳密な経済的秩序においてはア・プリオリに整合性をもった調整様式であっても，政治的秩序においてはその正統性を見いだすことができないということが明らかになり，そのためにそのレジームは崩れてしま

うことがある。逆に，はっきりとした経済危機があっても，ヘゲモニー・ブロックがもつ権力や，危機から脱出する戦略を正当化する象徴的な表象が適切であることによって，危機がうまく方向づけられて克服されることがある [Lordon 1997, 1999]。最後に別のケースでは，政治連合の安定性がもたらす中長期的な結果として，成長から危機——それは政治的秩序においても経済的秩序においても表面化する——への内生的な移行が突然始まることがありうる。

3.2 政治連合の表現としての諸制度

上にみた各種構図のうちどれが出現してくる可能性があるかを分析するためには，諸制度および／あるいは経済政策の出現を内生化してみることが重要である。この内生化のねらいは，政治空間で有効かつ持続可能な調整様式をもたらすような連合を，ヘゲモニー・グループがどのような条件のもとで形成することができるかを明らかにすることにある [Amable 2003]。異質な利害をもつ行為主体は，それらの経済的立場や政治的志向に応じて，相互に調整したり，優位に立つであろう政治連合に影響をあたえるために——そして可能ならばそれに参加するために——結集したりしようとする。いったん成立すれば，政治連合はある制度／制度形態を創ろうと決意し，他の行為主体はそれとの関係において行動することになる。こうして，政治的表象が新たな経済的構図に適応するように新たな反復プロセスが始まる。政治−経済レジームというものは，2つの領域の両立性を保証するような構図に対応するのである。

3.3 独自なヘゲモニー・ブロックとその危機——2000年代におけるイタリア

既述のように，理屈の循環的連鎖やかなり複雑な相互作用があり，しかもそれがいくつかのレベルにわたっていることを前提にすると，文章による推論には限界がある。だから，こうしたさまざまな相互作用の相違を細かい文脈ごとに定式化する必要がある [Palombarini 2001]。

第1段階として，権力の座にある政治連合は，為替レートと財政赤字を固定しつつ経済政策を決定する。それをベースにして第2段階では，経営者と

労働組合は賃金と雇用を決定すべく交渉を開始する。このことは結果として，賃労働者，企業家，そして公債からの収入で生活する金利生活者という各種経済的グループの経済的地位に影響をもたらす。第3段階には，これら各種の社会経済的グループはまた，政府への支持・不支持を表明するために，イデオロギー的および政治的な選好を考慮に入れる。政府の方はといえば，これはとりわけ短中期での裁定について，支持者の成員構成と整合的な政策を決定する。

イタリアのマクロ経済にかんする諸特徴と，3つの社会経済的グループがもつ政治的選好の分布を考慮に入れることによって，ある独自な連合が明らかになってきた。この連合にあっては，企業家と金利生活者は，為替レートと財政赤字の固定性を経済政策の二大核心手段にするという点で同盟関係を結んだ。賃労働者は長い間その同盟関係から除外されていた。同じヘゲモニー・ブロックを体現した歴代の政権が失業を考慮しなかったのは，これによって説明される。

もっともこうした同盟関係は定常状態なのだろうか。いやそうではない。というのも，財政赤字は累積し，財政赤字の対GDP比の上昇は利子率を徐々に上昇させ，ついには，企業家の利害と金利生活者の利害との間の対立が顕在化するまでになった。こうして内部代謝メカニズムが機能していることがわかる。すなわち，公債比の緩やかな変化によって調整様式は安定圏から外れてしまったのである。経験的にいえば，ユーロ加盟というイタリア政府の決定によって公債を不断に増加させる可能性が阻まれることになったのだが，その公債は企業家と金利生活者の連合の基礎だったのである。それゆえこの決定は，政治的であると同時に経済的な危機を引き起こしてしまったのである。

小さな違いはあるものの，フォーディズムの危機に特徴的であった過程とよく似たものを，われわれはここに見出すことになる。すなわちフォーディズムでは，原油や原材料の価格高騰が，その生産モデルの枯渇のゆえに芽生えていた危機を後押しした（**第4章**）。しかもこの問題は，ある一般的な仮説を提起することを可能にする。すなわち，ある主要な社会経済的グループ（この場合には金利生活者ではなく賃労働者）が政治連合から持続的に除外

されるならば，社会経済的レジームはそれが構造的不安定に陥るまで展開していくだろう，と。こうした結論はコンヴァンシオン理論の直観と通じる。同理論は，民主主義の原理（政治空間においてすべての利害関係者を含むものとして理解される）がマクロ経済的安定性と両立可能で，効率的でさえあるだけでなく，それを促進するものと考えようとしているのである［Favereau 1993b］。

4　政治－経済レジームの形成

中期的に一定の安定性をもつ構図が出現するのに寄与するメカニズムについて，そのいくつかを明らかにすることができる。

4.1　実践の抽象化と普及の過程

まず**政治**の領域を考えてみよう。独裁体制では，権力の分布が非対称的なので，事前的な整合性を探求するのに有利になるかもしれない。ブラジルや韓国の歴史は，あまり民主的でない政府が経済発展過程の口火を切る制度改革を実行すべく有していた能力を示す格好の事例を提供している。しかし民主主義体制においては，各種の利益団体にとって互いに利益となる妥協について交渉することが，実効性のある制度諸形態の設計に向かって収斂していくためのよき戦略であることが，度々明らかとなった。最後に，だからと言って重要でないわけではないが，これらの政治－経済レジームがいったん成立すると，反射力のおかげで，それらは次には，別の社会に対する参照基準として役立つガバナンスや政府のパラダイムへと転換されてゆくかもしれない。いわゆるフレキシキュリティのデンマーク・モデルはそのよい例である。

経済領域をみると，これとは対称的に，利害関心を構造化するとそれが政治的なものに対する影響力となるかもしれない。例えば労使間の交渉は，フォーディズムの労働協約のように，強力なコーディネーション・メカニズムを作り出すことができる。これが経済的に定着すると今度はそれが，労働や社会保障の組織化に有利な政策の形成という方向に，政治的仲介を構造化していくように影響をあたえる。第2のメカニズムは，経済領域と政治領域

の補完性を組織化してゆく。例えばアメリカでは，軍産複合体が結果として民間の経済利益と公共政策を結びつける効果をもった。政治−経済レジームのありうべき首尾一貫性の原因となる第3の結びつきは，過去の成功を，数多くの他の領域に拡張されうる一般的原理へと抽象化していく過程にかかわる。例えば，テイラー主義とともに工業で生じた合理化が，サービス部門において，また行政においてさえも，同じように実行された。さらに近年では，民間企業の経営モデルが，公的サービスの提供や医療・教育サービスの供給を再編するための参照基準とされた。

4.2 政治と経済の接合と媒介にかんする4つの形態

第1に，政治と経済という2つの領域のうち一方が，他方に**自らの論理を押しつけ**ようとし，ときにそれに成功するかもしれない。旧ソヴィエト体制では，共産党の政治的意思が，権威主義的な計画化を通して経済組織全体を調整するものと見なされていた。このシステムは，それが生み出した長期的に好ましくない傾向を克服することができなかった。反対に，巨額の経済的利害関心が国家を取りこんでしまい，その目的は補助金や減税などにかんする一連の法──あるいはその欠如！──へと転じていくかもしれない。だから，政治当局と経済当局の間の見える手による握手が，市場の見えざる手の匿名性に取って代わる。そのような体制の持続性は保証されていない。それは，2008年に起きたアメリカ金融システムの派手な崩壊が示しているとおりであって，この崩壊はわずかながらの金融規制の意向に反対して，ウォールストリートが権力を奪取したことの直接的な結果なのである。

第2に，**相同性原理**が同時に政治的でもあり経済的でもある過程を左右するかもしれない。格好の事例は産油国の例である。そこではレント収入が支配的であるが，それによって，経済活動は工業化を犠牲にした形で特化してゆき，レントを再分配する縁故国家が優勢となる。それは，市民が課税に同意し，結果として政治的責任者をコントロールするはずの民主主義の過程からは乖離したものである。今日の中国は，政治的なものと経済的なものとの驚くべき混合を示している［Boyer 2011d］。無数の地方コーポラティズムは，政治指導者と，民間部門ならびに公的部門の企業家との間の事実上の同盟に

立脚している。かれらの共通の目的は，雇用創出を支え人々に対して最低限の再分配を保証するために，成長を最大化することである。国全体のレベルでは，共産党は，生活水準を改善し——共産党の権力独占を再検討に付すような——社会的暴発を避けるために，十分に高い成長を追求することを，自らの正統性の拠り所としている（**第8章**）。共産党は，中国人の利益の擁護者として自らを示しつつ，経済界および学界の指導者たちを取りこんだ。そこにソヴィエト体制との違いがあるが，かといってそれは，中国的体制に大きな矛盾がないことを意味しない（**第8章**）。

　学習と**交渉**は，相互承認や経済過程と政治過程との両立性を成立させることのできる3つ目の可能性をなす。一方で，政治家は経済的繁栄という目的を考慮に入れる。というのもそれは，かれらが徴税し，したがって歳出する権限を拡張するからである。他方で，経済のアクターは，税の支払いなど一定の集団的ルールに従うことを受け入れるが，それはかれらが所与の領域で活動したいからであり，また国際競争において，その領域で制度的に構築された利点を享受したいからである（**第6章**）。こうした基礎的な妥協が，問題が発生するたびに周期的に何度も更新されるとき，これに対応する政治-経済レジームは交渉資本主義と名づけることができる [Pedersen 2008]。そのような妥協は，決して自動的に生み出されるわけではない。経済や政治における力関係のゲームが，そうした戦略を持続的に妨害するかもしれない。19世紀末から1970年代にかけて生じたイギリスの長期的な衰退は，そのような妨害を示すよき事例である。それが最終的に乗り越えられたのは，ひとえに全面的な自由化が（急激に）**押しつけられたこと**を通してであった [Elbaum and Lazonick 1984]。

　政治-経済レジームの出現にかんして言えば，ブリコラージュと運，力量〔ヴィルトゥ〕と運命〔フォルトゥナ〕の関係は，いっそう不確実なものとなっている。例えば，アメリカにおいてニューディール政策が実行された長期的かつ矛盾的な過程を振り返ると，驚くべきことに，そこに慎重に考えられた大きな計画が見出されるわけではなく，危機の診断や取るべき解決策についての試行錯誤の連続があるのみである [Blyth 2002]。つまるところ，アメリカの危機は，第二次世界大戦とともに，そしてその後にしか乗り越えられなかったのである [Baslé *et al.*

1984］。ブリコラージュはまた，大げさな改革——その推進者は整合的で持続性があると考えているが，その実行は機能不全のレジームに至りついてしまう——の欠陥を修復することになるかもしれない。この点，2010年に勃発し，金融や銀行の安定性にかんする分野において多数の新しい補完的な対応策を必要とした，ユーロ危機が想起される（**第9章**）。

4.3　各発展様式にはそれぞれの経済政策レジームがある

　以上の分析は，経済政策レジームという概念を提起しつつ，やがてレギュラシオン理論の一連の基礎概念を豊かにしていくことになる［Boyer 2015d］。経済政策レジームはヘゲモニー・ブロック，それが追求する中心的目的，そして政策実行を担保する諸手段や諸機構によって定義される。長期の歴史的研究と国際比較が交わるところで，重要な3つの教訓が得られる（**図24**）。

　経済政策レジームは整合的であるべきであり，たいていの場合，一方で発展様式と，他方では政治レジームの性質と補完的である。ひるがえってこれら2つの概念〔発展様式と政治レジーム〕は，ヘゲモニー・ブロック——それは経済的なものにおいても政治空間においても展開する——の性質に帰せられる。

　第1の理念型は**介入主義的なケインズ的レジーム**のそれである。それは，経済活動を安定させ完全雇用を維持すべく，金融政策と財政政策の利用のうえに樹立されている。またそれは，急勾配の累進課税を前提とし，広範な社会保障を発展させる。それは独自な——おまけに前例なき——力関係の構図に対応している。なぜというに，その暗黙のヘゲモニーは賃労働者のそれであり，かれらは成長の成果の分配において，また組織的・技術的な近代化において，利害関係者として認められているからである。ソヴィエト型体制との競争があったので，制度諸形態のなかで賃労働関係は階層的に高い位置を占め，これが決定的な役割を果たしたということが，考えられないわけではない。加えて，完全雇用の維持もまた必要条件であったが，完全雇用はインフレの漸進的加速をもたらし，それがこの発展様式を危地に陥れ，マネタリズムによるケインズ理論への異議申し立てを許し，次いでケインズ理論が放棄されて新しい古典派理論がのし上がることになった。

第2の理念型は，**マネタリズム**と**新自由主義**のそれである。インフレと失業との関係を上手に裁定していくことよりも，価格の安定性を保つことの方が優先され，財政政策は非効率とされ，金融政策は独立した中央銀行に任されるべきだという。他方で，新しい古典派理論はといえば，これは競争と市場インセンティブの再建こそすべてだという考えを持ちこんだ。これによって，社会保護システムはウェルフェアからワークフェアへと転換されることになった。賃労働者はもはやヘゲモニー・ブロックの一部を成しておらず，それは今や――生産的というよりも金融的な――資本のブロックとなった。過去の民主主義的な手続きは続いているが，それが経済政策の遂行に影響を与えることはあまりない。というのも国家は，有力な国内の圧力団体によって掌握されるか（アメリカ），相当額になった公債に資金提供する国際的な債権者に従わなければならないからである（EU）。

　こうしてレギュラシオン理論は，他の各種学問分野，とりわけ経済社会学のいくつかの研究［Streeck 2012］による特徴づけと考えを一にすることになる。これら諸研究は，1970年代の古典的な**租税**国家の後を**債務**国家が引き継いだことを示した。債務国家は，未解決の社会的対立や経済的課題に対して借金をすることで応じようする。2000年代中葉以降，**財政再建**国家は，費用や利子を支払い借金を返済すべく，改革と緊縮政策にコミットした。こうして国家は，その市民に対してよりも債権者に対して借りを負うようになってしまった。それゆえ民主主義的資本主義は窮地に陥っている。というのも，富の際限ない蓄積が国際的な規模で展開されている一方で，政治的権力は依然として，領土内部の市民の共同性を管理することをその任務としているからである。

4.4　危機への反応は制度的遺産によっても条件づけられている

　大危機，すなわち発展様式の危機は，かつては成立していた規則性が絶たれてしまうことを示している。政府は，過去の経済政策が効果のないものとなってしまったという事実を自覚する。こうした文脈のなかでは「改革」という用語がそこら中で叫ばれるようになる。危機の最初の局面では，改革戦略はヘゲモニー・ブロックによって相変わらず条件づけられており，このこ

図24　経済政策レジームと改革戦略

A. 制度的アーキテクチャーや民主主義の類型への依存

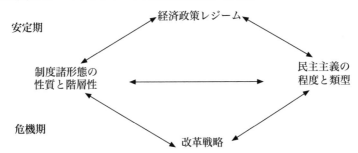

B. ケインズ主義と介入主義

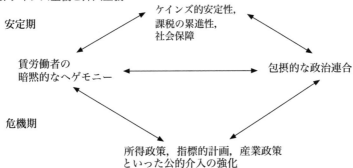

C. マネタリズムと自由化

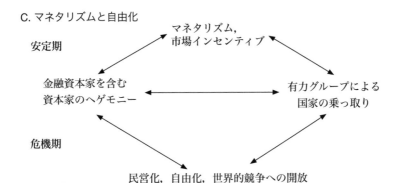

とが政治システムによって可能となっているというのは注目すべきことだ。もうひとつの発展様式を出現させるべく努力する際には，先行の発展様式がのこした遺産を考慮しなければならないがゆえに，何らかの経路依存性について語りうるのはこのような意味においてである（図24）。

　フランスの事例を取り上げるなら，左派と同様，右派政権も当初は，フォーディズム的な制度的妥協を尊重していたことが認められる。したがってどの政府も，公的介入の活力を取り戻すことによって，「上から」の危機脱出と当時よばれたものを探し求めたわけである。所得環境整備の努力，効率的な産業政策を復活させる試み，あるいは指示的計画の活性化といったことは，そうした表象や観念(アイディア)に慣性があったことを証し立てている。賃金生活者が活動の支配的な形態であるような社会においては，政治的支持――とりわけ選挙における支持――を得る必要があり，そこから政策変更に対するこうした慎重な態度が説明される。古きものが新しきものの出現を妨げるこうした期間は，フランスではとりわけ長期にわたったが，アメリカ，イギリス，そしてドイツでさえ，それはもっと短いものであった。このことは，改革政策は国民ごとのレベルに位置づけられる性格のものだということを例証しており，それは，普遍的な解決策をもたらすものだと自認する国際機関による推奨策とは対立する。

　改革政策がこのように過去の構図に依存するという点は，マネタリズム的かつ新自由主義的なレジームにおいても見られる。欧州連合で2010年に始まった危機は，放漫財政の結果（ギリシャ）であって，不動産や株式の投機的バブルの原因となった金融自由化の帰結（スペイン，アイルランド，イギリス）ではないと解釈されている。失業率の上昇は，やはり労働市場制度の硬直性の証としてとらえられ，これによって欧州当局は再び労働のフレキシブル化を奨励することが可能となった。フレキシブル化は，悲惨かつ苦痛の多い結果（貧困の拡大）を生み出したにもかかわらず，1980年代中葉以降，何度も繰り返されてきたスローガンなのである［Boyer 1986b］。

　このことは欧州連合の中心にあるヘゲモニー・ブロックの安定性を示すものであり，同時にまた，その経済的理念の形成について反省するきっかけとなるものでもある。

4.5 資本主義類型のいかんによる経済政策レジームの偏差

　政治-経済レジームの形成過程に注意を向けることによって重要な結果が得られる。すなわち，たとえ共通する複数のメカニズムが機能していたとしても，そのメカニズムは，時間や空間において多くの特殊性を初めから示すにちがいない。これは社会的イノベーション・システムついてすでに言及したことであり（**第6章**），さらに経済政策レジームにおいても当てはまることである（**表12**）。

　今日コンセンサスを得ているところによれば，政治的なものの新たな役割は，市場主導型資本主義においていちばん完成されているひとつの構図なのである。このモデルは，各種市場が良好に機能しているかを監視し，競争が実効性をもつよう保証する任を負った多くの機関と不可分だということには注意を要する。しかしそれら機関はといえば，それはしばしば，自らが統制責任を負っている利害関係者に取りこまれてしまう。これらの利害関係者は政府それ自体に対する圧力を行使し，このことによって，理論家がいだく理想的なモデルと当該資本主義の現実との間に乖離が生じる。加えてこれは，他の多くの社会に広められた資本主義の現実というよりも，資本主義の神話なのである。それが示唆するのは，経済的アイディアや改革戦略は地方的かつ歴史的な起源をもっているのであり，後になってそれらアイディアや戦略は場所を移され，よそで語られることのヒントになることもあるということである。

　第2の教訓は，この結果を和らげることになる。すなわち，たとえ実際のやり方は相変わらず大きく異なっていたとしても，新自由主義を参照基準とすることがほぼ一般的なものとなる。例えば，メゾ・コーポラティズムが主導する資本主義においては，その支配的なアクターは，依然として，支配的な政党と上級行政機関との同盟関係にある主要団体である。

　しかしながら，それに対峙するものは以上の2つの典型的な構図のうちにはない。最低3つの異なる政治-経済レジームが共存しているからである。国家が主導する資本主義では，国家が中心的アクターであり続けている。国家は，自らの介入を正統化するために一般的利益をよりどころにしようとするのであり，例えば，経済を国際競争に開放したり，公債による資金調達を

表12　経済政策レジームと資本主義類型との関係

特徴＼資本主義	市場主導型	コーポラティズム型
基本原理	すべての問題に対して市場が対応	大企業が外部性を内部化する
経済政策のアクター	圧力団体，シンクタンク	政党，行政機関，主要団体
反権力・反趨勢の性質	・市場をコントロールする責任を負う機関 ・強力な連邦機関	・主要団体間の競争 ・国際圧力
以下についての帰結		
経済政策レジーム	危機に直面してのプラグマティズムとイノベーション能力	危機管理政策に対する潜在的かつ持続的な阻害
発展様式	淘汰の進化的過程から生まれる帰結	回復力はあるが,保守的(日本)

より容易にするために金融市場の自由化を決定したりすることなどが，それに当たる。家族的所有の強力な存在によって特徴づけられる資本主義は，テクノクラート的というよりは縁故的な国家と表裏一体となるようである。そこでは経済的利害の多様性は，政治的代表の細分化となって現れる。コンフリクトが解決されないので，いきおい負債が増加する。負債が増加すると，危機のとき，海外の貸し手がキー・アクターとして介在してくることを許してしまう。

　最後に社会民主主義の影響を受けた資本主義は，長きにわたって市場資本主義モデルに対するオルタナティブを代表してきた。なぜなら，経済領域も含めて民主主義が有効に行使されることで，この資本主義にはさまざまな利害関係者を和解させる力があるからである。グローバル化による金融危機の影響を受けて，その基本原理の有効性は徐々に蝕まれてきた。しかし，多くの公的サービスが民営化されたにもかかわらず，その政治-経済レジームは

国家型（大陸欧州型）	家族型（地中海型）	社会民主主義型
中央集権的あるいは分権的な国家が各種介入の補完性を整える	縁故的国家と家族企業との相互作用	すべての利害関係者の間で介入と改革について交渉する
一般的利益の責を負う行政	各種利害を代表する諸政党間の相互作用	行政機関と市民社会の代表者
・社会的抗議運動 ・国際化しつつある主要団体の圧力	・公債保有者の権限 ・欧州連合に対する自律性の喪失	・金融グローバル化による不安定性と危機 ・社会において増大する異質性，個人主義
国際化や欧州化の影響を受けて失われる効率性	改革の困難さ，公債の野放図な増大の継続	危機への反応の速さと相対的な透明性
景気循環は平滑化されるが，危機の出口とはならない（フランス）	経済停滞，制度再編の不確実性	行政と社会保障の顕著な再編が見られるが，一定の回復力もある

特殊性を示し続けており，とりわけ新たに出現した経済的課題への対応にかんする迅速性と相対的な透明性についてはそうである。それは市場資本主義との大きな相違点である。市場資本主義にあっては核心的な政策は，一般市民の利害や期待をほとんど代表しない有力な圧力団体の間で生じるゲームと相互作用の結果としてなされている。

　こうした簡潔な概観からひとつのパラドクスが生じる。すなわち，経済政策にかんする言説が一様化する傾向にあることと，政治-経済レジームの間に顕著な違いが恒常的に存在することとは，並行して存在しているのである。このことは，現代資本主義の変化における理念の役割を分析することへとつながっていく。

5　理念の役割──ケインズは正しかったか？

『一般理論』は，社会が変容するなかで，思想家や理論家の理念が──利害にさえ先立って──果たす役割について語ることによって終わっている。社会科学の各種専門分野に属する研究者たちは，この主張を本格的な研究プログラムに変容させた［Hall 1989 ; Blyth 2002］。そしてレギュラシオン理論によって指針を与えられた研究は，経済政策にかんする新たな正統派を模索する研究にあたって，これと同じテーマを取り扱っている［Lordon 2002］。

5.1　システミックで循環的な因果関係

経済学説および経済理論の歴史と，資本主義の制度および組織の歴史を対比すると，単純な線型的因果関係の仮説は否定される。流行りの考えとは対照的に，アダム・スミスは資本主義が成立する諸条件を作り出したわけではなかった。かれは単に，確かに勃興中ではあったがすでに存在していた社会経済レジームにおいて作動している過程を分析し理論化したのである。ジョン・メイナード・ケインズは，アメリカでのニューディール政策の提唱者だったわけではない。ミルトン・フリードマンに演説家としての才能があったからといって，ケインズの遺産を打ち砕くには十分でなかっただろう。なぜならその他の理念や組織だった多くの利害がうまく結びついたことで，このようなケインズ経済学の衰退という結果に至ったわけだからである。

それゆえ，さまざまな経路を総観する視点をもつ必要がある。つまり，さまざまな経路を通して，学術的理論，一般的理念，アクターの表象は相互に作用しあい，社会生活や経済を組織化する新たな様式が出現するに際して利害関係をもつことになるわけだが，そういった諸経路を総観する視点が必要なのである（**図 25**）。

特定の社会と特定の時代において利害関係者となる経済学者　資本主義形態の多様性を強調した先の議論に鑑みると，以下の事実を強調することはうまいやり方である。その事実とは，経済学者は，あるいは理論家でさえ，かれら

図25　経済と経済的なものにおけるアイディアの役割──概観

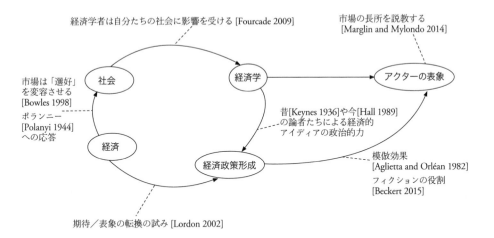

が属する社会にどっぷり浸かっているということである。つまりかれらの知的構築物には，明示的にせよ暗黙的にせよ，自らの社会の痕跡が残っているのである。アメリカ，イギリス，フランスのそれぞれにおいて，1890年から1990年にかけての経済学者の社会的地位を比較した研究から，このことが分かる［Fourcade 2009］。というわけで，職業としての経済学者の中心がイギリスからアメリカに移ったことが，政治経済学から経済分析──次いで経済科学──へと推移していった原因のひとつであることは否定できない。もちろん最近の30年間を通して，この職業は超国籍的な基盤のうえに組織化されたが，経済学者の社会化におけるローカル・ネットワークの影響は，かれらの出版物を通して明確に読み取ることができる［Fourcade *et al.* 2015］。

　第2の因果関係は，経済学分野の成果が経済政策の着想／形成に向かっていくことである。それはとりわけジョン・メイナード・ケインズの考えについて当てはまる。その考えは教育のおかげで多くの国で普及したが，各国の特殊性に応じて多様に変化することになった［Hall 1989］。現代においては，きわめて難解な動学的確率的一般均衡モデルは，学術雑誌に掲載されることでステータスを得る状態から，中央銀行での分析ツールに組みこまれるまで

になった。同様に，競争の遵守に責任をもつ当局は，特定の合併・買収を認可しないことを正当化するために，産業経済学の進歩を持ち出してきた。正統派経済学者の中には，当初は高い自己評価を与えていた良好な経済パフォーマンスについて，これを自分の功績だと主張していたのに，もはや自分の手に負えないような大きな金融危機が勃発すると，すべての責任を拒否したがる連中もいる。

経済学者のように振る舞うようアクターに教える　第3の関係は，経済学の進歩と経済主体自身の間でそれが普及することとを結びつける。確かに，実験心理学の研究が豊富に示しているのは，経済的意思決定の多くは経験によって獲得されたルーティンに訴えているのであって，職業的ミクロ経済学者が自慢の種とするような論理的・合理的省察のたぐいに依っているのではないということである［Kahneman 2011］。だからまことに寛大にも，市民が意思決定においてもはや間違えることがないよう，経済学者はこの学問を身につけた市民を全体として育成しようと提案しているというわけだ。経済学者は分析家から，経済合理性の宣伝家に，そして——かつてはコミュニティを発展させたものも含め，他のいかなる組織形態をも破壊してしまうことなどかまわずに——市場をコーディネーションの最上の形態として捉える宣伝家に，変わってしまったのである［Marglin and Mylondo 2014］。

　第4の因果関係はこれとはまったく逆の影響を探求する。すなわち欲望の不確実性や未来を見通せないことに直面して，行為諸主体は，熟慮された経済政策の可能性そのものにおいて，決定的な役割を果たす模倣行動を展開する［Aglietta and Orléan 1982］。ケインズにあっても，かれが提起した金融市場における慣行〔現在の事態が継続することを想定する〕という形で，表象形成についての同様の手がかりがみられる。なぜなら，もっとも賢明な専門家でさえ，かれらの意思決定が合理的であることを保証しうるような数学モデルを定式化することはできないからである。だから合理的期待の概念は，虚構と空想の概念によって置き換えられるべきなのである［Beckert 2015］。

経済政策の新技法　それゆえに，経済政策当局の戦略はもはや，過去の規則

性にもとづいたシミュレーション・モデルを構築することではなく，当局が訴えかける公衆の期待や表象に影響をあたえようとすることである。言葉のもつイメージは，きわめて異質な主体の戦略がそれでも収斂しうる焦点を提供するうえで大きな役割を果たす。競争的ディスインフレーション［Lordon 2002］，厳格な緊縮政策によって推進された成長［Boyer 2012b］，グリーン・エコノミー，脱成長のアピールといったものは，いずれも理念がもつと思われる力の事例である。

最後に，ある最後の構成要素によって因果関係のこうした錯綜関係を閉じることが重要である。政策が経済的インセンティブを増大させるにつれて，内的な動機を犠牲にして，外的な――すなわち市場による報酬と関連づけられた――動機が，経済主体において大勢を占めることになる。このようにして，かれらの選好は内生的に形成され，ついには――少なくとも漸近的には――理論上のホモ・エコノミクスに変容し，こうして理論の正統化に貢献することになる［Bowles 1998］。

推論のまさにこの段階において，改めてカール・ポランニーに登場してもらわなければならない。すなわち実際は，こうした戦略が社会の基礎それ自体を破壊するのであり，その結果，市場の暴力に反対してこれに抵抗する政治運動がひろく開始されるのである。共同性が重要であることが再確認されれば今度は，新しい世代の知識人や理論家の出番となるような諸問題が待っている。

5.2　金融は虚構の投影のうえに成り立っている

理念(アイディア)の役割にかんする研究は，ケインズの時代には相対的に稀であった。それに対して2000年代以降これが著しく展開されてきたということは，経済的アイディアと政治‒経済レジームとの関係がもつ歴史性を物語っている。

・第二次世界大戦直後に，国民経済計算を発展させ，景気を分析し，初期のマクロ経済モデルを定式化すべく『一般理論』を持ち出したのは，学術的および政治的なエリートたちであった。それはフランスのケースでも同様であり［Boyer 1985］，この動きは国家から経済や社会へと議論が普及していくのに応じていた。問題はむしろ，ケインズ主義が成し遂げた進歩をどのよう

に実践に落としこむかであった。レギュラシオン理論にとってケインズ主義は，フォーディズムという制度的妥協の意義を補完するものである。

・1990年代以降，イニシアティブは大いに分散化された。というのは経済の変容をめぐって——とりわけ金融権力の興隆をめぐって——各種解釈が対立したからである［Orléan 1999］。実際，ありうべき新興の発展様式について大いなる不確実性が存在するという文脈では，投資家たちが将来にかんして，また展開すべき戦略にかんして明確なアイディアをもっていることを示そうとする物語が盛んとなった［West and Mitch 2000 ; Thrift 2001］。商業資本主義，続いて産業資本主義の出現以来，自己を将来に投影する可能性は常に本質的なことであった。しかし金融イノベーション，競争の激化，バリュー・チェーンの多国籍化とともに，将来への自己投影は，すべての企業家にとって活動の中心に据えられるべきものとなった［Froud et al. 2012 ; Boyer 2012a ; Beckert 2015］。

イニシアティブは，未来の——創出者とは言わないまでも——伝達者として現れるに十分強力なアクターのうちにある。情報通信技術のインパクトをめぐるシリコンバレーのケースがそれである。このとき公的当局は，この未来物語を考慮に入れて，例えばイノベーションを促進すべく新たな資金調達手段にかんして，結果的に政策を適応させる。中央銀行は，自分たちもまたこうした逆転を考慮に入れなければならず，民間部門の期待を方向づけるようにしなければならないと気づく。マクロ経済学者の側では，乗数や経済循環のループ化といった「水力学的」ケインズ主義を放棄せざるを得なくなる。代わってかれらは，「アニマル・スピリッツ」のケインズ主義を推進するが，これは合理的期待仮説——それは激しい構造変化や根本的な不確実性が存在する時期にはもはや通用しない——に取って代わるべきものであろう［Akerlof and Shiller 2009］。

したがって，経済を動かすアイディアを生み出す点において，公私の意思決定者のヒエラルキーが明確に転換したことが分かる。このことは，金融政策をもはや単なる技術ではなく芸術に変えるのであり，その行きつくところ，アラン・グリーンスパン［Greenspan 2007, 2013］のようなパーソナリティを現代の指導者として出現させることになった。こうしてグリーンスパンは通

貨管理の新しいスタイルを創出したとみなされるのだが，記録文書(アーカイブ)の示すところによれば，それは，中央銀行と金融業者の長期にわたる相互適応過程の後に得られた予期せぬ発見であったのである［Krippner 2011］。

5.3 表象の変容過程としての新自由主義

　異端派の研究においては，現代資本主義はしばしば新自由主義と同一視されている。ところが，資本主義はひとつの社会経済的レジームであり，これとちがって自由主義，オルド自由主義，新自由主義は教義である。これら教義の考え方は同一のものとは言いがたい。歴史上の自由主義は，政治や経済における個人解放のイデオロギーとして現れた。オルド自由主義が前提とするのは，競争は集団によって課される——アクター自身とは独立した——ルールに従わなければならないということである。それでは新自由主義はどうかと言えば，それは経済分野における競争の勝者がゲームのルールを自らに都合の良いように変更すること——すなわち社会においても［Frank and Cook 2010］政治においても［Hacker and Pierson 2011］「勝者総取り(ウィナー・テイクス・オール)」の原則に則って政治的ヘゲモニーを行使すること——を可能にするイデオロギーとして定義されよう。

　ひとつの教義が資本主義の一形態に転換されたことは，どのように説明されるだろうか。Mark Blyth［2002, 2008］による一般的な分析枠組みのおかげでこれに答えることができ，それはレギュラシオンの研究プログラムに重なるものである。出発点では不確実性があり，大危機の際，アクターはこれに直面しなければならない。すなわちアクターは社会のありうべき将来の状態を推定することができないだけでなく，さらに乗り越えるべき危機へと導いた過程の複雑さを解明しえないということが判明する。こうした複雑性のなかで，際立ったアイディアがフッと生じることがあり，それにある簡単な解釈が施され，その解釈にかかわって各種アクターが自らを定義するにちがいない。

　新自由主義にとっては，問題は過去から引き継がれた制度の硬直性に起因する。そうした硬直性は市場メカニズムを復権させることによってのみ克服できるだろう。利害が分布していることと交じり合うと，新たな構図にした

がってひとつの集合行為が可能になる方途が開かれることになる。新自由主義を支持することで一方では，危機の原因となっている制度的遺産の正統性を否認することが可能となり，他方でそれにより，かつての経済的秩序の困難にみちた再配置ではなく，市場や競争に訴えることによって旧来の秩序を置き換えるよう提案されることになる。またそれは被支配的な社会経済グループや新規参入者にとって都合のよい戦略である。

　こうしたイデオロギーは勝利して，ついには，その支持者は歴史の終焉のようなものをそこに見ようとするまでになる。アメリカでのケースがこれに当てはまる。アメリカでは，インフレなき成長すなわち大いなる安定期〔グレート・モデレーション〕〔1980年代から2005年頃まで〕が，新自由主義が優れていることの証左として考えられたのである。とはいっても，ミクロ経済および地方のレベルでは過剰が拡大していたのであり，この過剰は所詮，まずはeエコノミーでの，続いて不動産での投機的バブルの連続でしかなかったのであり，終止符を打たれるべきものであった。新自由主義というアイディアの普及とその成功は，新自由主義の危機の直接的な源泉であった。そしてそれはレギュラシオン理論の核心をなす内部代謝過程の議論に合致している。

6　大危機における政治的なもの

　2008年9月に投資銀行リーマン・ブラザーズの破綻によって始まった金融的ならびに国際経済的な危機は，以下の2つの問題をめぐって本章の分析枠組みが妥当なものかどうかを検証してくれる［Boyer 2015d］。第1に，一個同一の世界的危機に対する反応において，政治組織が影響することを明らかにできるだろうか。第2に，仮にそれが正しいとすれば，世界における強大な諸経済の動態が強靭な経路依存性をもつと主張するのは，どの程度まで正当な理由があるのだろうか。

6.1　最初に表象の慣性がある

　これら諸経済それぞれにおいて，一致した診断が得られていないのは驚くべきことである。アメリカでは，危機は行き過ぎた金融自由化に起因したと

考える専門家や世論が存在する一方で，住宅ローンの公的保証体制にかんするモラルハザードを引き合いに出す者もいる。欧州連合においては，支配的な考えは次のようなものである。すなわち，南欧諸国の公的債務危機は，財政赤字にかんして欧州連合条約が課しているルールの違反に起因するというものである。もっとも少数派は，金融規制緩和が不動産投機バブルを引き起こし，放任主義の公的政策を容認したとの仮説を擁護しているのだが。最後に中国では，共産党内部においてさえも2つの路線が対立している。一方は強力な公的介入主義の堅持を擁護し，もう一方は反対に，市場メカニズムの強化によって近代化を推奨している。

　実際，これら3グループの経済政策レジームは，危機以前に追求していた目的に応じて大きく異なる [Boyer 2015d]。アメリカでは，金融的富の創造を中心に据える株主価値モデルが勢力をふるっていた。欧州連合では，目的は単一市場の拡張におかれていた。中国では，力強い成長と雇用創出のダイナミズムが，共産党が正統化される根拠となっていた。キー・アクターはそれ自体多様である。すなわちアメリカでは，金融市場と公権力（中央銀行を含む）の対話，ヨーロッパではその各種機関の間でのコーディネーションの困難，中国では社会的・経済的生活のあらゆるレベルにおける共産党の遍在，といった具合である。

　経済政策レジームのこうした違いによって，経済分野および政治分野の構造化の問題へと，そして結果として，政治と経済との相互作用の問題へと立ち戻ることになる。

　・金融とイノベーションによって主導される北アメリカの発展様式は，ある有力なヘゲモニー・グループの表現であり，このグループは金融家，経済の最高指導者，大富豪金利生活者の小集団を結集させながら次第に形成されていった。このヘゲモニー・グループは上位中間層の同意も取りつけたのだが，この層は，金融規制緩和がもたらした贈物から，身の丈に応じて利益を得ることができたのである。

　・ユーロによる通貨統一は当初，相異なる2つの発展様式の間に成立する補完性にもとづき，旧大陸〔ヨーロッパ〕の成長を促進した。2つの発展様式とは，ひとつは北部のイノベーションと輸出に主導されたものであり，もう

ひとつは南部の消費および／あるいは公的支出に牽引されたものである。
・マクロ経済活動の主要な手段を中央権力が制御することによって，中国は独自な発展様式を開拓した。そこでは競争が支配的な制度形態となっており，投資が成長の媒介者となっている。

6.2 次いで直接にはシステムをなさないイノベーションが生じる

事実，2008年以降，以上3つの組織体はいずれも以前の成長体制を取り戻していない。それはレギュラシオン理論がいう意味で大危機である。なぜなら，もはやたんに景気調節能力だけでなく，成長の原動力が問題を抱えているからである。このとき比較によっていくつかの一般的な教訓が引き出される［Boyer 2015d］。

政治組織が重要である　実際，アメリカの連邦主義は反応の迅速性と広がりによって，その効率性が示されている。欧州連合は，その経済政策レジームの一貫性のなさや不完全性に突き当たり，反応に遅れ，以前に適用できなかったルールを厳格化することを決定した。それによって2011年，経済活動はまたもや停滞することになった。中国の幹部は，進行中の自由化プロセスにブレーキをかけ，急速な回復を促すべく，自ら使いうるあらゆる手段をあらためて動員した。たとえそれによって，医療，年金，教育にかんする需要や社会的欲求を満たすことを目指した成長に移行する戦略的計画が遅れたとしても，そうしたのである。

イノベーションは過去のレジームの痕跡を示す　アメリカでは，ヘゲモニー・ブロックが抵抗し，公的介入を次のような方向に向ける力を見せつけた。その方向とは，代償なしに金融システム全体を救済させたり，伝来の通貨管理を放棄させたり，近代経済の基礎的制度——支払いと信用のシステム——を復元させるという要請によって財政赤字の増大を容認させたり，といった方向である。危機によって生み出されたイノベーションは，以前と同じ政治力学から生まれたわけである。

一定の潜伏期間の後に，ヨーロッパの幹部は，ヨーロッパが金融規制にか

んしてとった遅れを意識し，一連の総改革を決断する。この改革は，オルド自由主義から着想を受けた考え方——すなわち連帯や再分配ではなくルールによって連邦主義を構築すること——の延長上にある。このプロジェクトを遂行するのは，大企業や政府職員から集められた同一の超国籍的なエリートであって，たとえ各国の世論がヨーロッパの建設に信頼を寄せなくなったときでも，依然としてかれらエリートが任に当たる。それは，過去から引き継いだ構図に対する依存関係を示す2つ目の事例である。

2000年代以降，中国当局は，投資への依存を弱め，より多く消費志向の経済へと漸進的に移行する計画を発表していた。しかしながら，ありうべき景気後退を食い止める必要があるため，共産党は経済を立て直すべく，大々的に国営企業やインフラストラクチャーにおいて投資のレバレッジを利用した。このことは，この国の蓄積体制を悩ませる構造的不均衡を悪化させずにはおかなかった。こうして，死者，生者を捉う，なのである。その意味は，新たな政策は構造的な決定要因から解放されようとするのであるが，旧来の決定要因が再び現れてしまう，ということである。

7　レギュラシオン理論における経済政策の逆説的な地位

すべての経済的理念は，ひとしく社会を変容させる力をもっているのだろうか。

7.1　簡潔な理念と正当化志向の政策の衝突

当初から，資本主義経済の調整にかんする研究は，経済政策の議論を支配するものとして第三項排除のロジックにもとづいてきた［Boyer and Mistral 1978］。自由主義者は1970年代，限界が見えてきた公的介入を前にして，市場メカニズムを復権させようと提案した。全面的な規制緩和戦略が経済を不安定化させ，不平等を拡大したことは明らかだったので，現代経済の危機に直面して，ケインズ主義者は国家の役割を復権させよと提唱した。これに対して，レギュラシオン理論にとっての選択は，こうした市場か国家かという二分法的対立に要約されるものではない。

一方で，国家と市場は，それらのみで現代経済の調整が保証されるというような制度的配置ではない（**第 5 章**）。他方で，ひとつの経済政策レジームが危機に陥るのが見られたからといって，それは新たな文脈に反応するような別のレジームが構想できないことを意味するわけではない。また，ひとつの市場が崩壊したからといって，適切に機能している部門すべてにおいてまでこのメカニズムを拒否するのは正当なことではなかろう。国家／経済関係のひとつの形態が危機に陥ったからといって，それは国家の役割の終焉を意味するわけではないのである。

十分に簡潔な理念だけが社会的・政治的な議論をリードするのに影響力をもつかに見えるかもしれない。ところが制度主義者は複雑なシステム的因果性の信奉者なのであり，これを開かれた議論の場に移し替えるのはむずかしい。さらに持続的な制度の構築が専制的意思決定によることはめったになく，それはむしろ利害関係者間での相互作用や交渉の長期にわたる過程を経て到達したものである。最後に政策決定者には，経済学者が提供する動機とはまた異なった動機がある。経済学者は自分を効率と公正の問題に心を奪われたシステム・エンジニアにしたいのだろう。それでも次のことはありうる。すなわち，政府の責任者が――その始源が本質的に権力にかんする政治的分析にあるような――意思決定を強固なものにしようとするとき，その責任者が，あれこれの経済学者の研究から借りてきた議論を引き合いに出すということはありうる。このような文脈において，レギュラシオン理論から着想を得た提案は，それが理解されるのに多くの困難をかかえているのが通例となっているのである。

7. 2　不確実性を前にして規範的一般理論がもつ安心提供的な性格

もっと分析的に，経済政策の 3 つのアプローチの立場を個別に比較しよう。

・新しい古典派のヴィジョンは，市場経済の驚くべき特性である「見えざる手」という仮説を起源とする長い伝統のうちにある。このヴィジョンの支持者が提起する諸改革（自由化，民営化，国際開放，競争強化）は，その理論モデルが適切となる世界を出現させることをねらっているため，その規範的目的にはほとんど疑いがもたれない。このヴィジョンは，ゼロサム化した

ゲームという文脈において，政治的階級が，困難な政治的意思決定を市場の力に任せるのを好むような時代には歓迎される。このことは例えば，アメリカで生産性上昇が枯渇した時期に当てはまる［Krippner 2011］。

・ポストケインジアンの考え方は，危機の時期に再び支持されるようになる。というのもかれらが，経済の構造的不安定性——それにより完全雇用を維持することができないのだが——を埋め合わせるために，積極的な経済政策が必要とされるという考えを長きにわたって主張してきたからである。経済が金融化され，ますます危険となる投機的バブルが次々と起こることによって特徴づけられるようになると，それだけいっそうこのことが当てはまる。実際，リーダーたちが金融システムの救済に動き，景気後退のリスクを食い止めるべく公的支出を発動した際には，ケインズの復活が信じられたのである。ケインズ主義がもつ力とその持続性は，それが自由市場の支持者がもつ規範性に代わるものを提起しているという事実からくる。しかも，有効需要の原理は景気を読み解く鍵を提供するが，それは新しい古典派が提供するものよりもはるかに現実的なものである。レギュラシオン・アプローチはひとつの大きな欠陥に苦しむ。それは同アプローチが構成上，地方的で歴史的な文脈を十分精緻に分析することもせずに，たんに適用しさえすればよいというような一般的処方箋を提示することを嫌っていることにある。財政政策は通貨政策よりも優先されるべきだろうか。それはひとえに，フォーディズム体制が支配的となっているか，反対に金融主導型の蓄積が定着しているかにかかっている。もっと悪いことに，このアプローチは政策責任者を落胆させることになる。というのもこのアプローチは，伝統的手段にもとづく行動が——別の発展様式が出現するのに必要な——制度諸形態の再編ということの代替にはなり得ないと考えているからである。最後に，およそ危機脱出戦略が実現するためには，政治連合が重要なことを明らかにしつつ，このアプローチは相対主義を唱える。この相対主義は，厳密な経済的決定論に異議を申し立てるがゆえに，その反対者〔経済決定論の信奉者〕に対して，自分たちは科学的理論でないと言っているようなことになる。

ある意味では，レギュラシオン理論は規範的というよりも分析的である。このことはおそらく，同理論が現代の経済政策の形成においてわずかな影響

力しかもたないことを説明するのであろう。

8 結論——政治経済学 対 経済科学?

　現代の経済学者は，かれらの学問がもつ科学性を政策責任者に認めさせるようになった。この学問は，定式化し，予測し，厳密な根拠にもとづく経済政策のアドバイスを提供することができるという。以前は，政治経済学というイデオロギーと蒙昧主義が支配していたが，ミクロ経済学的基礎をもった確率的動学モデルによって，政府は，中央銀行や財務省の専門家たちが提案する方策を信頼することができるというわけである。2015年において，かなり広い範囲で知られることになったのは，それが幻想だということである。すなわち新しい古典派のモデルは，その首尾一貫性においては抜きん出ているが，金融化され，不安定で，ますます不平等化する経済とはほとんど何も関係がなかったのである。国家の介入は，かつてはすべての災いのもとであったが，今や通貨・財政レジーム——これなしでは経済を機能させることはできない——を再建するための解決策となっている。

　実際，政府は，自由化の期間においてもずっと介入し続けていた。政府は，大部分の制度諸形態の再編に際して能動的な行為主体であった。2008年の金融崩壊後に生じた不況リスクを抑えるためになされた政府の大規模介入は，経済的なものにおいて政治的なものがもつ構造的な性格を示している。レギュラシオン理論はこのパラドクスに対する回答を与えている。というのもこの理論は，これら2つの領域の絡み合いこそが政治-経済レジームの持続可能性を条件づけているのだと強調するからである。それはイデオロギー的選択を示すものではない。それとは反対に，資本主義の動態を説明しようとする概念的把握の結果なのである。各種レジームの持続性やそれらの政治組織への依存性を示しつつ，この研究は，民主主義に対して，そして大危機の時期におけるさまざまな可能性の探求に対して，開かれた空間を提供しているのである。

第8章　資本主義形態の多様性と刷新

　この章は歴史的なものへと向かう。というのも本章は，第二次世界大戦の終結によって開かれた時期への再訪だからである。

　どんな大きな変化が見られたのであろうか。諸々の理論はそれをどのように説明したのか。レギュラシオン理論が中核におく解釈はどのようなもので，それは他の制度派アプローチが提起するものとはどのように区別されるのだろうか。レギュラシオン理論は中国には適用されるのか。アジアとラテンアメリカの軌道はそれぞれどうしてそれほどまでに異なるのか。ひとつの広範な地域のなかでは，同一の資本主義類型が見られるのだろうか。

1　体制的収斂の理論から「資本主義 対 資本主義」へ

　第二次世界大戦時から，競合する二大経済体制が出現した。資本主義経済は戦争とその後の復興で変容し，民間の自発性と公的介入をいっそう緊密に結びつけた。ソヴィエトの影響圏にある経済は専制的な計画化を実行し，政治権力の介入が決定的な役割を担った。

1.1　かつてソヴィエト的体制があった

　両体制の対立がまず，冷戦を通じて地政学的に明らかになったとしたら，1960年代以降は，競争が成長や技術的パフォーマンスの場面にまで及んで展開されるようになった。しかし，それぞれの体制で生じる緊張関係によって，市場経済ではいっそうの公的介入が導入され，また逆に，中央計画経済では市場メカニズムの模倣が試みられるようになった。市場による経済活動のコーディネーションか，それとも国家によるそれか，そのどちらにより大

きな重要性を与えるかに応じて各々の大国が位置づけられる段階を考慮しつつ,経済システムの専門家たちのなかには,2つの構図は結局,中間的な位置に向かって収斂することになると考えた者もいる[Zinam 1976]。

1.2 経済的奇跡の時代

その後の出来事は,こうした予測がまったく空想的であったことを示したが,いくつかの研究は,なぜ第二次世界大戦で廃墟と化した国々が,アメリカを上回る経済パフォーマンスを示したのかを説明しようとした。回答は混合経済の語によって与えられた。ドイツ,フランス,日本がアメリカに追いつきつつあるとすれば,それは近代化や民間アクターのコーディネーションに好都合な公的介入のおかげなのである,と。この年代を通じて,これらの国はそれぞれに固有の制度を発展させたが,それは典型的な市場経済の制度とは異なるものの,その動学的効率性は高いものとして現れた。こうしてヨーロッパと日本の奇跡は,混合経済の利点を証するものとして賞賛されたわけだが,その混合経済は,民間の利害と公的権力によってもたらされる刺激やルールとを結合したものとして理解されていた[Shonfield 1965]。指示的であれ(フランスのケース),大企業による私的なものであれ(アメリカのケース),計画化ということのうちに,資本主義の諸形態が接近していく原因をみることができたのである。これと同じことが,第2段階の収斂理論の場合にも見られるのであって,二度目の収斂理論はもっぱら資本主義経済のみに適用されたものであった。収斂にかんするこうした予測は,1970年代および1980年代にわたって,改めて否定されるべくして否定された。当初,OECDの諸経済は,相継ぐ石油ショックに対してかなり異なる反応を示し,大西洋の両岸の諸政府による戦略的選択は異なるように見えた。アメリカ経済は,ドイツや日本の活力によって取って代わられたように見えた。これら両国は,アクター間でより高度の協力を作動させているものと認識され,それによって危機や国際競争力の要請に対して,より高い効率性をもって対応することができるのだとされた。その後,ソヴィエト型経済の崩壊が続いた。これを社会主義と資本主義の闘争のうえに構築された歴史の終焉だと解釈した研究者もいたが[Fukuyama 1992],これにより多様な資本主義間での競争

が始まったのだと考える者もいた。実際，アルベールの記念碑的著作『資本主義 対 資本主義』［Albert 1991］とともに，資本主義の多様性にかんする現代的理論が示されたのはこの時代である。今日，国際的文脈はもはや同じではなく，アメリカとその他世界との相対的パフォーマンスは逆転している。こうして，当初の問題は変容してしまった。すなわち，過去に比べて増大した相互依存を考慮するならば，アメリカ型の市場資本主義モデルは広く普及して，最終的に，もっと協調的な形態を採用した資本主義を不安定化させることになるのであろうか。こうした問いかけから，資本主義の諸制度にかんする研究が復活することになった。

2 資本主義の多様性

「市場経済」の概念がその単一性を前提としているとするならば，制度派的アプローチは反対に，資本主義に内在的な多様性を強調する。

2.1 4つの論理の交点にて——市場，企業，国家，市民社会

すでに示したように，およそ制度形態というものは，これら4つの秩序〔市場，企業，国家，市民社会〕を，社会形成ごとにその割合を大いに異にしつつ取りこんでいる（**第5章**）。これら4つの論理を使ってみると，自由市場資本主義とコーディネートされた資本主義との対立［Hall and Soskice 2001］を乗り越えることもできる。資本主義の多様性理論〔VOC理論〕が前面に押し出すコーディネーションの形態は，**企業**がコントロールする空間において——企業規模が大きくコングロマリット的であればなおさら——か，あるいは**国家**——それ自体が多面的であるが——が組織する公的介入の仲介かによって保証されており，さらに加えて，信頼の構築のおかげで交換が促進されるさいに，**コミュニティ**——より一般的には**市民社会**——の果たす役割を忘れてはならない。

こうしてそれぞれ異なる資本主義の理念型がいくつか定義される（**図26**）。

独占資本主義は，市場競争にかかわって企業に優位性を与える構図である。それは1930年代のアメリカ資本主義を特徴づけるために登場し，1960年代

図26 4大コーディネーション原理の組合せの表現としての資本主義多様性の分析

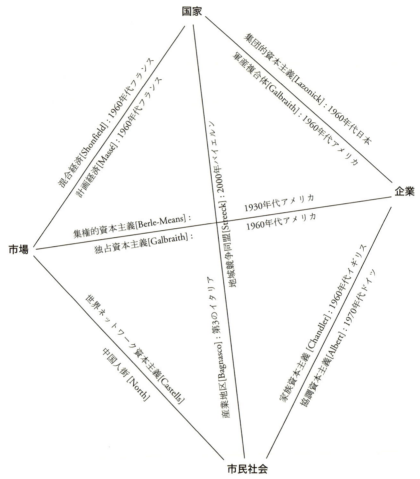

出所) Boyer [2002c, p. 164]

にもまったく妥当していた。

混合経済資本主義は反対に，国家の論理と市場の論理との妥協の一環をなし，ある時期，各種経済システムの収束点として考えられていた。

集団的資本主義は国家と大企業との絡み合いを起点にして形成される。そ

れは 1960 年代の日本資本主義や，アメリカ資本主義の防衛関係部分――「軍産複合体」の名で知られる――を特徴づけている。

家族資本主義は，市民社会の組織と諸企業の組織の間に絆を樹立する。こうした構図は，例えば南欧経済において今日まで続いており，それは単に古風な状態(アルカイズム)なのではない。ライン型資本主義についてのある解釈にしたがえば，協調的資本主義をこのカテゴリーに分類することができるかもしれない。

産業地区の資本主義は，家族的企業と地方の政治権力――それは公的インフラストラクチャーを提供することで，このモデルが持続的なものとなるように支える――との補完性にもとづいて形づくられている。このモデルのもうひとつの変種は，ドイツの州(ラント)モデルに見られるような，地域の競争的連合に関連する。

ネットワーク資本主義は，さらに異なる構図を定義しており，それは市民社会の組織と市場とを関係づけるものである。その特定のケースが華僑であり，そこでは家族的な絆が経済的利益共同体を結束させている。これまでに見た構図はたいてい一国内で成り立っていたが，このネットワークは国を超えて展開しているだけにいっそう興味深い。

2.2 資本主義の多様性を前にした諸理論

経済学者は次のような問いを出さずにはいられない。すなわち，どれが資本主義の最良の形態なのか，と。

不完全情報の経済学　資本主義が分化する第 1 の理由は，アクターたちが局所的で限定された知識しかもたず，したがって（標準的な）ミクロ経済理論が推奨するような計算を行うことができないという事実にある。そうであるがゆえに，決定論的モデルがわからない環境において意思決定を行うためには，アクターたちが発見的方法(ヒューリスティックス)を見つけ出さねばならない。こうして企業は限定された合理性に頼らざるを得ず［Simon 1997］，個々人はルーティンを当てにしなければならない［Kahneman 2011］。ルーティンはたんに心理的で普遍的なものではなく，同時に制度的文脈にも依存している（**第 5 章**）。

市場はといえば，それはもはや必ずしも均衡するものではない。なぜなら

製品，労働，信用の質にかんする不確実性が，それを取り除く集合的装置が介在しないかぎり，市場の働きを阻害するからである［Stiglitz 1987 ; Akerlof 1970］。この集合的装置は，供給者と需要者の相対的なパワーのいかんで，あるいは市場組織に対して介入する公共団体の能力のいかんで，著しく変化する。

制度補完性仮説 以上のことが資本主義分化の唯一のメカニズムであるなら，国の数と同じだけの資本主義形態が観察されるはずである。しかし実際は，諸国はいくつかの典型的な構図によってグループ分けされるのであり，それはさまざまな国際比較の手法を適用することによって確かめられている。こうした分類は，そしてとりわけ，それらが通時的にみて比較的安定していることは，補完性仮説によって説明できる［Amable 2003］。

例えば，賃労働者の多能性と能力は，製品の質や多品種化にかかわる競争力と表裏一体をなす。他方，標準化された製品をめぐって価格競争がなされている場合には，労働のフレキシビリティが決定的役割を果たすことが明らかになる。同様に，社会民主主義経済のパフォーマンスは，その社会保護システムとイノベーション・システムとの補完性に起因する（第6章）。補完性仮説はまた，適切な賃金妥協がないままに，総合的品質管理にかんする日本的手法を導入する試みがたびたび失敗するのはなぜかを説明する。

技術変化の経済学と進化論的モデル しかし，これらの分化がなぜ持続するのかもまた説明する必要がある。参照を欠かすことができないのは，イノベーションを定式化した進化論的モデルである。技術の採用にかんする収穫逓増を考慮すると，ある技術の選択は，当初は周辺的で可逆的なものと思われているが，当該技術の影響力にかんする累積的な軌道をスタートさせることになる［Nelson and Winter 1982 ; Dosi 2000］。それは同様に，異なった技術規格の間での選択でも，またある程度は組織や制度にとっても当てはまる。

たしかにそうした経路依存性は，技術と制度でまったく同じ形態をとるわけではない。実際，制度について経路依存性が意味するのは，大危機の時期においても，アクターたちは制度的遺産と整合的な戦略を展開するはずであ

り，そのことはありうべきレジームが出現する方向を定めるということである（**第7章**）。

誘因と制約を創り出すものとしての政治的なもの　新制度学派はさらに強力なメカニズムを取り入れた。すなわち，立憲的および法的な秩序が主体の選好と技術力との重要な媒介を確立するのであり，その結果，政治的なものと経済的なものとの絡み合いによって厳密な経済的決定論の支配が妨げられることになる，と［North 1990 ; Coriat and Weinstein 2005］。しかしこうした制度的秩序は，それ自体が政治的過程の産物である。ところで国民国家は競争的な企業と同じものではない。すなわち企業は倒産したり消滅したりすることがあるが，それは国民国家ではめったにない。結果として，さまざまな資本主義の変容を分析するために，典型的な進化論的メカニズムを持ちこむことはできないのであって，各々の資本主義が固有のパフォーマンス基準をもっているからには，なおのことそうである。

2.3　政治的なものと経済的なものとの絡み合いが資本主義の多様性を構成する

以上にみた各種メカニズムはレギュラシオン理論によって利用されたが，この理論がそれらにまとめられてしまうわけではない。実際レギュラシオン理論はまた，とりわけ別の2つの仮説を持ちこんでいるのである。

もっとも重要な仮説は，政治的過程が制度諸形態の基礎にあるという主張である。そしてこの制度諸形態こそが，貨幣経済つまりは資本主義の一形態を可能にしているのだ，と。このことは，商品秩序を創り上げる貨幣のパラドクスそのものである［Aglietta and Orléan 1982 ; Théret 1996b］。同様に賃労働関係は，きわめて矛盾をはらみ対立的な社会関係であるので，政治的介入が必要とされる。さらに国際経済に統合される様態もまた，すぐれて政治的な問題なのである。これらのことが結び合って，しばしば問題を引き起こしつつも，資本主義は突き動かされてゆくのである。

レギュラシオン理論の鍵をなす第2の方向性は，資本主義の分類を明らかにする国際比較分析に限定されることなく，長期の歴史的研究を重視して，現在の構図がどのように構成されたかを示すことにある。それは歴史の終焉

という信仰に対する良き解毒剤となる。

3 さまざまな資本主義の歴史は続く

　実際，資本主義の理論は歴史の娘であり，最近の 30 年間で大転換が生じている。

3.1 アジア諸国の快挙——諸理論に差し向けられた挑戦
　長い間，標準的経済理論は工業国クラブへの入会は第二次世界大戦後に締め切られたと主張してきた。先進諸国はイノベーション，収穫逓増，国際的システムのネットワークとゲームのルールの支配にかんしてアドバンテージを享受しているからだ，と。1960 年代以降，日本は，企業が急速に遅れを取り戻し 2 桁の成長率を記録したことで驚かせたが，それはまったくそのまま 1990 年代以降の中国に当てはまるだろう。日中のケースは例外ではない。というのも，他のアジア諸国もほとんど工業化戦略を成功させたのであり，その結果，2000 年代に「新興国」という概念が現れる前からすでに，これらアジアの龍〔NIEs〕が出現する原動力にかんする広範な研究を生み出すまでになっていた。実際，資本主義の新たな形態が出現しつつあったのである（図 30，31 後掲）。それはなぜなのか，そしてどのようにしてなのか。
　企業を，株主に有利となるよう利潤最大化にすべてを捧げる存在とするアメリカ的な考え方に立てば，日本の大企業は変則的〔アノマリー〕なもの，ある種の不合理性として見える。すなわち日本では，企業業績に貢献する多能的な賃労働者のために雇用の安定性を追求し，定率ベースの報酬を受け取る株主はパワーをもたず，金融市場に頼るよりも銀行による資金提供が重要性をもつ……。これらすべてが，日本の主要グループの成功を保証したのであろう。
　レギュラシオン理論にとって，賃労働関係のこうした構図は，独自な蓄積体制と密接に連関している。アメリカでは報酬の増加が雇用のフレキシビリティの見返りとして体系化され制度化されていたが，日本では労働契約のその他すべての要素がそれぞれ調整変数となるのは，**企業主義的**関係の永続性によってである［Boyer and Yamada 2000］。日本とアメリカの自動車工場を個々

に比較すると分かるように，労働組織はそれ自体，両者において異なっている［Freyssenet et al. 1998］。そこからトヨティズム的賃労働関係の名がこの独自の構図に対してつけられ，意味を広げて，これに対応する成長体制にも同じ名が与えられた。

3.2 資本主義刷新過程としてのハイブリッド化

トヨティズム日本の登場は**ハイブリッド化**の過程にかかわっている［Boyer 1998, 2001］。実際，第二次世界大戦後，アメリカ的大量生産方式を日本へ導入する試みがなされたが，それは職務関係の特性，産業集中の度合い，狭隘な市場，戦争被害の影響に起因する一連の障害に直面した。輸入された生産モデルの論理と，日本的制度設計との両立性にかんする要請との対立から，一連の調整がなされた。ハイブリッド化が資本主義の分化を引き起こす強力な原動力であるとすれば，その進化を規定する第2のメカニズムは内部代謝（エンドメタボリズム）である（**第4章**）。両者が組み合わされることで，アメリカ的資本主義と日本的資本主義の相互作用と進化が総合的に分析される。

3.3 ソヴィエト型体制のあとを継いだ資本主義

「ソヴィエト型国家資本主義」［Sapir 1985］の特殊性と，ショック療法の採用が引き起こした急激な大転換は，資本主義の持続的な形態を構築する過程にかんする教訓に事欠かない。

ソ連崩壊の3つの教訓　第1に，嵐の前には大いなる静けさがある。それは——数々の不安要素（生産性の傾向的低下，各種公的支出と生活水準上昇とのバランスにおける緊張関係，イノベーション促進の困難……）はあるものの——規則的なマクロ経済の展開によって，過剰投資——それは定期的に自らが加速させた不足に直面していたのだが——によって推進される発展様式の限界が見えなくなってしまうという意味で，大いなる静けさなのである。経営者たちがこの危険を認識しても，当該モデルの中核を守ることができるような改革をうまく行えないことが明らかとなる。初めは回復力があったとしても，硬直性によって当該システムは急激に危機へと傾いていった。これ

は内部代謝のもうひとつの事例となる。

　第2にそれは，市場経済の科学だと名のってきた経済学にとっての正念場をなす。ゴスプランの消滅は，アダム・スミスでおなじみの交換性向のおかげで「自然に」市場の発展に至りつくはずであった。同様に政治学者に従えば，独裁制の終焉は民主主義を生み出すはずであった。ところが，長期の経済不況によって混沌へと陥り，弱者の間では生き残りをめぐる闘争，有力者の間では企業資産の奪い合いをめぐる闘争が生じ，あらゆる福祉指標――平均余命を含む――は低下した。事実，市場原理主義者は，市場が出現していないので，その構築についてはまったく無知であった。経済理論よりも市場社会学の方がよほど役に立ったことだろう。

　第3の教訓は，ショック療法の信奉者たちが以下のことを知らなかったらしいということである。すなわち，資本主義の諸制度は長期にわたって練り上げられていくものであり，短期的な要請に応えるものではないこと，を。またそれら諸制度はある階層性によっているのであり，この階層性にあってはもっとも基礎的なものが他のものに先行するはずだということ，を。しかるに，基礎的な制度は確立がもっとも困難なのである。資本主義は金融イノベーションのみから形成されているわけではない。というのも金融イノベーションは，制度的配置，ルール，規範のピラミッドを最終的に完成させるために必要とされるものだからである。それはまた，危機に反応して試行錯誤を行うという忍耐強い作業をしてきた結果なのである。実際，金融市場を開設することは，会社法，会計，そしてそれらの適用を統制するのに必要な当局を設けることよりも容易である。ロシア政府に対する西側の助言者は頂点を下にしたピラミッドを提案したのであり，そして驚くことに，1998年の金融危機とともにそのピラミッドは倒壊したのである［Boyer 2001］。

市場資本主義への収斂でなく対照的な複数の構図　この同じ専門家たちは，アングロサクソン型の資本主義はそれに内在的な優位性をもつがゆえに，COMECON〔旧社会主義諸国の経済協力機構〕加盟国にとって魅力的なものとなるだろうと思いこんでいた。欧州連合への加盟を目指して交渉を行う際，当局は，福祉資本主義という固有のモデルよりも市場資本主義の原理をいっ

そう頻繁に普及させた［Berend 2009］。

にもかかわらず，おそらくバルト諸国を除いて，旧ソヴィエト圏のメンバーは一国たりとも期待された構図には至りつかなかった［Chavance and Magnin 2006 ; Myant and Drahokoupil 2010］。諸国は以下の両極の間で並んでいる。すなわち一極には，独裁国家におけるほぼ完全な保守主義があり，他極には，近代化――周辺的市場経済はこれを受け入れた――を媒介するものとしての市場の受容である（**表13**）。

2つの変数が識別されるように思われる。

・国際編入の形を変えないまま維持している国もあれば，生産システムを発展させるために多国籍企業を誘致しつつ，完全にヨーロッパの方へ方向転換した国もある。

・民営化や迅速な経済制度の変容にかんする戦略的選択

これら2つの基準に応じて，旧社会主義国は5つの構図のもとに分布している。そのうちの2つだけがまさしく資本主義的であることには注意を要する。すなわち周辺的市場経済と外国資本受入れにもとづく経済である（**表13**）。ロシアは2つの様式の間で揺れ動いている。最初の局面ではオリガルヒ〔ロシアの新興財閥〕の資本主義であったが，次には本質的にレント経済となった。ベラルーシとウズベキスタンではずっと一貫して，政治的なものが経済的なものを支配しており，両国は最終的には政治的なものが事を決する好例である。最後に，国際機関からの移転のみによって成り立つ経済もあり，それはついには，国内で何らかの経済的一貫性が存在するかどうか疑われるほどまでになっている。ちょうど国家が崩壊しうるように，資本主義への反乱の地も存在するわけである。最後にほとんどの場合，社会保障の程度と質が調整変数となっており，このことは欧州連合の東方への拡大がむしろ，ヨーロッパの資本主義モデルを弱体化させたことを裏づけている。

3.4 株主価値資本主義

1990年代には，いわゆる日本方式が普及したことによって［Womack *et al.* 1990］，工業における生産性の基盤を底上げすることで前途が開かれていくように見えた。情報通信技術のおかげで，期待はイノベーションの再燃に向

表13 ソヴィエト型体制を継承する社会経済レジームの多様性

	オリガルヒ資本主義／レント国家	周辺的市場経済
国家の役割／基礎的妥協	政治的なものによる支配の下での，政治的なものと経済的なものとの絡み合いの追求	国家の縮減と近代化
国際的挿入	天然資源の輸出を通して	過去から継承した関係の動員
社会的保護	強力な削減	限定された社会的保護
国	ロシア，ウクライナ，カザフスタン	バルト諸国

けられた。インターネットバブルがこれに続いた。つまり金融の論理に忠実であるということがすでに芽生えていたのである[Boyer 2002d]。その時以来，金融の論理はひたすら強化され [Orléan 1999 ; Boyer 2011d]，2008年に生じた危機とともに頂点に達した。初めから不安定で格差を伴うそうした資本主義を到来させるために，政治連合はどのように変容したのだろうか。そんな資本主義は，民主主義の原理が支配する社会では，その躍進を阻まれたに違いないはずなのに。

というのも1970年代までは，金融は公的権力の管理のもとに置かれ，インフレのゆえにたいていはマイナスとなる実質金利のもと，生産的投資，インフラストラクチャー，住宅，そして消費に資金を提供するよう方向づけられていた。金融業者たちは，フォーディズム・モデルを代表する，企業経営者と賃労働者の代表者によって結ばれた同盟から排除されていた（**図27**から**図29**は株主資本主義が形成される諸段階をたどっている）。

国際化──ヘゲモニー・ブロックの最初の急変 金融は即座にその論理を押しつけてきたわけではない。というのも徐々にではあるが継続して世界市場に開

海外直接投資（FDI）依存型経済	権威主義国家	国外出稼ぎと援助にもとづく経済
経済を多国籍企業に適応させる	大きな変化なし	脆弱な国家
輸出／欧州への方向転換	国家によるコントロール	非対称的で従属的
一定水準の社会的保護を維持	社会的保護の維持	つましい
ポーランド，チェコ，ハンガリー	ベラルーシ，ウズベキスタン	アルバニア, ボスニア・ヘルツェゴヴィナ, モルドバ, アルメニア

出所）Myant and Drahokoupil [2010]

放されたことで，フォーディズム的なヘゲモニー・ブロックは侵食されていくようになった。それが一定の閾値を超えると，賃金は，国内企業の競争的地位にとって——したがって需要に対して——重荷となるコストとして現れてくる（前掲図11）。ケインズ的政策の風化が始まったのはこの時期である。代わって賃金上昇を緩和し，さらには賃金を圧縮することになったが，そのことは，失業の原因は生産性に比して報酬が高すぎるからだと考える古典派マクロ経済学の復権を示すものであった。安価な製品の輸入により購買力を獲得すると想定された消費者は，企業の潜在的な味方となる。その代償は賃労働関係のフレキシブル化である。これによって，国際競争によってもっとも脅かされている賃労働者は，ヘゲモニー・ブロックから追放されてしまった（図28）。

　国が標準化された財に特化している場合には，このことはなおのこと当てはまる。なぜなら標準化された財の競争は価格をめぐって行われるからである。しかし，こうした賃労働者排除は結局，〔標準化された財でなく高品質の財への特化という意味で〕ましな特化をしたドイツのような経済にとっても言えることである［Boyer 2015a］。この戦略は普及するので，生産性上昇は価格

図27 ヘゲモニー・ブロックの利害関係者としての賃労働者（フォーディズム）

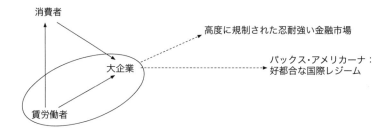

図28 国際開放は賃労働者排除の原因となる（1980年代）

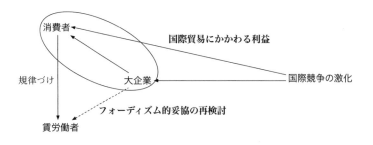

図29 金融業者と大企業経営者の事実上の同盟（1990年代と2000年代）

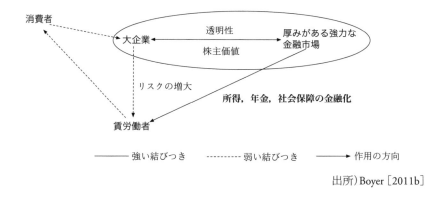

出所）Boyer［2011b］

低下に転換される。それによって例えばアメリカでは，実質賃金の停滞同然の状態が一部埋め合わされることになった。

金融は企業統治において権力を握る　国際化は貿易に限定されず，それはまた直接投資やポートフォリオ投資にもかかわる。1990年代以降，金融フローは財やサービスの流れよりもはるかに急速に増加しており，規制緩和や金融グローバル化によって獲得されたこの権力は上場企業の統治を逆転させることになる。そこで株主たちは，自らの権利に価値をもたせることを要求し，企業＝財産観を復権させることを要求した。そこでは自らの戦略を管理しつつ，会社への出資や資本引上げを行う権利を大いに利用することが，株主の特性とされた。このことにより流動性と支配が結びつくようになり，その結果，中長期の戦略をもつ企業幹部チームへの委任と株式市場の流動性とが取引されていた，かつての株式会社の道理そのものから断絶することになった [Blair 2003]。

　ここに至って，金融企業の経営において金融がこのように権力を掌握することに対して，学術的な正当化がなされた。すなわちアメリカのビジネススクールは株主価値の理論を構築したのである [Fourcade and Khurana 2013]。株主価値の名のもと，例えば，企業上層部の報酬を自社の株価に応じてスライドさせるというストックオプションによって，経営幹部の利害と株主の利害とを連動させる必要があるというわけである。アメリカの実質賃金の中央値が停滞する一方で，同国の経営上層部が受け取る報酬の激増が始まったのは，この時期からなのである [Piketty and Saez 2003]。

　経営者と賃労働者との決別は完全なものとなった。賃労働者は，アルフレッド・スローンによって具体化された同盟——それは第二次世界大戦後の核心に位置していた——から長いこと排除されることになった（**図 29**）。

株主価値の言説から現実的実践へ　これに関しては，学界における株主価値擁護の言説を，経済システムに対する現実的結果と照合してみる必要がある。理論のうえでは，株主価値は大企業経営者の機会主義的行動をコントロールする手段であり，経営者と株主の利害対立を表現するものとして示されてい

る。しかし事実は,新たに作られた報酬システムのもとで,非金融企業の上層幹部の報酬が急上昇したのである。というのも,かれらの報酬は金融業者自身の報酬と同じように,株価の変動にインデックスされるようになったからである。

　ところでアメリカでは,経営者が企業会計の公表にあたって大きな自由度をもっている。すなわちかれらは,利用可能な流動性で自社株を買い戻したり,気前よく配当を出したりする権限を有している。会計の規模と安定性で判断されるので,削減しなければならないのはコスト全体だが,真っ先に削減されるのは賃金総額である。そのため,フォーディズム体制においては企業が引き受けていたリスクテイクや不確実性は,いまや雇用,賃金,労働強度へと移し替えられた。こうして株主価値によって経営者と資本所有者との二次的な対立が調整されたように思われるが,他方それは事実上,新たなヘゲモニー・ブロックの到来を告げるものであった［Boyer 2011b］。言説というものは,隠れた社会関係の本性を明らかにすることも覆い隠すこともできる。例えば新自由主義の言説は匿名的市場の恩恵を褒めそやすが,その市場は経済権力,資本,富,そして政治への影響力の集中に関与しているのである。

3.5　ネットワーク資本主義

　1990年代にはもうひとつの理念型が現れたことが見てとれる。それはネットワーク資本主義であり,それ自体は社会に張り巡らされた他の多くのネットワークのうちに埋没している［Castells 1998］。この概念は1970年代以降,生産構造の変容を理論化してきた。ヘンリー・フォードの垂直統合的企業を引き継いだのは,日本企業における大がかりな下請けの利用である。この下請け自体は下請構造の段階が増えるにつれて有効性が高まる。このネットワークは当初はジャストインタイムを可能にするために局地的なものであった。しかし,ノウハウの体系化,数値化と情報通信技術の徹底的な利用にともなって,それはこれまでの境界を超えて,実際に新たな構図を定義していくかもしれない。エアバス社によって形成された企業連合(コンソーシアム)のケースでこうした変化が示される。つまり飛行機の部品は,当該プロジェクトに参加したさ

まざまな国の製品である。これによって，資金調達も技術的専門能力も共有されることが可能になる。このモデルは必ずやコーディネーション問題を発生させる。その結果，最終的には正式な形でひとつの企業のうちへと再統合されるに至る。印象的なもうひとつの事例は Apple 社によって実行されている国際分業のケースである。研究開発とマーケティングはいまなおアメリカに拠点が置かれているが，その他すべての生産諸工程は国際化されており，挙句の果て，メイド・イン・ザ・ワールドという概念の出現が正当化されるまでになった。そうであるから，総価値ではなく付加価値タームでの国際貿易の尺度が必要とされることになった［WTO 2011］。

　企業のこうした組織形態が出現したことは，各種の構造変化から説明される。それは当初，同一企業のなかで各種単位［部門］間の競争を組織化する手段であった。たとえ〔法的な意味での〕契約 contrat という語に代わって〔権力の問題や連合などの政治的過程を含む広義の〕契約 traité の語になったとしても，それはいわば，市場の論理を大組織の内部でまねるようなものである［Aoki et al. 1990］。第2段階では，これによっていくつかの部門が自律的となり，それらが株式市場に上場し，そして〔企業中枢部が各部門に対して負う〕直接的な管理責任に取って代わる外部コントロールのもうひとつの形態が動きだすといったことが可能になる［Aoki 2010］。このことは，金融業者の意向を満足させるのであって，かれらは細かく区分された可能最大数の各種資産の間で裁定を行っている。こうして金融業者は，よき経営に対する――そしてとりわけ株主価値の最適化に対する――阻害要因として存在するコングロマリットを分割するのに寄与しているわけである（**第4章図13**）。

　こうしたネットワーク企業には，その経営者たちにとって，ほかにもいくつかの利点がある。それは，雇用関係を商取引関係によって置き換え，賃労働者の交渉力を分断してしまう。危機に陥った場合，企業構造再編がいっそう容易になることが明らかとなる。なぜならリストラクチャリングは，もはや無能な経営に対する制裁ではなく，市場に対する制裁に見えるからである。このネットワーク企業はまた経営者とオペレーターとの対面による〔時間を要する〕コントロールではなく，リアルタイムの情報によるコントロールを用いる。最後にこのタイプの組織は工場の国外移転や，あれこれの地区が有

する機会への素早い反応，あるいはさまざまな部門に属する知識を共有し結びつけることを促進する。こうした機会主義はまた，生産的資本あるいはイノベーション戦略に固有の不可逆性を克服しようとする金融家の利害とマッチすることになる［Boyer 2011b］。

諸企業にかかわるこれらの事例の延長線上で，ネットワーク資本主義を理念型として概念的に定義することは可能だろうか［Boisot and Child 1996］。プロジェクトにもとづく契約が新たな資本主義の標準的な形態だとする分析や［Voltanski and Chiapello 1999］，生産が多国籍的な性格をもつことへの考慮［Reich 1991］，あるいはまた，こうした組織形態がパフォーマンスを生み出すのに決定的となったという観察が［Porter 1985］，この仮説を擁護する。

第 5 章で示された手法を動員するにあたっては，慎重さを要する。一方で，ネットワークはあらゆるコーディネーション手続きの交点にある。なぜならネットワークは利害と義務の双方を動員するからであり，またそれは水平的にも垂直的にも組織化されうるからである（**図 15**）。大危機の時のような根本的な不確実性の時期にあっても，このようにネットワークが中心にありつつもそれが曖昧なものであるため，ひとたび環境が安定すれば，それが消えてなくなるようなことはなく，それゆえいくつかの別の形態のうちのひとつに回帰することになる。他方で，垂直統合企業や下請関係は明確に定義されるかもしれないが，ネットワーク経済は，あるときは明示的な契約とルールによって統御された企業の総体を，あるときは中国企業が個人間の信頼関係——これは本質的にインフォーマルな性質のものである——を拠りどころとしつつ利用する手法を，意味するかもしれない。この第 2 のモデルは，香港の企業家や世界に分散している華僑だけでなく，現代の中国経済をも特徴づけるものとなるだろう［Boisot and Child 1996］。

4 中国——新たな形態の資本主義の出現

改革の 30 年が中国に生み出したのは，以上とはさらに異なった構図のものである。中国社会の基礎的な制度の変容にかんする歴史的アプローチによって，中国の発展様式を作り上げている独自の制度的妥協——その驚くべ

き力および脆さ・危機の源泉——が明らかになってきた。

4.1 とぎれのない一連の改革

改革は絶えず行われているが，相継ぐ4つの段階を通じて改革は異なった特徴をもっている（**表14**）。

毛沢東革命に続く四半世紀には，中央当局が行った投資決定の影響を受けて，急激な成長とそれに続く突然で急速な下降という諸局面が繰り返し起こった。いくつかのケースでは，例えば，大躍進政策の期間を通じて，そしてより広く取れば文化大革命を通じて，社会的・経済的変化がきわめて華々しく，それによって政治当局はソヴィエト型の諸制度がいかに非効率なものとなってしまったかを理解した。

ある意味で，改革の第一波は，生産を刺激し不安や貧困を打開するために，ミクロ経済レベルで自由度を確立することを目指した。当初，巨大な国有部門は維持され，続いて特に農村地域で，生産を拡張するよう生産者を後押しすべく，新たな契約が日の目を見た。地方レベルで新たなアクターを招き入れることを認めることで，最低限の競争が作り出された。分権化に向けてのこうした慎重で実験的かつプラグマティックなアプローチは，絶え間のない過程が始まったことを印象づけた。この過程で，国家の支出や再分配に代わって徐々に銀行が発展してきたのであり，その銀行は，貯蓄を既存企業や新規企業への貸付にこれまで以上に回そうとした。1989年以降に企てられたソヴィエト経済の移行［Sapir 1998］とは反対に，それらの改革は，敗者のいないポジティブサム・ゲームの先駆例であることが明らかになった。

1993年以降の改革第2波は，各省の市場を統一しつつ，また企業にさまざまな所有構造を認めつつ，市場経済制度を強化しようとした。あらゆる新興企業がダイナミズムを発揮することで国有部門は縮小し，民営化の過程が始まった。並行して，地方レベルで起こりうる対立を整理誘導するために，課税システムは再び集権化され，マクロ経済的管理が発達した。旧来の国営企業の労働者や若干の農民たちは大いなる敗者となった。

2001年に中国がWTOに加盟して以降，競争は国内規模から国際規模に移行した。他方，先端的な技術や組織を取り入れるという期待とともに，海

表14 中国における競争主導型蓄積体制の段階的な出現

1949-1976		大いなる不安定性をともなう5つの循環の継起
1978-1992 敗者のいない改革の波		経済改革の第1波 ・既存制度に追加される形での**市場**や契約の導入 ・民営化せずにいっそうの**競争**を導入 ・権限と資源の**分権化** ・慎重でプラグマティックなアプローチ ・GDPに占める政府シェアの低下 ・輸出特区の創設 ・銀行システムに組みこまれた家計貯蓄の高まり
1993-2001 敗者のいる改革の波		経済改革の第2波 ・市場経済**諸制度**の強化 ・市場の統一化 ・会社法と所有の多様化 ・国有部門の縮小と民営化の始まり ・**金融**と規制に焦点 ・石油の純輸入国となった中国(1993年) ・輸出特区の創設 ・資源管理の再集権化,**マクロ経済的コントロール** ・海外直接投資(FDI)の導入
2001-2010 慎重な対外自由化		WTO加盟 ・SASAC〔国務院国有資産監督管理委員会〕の創設：国家財産の監視(2003年) ・先端技術や組織の普及を目的として,FDIに大きく開放 ・取引契約にもとづく技術取得

すべての期間に共通する特徴：高い投資率と貯蓄率

外直接投資を受け入れることになった。さらに中央政府の介入がねらいとした目的は，取られた手法ともども，先行の改革の波によって生まれた不均衡を是正するために，度々再検討され，再調整された（**表14**）。

4.2 独自な社会関係——多数の地方コーポラティズム

　これらの改革が成功したのは，それが偶然の産物だからではない。一連の研究がこぞって示唆しているのは，中国は少なくとも部分的には，政治的階

級の利害と企業家の利害を結びつける方法を見出したということである。

すべての地方公共団体にいっそう大きな責任を与える**税制改革**が出発点となった。公的な現状〔行政体制〕は維持されるが，地方当局に対しては，企業家の出現を後押しすることが強く奨励される。企業家の出現はより大きな富の源泉となり，それは結果として，いっそう重要な課税ベースの源泉となるのであり，やがて公的支出にとって利用可能な財源を増やすことになる。**地方コーポラティズム仮説**は，ハイブリッド化のこうした形態に対して明確な定義を与えている［Oi 1992 ; Peng 2001］。ある意味では，政治的階級と企業家のこうした協調は，両者それぞれの目的が一致したことの論理的帰結なのである。すなわち一方で，政治的階級の目的は最大限の税収を得ることであり，他方で企業家の目的は投資，生産，雇用の水準におけるダイナミズムを通じて各地方当局の競争優位を改善することである［Krug and Hendrischke 2007］。

以上は，中国社会の基礎をなす制度形態であるが，そこには注目すべき2つの点がある。最初に，政治的理性と経済的論理を結びつけようと志向している点であり，次に，当該制度形態を中国的ヒエラルキーの中に巧妙に統合している点である。こうした統合によって，市場競争が必ず引き起こす機会主義的行動——例えば個人的な横領や贈収賄——に対する歯止めとなっている。

それでも，このように競争しあうすべての地方当局間の闘争があっても，それは混沌や永続的対立には至らない。そうなるのは，企業と政府の間で，またミクロ経済レベルとマクロ経済レベルの間で，重要なネットワークが寄与しているおかげなのである。そこにはきっと共産党やコネの力が働いているのであろう［Xin and Pearce 1996］。しかしながら，こうした協力は，マクロ経済の規模で整合的なモデルにたどり着くには不十分であろう。すなわちもうひとつ別の制度が必要である。共産党の役割や機能を分析してきた歴史家や政治学者は，官僚と呼ばれる人たちが，改革や経済成長の過程の柱となる企業家グループの形成に大いに貢献したことを確認している。こうして全国的には，党‐国家が複合的な働きをすることにより，経済領域と政治領域との間の絶え間ない交流が可能になっている［Bergère 2007］。政治的階級の

エリートを経済的階級に移動させること，そしてその逆の移動は，中国社会のあらゆるレベルで見られることである。

これほどまでに複雑な構造はいかにして首尾一貫性を保つことができるのだろうか。多くの政治学者が示唆するところによれば，中国の成長体制はひとつの**暗黙的妥協**にもとづいている。すなわちそれは，共産党による政治独占の見返りとしての高い生活水準である。この妥協は，社会でもっとも精力的なグループ——知識人からもっとも優れた企業家まで——のすべてに関係がある［Domenach 2008］。この仮説に同意するならば，中国経済は典型的な資本主義——その唯一の原動力は民間企業家による利潤の追求である——に立脚しているわけではないということになる。すなわちそこでは，エリートたちが社会を監督する目的において，政治的権力と経済的資源のコントロールを同時に保有しているのである。こうして，効率性の基準は——資本主義の消費主義的変種が言うような——消費者の社会的厚生の大きさではない。株主にとっては株価上昇が問題なのではなく，**政治的目的と経済的目的との結合**が問題なのである。こうした構図にあっては，各種のアクターは投資の成長率あるいは生産の成長を高めようとする［Grosfeld 1986 ; Zou 1991］。

4.3 競争が推進する発展様式

実際，その法的地位や立地（村，地区，省など）を異にする数多くの組織が，天然資源，設備，そして最後に製品市場をめぐって，絶え間のない競争状態におかれている。海外の多国籍企業もまた，成長する中国市場と低コストの労働力を手に入れようと競争状態にある。そのため，それら多国籍企業は技術移転にかんする譲歩を行う用意がある。他方で，海外直接投資を惹きつけるために経済特区や無償のインフラストラクチャーを提供する地方当局もある。

こうした不均衡成長（過剰投資）モデルは著しい生産性上昇によって支えられている。すなわち農村労働者は，きわめて低生産性の雇用から，もっとも近代的な設備を備えた企業へと移動させられるのである。

この発展モデルでは，外延的蓄積（いっそう多くの労働者が資本主義的生産に編入される）と内包的蓄積（生産性の継続的な上昇）とが組み合わさっ

ている。そこから生じる過剰生産能力は，激しい競争を引き起こし，それによって生産コストが下がり，したがって市場価格が低下する。中国の成長それ自体の結果の一部として生じる原材料価格の上昇は，こうしたデフレ傾向を抑制する唯一の要素である。

4.4 支配され分断された賃労働関係

2つ目の基礎的制度形態はいわゆる**資本-労働関係**で，そこにもまた非典型的な構図が見られる。第1に，法的な観点から見ると，労働者には単一の身分は与えられていない。都市と農村の労働者の身分はまったく異なる。こうした区別は戸籍（中国，さらには日本，北朝鮮，ベトナムで用いられている家族台帳と国内パスポート）によって具体化されている。したがって農村部から都市部へ移住した労働者は，改革がある程度こうした格差を緩和するまで，公式には権利をもたなかった。第2に，労働者組織が共産党のなかに組みこまれていたので，労働者階級は自らの利害を擁護し，企業や地方当局を前にして自らの権利要求を調整していくための自律性をもてなかった。

結果として，**賃労働関係**は細分化され縦割りになった。それは——市場の匿名の力が労働者人口全体を支配するはずだという——競争的賃労働関係に厳密には対応しない［Zhao 2003 ; Knight and Shi 2005］。出稼ぎ労働者らは当然産業予備軍の役割を果たすが，都市部あるいは農村部の企業で戸籍をもって働く他の雇用労働者は，古典的コーポラティズムに従った利益分配制度から部分的に恩恵を得る［Song 2001］。しかしながら，雇用と報酬にかんしては他にも多くの形態が存在する。そのため中国の賃労働関係は労働の分断と大きな不平等とによって特徴づけられている（**表15**）。

4.5 蓄積体制内部の不均衡の国際面への投影

実のところ，国際経済への統合は国内の制度諸形態がもたらした結果なのである。しかしながら，中国の指導者たちは，完全に自律的に対外政策を行うだけの自由をもたない。かれらは，厳しい競争によって牽引される蓄積体制——これは過剰投資の傾向を作り出す——に固有のダイナミズムに対応しなければならない。賃労働関係は従属的，分断的，縦割り的であり，そして

表15 5つの制度諸形態――中国の構図

制度諸形態	主要な特徴	以下への影響	
		調整様式	蓄積体制
1. 競争形態	多種多様な機関(企業,省,町)間の熾烈な競争	価格と生産費の着実な低下傾向	蓄積の原動力
2. 賃労働関係	・ 地位の二重性(農村／都市) ・ 分断され縦割りにされた雇用 ・ 労働者自身の集団組織の欠如	農村労働者が大量に存在していることが競争的賃金形成に強い影響を与えている	アンバランスな所得分配：賃金シェアは低くかつ低下している
3. 貨幣・信用レジーム	大幅な分権化とマクロ経済レベルでのコントロールの必要との弁証法	急速に変化しつつある国内／国際経済に沿った微調整	高成長体制を維持・管理する手段
4. 国家／経済関係	・ プラグマティックで将来予測的な中央政府 ・ いくつかの水準での複雑なガバナンス	出現しつつある不均衡によく対応	制度諸形態の周期的な再構成
5. 国際経済への編入	選択的な挿入 ・ 海外直接投資にかんする制約 ・ 対外経常収支のコントロール ・ 特殊な国内ノルム	為替レートは信用とともに，海外からの衝撃を緩和するのに重要な政策変数である	貿易黒字は生産と需要の国内不均衡の帰結である
保護主義的反応の脅威	競争形態，激烈な競争：過剰投資	不均衡にある蓄積体制	賃労働関係 分断され縦割りにされた労働者 低下する賃金シェア
永続的な貿易黒字	国際経済への非対称的挿入	通貨と信用による積極的なコントロール	制度諸形態の周期的な再構成

多くの労働者にとっては競争的な性質にあるので，これを前提すると，そこから生じる過剰生産力の問題は，家計消費のダイナミズムによっても減じることはできないだろう。事実，賃労働者階級の脆弱な交渉力は，国民所得における賃金シェアがほぼ一貫して低下していることに関係する。この要因は平均利潤率の低下を安定化させ抑止するが，生産能力と国内需要とのギャップを埋めることはない。

さらに民間企業は信用にアクセスするのが難しいため，投資はもっぱら過去の利潤によって賄われることになる［Riedel and Jin 2007］。他方で，社会扶助のシステム（失業，医療，住宅への補償）が貧弱であるため，家計は家族や個々人の生涯にわたるリスク管理に対応すべく，いきおい積極的な貯蓄に走る。10 年以上にわたって中国で貿易黒字が上昇するという傾向は，本質的に不均衡なこの国内蓄積体制に起因している。言い換えれば，現代中国は，一国規模で，ひいては世界規模においても，競争が階層的に支配力をもつ典型的な事例である。

4.6 危機を引き起こす多数の原因

このように成功したからといって，この成長体制の根本的に不均衡な性格を隠すことはできなかろう。その隠蔽たるや，驚くなかれ，例えば株価が暴落した時点でも，まだ重大な危機が生じたわけではないとするまでになっているのだ。脆弱性の原因はさまざまである（**表 16**）。

もっとも気がかりな要因は明らかに絶えざる**過剰蓄積**である。競争の激しさを考慮すると，それは過剰生産能力として現れたり，また，不良債権——その原因は融資を返済できない企業にある——の繰り返しとして現れたりする。成長が力強い時には，当該期間の利潤によって過去の損失を埋め合わせることができる。しかし，こうしたメカニズムが食い止められうるのは，中国経済が大きく減速する時でしかない。中国経済の急減速は，2009–2010 年および 2012 年に，大規模なインフラストラクチャーの計画を通して，中国政府が是が非でも避けようとした災禍である。

都市部と農村部の身分格差は，中国体制の受容可能性にとって脅威となる。実際，建設や工業で雇用されるべく都市に赴いた農村部の労働者は，伝統的

表16 中国の阻害要因

領域	緊張の性質
1. 成長体制	・投資／輸出主導型成長の不均衡 ・2008年以降強化された過剰蓄積
2. 世界経済への編入	アメリカとの摩擦（為替レート，知的所有権）
3. 金融システム	・いくつかの企業に対しては過剰蓄積を助長するが，他の企業に対しては不利益を与える ・質の悪い信用，繰り返される不良債権の発生 ・貯蓄家による資金運用の乏しさ
4. 不動産部門	大きな要求はあるが，購買力に対して能力過剰となる傾向
5. イノベーション・システム	・知的所有権をめぐる緊張関係 ・多国籍企業と自国企業の二重性

に都市部住民と同様の社会的権利（医療，教育，住宅，年金）を享受できていない。かれらはまた，正当な補償なしに土地や住宅を収用されるのに苦しみ，地方政府当局による多くの自由裁量（賃金支払いの遅れ，明白な悪習に対する不服申立ての欠如，賄賂の重圧）に服する。そこから地方での**社会的抗議の大きさ**と多さが説明されるのであり，この社会的抗議は毎年何万にものぼる。またそれは，地方レベルでの慎ましやかな民主化の試みがどうあろうとも，共産党による権力独占が許容される限度を示している。

　貧困削減の面での成功は，**不平等の急激な上昇**を伴っていたことを隠すことはできないだろう。1949年以降の体制において生活条件が比較的同質的であったことに照らすとき，この点は格別に人目を引く。実際，所得不平等が誰の目にも明らかなだけでなく，医療，教育，年金，住宅などの社会的サービスへのアクセスが，大規模な民営化によって危険にさらされもした。この

政策	政策の有効性
・最低賃金の引上げ ・最低限だが，拡大しつつある社会保障の制定（医療，年金，失業……）	・地域間の競争的対立による制限 ・賃金／利潤間および消費／投資の不均等な分配に直面して，わずかばかりの社会的移転
実質為替レートの慎重な切上げ	国内需要に合わせた生産の再調整によって徐々に編入
・中央当局による信用配分コントロールの試み ・多額の外貨準備に裏づけられた為替介入の力 ・慎重だが多岐にわたる改革	・地方当局の相対的自律性によって阻害される ・成長に対するネガティブな影響のリスク ・いずれは，これら改革の効果の影響でコントロールが失われる危険性
信用配分コントロールの利用	投機に対して公的介入が本質的に遅れる
・研究開発支出の強力で持続的な成長 ・現地での内生的なイノベーションの追求	・資金調達の規模については良いが，研究の質については問題を抱える ・予測よりも長期間にわたるキャッチアップの遅れ，外国資本との間で始まった対立

　10年の間に，当局は事態の深刻さを認識したが，今のところ社会保障の集団的システム——現時点では最低限のセーフティネット——を立ち上げるなどして，社会的二極化の傾向にブレーキをかけることはできていない。

5　動態——軌道の多様性

　以上の議論は，さまざまな資本主義の静態的な記述を提示し，またそれらの時間的な——とりわけ大危機に対する反応としての——変容の分析を提示するものであった。今やこれらの過程を司るいくつかのメカニズムを示すときである。

5.1 進化の2要因――内部代謝とハイブリッド化

　この2つの用語〔内部代謝とハイブリッド化〕はすでに，日本的軌道の分析の際に示されたものである。日本資本主義は，参照すべきモデルから，停滞とデフレ・リスクを避けたいなら犯すべきでない過ちの事例へと変わってしまった。現実には，内部代謝とハイブリッド化はもっと一般的な射程をもっている。というのも，これらの用語は資本主義の出現以来の長期的歴史を理解する手助けとなるからである（図30）。

　標準的理論は，ランダムなショックや技術進歩によってずらされはするが，構造的に安定した均衡に関心をよせる。これに反して――長期歴史分析によって補強された――レギュラシオン理論がマルクスから受けついだものが示唆するのは，いかなる蓄積体制も大危機に遭遇することなく何十年もの間を乗り切ることはできないということである。もちろん，偶発的に見える出来事――例えば世界経済への依存によって持ちこまれた出来事――が大きな景気後退を加速させるということはありうる。けれども根本的には，蓄積体制を内生的に不安定化させていくのは，景気循環が繰り返されるなかで生じる制度諸形態のゆっくりとした変容なのである。定式化の点では，取り上げるメカニズムは，最初に長期の拡大を，次に――累積的な不況なり停滞なりに至る――反転を十分に含むほどに内容豊富なものである必要がある。第2のメカニズムは資本主義の空間的な展開から生じる。どの時代においても，汎用性のある（生産，組織，新たな生活様式にかんする）新種の近代化がもたらされるように見えるが，資本主義の展開はそれぞれの社会において大きな困難や抵抗に出会うので，社会的文脈ごとに予期しない構図が作り上げられることになる。その構図は当初は劣ったものと見なされていたが，いくつかのケースでは，次には資本主義の近代化のもうひとつの姿だと分かってくる。例えばドイツは，イギリス・モデルに対する遅れを取り戻そうとしつつも，独自のモデルを練り上げ，それが今度は後代に至って参照基準として役立つことになった。しかし別のケースでは，こうした過程は失敗してしまう。例えば専門家たちは1980年代に，アメリカ的生産システムの日本化，つまりはアメリカ経済の日本化を予想した。1990年代に観察されたのはむしろ日本経済の金融化であって，これは長期停滞へと陥っていった。最後に第3

図30 内部代謝とハイブリッド化の相互作用，資本主義進化の源泉

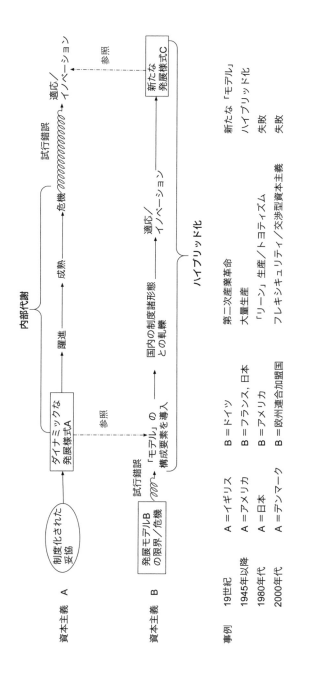

の構図では，政策／行政当局が，異なる形態の資本主義に属する国民国家で遂行されている政策を，参照基準としてのモデルに選ぼうとした。例えば，フレキシキュリティのデンマーク・モデルを南欧経済に向けて普及させようとしたが，何らかのハイブリッド化の過程が起こらないまま，大失敗に終わった。資本主義はコピーできないのである。資本主義は局所的戦略から成っているのであり，その結果はつねに不確実なのである。

5.2 トリレンマ——フレキシビリティ，動学的効率性，社会的公正

　資本主義の諸形態に対して，市場経済均衡の質を評価するための最適化原理に相当するものを定義することはできるだろうか。動態的過程の相互作用によるアプローチを考慮すると，持続可能性ないしは回復力(レジリエンス)の原理がうまく適合しているように見える。しかし残念なことに，それは技術的には，標準的理論において均衡と最適解の関係を分析するよりも，なおいっそう困難な仕事である［Lordon 1996］。おそらくそれゆえに，これに対応する研究は（いまだに）フォロワーを生んでいない。

　すでに2つの重要な結果が強調されてきた。この社会経済レジームの矛盾的な性格にもとづくと，政治的なものによる強力な媒介がない中では，すべての利害関係者を満足させるような唯一の参照基準は存在しない。おまけに，理論が忠告するように，ヘゲモニー・ブロックは経済的効率性を最大化することを必ずしも目的としているわけではない。こうした状態にあって，アナリストや外部的観察者でも，次々と眼鏡を変えることによって，ごく一般的な3つの参照基準を提示することができる。

　・偶然やショックに反応する当該経済の能力がどのようなものであるか。そこでは，静学的効率性にかんする標準的理論の参照基準，すなわち**フレキシビリティ**を知ることになろう。

　・実際は，例えばヨーゼフ・シュンペーターに倣えば，資本主義がいちばん正当視される理由のひとつは，たとえ創造的破壊の過程を通じたものであったとしても，生活水準を引き上げる能力にある。創造的破壊の過程は拡張期に続いて——不況期とまでいかなくても——調整期が来る点で特徴的である。第2の参照基準は**動学的効率性**である。

・最後に，経済と**社会的公正**の関係について問題とするとき，標準的経済学者は往々にして道徳哲学に立ち戻る［Sen 2012］。

OECD 諸国の分析によって明らかにされた資本主義の 4 大類型［Amable et al. 1997］の軌道を図式的に示すべくこの 3 つの参照基準を用いると，1960 年代のきわめて異なる位置から出発しつつも，静学的効率性の追求という動きが広範囲にわたっていることに驚かされる［Boyer 2002c］。こうした変化は，ある点では，高失業率が長期にわたって続いているという文脈において理解される。このことはもちろん，人的資源の利用における非効率性を示している。別の点では，そこから生じる労働市場のフレキシブル化政策は，長期失業率を体系的に引き下げることなく格差を拡大させる。

こうして他の資本主義が，世界経済の攪乱や市場の論理が各国民経済に対して及ぼす競争圧力に対応すべく，譲歩に譲歩を重ねていくのに対して，市場の論理にもっとも近しい資本主義は繁栄するように思われる。国際関係の再定義においてアメリカがなお支配的な役割を果たしているので，為替レートの変動がもたらす不安定性——為替レートは長期的見地にもとづく競争力によってではなく，短期の金融裁定取引によって決定される——は，市場資本主義に有利に働き，その他の資本主義を不安定化させる。言ってみればアングロサクソン諸国は，自分たちがそこで繁栄するような，そのような国際動態を後押ししているのである。反対に，強い国家的推進力にもとづく資本主義やメゾ・コーポラティズム型の資本主義は，動学的効率性を発揮できるような比較的安定した国際システムに立脚している。これらの資本主義は，自らの基本原理に逆行し，過去から引き継いだ制度的優位性を大いに侵食する各種改革を強制されており，現在までのところ，その後継となる資本主義類型を見つけ出せていない。

5.3　反復と新奇性の峡間——らせん状の進化

資本主義について合意のとれる定義はないが，資本主義以前の生産様式と比較しつつ歴史的に捉えてみると，資本主義の標識となる 3 つの特徴が浮かび上がってくる。

生産性の累積的上昇　旧来の経済システムは準定常状態のあたりで組織されており，生存ぎりぎりの生活水準で人口が再生産されることが中心に据えられていた。このことは，マルサスが後に理論化した人口動態の危機によって示されている。資本主義の出現は，技術や組織の永続的な激変期の始まりを示すものであり，このことは大量生産が確立するまでは比較的慎ましい生産性上昇となって現れていた。いくつかの困難を乗り越えて一連の統計が過去にさかのぼって出来あがると，資本主義の新規性が浮き彫りとなってきた。すなわち資本蓄積によって資本主義は，長期の累積的な生産性成長を可能にしたのである［Maddison 2001, p. 264］。このことは，第二次世界大戦後のフォーディズムの帰結であるばかりでなく，利潤追求衝動の下で次々と起こった前述の産業革命の特徴でもあるということに留意することが重要である。16世紀の中国は，ヨーロッパと同じように技術的創意に富んでいたが，当時の社会的条件のもとでは，その創意をイノベーションや新市場に転換しえなかったのである［Pomeranz 2010］。

循環的危機と長期波動　今日の各種モデルが描くところによれば，ある攪乱が起きるとその後は，必ず新たな均衡に向けて単調に収斂していく。ところで第2の主要な定型化された事実は，資本主義の開花によってもたらされた循環的様相にかかわる。資本蓄積における中短期の不均衡はいわゆる景気循環に至りつく。ニコライ・コンドラチェフ［Kondratieff 1925］の後を受けて，現代の歴史学者や統計学者ははるかに長期の循環を見てとった。その長期循環は，いくつかの景気循環の継起と，その後の長期にわたる価格下落として現れる反転とによって構成されている。こうしたアプローチは方法論的な困難を抱えているが，それ以上に，安定した成長の存在を想定することがいかに現実離れしたことであるかを，経済学者に思い知らせた。例えば2000年代，成長と緩やかなインフを関連づける大いなる安定期(グレート・モデレーション)の議論からも明らかなように，マクロ経済学者は，自分たちは景気循環を克服したのだと信じこんだのかもしれない。ここには一方で市場経済論的分析から，他方で資本主義論的分析から引き出されるそれぞれの結果が乖離しているということが，一再ならず見られる。

図31 傾向と長期波動の間で——資本主義のらせん的進化

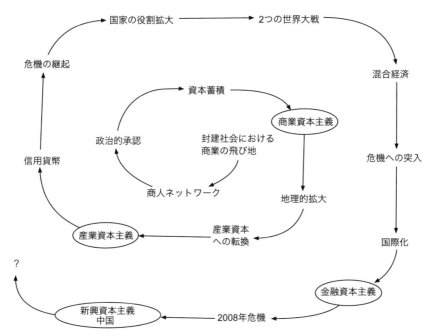

経済組織の複雑化の増大　市場経済の理論家たちは，経済史とは市場の普及の歴史であるという視点を擁護する。レギュラシオン理論からみれば，市場領域のこうした拡大は，市場の持続可能性を保証する制度的配置の案出と対になっているのである。新たな矛盾が生じることで，経済的不安定性を埋め合わせるための社会保障から環境保護様式の手探り的追求まで，場当たり的な装置が構築されることになる（**第6章**）。その結果，公的介入は，介入主義　対　放任主義(レッセ・フェール)の軸上だけでなく，主として制度的アーキテクチャー——および無数の公的介入との整合化——をめぐっても繰り広げられる（**第7章**）。

　レギュラシオン理論に言わせれば，あるひとつの成長リズムをそのまま長期に投影するのは幻想である。というのもそうした投影は，これまでのところつねに危機へと至りついてしまった蓄積体制について，これを永続的なも

表17　ラテンアメリカのさまざまな経済レジーム

構成要素	国	アルゼンチン	ブラジル
政治-経済レジームの類型		レントに束縛された資本主義	レント回帰のおそれがある，自力的な産業資本主義
制度諸形態			
	支配的	積極的な国家	近代化推進的／縁故主義的国家
	被支配的	貨幣レジーム	競争
蓄積体制		危機にあっては自力的	内需主導型内包的蓄積に好適
パフォーマンスの類型		1976年以降，成長／危機の交替	成長の減速
危機の性質		国際収支危機の継起	競争力の喪失

のだと拡大解釈しているからである［Piketty 2013］。資本主義は，介入主義の期間と自由化の期間の交替が無限に反復するといったものではない。なぜなら，らせん状の進化が資本主義のもっとも決定的な特徴だと思われるからである（図31）。

6　国際化は資本主義の多様性を拡大した

資本主義のさまざまな形態はまさにその違いを通じて発展するだろう。

6.1　ラテンアメリカ——レント・レジームと資本主義的論理との緊張関係

　この大陸の独自性に焦点を当てたのは構造主義学派である。それによれば，ヨーロッパへの，次いでアメリカへの経済的——およびとりわけ技術的——な従属によって，国内市場中心の工業化過程が抑制されてきたという［Prebisch 1981］。レギュラシオン理論はある意味で，この伝統にしたがって

チリ	メキシコ	ベネズエラ
世界市場に開かれたレント経済	従属的産業資本主義	純粋なレント・レジーム
競争	国際体制への編入（NAFTA）	縁故主義的国家
雇用関係	雇用関係	国際体制への編入
多様化を伴う外延的蓄積	輸出および海外直接投資主導	レント経済であり，蓄積は行われない
低い生産性上昇，不平等	成長，しかし排除あり	構造的不均衡
成長の鈍化	アメリカの危機の影響	原油価格が低下すれば，しのびよる明白な危機

研究を続けてきた［Aboitès *et al.* 1995］。すなわち国際経済への挿入の性質や原材料輸出への依存度によって，さまざまな発展様式が，そして時には非発展様式が区別されうることになる（**表 17**）。

レントの呪い　ベネズエラは，豊富な天然資源があるがゆえに生じた幻想の象徴である。すなわち天然資源をもっているがゆえに，長らく工業化が束縛され，しかも国の規模が小さいだけに，なおのことそうなった。構造的不均衡はしばしばハイパーインフレーションの期間へと転換され，国家は本質的に縁故主義的になる。危機は構造的である。というのも危機は，原油価格が高い有利な期間にも［Hausmann and Marquez 1986］，原油相場が 2015 年のように急落するときにも現れるからである。

　天然資源の輸出によってもたらされる外貨が国内通貨の価値を上昇させるため，工業部門では，石油レントを工業に差し向けようとする計画がすべからく妨げられてしまうという痛手に苦しむことになる。ブラジルは，ラテン

アメリカ諸国のなかでイノベーションと工業がもっとも進んだ国であるが，そのブラジルもまたこの呪いに苦しんでいる［Bresser-Pereira 2009］。程度はさまざまであるが，ほとんどのラテンアメリカ諸国は自らの天然資源の囚人となっているのである。

政治が重要である　この教訓はとりわけブラジルとアルゼンチンとの比較から出てくる。一方のブラジルは，多分に自力的で可能ならば格差の小さな成長の追求を支える政治連合を引き出すに至った。他方のアルゼンチンは，2つの社会政治ブロックが妥協に至ることができなかったことから，繰り返し生じる金融危機や政治的危機に邪魔されている。そこから一方のブラジルでは，成長の減速は見られるものの，比較的規則的な軌道が生まれている。他方のアルゼンチンでは，アルゼンチン人が自ら第一世界に属していると思える局面と，これに次いで，もっとリアリスティックな再評価——そこにはラテンアメリカの典型的な特徴が再現している——との交替が見られる。

こうした比較はチリとメキシコにも拡張することができる。一方のチリでは，国際競争のなかで押しつけられた国際経済への挿入過程は，クーデターの結果として生じ，他方のメキシコでは，エリートたちがアメリカとの自由貿易協定の恩恵を重視する方向へと転換したことから生じた。2つ目の違いはそれぞれの特化にかかわる。すなわちチリは，銅やその他の天然資源の輸出にいつまでも依存することを受容し，メキシコは工業製品の価値連鎖(バリュー・チェーン)に組みこまれる方向で，特化の方向づけを組み替えた。

以上からひとつの全体的な教訓が得られる。すなわち，ヨーロッパから見ると，ラテンアメリカは同じ社会経済レジームに属しているように見えるが，ラテンアメリカの政策責任者たちにとっては，メルコスール〔南米南部共同市場〕のような地域統合圏の設立について交渉しようとする場合などには，諸国間の違いは明白なのである。

6.2　アジアとラテンアメリカの分岐

ごく早い時期に，レギュラシオン派の研究にひとつの問題が差し向けられた。すなわち，旧工業化諸国とラテンアメリカやアジアの諸国は，賃労働関

表18 アジアと比較したラテンアメリカの特殊性について

経済レジーム	国際体制への編入に対する制約の程度		
	弱い	中程度	強い
産業主義基調	台湾，韓国		メキシコ
混合		ブラジル	アルゼンチン
レント基調		ベネズエラ	

係や発展様式にかんしてどのように区別されるのか，と［Boyer 1994］。それ以来積み重ねられてきた研究は，いくつかの主要統計指標とともに，これら2つの地理的圏域の分化においては3つの要因が機能していることを示唆している。

第1の差異は，国際動態と国別進化の関係がどのように特殊化し，どのような特性をもつかに起因する（**表18**）。一方で，ラテンアメリカの多くの国は，どんなに工業化の努力をしても，それにもかかわらず原材料の輸出に依存しつづけている。ごく一般的に言えば，工業製品の下請作業から当該産業部門のなかで序列を這い上がっていくことを通じて――台湾経済がその象徴的なケースである――世界経済に組みこまれたアジア諸国にとっては，こうしたことは妥当しない。アジア向けに，とりわけ中国向けにラテンアメリカの原材料輸出が力強い成長を遂げていることを見ればわかるように，両者の特化はある意味では補完的である。各種指標は一致して，特化のこのような分化が2000年代を通じて深まったことを示している［Miotti, Quenan and Torija Zane 2012］。

第2の分化は国際経済への挿入の様態に関係がある。すなわち，国際経済との関係は本質的に制約をなし，その制約ゆえに国際収支のバランスをとるのが難しく，そこから周期的にストップ・アンド・ゴーの動きになっているのだろうか。あるいは反対に，世界市場への開放は，新しい部門――主として製造業――を発展させるために企業家が摑む機会なのだろうか。たいていのラテンアメリカ諸国は第1のグループに属し，アジア諸国は第2グループ

に属している。とはいっても，こうした分化の理由にかかわる問題はもっと研究されなければならない。なぜというに，1950年代末の時点で，韓国や台湾の国民一人あたりの所得水準は，結局はメキシコのそれときわめて似ていたからである。

その際，政治的レジームの分化に訴えるべきだろうか。それは民主主義と経済発展の関係にかんする問題であって，これまでの研究で随分と提起されてきた。近代化が遅れた国にとっては，独裁体制の方が効率がよいというわけではないのだろうか。この点，ラテンアメリカでもアジアでも，矛盾的な事例が見出される。1970年代から2000年代まで，独裁体制はラテンアメリカにおいて多数にのぼっていたが，それはアジアにおけるほど資本蓄積に有利な役割を果たしたわけではなかったようである。反面，一方における輸入代替型成長と輸出主導型成長との対立と，他方における民主主義的体制か独裁体制かへの支持との間には，いかなる明確な対応関係もないことが示されている。レギュラシオン派による先駆的研究［Marques-Pereira and Théret 2001］はすでに，ラテンアメリカとアジアのそれぞれにおけるいくつかの象徴的なケースを比較することの利点だけでなく，経済戦略と政治的レジームとを結ぶ関係の複雑性をも強調していた。これら2つの地理的総体のそれぞれの内部で，きわめて対照的な国民的軌道が展開するかもしれない。

ある時は政治的レジームと経済的レジームが一致し，またある時はそれらが対立状態に陥り，そうしてある構図から別の構図へ移行するのに関連しつつ，きわめて複雑な動態が示される。安定は例外であり，変化が常態をなす。このことは経済学——そこでは計算時間が歴史的時間の可能性自体を消し去ってしまっている——の合理的選択理論を重視する政治学者による多くの分析を無効にする［Marques-Pereira and Théret 2001, p. 133］。

6.3　地理的近接性は資本主義の形態の同一性を意味しない

これまでの展開によって，三大地理圏に共通する結果が得られる。すなわち同一地域に属していても，そのことは同一形態の資本主義への収斂を何ら意味しない。この点にかんして日中間の対照性は——かなり広範に説明されてはいるが——やはり印象的である。中国，日本，韓国は同一の発展スタイ

ルによって規定されているとしても，それらは同じ発展局面にあるわけではない［Aoki 2013］。

地域統合圏に属している国も含め，ラテンアメリカの発展様式もまた著しく多様である。アルゼンチンのぎくしゃくした軌道はブラジルの軌道と対照的である。同じ結論はアメリカとメキシコの比較からも浮かび上がる。両国の資本主義形態はひとつに収斂しているというよりは補完的である。最後に既述のように，ヨーロッパではいくつかの数の対照的な社会的イノベーション・システムが存在しており，欧州連合の内部で少なくとも3つの資本主義形態が共存している。すなわち金融が支配的なイギリス，国家に大きく後押しされるフランス，典型的な社会民主主義である北欧諸国である。

本書全体において，調整様式と発展様式が地理的にではなく分析的に定義されたのはこうした理由のためである。資本主義によって衝き動かされた変容は自然の地理によって決定されているわけではないので，それは十分論理的である。

7　現代資本主義のX線写真

現代経済の各種構成要素を特徴づけることが相継ぐ研究の対象になった。最初の一連の研究ではOECD諸国が対象となり，社会的イノベーション・システムと資本主義類型の関係が明確にされた［Amable *et al.* 1997］。このアプローチは拡張され現代化されて，5つの資本主義形態が明らかとなった［Amable 2003］。これらの分析のもっとも最近のものは標本を東南アジア諸国まで拡張し［Harada and Tohyama 2011］，7つの資本主義が共存していることを浮かび上がらせた。

7.1　旧工業化諸国における3つの資本主義

こうして分類研究に含められる国の数は広がりつつも，旧工業化諸国の資本主義の多様性は5類型から3類型へと縮約された。

・**市場と金融に支配された資本主義**はひとつのグループを定義するが，それはたいていの研究で同じ特性をもつものとされる。英語圏のすべての国が

このカテゴリーに属するが，おそらく慣習法(コモン・ロー)に同意することを除いては，それらの資本主義に共通する母胎を検出するのは容易ではない。

・第2のグループは**家族資本主義**に対応する。そこには南欧諸国だけでなくフランスもまた加えられる。そこでの競争はさほど激しくなく，保護的な労働法によって，上記グループで見られるものとははっきりと異なる賃労働関係が形成されている。

・OECD諸国と東南アジア諸国をまとめてみる見方に立てば，**社会民主主義的資本主義**はドイツ，オーストリア，スイスと近いものとして見えてくる。

10年の規模で通時的な分析を行えば，収斂に向かう一般的な動きは何も見られない。観念，言説，表象はますます同質的になっているが，制度的分化は存続しているのである。

7.2　4つのアジア資本主義は依然として異なっている

アジア資本主義が，上記の各種資本主義とは明確な距離があるのは印象的である。ただしドイツと近い日本はおそらく例外である。市場や労働に対する公的介入は，アジアでははるかに顕著である。4つのアジア資本主義間の差異もまた注目すべきである。

・**都市資本主義**（シンガポール，香港）は国際関係へのこの上ない統合と，高水準の教育の上に成り立っている。それは商業資本主義時代のヴェネツィアやアムステルダムを想起させずにはおかない。

・**島嶼半農型資本主義**（インドネシア，フィリピン）はこの圏域のきわめて不均等な発展と，国際経済への編入に関するまったく異なる歴史を表している。

・**イノベーション主導型資本主義**（日本，韓国，台湾）はフォーディズムの危機後に現れた資本主義に対応する。それは国際的な研究文献によって「知識経済」と呼ばれているものであり，いくつかの異端派の研究では「認知資本主義」［Moulier-Boutang 2007］と呼ばれているものに相応する。

・第4グループは，グループ内部では異質性が強いが，それは**工業資本主義**の名で知られる。それは貿易によって牽引されるか（マレーシア，タイ），投資によって牽引されるか（中国）である。分析を進めると中国は，一個の

異なった形態として現れるようになり，そこには当該経済の大陸的性格が作用している。

リーマンブラザーズの破綻後，世界経済に打撃を与えたショックに直面して，これら7つの資本主義は異なる軌道を経験していくだろう。制度的アーキテクチャーの特殊性は，別々の，そして時には互いに分岐するマクロ経済的進化へと変換されていくだろう。

8 結論──拡張と危機を糧にしたレジーム

ソヴィエト型のレジームは資本主義と競争し，いずれはそれに置き換わると考えられていた。ところが，1990年代に崩壊したのはソヴィエト型レジームの方だった。資本主義は勝者とみなされ，信憑性のあるオルタナティブがないため，光り輝く将来を保証された。しかし，一方でアジア資本主義の出現によって，他方で2008年に始まった危機の深刻さと長さのために，資本主義の歴史物語が再開された。たとえその成長がもはやバブルの連続によってしか勢いづけられないものであったとしても，アメリカ資本主義は，ソ連というかつての競争相手の結末をよく理解していなかったのである。

というのも，**資本主義は時間と空間の主人である**。時代を画する出来事は，資本主義が引き起こしたもの（大危機）であり，資本主義は自然的，文化的，政治的な地理を，自らの物差しで作り上げた経済的な地理に変容させる。資本主義の独自性とその回復力を説明するものはその点にある。一方で，崩壊の危機に瀕しているとき，それはイノベーション戦略を始動させ，資本蓄積にかんする新たな展望を開く。他方で，新たな社会を浸透させ変容させる能力のおかげで，資本主義は空間を手玉にとる。マルクスは，資本主義が世界を変える力があることに注目した点で正しく，資本主義が近い将来に不可避な終末を迎えると予測した点では間違っていた。

それゆえレギュラシオン理論は，この社会経済レジームの弱さと強さを同時に理解する試みとしてある。これら2つの特徴は緊密に絡み合っている。実際，資本主義に固有なものは，関連する諸手段──信用を含む──を利用しながら，将来にかんするアイディアを投射する〔投資を行う〕ことである。

しかしながら，資本主義が引き起こす矛盾と不均衡は，もっとも深刻なものであれば，その存在自体を問題に付すほどの危機に至りつく。現在までのところ，資本主義は，地理的なベースを広げ社会に対する支配を深めることで，危機を乗り越える手段を見出してきた。

このような特徴づけは，続く2つの章のテーマに導くことになる。国際システムの変容をどのように分析するのか。そして世界規模での政治権力がないなかで，それを安定化させるメカニズムにはどのようなものがありうるのか（**第9章**）。資本主義の新たな段階を刻印するイノベーションを司る過程にかんして，何らかの仮説を定式化することは可能だろうか（**第10章**）。

第9章　調整の諸水準

——国民的，地域的，超国家的，世界的——

　レギュラシオン理論の基礎を提示した本書第Ⅰ部では，ほとんどの所で，分析単位として国民(ナショナル)レベルを選ぶ理由を十分に説明しなかった。事実，創設期の研究が各種の国民的軌道を検討することに専念していたとすれば，それは，ヨーロッパにおける19世紀と大半の20世紀は現実に国民国家の形成によって特徴づけられていたからである。したがってこうした構図は，歴史的かつ地理的に位置づけられている。そこから分かるのは，継続的で強力な国際化の動きとともに各国経済の相互依存が高まり，これを考察するためには基礎概念を再調整したり拡張したりすることになるということだ。さらに，マクロ経済学は，時間を通じて彫琢された概念や方法の規模レベルをたんに広げるといったことではすまなくて，国際経済学といったものが必然的な補足として登場することになる。

1　国民的枠組みとしてのフォーディズム空間

　振り返ってみると，フォーディズムの構図はそれほど典型的なものではなかったことが見えてくる。

1.1　国民的妥協が国際的制約にまさる

　実際，本質的に国民的空間で繰り広げられる調整様式と蓄積体制の樹立を可能にしたのは，きわめて特殊な国際的条件であった。戦間期のような深刻な事態の連鎖が再現するのを回避すべく，第二次世界大戦後のパックス・アメリカーナは国際関係を編成しなおした。固定為替相場体制の確立，貿易にかんする特筆すべき枠組み，そして——ヨーロッパ経済の再建と近代化を促

すための——公的資本移動の主導性という性格は，国民的規模において独自の調整様式を確立させる可能性を切り開いた。国内における政治的妥協の核心は，賃労働者が終身的に経済に組みこまれるように保証する賃労働関係を確立することにあった。したがってこの制度形態は，ごく広範囲にわたって，競争の型を寡占的なものとして決定づけた。なぜなら，賃金を生産性にインデックス化すると，生産能力と有効需要の不均衡が縮小していくからである。同様に，名目賃金は価格を形成する変数となる。新しいスタイルの通貨政策はこの点を考慮に入れた。その際，典型的な貨幣本位の放棄が想定されており，これに代わって労働本位みたいなものが優位を占めることになった［Hicks 1955 ; Boyer 1993］。こうしてこの時代の調整様式は，賃労働関係が支配的な位置にあることに由来する制度階層性によって特徴づけられる（図32）。

　マクロ経済的規則性はこの構図を反映したものである。すなわち，賃金の力強さが消費の，そして加速度装置の働きによって投資の，重要な決定要因となる。というのも，フォーディズム的蓄積体制においては賃金／利潤の分配がほぼ安定していたからである。完全雇用の近傍にできるだけとどまるべく，通貨政策は一定のリズムで生じるインフレを許容したので，価格と賃金のループは持続的なインフレを維持することになった。そのリズムは国によって異なったので，為替レートを定期的に調整する必要があったが，それは政府によって決定された。アメリカのヘゲモニーから生じる国際システムの構造的安定性があったので，国際的な編入によって，政治的妥協——そしてとりわけ雇用関係の変化——が国ごとに顕著に異なることが意義あるものとなった。

　地域ごとの固有の動きがなかったわけではないが，それは国民的規模で現に存在する制度諸形態が地域的な空間に投影されたものとして現れた。例えば，フォーディズムに特有の分業は，地域が特化するのが構想の任務なのか，設備財のような入念に作られる財の生産任務なのか，はたまた標準化された財の生産なのかによって，地域の階層性のなかに書き写された［Lipietz and Leborgne 1988］。近接効果にもとづく特化の力学はいくつかの地域で存在しえたが，それは一国のマクロ経済的動態にはほんの少ししか（あるいはまっ

図32 フォーディズムの例外性――国内妥協の優越性

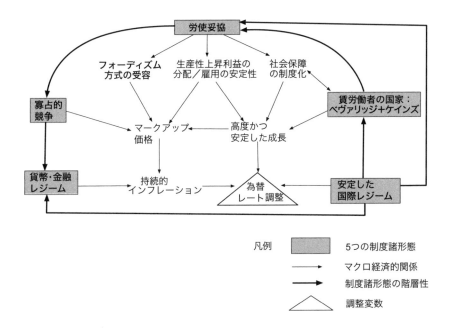

たく）影響をおよぼさなかった。こうして国際システムによる制約がゆるやかだったので，各国ごとの調整様式を確立することができたのだが，その調整様式がそれ自体で今度は地域的空間における活動分布について情報を与え，またその活動分布を作り上げていったのである。

1.2 上記の空間的序列の再検討

1970年代中葉以降，こうした階層的序列は効果の異なる2つの動きによって再検討に付された。

国際化　一方で，成長のダイナミズムや生活水準の上昇は，経済を外に向かわせる動きを生み出す。この外向化は貿易へ，国際投資へ，さらには金融フローへと次々に開かれていく。この点，以下の2つの要因が組み合わさって，

制度的構図の再構築は国際的編入によって強く制約されるようになる。第1に、大量生産に典型的な収穫逓増が追求されることで国内市場の狭隘さに突き当たるようになり、企業は輸出戦略を展開することになる。こうして競争要因が再び現れ、それが賃労働関係の持続性に遡及効果をおよぼす。賃労働関係は、これをより柔軟にする——すなわち世界市場からもたらされる競争にうまく反応する——ことをねらった改革の対象となる。

　第2に、さらに重要なことだが、経済におけるアメリカの支配的地位が侵食されたことで、国際的安定性の保証役と自国利害の断固たる防衛との間で生じる対立が明確に浮かび上がってきた。こうして国際情勢はいっそう不安定となり予見困難となった。このことにより、制度諸形態がほぼ全面的に再構成されることになった。すなわちそれは、国家／経済関係の再検討や、国内的な目的（インフレ／失業関係の最適化）と対外的な目的（為替レートの管理）との対立によって通貨政策の困難が増すことを意味した。最後に、競争の激化は大部分、国内経済の開放度が高まることに起因している。こうして国際的なものが支配的となったのである。

地域の多様化と自律化　他方で、以前に成立していた規則性が崩れたことで、企業の側からも政治当局の側からも、さまざまな戦略的実験が始まった。それゆえ企業、部門、地域ごとの分化が顕著に現れた。例えば、後塵を拝した地域のキャッチアップは停止してしまうが、他方これとは対称的に、以前は不利な位置にあったいくつかの地域が、もっとも繁栄した地域を追い抜くことができるような妥協を作り上げるに至ったケースもあった［Benko and Lipietz 2000］。国家が固有の戦略的実験を可能にする連邦的構造をもっていればいるほど、そうした動きはいっそう明瞭となる。したがって、新しい文脈で成功する地域は、地域間の移転メカニズムを縮小するよう要求する傾向にある［Streeck 1997］。というわけで、いくつかのケースでは、国民的調整様式の一貫性——さらにはその存在——を問題視しかねない地域的分化の傾向が、同一の国民的空間の内部で観察されることにもなった。

2 制度階層性逆転の2つの段階

　以上にみた諸変化によって，30年ほどにわたって繰り広げられた一連の過程が動きだした。当初，各種市場の規制緩和や競争原理の主張に対応する形で，変化は新たな生産モデルの探求に集中しているように見えた。しかし，この時期全体にわたって金融の支配が強まってくると，一連の金融バブルが発生したが，それはまず情報通信技術に対する期待から生じ，次いで不動産へと移っていった。こうしたゆっくりとした変化の後に，まさに金融が制度階層性の頂点を占めるに至った。

2.1 国際競争の突如とした出現

　すでに示したように，経済の対外開放が一定閾値を超えると，調整様式は新たなレジームに向かって転換していくことがある。例えば賃金は，かつては有効需要の重要な構成要素であったが，いまや外国貿易に不利となる費用(コスト)にもなる（**第4章図11**）。しかしながら，国際競争の影響は多数の別の経路をたどる。フォーディズム段階における生産性上昇の枯渇を克服しうるような工業生産パラダイムにかんする研究によれば，経済は競争状態に入り，その圧力は労働の再編へと向かわせることになる。国際情勢の変動性が高まると，経済はこれに対していっそううまく反応しなければならない。そして労働強化ということが新たな調整変数となる。インフレとの闘い，またこれに続くスタグフレーションとの闘いによって，多くの政府は，賃金の消費者物価に対するインデックス化を縮小し，さらには撤廃するよう仕向けられていく。結局，賃労働関係は，競争の国際化がもたらす圧力の本質的な部分の影響をこうむることになる（**図33**）。

　1970年代にアメリカで行われた通貨政策の急激な方向転換によって，ディスインフレの過程が世界経済に広がり，やがて他国の中央銀行はこれを採用せざるをえなくなった。そうした政策的着想はもはやケインズ的ではない。というのも，インフレと失業との間で裁定するという原理が放棄され，これに代わって，インフレはいつでもどこでも純粋に貨幣的な現象だとするマネ

292 第Ⅱ部　展開編

図33　制度階層性の最初の逆転——国際競争への開放

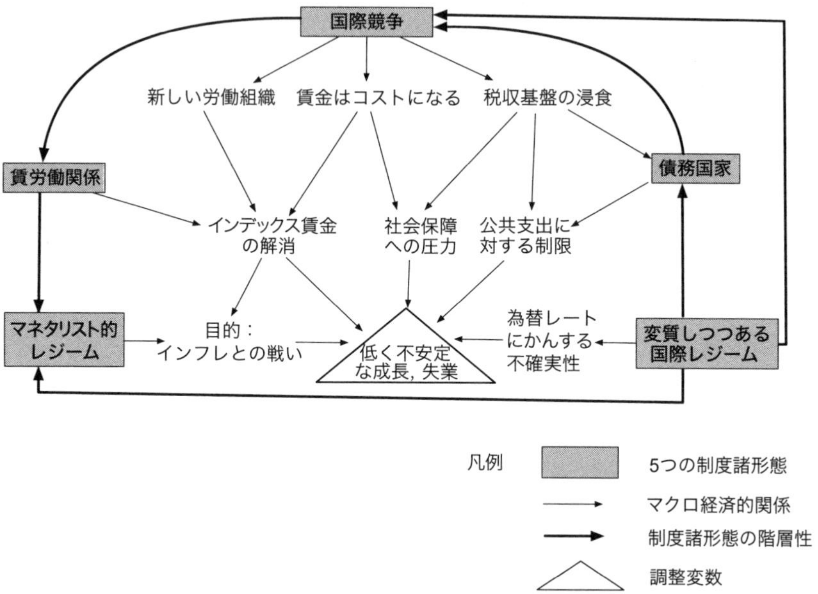

[図：国際競争を頂点とし、賃労働関係、マネタリスト的レジーム、債務国家、変質しつつある国際レジームの諸制度形態と、新しい労働組織、賃金はコストになる、税収基盤の浸食、インデックス賃金の解消、社会保障への圧力、公共支出に対する制限、目的：インフレとの戦い、為替レートにかんする不確実性、低く不安定な成長・失業などの関係を示す図]

凡例：
- □　5つの制度諸形態
- →　マクロ経済的関係
- ⇒　制度諸形態の階層性
- △　調整変数

タリストのヴィジョンが優勢になったからである。社会保障支出が賃金費用のかなりの部分を占める限り，競争の激化はそれを「合理化」する努力へとつながっていく。しかも，成長が持続的に鈍化し，収入の減速と公的・社会的支出の持続的増加に挟まれて構造的な赤字が出てきたので，国家は借金をせざるをえなくなり，国際市場からの資金調達に道を開かざるをえなくなる。さらに，生産チェーンの海外移転や国際化の過程が始まり，旧工業化諸国の税収基盤がそれだけ縮小することになる。最後に，変動相場制へ移行することで経済の浮動性(ボラティリティ)が高まり，それによって生産的投資は不利益をこうむる。そこから帰結するのは，フォーディズムを操縦したものとは大きく異なる調整様式である。すなわち，成長のテンポは衰え，経済政策はプロサイクリカルとなり，そこから国際競争によって支配されたこの体制の不安定性が高まることになる。

図34 制度階層性の第2の逆転──国際金融の支配力と遍在

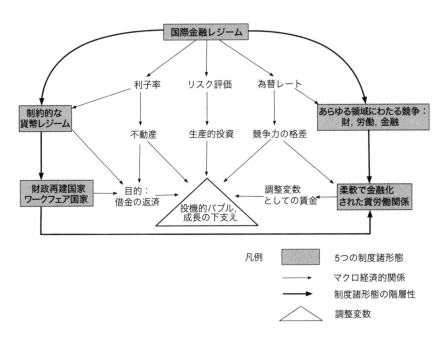

2.2 国民国家に対する金融の支配

　国際貿易の自由化は，金融市場における段階的な規制緩和に先行していた。当初，負債を抱えた国家はもっと簡単に資金調達ができると考えていたが，やがて 2000 年代以降になると，ほぼ完全な資金の移動性のおかげで，大企業の方が資金調達を最適化できるようになった。結果として，制度諸形態全体が国際金融の要請に応えなければならなくなった限りで，調整様式は金融化されることになった（**図 34**）。

　フォーディズムが遺していったインフレがひとたび克服されると，利子率は低く調整され，このことは大企業の株価評価に有利に働いた。金融が支配する資本主義では，〔株式運用によって〕資本化された年金制度への移行によって［Montagne 2000］，高い報酬を求めるきわめて多額の資本が流れこみ，したがってこれが大きなリスクテイクを受け入れることになる。中央銀行家は，

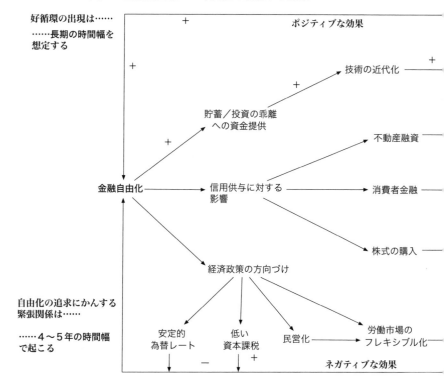

図35　金融自由化――中長期の相反する効果

金融業者の将来見通しを誘導することをねらって，かれらと対話を行うさいの要の役を果たすようになる［Boyer 2011b］。株主報酬の安定性が保証されるように，賃労働関係それ自体は，賃労働者によるいっそうのリスクテイクを含むものとなる。

　国家と金融業者の間の権力関係が逆転したことも観察される。すなわち，非居住者による公債保有がある閾値を超えると，政府責任者は自らの政策の信用性——すなわち負債の返済能力——について金融業者を説得するか，あるいは債務の借換え更新を行わなければならない［Lemoine 2014］。こうした条件のもとで，最悪の不平等は雇用機会がないことだという仮説に従って，失業者の雇用復帰を促進すべく，失業手当が，もっと一般的には社会保障が

改革される。これと同じような動きとして，改革可能なあらゆる集団的サービスは民間部門に委譲されていく。社会的連帯ではなく経済効率性の論理が国民的社会保障システムにのしかかってくる［Boyer 2007］。

調整様式は第3の構図へと収斂していく。すなわち金融業者は将来についての自らの表象に応じて多額の資本を動かす力をもっているが，その力は社会全体を動かし，また，信用によって牽引された拡張期——それは期待の急変によって突然に中断されるのであるが——を次々と引き起こす。

3　国際化に対応した各種調整様式の再構成

上記の過程は大部分の現代社会に共通するが，それらの過程は，金融の動きと経済発展の度合いをコントロールする能力の有無に応じて，さまざまに異なった構図へと具体化されてゆく。

3.1　金融主導型レジーム——それに内在する脆弱性

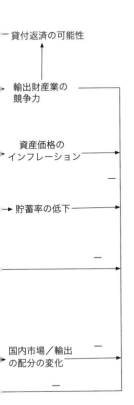

世界経済を牽引する2つの中心のうちのひとつは依然としてアメリカである。その所以は，衰えたとはいえアメリカはヘゲモニーの地位にあり，そして——2008年の危機によって再検討に付されてはいるが——アメリカが世界的な金融仲介の役割を果たしている点にある。以前提示したもの（**第4章コラム14**）は，とりわけこのモデルを支える構造的な関係を強調した。過ぎ去った年月に照らすと，この政治-経済レジームの強みと弱みの対照表を作成することができる。すなわちそれは，金融危機の継起と生産的資本に不利な蓄積の歪みを内に含む（**図35**）。

というのも一方で，金融自由化は新たな手法を増やし，そのうちのいくつかは——十分に長期の幅で見れば——とりわけ，イノベーション，先端技術，それゆえ当該経済の競争能力を高めるものと理解されている。しかしまさし

く，金融化はポートフォリオ投資の最適化にあたって短期主義を押しつけるのである。

他方で，信用供与にかかわる制約が緩むことで，不動産融資，耐久財，そして株式投機——それらは本性からしてリスクが高く，たいていは不可逆的であり，いずれも生産的投資に不利に働く動きとなる——へのアクセスが容易になる。大企業は租税回避地(タックスヘイブン)を戦略的に利用するので，経済政策それ自体は税率引下げによって資本移動に対応しなければならない。税務的発明がもたらす収益性は，イノベーションの忍耐強いプロジェクトがもたらすそれを凌駕する。統計物理学の研究者たちはクォント〔計量的金融アナリスト〕になりはしなかっただろうか。

こうして金融バブルが説明できる。つまりそれは，インターネット関連のスタートアップ企業，バイオテクノロジーへの期待，価格が低下することはないとみなされた不動産への投資を次々と支え，最後には天然資源や農産物に対する投機へと移っていった。それにもかかわらず，こうしたバブルの反復をまったく異なる風に解釈することもできる。金融資本主義への批判者はそこに非効率性の証を見る。内生的成長の理論家のなかには，バブルの可能性があり，それが経済の成長を遅らせるようなモデルを提示するものもいる［Yanagawa and Grossman 1992］。それゆえその解決策は，より申し分のない成長経路を再発見するために，再度規制をかけるということになろう。また別の経済学者に言わせれば，技術進歩が生産性を再び大きく高めることがますますできなくなったので，金融バブルのみが長期的な成長の鈍化を一部食い止めることができるのだ，となる［Gordon 2012 ; Summers 2014］。

こうした研究に照らして考えると，金融主導型蓄積は時代遅れになったのであり，金融業者の権力のみがこのレジームの存在を引き延ばしているにすぎない。

3.2　国際投資と国際信用による発展——華々しい危機

もうひとつの政治-経済レジームはその限界を示した。すなわち1990年代，国内の貯蓄や投資の不足を埋め合わせるために，国際資本の導入によって自らの発展様式を確立するという選択を行なった国々があったが，それらはみ

な大危機を経験することになった［Bresser-Pereira 2009］。もっとも人目をひくのは、2000年から2001年にかけてのアルゼンチンにおける危機であって、それは制度主義とレギュラシオン理論を組み合わせた詳細な分析の対象となった［Boyer and Naffa 2004, 2007］。

　以前の発展モデルは深刻なインフレとマクロ経済的不安定性によって特徴づけられていたが、アルゼンチンの新しいモデルは以前の発展モデルが抱える不均衡を正すことをねらったものだった。国内通貨がアメリカ・ドルに対して固定され変更できないものとされた為替レートによって規定され、海外資本受入れの制約を完全に取り除くことで、直接投資およびポートフォリオ投資が大量に流入することになるといった、そういう貨幣レジームが採用された。したがって、為替レートは維持可能なことがわかり、そのレートによって設備財を獲得できるようになり、その結果、輸出財部門が近代化されただけでなく、消費拡大に不可欠な条件である購買力が維持された。しかしながら過大評価された為替レートによって、産業基盤——それは確かにいっそう生産的となった——の収縮が始まり、ドル建て外債の返済能力が危うくなるほどに基盤低下が起こってしまった［Kalantzis 2006］。金融市場やIMFによる好都合な通貨価値の上昇が持続したので、こうした脆弱性はしばらく覆い隠されてしまったが、そうした脆弱性の隠蔽は、1997年危機の影響に対してアルゼンチン経済が強い耐性をもったことで強化された。

　マクロ経済の不均衡は、財政・金融政策がプロサイクリカルになったという事実によってさらに悪化した。国際的な金融業者たちがこのことを認識すると、資本が急激に流出して銀行危機に陥る。また公債返済が不可能になり、同時に社会的危機が生じ、それは政府の不安定性へとつながっていく。それはレギュラシオン理論がいうところの大危機である。

　このように、蓄積体制のなかで機能する諸過程が増幅していくのが見られるが、それはアメリカやイギリスの金融によって促迫されたのである。すなわち国際資本への開放が短期的にもたらす利益は、返済能力に対する負の効果——それは対外債務において累積する——を見えなくする［Boyer *et al.* 2004］。アルゼンチンの危機はとりわけ劇的である。というのも、アメリカはドルを際限なく発行できる中央銀行を有しているのに対して、アルゼンチ

ン政府は外貨で借金しているからである。

　金融的に支配的な諸国と，反対に海外投資家の評価に左右される諸国との間に，非対称性が見られるわけである。

3.3　現代産業資本主義の2つのレジーム

　米中の比較（**第8章**）が示唆するのは，現代世界における標準的な対立は，金融資本主義と産業資本主義の間にあるということである。けれども，ドイツとフランスの軌道を観察すると，旧工業化諸国のなかで少なくとも2つのレジームを区別するのが重要だということがわかる。イノベーション，品質差別化，工業製品関連サービスのおかげでマーケットパワーを追求する国もあれば，フォーディズム期からの強い慣性に刻印されて比較的標準化された財——そこではコスト削減をめぐる競争が行われる——を生産しつづける国もある。

　こうした対照はプライスメイカー産業とプライステイカー産業の区別と一致する。この点，為替レートに対する同一のショックがヨーロッパでどのようにしてマクロ経済的軌道を分岐させるに至りうるかを理解するために，本質的に重要なことである［Aglietta *et al*. 1980a, 1980b］。

　計量経済学的推計から得られるパラメーターを手がかりとして，3つの構図を明らかにすることができる。

・フランスは凡庸な特化に苦しんでいる。ヨーロッパ〔EU〕建設のゆえに，その国内市場は競争にさらされ，賃金はインデックス化を享受し，規模の利益は生産性上昇の源泉であった。これら都合の悪い特徴が結びついて悪循環が出現したのであり，その悪循環のなかでフランス経済は特化のハンディキャップをうまく克服できないでいる。

・ドイツは好循環の道を探っている。つまり，通貨の切上げによって投資が再び軌道に乗り，貿易収支さえも改善したので，設備や高品質耐久財にかんする世界的な優位性が堅固なものになった。

・日本は別のタイプの好ましい構図から恩恵を受けている。その構図は本質的に，同国が国内市場で国際競争の影響を受けず，賃金は景気——それ自体が世界経済の景気に連動している——に反応するという事実にかかわって

いる。したがって投資は損なわれず、特化は深まる。

こうした基準は古く、これら3つの国の組織構造は変化しているが、2010年代の情勢はこの診断と食い違うものではない。

3.4　社会民主主義的レジーム——危機はあるが高い回復能力

ある意味でこのレジームの諸国は、ドイツと同じカテゴリーに属する。というのもそれら諸国は、高付加価値製品によって世界経済に加わりうるようなイノベーション・システムを構築しえたからである。すでに示したように、イノベーション・システムと社会保護システムとが保持していた補完性が存在する（**第6章**）。しかし、例えばスウェーデンで1990年代に深刻な金融危機が起きたにもかかわらず、社会民主主義経済がなぜこの特殊性を維持することができたのかを説明する必要がある。

その理由は、経済的なものと政治的なものとの絡み合いにあり、北欧諸国ではこれが社会を代表するものとみなされている［Boyer 2015b］。社会保障が労働世界内の連帯ではなく、市民権〔市民的関係性〕にかかわる問題だという事実は、賃労働者の交渉力を安定化させる。アングロサクソン社会では、政治的なものへのアクセスが経済的領域での成功と結びついているが、これに対して北欧では、あらゆる利害関係者が意思決定過程に参加できるということが政治的秩序によって保証されている。これは民主主義が成立するための2条件のうちのひとつであり［Tilly 2007］、もうひとつは、熟議的過程の後で決定される諸政策を実行する国家装置の能力である。このことはまさにほとんどの北欧経済に当てはまる。そこでは市民に対する政府の透明性が、もっとも厳しく要請されているのである。

4　レント・レジームとその国際的役割

エネルギーや原材料の価格が果たす役割については、すでに、栄光の30年の成長の瓦解を論じた時に、また、2008年大危機後における原材料投機の繰り延べを論じた時に言及した。マクロ経済学は伝統的に、こうした出来事を外生的なものとして、またしばしば偶発的なものとして考える。ところ

表19　レント復活の諸段階

日付	レントの性質 出来事／現象	レントの類型
1973年ついで1979年	OPECの決定による原油価格の急騰	石油
1980年代	日本の産業支配にかんする期待	土地,都市——金融が助長
1990年代	アメリカにおける「ニューエコノミー」の技術革命	イノベーション——その一部はシリコンバレーで，不動産レントに転換
2000-2008年	アメリカにおける金融自由化と大規模な証券化	情報の非対称性にもとづく金融レント＋都市部の不動産レント
2008-2013年	高収益を求める資本の極端な流動性	世界規模での天然資源と農地への投機

が，国民国家から世界経済へと目を移すとき，工業製品と天然資源の相対価格の形成を理論化することが重要となる。したがって，どのような政治-経済レジームの中で，天然資源は採掘され販売されているのだろうか。ということからレント国家に注意を払う必要が出てくる。

ある意味では，そして別の用語法にしたがえば，この点はすでに成長の限界についての報告書の著者たちの関心事であった。かれらはマルサス的直観の再評価をあえて行ったのである。すなわち，経済成長の爆発的特徴は再生不可能な資源が有限だという限界にぶつかるだろう，と［Meadows and Randers 1972］。

4.1　資本主義の歴史はエネルギー価格の変化によってリズムを与えられている

ここでもまた，歴史的アプローチをとることによって，このレジームの理論化が容易になる（表19）。

1990年代日本が産業モデルにかんしてアメリカの地位を奪ったように見

経済的影響	政策に対する帰結
スタグフレーション，景気後退，工業化経済の外で蓄積される貯蓄	・間違った診断（供給ショック） ・新たな経済政策の出現
ブームのあとに長期停滞	デフレに直面して経済政策の無力さが判明
成長加速のあとに景気後退	超低金利の持続。なぜなら低インフレと景気刺激の必要があるから
アメリカについで世界でもシステミック危機	非伝統的政策の一般化
世界経済の大いなる不安定性	中国／新興国／工業化国の緊張関係

えたとき，株式投機と不動産投機が同時に起こった［Boyer and Yamada 2000］。石油レントが終わった時代にあって，この不動産投機という第2のエピソードは，土地レントが内生的に形成されることを物語っている。それと同じような過程が「ニューエコノミー」の枠組みの中で生じたのは注目に値する。すなわち，ニューエコノミーの地理的中心がシリコンバレーとなることで不動産の高騰がもたらされ，それが今度は，この新たな産業地区の躍進の足を引っ張る。両ケースとも，技術的／組織的革命への期待が，立地レントという典型的希少性の壁に突き当たるようになったわけである。

アメリカでは金融の自由化とイノベーション——この場合には劣等な不動産信用の証券化が可能になること——は，前例なき激しさで生じた不動産バブルとともに頂点に達した。ここでもまた，伝統的な意味でのレントと，複雑な金融手段の提供がつくりなす非対称性にかかわるレントとが結びつく。この後者は非常に高い収益を追求するものであり，原材料，金，さらには農産物にかかわる投機へと向けられていった。

一般のマクロ経済学的研究がレントという現象にほとんど関心を示さないのは，意外なことかもしれない。しかし，レギュラシオン派の研究者のなかには，もっぱら石油輸出とそこから得られるレントの分配によって生活している国のマクロ経済動態を理論化することを提起した者もいる［Hausmann and Marquez 1986］。この分析枠組みはラテンアメリカ経済の構造的不均衡を理解するのに大切であることがわかる（第8章表17）。

4.2　レントの復活，理論化の必要性

　フォーディズム的生産モデルが危機に陥ったとき，ケインズ的パラダイムは，イノベーションにかんするシュンペーター的動態への参照に取って代わられた。実際後者は，寡占的レントさらには独占的レントを作り出して，利潤率を回復し新たな投資の波を作り出すことを可能にした。〔石油や不動産等にかんするレントを第1の型とすれば〕それは第2の型のレントであって，産業近代化にともなって進行する都市化の加速と結びついている。この現象は2000年代以降における中国経済の動態において本質的な重要性をもっている（第8章）。こうした都市化および／あるいは気候変動という効果のもとで農地が不足するのに伴い，農業レントの復活もまた観察される。その際，農業レントそれ自体が金融投機を支えるものとなることがある。

　世界のいくつかの地域では水へのアクセスが難しくなり，これが紛争の種となり，ついには水のレントを出現させるまでになる。最後に，ハイテク製品に必要な部品であるいくつかの鉱物資源――レアアース――が不足するのに伴って，まもなく成長が阻害されるかもしれないという脅威が大いなる反省を生む。

　実際，これら一連の各種レントは，資本主義の地理的拡大の問題であり，また他の部門全体――都市部，農業，鉱業――に与える資本主義の影響の問題なのであるが，それは結局は，金融がそれらレントのそれぞれを素早くつかんで，新たな利潤の源泉にするからである。2000年代以降，金融レントは――新たな時代における資本主義の転換が生み出す――レントの総体を取りまとめようとしているように思われる。

　このことは，現在の経済学的研究において，きわめて不完全にしか考慮さ

図36 レント・レジームにおける自律性の欠如

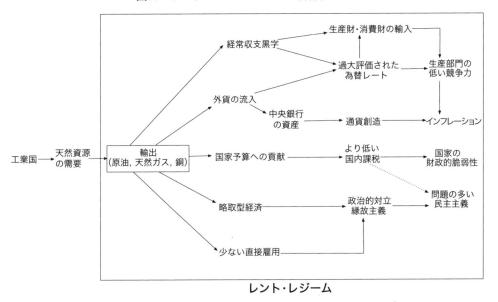

出所）Hausmann and Marquez［1986］の分析を図式的に書き換え

れていない。歴史的に見れば，マクロ経済学者は，オランダの油田やガス田が発見されたとき，典型的な資本主義的体制のもとで，すでに工業化した経済のうちに，レントを組みいれようとしていた［Corden and Neary 1982］。提起された解決策は，そこから生じる過大評価された為替レートが産業発展を危うくし，やがて成長を鈍化させることを示す点にあった。「オランダ病」あるいは「天然資源の呪い」という名で知られるこのモデルは，もっぱらレントによって生きる国にあまねく適用された。しかし，こうした同一視には問題がある。なぜならそれは，産業資本主義とくらべて非典型的なレジームに特殊な特徴を隠してしまうからである。

4.3 レント・レジームは資本主義的ではない

　純粋なレント・レジームでは，資本主義に支配されるレジームとくらべる

と他律的な多くの特徴が見られる（図36）。第1に，特化はきわめて狭いものである。ベネズエラ，サウジアラビア，アルジェリアは原油とガスの輸出で成り立ち，1950年代のチリは主に銅に頼っていた。ロシアもこのカテゴリーに入る。2010年代，原油とガスが輸出の70%，政府予算の52%を占めているからである［The Economist 2014］。ところで，原油やガスに対する需要は工業諸国の必要からくる。その結果，工業諸国の景気循環や大危機が直ちにレント諸国の状況に影響を及ぼす。したがってレント諸国は世界経済に対してきわめて脆弱な自律性しかもたないのである。

このように自国の景気が輸出に依存することから，調整様式全体は5つの主要なメカニズムを通して形成されることになる。第1のものは，自国通貨の過大評価に関係する。この過大評価は，当該国の人口が少なく自律的発展の計画がなければいっそう，経常収支の黒字化をもたらす。第2にこの過大評価は，（みすぼらしい）生産システムに不利に働く。というのも輸入製品の方が国内製品よりも競争力があるからである。第3のメカニズムはさらに重要である。すなわち中央銀行のバランスシートは輸出関連の資本流入によって膨張し，それが不胎化されなければ，あまり競争力のない生産部門と豊富な信用とが重なって，激しく不安定なインフレを引き起こすことになる。

第4のメカニズムは歳入構造にかかわる。すなわちたいていの場合，国家による輸出の掌握が資金調達の重要部分をなすのであるが，このことは国家に財政的脆弱性をもたらす。世界市場で量が落ちこみ価格が低下すると，財政は，国内税を引き上げても埋め合わせるのが難しいほどの赤字に陥ることになる。実際，略取型の経済にあっては，いちばん有利な立場にいるグループや個人はレントの一部を横取りしようとする。かれらは租税を支払うつもりはなく，税制が累進的であればなおさらそうである。それゆえ純粋なレント・レジームは，もっとも不平等なレジームのひとつとなる。最後に第5として，原材料採掘部門や小規模生産部門において雇用が不十分であることを考慮すると，国家は根本的に縁故主義的であり，民主主義的にはめったにならない。

したがって，純粋なレント・レジームの特殊性を知ることが重要である。すなわち，このレジームは産業資本主義あるいは金融資本主義のモデルに導

入された単純な軋轢を代表するものではなく，ひとつの完全なる発展様式──時には非発展様式──をなしている。このレジームはもはや，例えばブラジルのようなハイブリッドなレジームとも，ノルウェーの社会民主主義的資本主義──そこでは世界中に投資を行う政府ファンドによって石油レントが管理されているので，この社会の基本的な妥協が混乱することはない──とも混同されてはならない。

4.4 レント・レジームと世界経済の動態

経常収支の黒字と赤字が国際的にどのように分布しているか，あるいは外貨準備の分布がどのようになっているかは，レント・レジームが世界経済の均衡や動態に一役かっていることを示している。正確に言えば，このレジームの調整様式の他律性は，産業資本主義と金融資本主義の動態と相互作用しつつ，交易条件の変化と世界経済の成長を作り上げていく。

ニコラス・カルドア［Kaldor 1963, 1967］に倣って，世界経済の動態は2つの異なる論理の相互作用の結果として分析することができる［Boyer 2011c］。

・一方で，**産業資本主義**においては，規模にかんする収穫逓増が作用する工業生産は2つの限界に直面する可能性がある。それは需要の不足か，労働力や天然資源の不足である。第1の要因は景気の拡張期から後退期への移行に際して決定的に重要である。世界規模で存在するかなりの規模の労働力予備を考慮すると，成長に対する第2のブレーキは天然資源の限界である。それが工業生産と同じ速度で成長する理由はどこにもないのである。

・他方で，**レント部門**──天然資源部門──は，短期の需要成長につれて生産性が逓減することで特徴づけられる。需要の成長と需要充足の可能性との時間的乖離は，通常，工業生産の期間よりもはるかに長くなる。したがって，世界的な拡張局面は結局，天然資源価格の上昇に直面することになる。そうした価格上昇は，利潤率に，そして結果的に投資や生産能力の拡張に不利に働く。反対に，天然資源価格の高騰は，新しい鉱床の利益を引き上げ，そして／もしくは採掘費用を低下させうるような技術的イノベーションを引き起こす。たいていはかなりの期間をおいて，天然資源部門の過剰能力によっ

てその価格は低下し，こうして新しいサイクルが始まることになる。

現代では，第3の論理を付け加える必要がある。それは固有の時間性を有しており，つまりは**金融資本主義**の時間である。一方では，信用供与がきわめて高い弾力性をもつので，金融資本主義は産業循環の形態を変えてしまう。他方で，金融資本主義は，再生不可能な資源がいくつか不足する局面で，投機の新たな手段を見つけ出す。次のような仮説を提起することができる。すなわち2000年代以降生じたように，交易条件の長期的悪化が逆転するのは，一部はこうした新規性のゆえである，と。それは中国のような国が急速に工業化することと関連して生じるが，そうした国は製造業に必要な原材料の大部分を輸入しなければならないのである。

世界–経済(エコノミー モンド)がもはや2極化ではなく3極化しているという事実は，その動態に対して重大な帰結をもたらす。というのも，現代の構図は，アンリ・ポアンカレが天体力学にかんする著作において定式化したような三体問題を思い起こさせる〔Poincaré 1923〕。たとえ重力方程式が規則的な変化を生み出す優れた特性をもっているように見えたとしても，当該の動態システムはカオス的なものも含めて，進化に顕著な多様性をもたらす。もちろん，これら3つのレジーム〔産業資本主義，レント・レジーム，金融資本主義〕の間の相互作用を描き出す諸関係は，物理学におけるそれとはまったく異なる。しかし概念的には，これを参照することは，多極化した経済が代表する新しさに対する注意を喚起する。そうした経済は安定化することもあるが，不安定化し危機の源泉となることもある。ここに危機とは，分岐を越えてカオスに向かうという意味である〔Thom 1972, 1983〕。

5　グローバル化——あまりにグローバルな概念

これまで見てきた変化のすべてが，研究者，経済学者，経営学者，地理学者，政治学者，歴史学者たちによって無視されてきたというわけではない。膨大な文献がこの変化を研究しており，それは手短にグローバル化——英語ではglobalisation，フランス語ではmondialisation——というフェティッシュな言葉に要約されている。

5.1 多型的で複雑な過程

　過去を顧みると，黄金の30年は国民国家の絶頂期だったのかもしれない。というのも，ゆるやかで安定的な国際システムのおかげで，国民国家をベースにした生産構造を再編することができたからである。過去から引き継いだ多くの特殊性がフォーディズム的近代化によって浸食されたが，その限りでは，地域ごとの動態自体は国民レベルの制度諸形態が空間的に投影されたものにすぎないような観を呈していた。

　1980年代になると，新しく生じた変容を特徴づける必要が出てきた。すなわち，国民国家の介入能力が空洞化してきたが，これは国際化と分権化という二重の運動の帰結であった。国際化は多国籍企業の衝撃のもとで生じ，分権化は競争力をもつべく地域ないし地方的な基盤を求めてのことだった。だがしかし，このような描写はもはや十分でない。というのもグローバル化はさらに別の諸形態をとったからである。2010年代の半ばにあって新しい点は，もつれあった5つのレベルの調整総体が並存していることにある［Boyer 2000d］。

　第1に，シリコンバレー，バンガロール，ドイツの諸州，カタロニア，スコットランド，フランドル地方は，いずれの**地域**もイノベーション，生産，レント獲得にかんする新しいプロセスを発展させることができた。これら諸地域はうまく世界経済に組みこまれることができたのである。こうしてこれら諸地域は，中央政府に対するいっそう大きな自律性を要求することになる。これら諸地域の政策責任者は例えば，当該地域が国際化することで同国全体の社会にもたらす利益のいっそう大きな部分を自らのものとすることを望む。こうした動きが一般的となることで，「新たな地域エゴイズム」の概念が生まれた［Davezies 2015］。この点，欧州連合という一個同一の経済統合圏に属していることで，地域のヨーロッパが国家のヨーロッパに取って代わるという展望が開かれるかもしれない。

　グローバル化の第2の様式は，**超国籍的な部門配置**の増大にある。以前の超国籍的な部門配置といえば，原油，農業，航空運輸にかんするものであった。2010年代になると，それは環境（生物多様性にかんする協定，**第6章**），工業生産過程の品質規格，会計基準，そして電子商取引の標準化の兆しをカ

バーするようになった。なお，各国中央銀行の協力といった枠内での金融政策思想については改めて言及するまでもない。

　第3に，グローバル化の要となるアクターとしての**多国籍企業の役割**が，先行研究によって十分に確認されている。ある意味で多国籍企業は，国境をまたいで生産過程を自らのうちに内部化する。こうした動きによってまずは国内寡占企業の力が掘り崩される。しかし規模の利益の重要性や，世界全体に同一製品を販売できることにかかわる組織の重要性によって，Google, Facebook, Microsoftといったこれらの多国籍企業は世界的な準独占企業となった。各国政府はこうした企業を統御するのに苦労する。なぜなら，それらが競争し，租税回避地――経済理論はその役割を過小評価しがちだ――が存続しているからである［Chavagneux and Palan 2012］。こうした現象は投資銀行にも当てはまる。投資銀行は世界的なプレゼンスを示し，状況に対して素早く反応し，こうして負債を増加させてきた国民国家を規律づけるのに一役かってきた［Chavagneux and Filipponnat 2014］。

　第4として，以上の3組のアクター（地方の政治権力，世界レベルへと投影される部門の利害，多国籍企業）による圧力のもとで，大部分の国民国家――ただし中国にみられるように（**第8章**）すべての国民国家ではない――は，自らの主権が届く範囲が制限されていることを目の当たりにした。だから国民国家がとるひとつの戦略として，自らの主権という特権のいくつかを多国間レベル――例えばヨーロッパ・レベル――に委譲するということがある。それによって，世界というレベルで現前している諸力に対する交渉力を確保しようというわけである。

　自由貿易協定の交渉は，第5の，そしてもっとも伝統的な国際化の様態である。先進国と開発途上国の間で利害が異なるため，拡大された新たな多角的レジームを構築すべく世界貿易機関（WTO）が行った努力は実らなかったのに対して，互恵的市場開放にかんする二国間条約は増加した。この意味で，国際貿易を統御するグローバル・レジームについて論じることはできない。世界的な共通財の出現にかんしても，同じような阻害要因が存在している。

6 国民的なものと世界的なものとの間で――欧州統合

過去には，関税同盟や通貨同盟を構築する試みが見られたが，時代を画するようなものはまれであった．世界政府とか，あるいは少なくともブレトンウッズ体制後の国際システムとか，それらに匹敵するものが欠如するなかで，欧州統合は国際化に直面した国民国家が遭遇するディレンマに対するひとつの回答なのだろうか．

6.1 社会科学のいくつかの分野とツールを動員する

ユーロ創設を説明しようとした研究においては，経済分析は決定的役割を果たしてきた．ヨーロッパで経済政策を遂行するために，為替レートを変更できない形で固定化することの利点と難点は何であろうか．最適通貨圏の条件――対称的なショックの優位性，価格の伸縮性，資本や労働の可動性――は満たされていたのだろうか．それは満たされていなかったので，旧大陸を最適通貨圏に転換させる改革を企図して，新しい古典派マクロ経済学は，後戻りできない単一通貨への移行によって，官民すべてのアクターの期待が一点に集まるだろうと主張した．

ユーロの正統性は，景気調整においていっそう高い経済的効率が得られるはずだということにあった．制度派の貨幣理論からみれば，こうした信念は誤ったものであった．なぜなら，いかなる貨幣も政治的な秩序や権力に支えられなければならないからであり，このことはさまざまな通貨危機に際してはっきりと示されている［Aglietta and Orléan 2002 ; Théret 1996b］．ヨーロッパ建設の政治的正統性ということがその長期的な持続性の条件であることもまた，上記の信念では忘れられていた．この点，ユーロ問題がさまざまな形態の連邦主義にかんする政治的分析の観点からはほとんど論じられなかったのは注目すべきことである．政治的分析はまさに，レギュラシオン理論系統の研究アプローチが行ったものである［Théret 2008 ; Boismenu and Petit 2008］．

要するに，ヨーロッパに委譲される権限が拡大するにつれて，分析にあたって，経済的アプローチは別のアプローチによって補完されるべきだったので

図37 経済分析から政治科学へ

	自由貿易圏	関税同盟	共同市場	単一市場	経済同盟	連邦主義の一形態
貿易						
・関税引下げ	*1	*	*	*	*	*
・共通の対外関税		*2	*	*	*	*
・資本と労働の可動性			*3	*	*	*
・競争政策				*	*	*
貿易に影響を与える国内制度				*4		
・租税					*5	*
・補助金					*	*
・信用					*	*
連邦制度						
・共通通貨						*6
・連邦予算						*
・政治的表象						*

ある。別のアプローチとは，加盟国の諸政府を横に並べて終わるのでなく，権力やガバナンスの本性の問題を重視するようなアプローチである（図37）。

6.2 ヨーロッパの建設——政治的なものと経済的なもののすれ違い

　歴史的な展望によって示されるのは，ヨーロッパ建設は当初から政治的なプロジェクトであったということである。すなわちそれは，最初は石炭と鉄鋼という限られた分野において，つづいてますます多くの工業製品や農産物について国家間の経済競争を組織しつつ，旧大陸に大損害を与えた2つの世界大戦が繰り返されるのを避けることであった。政治的なものが究極の目的を定め，経済はそれを達成する手段として持ちこまれたのである。

　つづいて単一市場の形成に向けた長期的な歩みが始まる。その間，ドイツ・マルクの切上げとフランやリラの切下げにみられるような為替危機が繰り返されることで，この歩みは周期的に乱された。機能主義的アプローチがヨーロッパ化の前進だとしたのはこの時期以降である。だからヨーロッパの大市場を維持するためには，為替レートを安定化させることが重要となった。資本の国際移動が自由化されたせいで，為替レートの安定化はしだいに難しくなることが明らかになった。そうだとしたら，後戻りできないやり方で為替平価を固定化し——イギリスの専門家が提起したような共通通貨ではなく——単一通貨を作り出さない手がどこにあろうか。それは仏独政府間の本質

的に政治的な妥協の帰結なのである。

　政策についてのマネタリズム的考え方が支配的なことを考慮して，欧州中央銀行（ECB）はインフレの沈静化を任されている。一方で各国の公債を再引き受けすることは禁じられている。こうした施策全体を信憑性のあるものにするために，成長・安定協定は財政赤字の上限や，公債総額の対 GDP 比の上限を設定している。金融市場はこの新しいシステムを，自らの投資がヨーロッパ・レベルで再展開できるようになるものと理解した。なぜなら，為替リスクがなくなり，財政政策が制御下に置かれるからである。そこでは，通貨の安定が金融的安定性を保証するものではないということが忘れられていた。それどころか，スペインやギリシャの公債に対して低い利子率が承認されたので，不動産バブルおよび／または消費者や政府に対する信用に牽引された成長が引き起こされたのである。

　2010 年に始まったソブリン危機に伴って欧州首脳陣が見出したのは，商業銀行がそれらの国の国債の主たる購入者である限りにおいて，ソブリン危機のみならず銀行信用危機に対応できる手段を構築する必要があるということである。しかし銀行同盟――その原理は採用されている――は公的ファイナンスにコミットしており，これによってヨーロッパ諸国間で連帯に問題が生じている。それは政治的問題であり，ユーロ立上げ時に行われた予備的議論では注意深く遠ざけられた問題である。経済的なものと政治的なものとのこうした行き違いは欧州統合の核心をなしている。しかし 2010 年代には，それは決定的な点に行き着いてしまった。すなわち，統合のこれまでの段階を成功させた機能主義的手法は限界に達した。なぜなら機能主義的手法は，うまく管理を行う**ルールのヨーロッパ**が加盟国間での**移転のヨーロッパ**を介した連帯によって補完されるような，そのような包括的な政治的妥協を基礎づけるには不十分だったからである［Boyer 2013b, 2013c］。ところでこうした用語は，統合のリスクと利益の分散を阻止しようとする諸国の政府が作り出したものだった。

6.3　誤診をまねく各種表象

　ソブリン危機の深さと長さをどう説明するか。そのもとでユーロが立ち上

げられた表象——学者のものであろうとなかろうと——の役割について，再度ふり返ってみることが必要だ。ケインズ的マクロ経済学が放棄されたことに伴って，新しい古典派マクロ経済学が，学的世界でも中央銀行にとっても参照基準として重きをなすようになった。ところが，その基本的な仮説は，ユーロがもたらすものを明確にすることができないことが明らかになった。それほどまでに自己均衡化する市場経済というヴィジョンを強調しているのである（**表20**）。

　第1に，驚くべきことに，貨幣は外生的なものと考えられている。つまり貨幣は，商業銀行の介在なしに各国中央銀行が創り出すものと考えられている。だがしかし近代的な金融システムのもとでは，商業銀行こそが信用，リファイナンスの要請，そして最終的には中央銀行による介入の源泉となっている。上記のような新しい古典派の理論的基準は，早くも1980年代に陳腐化したとされたマネタリズム的着想にさかのぼるが，それは——低い名目利子率によって容易となって増加した民間信用と結びついた——投機的バブルを覆い隠してしまった。

　第2に，新古典派とニューケインジアンとの新しい統合においては，完全雇用が支配的となるはずだとされる。なぜなら，観察される失業はたんに自発的なものにすぎないからだという。景気後退期，そして時には——例えばギリシャのような——不況期さえもが，設備の顕著な過少稼働や典型的な非自発的失業となって現れるというのだから，こうした解釈は支持できない。この議論から帰結するのは，労働市場の規制緩和を加速させよという勧告である。こうした表象は，通貨同盟への加入を希望する経済に影響をあたえるショックの特性を強調するという特殊性を有する。すなわちショックが対称的ならば通貨政策はこれに反応でき，ショックがひとつの国に固有なものならば財政政策によってこれを扱うことになろう，と。そこでは，信用循環の内生的性格や，過去において通貨政策や自国為替政策がさまざまな調整様式の両立性を保証していたという事実が見過ごされている。反対に，単一通貨政策がとられることで，各種調整様式の異質性が明らかとなってくる。

　以上とは別の2つの仮説が，ユーロの帰結にかんする分析に対して混乱を招き続けている。一方では，すべての行為主体が，いくつかの偶然を除けば，

表20 ユーロの持続可能性にかんする新しい古典派マクロ経済学の帰結

仮説	含意されるメカニズム	ユーロに対する帰結	現実味の度合
中央銀行のみによって創出される外生的貨幣	・昔風のマネタリズム ・長期の貨幣中立性	価格安定は中央銀行にとって第1の目的である	近代的金融システムにおいて，貨幣は内生的で銀行信用の結果である
完全雇用均衡	・賃金と雇用の完全な柔軟性 ・失業は自発的	インフレと失業の裁定は存在しない	EU内で大量かつ持続的な非自発的失業
各国に固有で非対称的なショックよりも，対称的なショックの方が優勢である	共通通貨政策はマクロ経済調整の核心である	ユーロ圏は，たとえそれが最適通貨圏でなかったとしても持続可能である	各国別調整の異質性のゆえに，同一の通貨政策が異なった変化をもたらす
全員が合理的期待をもつ ―企業 ―家計 ―政府	新たな経済政策ルールに対して，公私のアクターは戦略を変更する	ユーロの不可逆性は，その信憑性にとって決定的である	企業と銀行は順応するが，縁故主義的な政府はすべて順応するとは限らない
全員に同じサイズを当てはめる	すべての国に共通する包括的メカニズムの存在	ユーロは名目的にも，そして実質的にも収斂を助長する	単一市場は分業の深化をもたらし，したがって異質性の拡大をもたらす

ユーロの長期的な帰結にかんする正確なイメージをもつことができると想定されている。この合理的期待仮説は気前よくも，企業，賃労働者，消費者，政府がこれをもつと考えているが，それは少々皮肉なものである。仮に貨幣問題についてのもっとも優秀な専門家でさえユーロの持続性についてほとんど完全に評価を誤ったとするなら，個々人はいかにして，より正確な期待を形成することができるというのか。他方で通貨統合のすべての加盟国では，サイズ効果を別とすれば，同じタイプの調整が行われると想定されている。反面で，ギリシャの生産能力，公的システムの質，そして国際レジームへの編入がドイツとはまったく異なるならば，単一通貨はマクロ経済的分岐を拡

大させることになるだろう。それは実際に観察されたことであり，まったく驚くべきことではない［Boyer 2015a］。

　政策決定者や専門家が共有する観念や表象はユーロ危機の単なる源泉ではなく，それらは危機の前兆を検知することを妨げ，ユーロの問題点について現実的な診断を行うことを遅らせる原因にもなる。

6.4　各国別経済政策の調整は問題視されるようになった

　ごく初歩的な方法論にあっては，〔以下の数段落で示すように例えばEU加盟国間で〕経済政策能力の分布状況が新しくなることで，各国政策や新手法について再検討が要請されるということは，当初から察知できていた。実際，政府は経済政策の各種目的と同じだけの手段を持ち合わせていなければならない［Tinbergen 1952, 1991］。

　この条件は戦後の黄金時代には満たされていた。ごく一般的に言えば，通貨政策にはインフレと闘うという任務があり，財政政策には完全雇用の維持という任務があり，為替政策には対外均衡の保証という任務があり，最後に，長期的な成長の促進は産業・イノベーション政策に帰着するものとされていた［Boyer 2013b］。

　ところがヨーロッパの諸政府が，各国通貨間の不安定な為替レートに対応しようとすると，景気を微調整する可能性はますます難しくなってきた。なぜなら資本移動があるので，為替レートをコントロールして，通貨政策の自律性を維持することはもはやできなくなったからである。次に，ユーロ加盟の条件には，財政赤字と公的債務をコントロールすることが含まれている。すでにみたギリシャのような若干の例外は別にして，財政赤字幅などにかんする名目的な変化が収斂していくことによってひとたび単一通貨が創られると，そうした変化を維持する方が容易だろうという印象が与えられたのである。

　実際，マーストリヒト条約以降，各種の欧州協定は各国の経済政策から要となる3つの手段を奪った。通貨政策は各国の景気がどうであれ同じだが，ユーロの為替レートは市場で固定されており，欧州中央銀行（ECB）が各国政府に直接リファイナンスすることは禁じられている。このような3点での

主権放棄の裏には，ユーロ圏加盟諸国が代替的な手段を開発しうるということが想定されていた。所得政策は生産コストの野放し的上昇を食い止めるにちがいなく，イノベーション政策の強化は成長を可能にするだろうし，公債による資金調達を国際市場に依拠することには慎重となるはずだ。実際これらのことは，たとえ投機的バブルを生じさせる可能性があるとしても，好況期には楽観的であり，景気が反転すると信用供給を停止させる。

ところで，加盟諸国がこれらの政策をうまく実行できるかについてきわめてばらつきがあり，それゆえマクロ経済の分岐という大きなリスクがあることは明白である。当初から，欧州の景気調整について発生する危機［Crouch 2000 ; Boyer 2000c］や経済的ガバナンスの欠落［Boyer 1999a］を見越すことができたのである。

6.5 制度的イノベーションはその抜本性が過小評価されてきた

レギュラシオン理論からみれば，政府に向けられる挑戦は新しい経済政策の探求にとどまらない。というのも問題となるのは，出現しつつある調整様式の首尾一貫性だからである。5つの制度諸形態の整合性はかつては国民レベルで説明されていたが，国際化によって制度諸形態の大部分が再構成されただけでなく，さらに権限が各レベルに配分されたことによって，3つのレベル——国民(ナショナル)レベル，欧州レベル，世界レベル——の調整が絡み合うことになった（**表21**）。

・**賃労働関係**は引き続き国民レベルで管理される。というのも，リスボン戦略［Rodrigues 2002, 2004］によって導入されたベンチマークのプロセスはほとんど強制されることがないからである。それに対して競争圧力は——雇用，賃金，社会保障を介して——景気や経済構造の調整における重要部分を賃労働関係のうえに振り向けることになった（**図33，34**）。

・**競争レジーム**は，欧州連合のレベルで確立されるようになり，吸収合併も公的助成の可能性も制限されている。

・**貨幣レジーム**はもっぱら欧州的であり，これによってECBは欧州連邦の萌芽となる。それはたとえ，有権者の前で，国民主権の擁護者としてあるべき政治家がこうした用語を使っていなかったとしても，そうである。

表21 ユーロは画期的変化を示しているが、その重要性は

制度諸形態の水準	期間	「黄金時代」1945-1971	苦悩の数十年 1972-1999
1. 貨幣レジーム		ナショナル	・為替レート安定化の追求 ・通貨政策の自立性は徐々に喪失
2. 賃労働関係		ナショナル	国際競争に反応して変容
3. 競争形態		本質的にナショナル	競争を促進する欧州政策の影響増大
4. 国際体制への編入		わずかな国際開放	生産に比べて国際貿易の継続的躍進
為替レジーム		為替レートは政策変数	金融フローが為替レートの主要な決定要因となる
5. 国家／経済関係		社会保障の力強い成長 再分配的税制	・財政や社会保障について繰り返される赤字 ・租税の累進性の減退

・**国際編入**は各国の特化によって規定される状態がつづく。しかしそれはまたユーロの対ドル為替レートの大幅な変動によって条件づけられているが、欧州レベルでも一国レベルでも為替レートの動きは政策決定者に見落とされてしまう。たとえ資本や貿易の動きが欧州の規則で管理されるとしても、他方で、人口移動は本質的に国家の管轄にとどめおかれる。

・**国家／経済関係**は、他の制度諸形態が課す制約のもとで変化する。課税は移動性がもっとも高い要素（資本や超高級技能者）に対して軽減されたが、他の要素（労働、不動産、付加価値税……）に対しては負担が重くなった。

こうした複雑さのため、ユーロにかかわる調整様式の整合性が問題となるが、それは経済活動にかんしてのみならず、知的世界においてさえ問題となる。というのも、社会科学の各種分野がもつパラダイムは、その原罪——つ

政治によって過小評価されてきた

幻想の時代：ユーロ 2000-2009	危険性に満ちた 10 年 2010-…
・ユーロ制度——共通通貨ではなく単一通貨 ・同一の利子率と為替レート	・ECB の見解の再検討 ・ユーロの補完物としての金融安定原理と銀行同盟
各国別の特質は残っているが，より良い実践の基準と普及に向けての欧州政策が行われる	EU 内の固定為替レートレジームの下では，賃金緊縮，労働と社会保障の制度改革は，競争力復活させるのに必要である
産業や研究開発にかんする公的補助の廃止	世界的な製造業の過剰生産力は欧州における価格形成に影響を及ぼす
対外貿易における欧州内貿易比率の安定化	EU レベルでの貿易黒字の維持／再建
ユーロの対ドルレートの上昇傾向，しかしインフレ率が分岐することによって競争力が変化	賃金緊縮，財政の切詰め，寛容な社会保障の削減による苦痛多き「内的減価」
・北部欧州と南部欧州の間で財政赤字にかんする分岐 ・資本移動のために税収基盤が侵食される	・国によって大いに不均等なソブリン危機 ・緊縮政策の退行的性格

まり国民国家によって作り上げられていること——を克服するのがいささか困難だとわかったからである。アメリカの何人かの経済学者が展開した破滅的な展望に陥ることなく，ユーロ立上げの革新的かつ急進的な性格を期待したアナリストはほとんどいなかった［Dehove 1997；Théret 1996b］。かれらは，主権国家なしでは持続可能な通貨はありえないと強調する誤りは犯さなかったが，ユーロが急速に消滅するという予想のなかで下した〔ユーロ危機に関わる〕一連の事件の帰結については間違っていた［Krugman 2000, 2011a, 2011b］。

6.6 対照的な調整諸様式をユーロと共存させる——不可能なミッション？

　ユーロが解決しようとしたパラドクスは次のようなものである。資本主義の，したがって調整様式の対照的な諸形態が並存しているわけだが，これと

整合的な共通の通貨政策はいったいどのように決定されるのか，と。

　ECB によって定められた利子率がこうした多様性に対応する可能性は，一見してほとんどない。すなわち，経済の好循環にある国にとっては成長を刺激する必要があり，その利子率は高すぎる。しかし，経済の急拡大のゆえにインフレ傾向がより高い国にとっては，それは低すぎるものとして現れる。それに加えて，ゆがみの2つ目の源泉がある。ECB 内の意思決定手続きに従えば，そこでの最終的な意思決定は，ユーロ圏総体としての観点からみれば最善であるはずのものから乖離してしまうかもしれない［Stéclebout 2004］。この点は，ユーロ導入後の最初の数年で実行されたシミュレーションから確認されている。確かに，共通政策が自国通貨の自律性を守るか否かを決定する政策と合致する国は，期間ごとに変化するとはいえ，ほとんどの期間においてこの政策は調整を乱すものとなる。このことにより，各国経済の内部では必ず非難が巻き起こる。したがって，こうした政策が積み重なることで——ユーロ加盟時にすでに存在していた——各国ごとの進化に大きな異質性が生じてくる。

6.7　マクロ経済軌道の分岐の強化

　ユーロ立上げ時に暗に了解されていた仮説は，2010年から2014年にかけて棄却された。その仮説とは，インフレの制御と通貨の安定性によって，生産性，生活水準，マクロ経済パフォーマンスに関する漸進的収斂が促されるにちがいないというものである。そうではなく，大部分の指標から観察されたのはそれとは逆の変化であった［Artus 2014］。いちばんはっきりしているのはおそらく失業にかんする指標である。2010年に生じたヨーロッパの危機が急速に悪化して以来，ドイツでは失業率が顕著に低下したのに対して，その他のヨーロッパ諸国では急上昇した。こうした結果は部分的には，2010年以降にドイツが高い成長を遂げたことの帰結である。こうした成長の回復は財政的均衡への回帰を促すが，その他のヨーロッパ諸国では，均衡の回復は部分的にすぎず，公的支出や社会保障の制限にかんする厳格な措置によって達成されるほかなかった。最後に，貿易収支の展開には目覚しいものがある。すなわち1990年代末，仮にドイツが東西再統一のもたらす不利な影響

図38 利害や表象の対立は欧州条約の再交渉を不確かなものにする

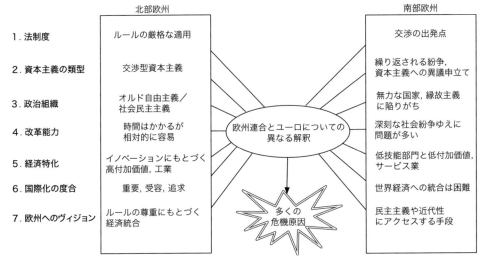

を甘受していたとしても，ユーロ立上げはかなりの貿易黒字の獲得と符合しており，その額たるや，2010年以降ドイツGDPのおよそ7％に相当している。対照的に，その他ヨーロッパ諸国は2008年まで貿易赤字を累積させたが，そのことは，ソブリン債のデフォルト〔債務不履行〕に脅かされている国では資本が国外流出してしまう以上，支持できるものではない。

6.8 ヨーロッパにおける南北の境界線？

　ヨーロッパ諸国におけるこの両グループ間の対立は，単にマクロ経済パフォーマンスにかかわるものではない。というのもそうしたパフォーマンスは，欧州連合とは何であるべきかについての表象をめぐる対立からも生じているからである。この点で，2つの国家グループが対立している。第1の集まりはドイツを中心とし，第2のグループは南欧諸国の大半を含み，フランスは両者の中間的位置を占める（図38）。境界線はさまざまである。

　法的秩序があって，それを厳格に尊重することが社会の持続性の条件だと

いう考え方に対して，法についてのはるかにプラグマティックなアプローチが対立しており，後者にあっては法は「諸力間の媒介物」つまりは交渉の出発点であって，契約を文字通り尊重することは必要でないとされる。北部ヨーロッパでは，資本主義は利害関係者の交渉によって飼いならされているとすれば，それ以外の所では，資本主義は繰り返される異議申立ての対象となる。北部ヨーロッパでは，安定的な法的秩序の保証者としてであれ，社会民主主義プロジェクトの推進者としてであれ，国家の役割にかんするある特定の考え方が支配しているが，南部ヨーロッパでは，多分に異議申し立てを受け介入主義的な国家は，縁故主義に無関心ではありえない。

こうした制度的相違は，多かれ少なかれやすやすと，環境変化への反応および改革の実践に対して影響を与える。あるケースでは改革には時間がかかる。というのも改革のためには，すべての関係者との交渉にもとづかなければならないからである。別のケースでは改革は，歴史的に引き継いだ根深い社会的対立を再び露わにしてしまう。

経済特化は，類似的というよりは補完的なものとして現れる。一方で，産業資本主義が長きにわたって成熟することにより，労働者の能力をできる限り動員する産業が発展し，また産業が革新を起こす能力が発展することが可能になる。他方で，工業化が遅れて始まり，制約を受けたことにより，国際競争から守られた部門が拡大することになった。グローバル化に対する市民の態度はそれぞれの側でまったく異なるものであった。すなわちグローバル化は，一方〔北部ヨーロッパ〕では必要で有益なものとして，またもう一方〔南部ヨーロッパ〕では社会の基本的妥協を再検討に付す原因として考えられたのである。

各国政府が欧州サミットの際に集まり，欧州統合にかかわって次々と起こる危機に対する解決策を見出そうとするとき，こうした統合についてのきわめて異なる2つの見方の一致を図ることは困難である。2010年に生じたソブリン危機は，2つの見方や戦略のこうした対立を顕在化させた。したがって，ユーロの将来は多分に未決のままであり，それゆえ各種のシナリオが練り上げられ［Mazier et al. 2013 ; Boyer 2014］，また改革提案もあれこれとなされた［Aglietta and Brand 2013 ; Théret 2008］。

7　どのような国際レジームか？

　欧州連合における目下の危機は，欠陥を抱えた世界の統治に対するオルタナティブとして，地域統合に託された希望の終わりを画することになるだろうか。国際編入ということが，長い目でみれば，各地で効率的な発展様式を推し進めているというのは根拠のあることだろうか。レギュラシオン理論は現代のグローバル化を適切に特徴づけているのだろうか。

7.1　地域化過程の多様性

　2000年代まで，すなわちユーロ導入以前までは，欧州統合が成功していたことは，ゆるやかな諸条件が結びついたことの結果として解釈できよう。

ヨーロッパの経験から引き出される教訓　まずは次の諸点が重要だ。すなわち，パートナーがほぼ同一の目的を共有すること，各国の経済規模があまりに不均等でないこと，最終的な計画にむかう野心があっても第一歩は慎重に始めること，――これである。一定の統合段階を超えると，超国家的機関が共通のプロジェクトを擁護する義務を負う。すなわち，統合における敗者を補償することは，生産システムの再編に際して起こる社会的な拒絶を未然に防ぐのに有用なことが明らかとなろう。アメリカでもヨーロッパでも，統合された市場で競争原理を導入するには，例えば通貨統一といった別種の集合財を形成することが必要であった［Boyer and Dehove 2006］。最後に，条約の解釈や判例の構築を預かる超国家的法廷が存在し，これによって統合にかんする紛争が解決されることが肝要である。

　これらの参照基準に照らして地域統合の各種過程を評価するならば，別の地理圏でははるかにプラグマティックなアプローチが採用されている。プラグマティックなアプローチゆえに生じる制度化の遅れは，長らく弱点だと説明されたが，2010年以降危機を克服すべく欧州連合が直面した困難によって，各々の地域統合の試みがもつ長所と短所について，もっとバランスのとれた判断が再びなされるようになった。

この点にかんして，1990年代以降，アジア諸国間での経済関係が緊密化したことは，ひとつの反例となっている。ヨーロッパのケースでは，超国家的な制度的配置が経済の動きに先行したが，アジアでは，第二次世界大戦期に生じた対立の記憶ゆえに諸国政府が抱き続ける猜疑心を考慮すると，そうした政治的前進は想像もつかないことであった。結果として，生産の海外移転に動き出したのは，日本企業を嚆矢とする多国籍企業である。そこから生じたのは，アジア諸国間での部門間および部門内の貿易の緊密化である［Wang et al. 2011］。日本の長期停滞と中国産業の急成長にともなって，分業はやがて多国籍企業の海外進出戦略に主導される形で展開した［Yan 2011］。中国が国内需要向け生産へと方向転換するようになれば，アジア圏が世界のその他地域に対して全面的に依存する度合いは小さくなるだろう。

7.2 アジアにおける経済統合の教訓──為替レートの伸縮性を維持すること

アジアが追求している事実上の経済統合はきわめて教訓的である。それはまず，例えば通貨政策や為替レートについてのコーディネーションの要請に先んじて，分業の深化があったことを示唆している。もうひとつの教訓は，経済統合と為替レジームとの関係にかかわる。欧州当局は1990年代末時点で，資本移動によって引き起こされる不安定性に対する最善の対応は，為替レートを変更できないよう固定することであり，単一通貨を確立することだと信じていた。アジアや北米の経験に照らせば，変動相場政策が経済統合過程を妨げたわけではない。逆に旧大陸ヨーロッパは，国民的競争力の均衡を回復させるための伝統的手法を放棄しつつ，大危機に陥ってしまった。というのも，代替的な手段──財政的減価〔付加価値税の増税と所得税の減税との組合せにより，輸入品価格の上昇の一方で輸出品価格の維持もしくは下落を引き起こすことで，通貨の減価と同じ効果をもたらすことを狙った政策〕，賃金削減，財政支出カット──は結果として，公的債務をさらに増加させる景気後退を早めることになるからである［Boyer 2012b］。

7.3 グローバル化か？──4大政治-経済レジーム間で増大する相互依存

2010年代中葉にレギュラシオン理論が提起したのは，この標題のような

特徴づけである。この特徴づけを支持するような6つの論拠を引き合いに出すことができる（図39）。

第1の論拠は，国際貿易の伝統的理論の一般化をよりどころとする。すなわち特化はもはや「自然」の賦存状況のみに依存するのではなく，長い時間をかけて**構築された制度的優位**にも依拠する［Hall and Soskice 2002］。

アメリカと中国の**マクロ経済レジームの補完性**は，世界経済を結合させる第2の要因である。アメリカの貿易赤字は，そのかなりの部分が中国の黒字の結果である。アメリカにおける生活費の低減の一部は，中国の製造業部門が発揮する競争圧力によって説明される。そしてそのことは，アメリカの中間的賃金稼得者の実質所得が停滞するのを埋め合わせるようになる。最後になったがとりわけ，中国の貯蓄超過は当初アメリカの金融システムを支え，その後，世界全体における直接投資へと転換された。こうして競争しあう地方コーポラティズムによって押しつけられた賃金の抑制は，2008年の危機を早めたにせよ，もっとも恵まれない人々にサブプライム・ローンが与えられることで，アメリカ社会の緊張を和らげたのである。もっと根本的にいえば，国際化によって，国内経済空間において**構造的不均衡を抱えた蓄積体制の持続性**——内部代謝の過程によってたしかに通時的には制約されている持続性——が保証されたのである。アメリカでフォーディズム的妥協が破棄されたことで，別の成長体制——最初は輸出主導の体制，つづいてアメリカ企業に有利となるよう運営された世界的な金融仲介から得られる利益配当に牽引された体制——が立ち上がった。中国では対称的に，国民所得に占める賃金シェアが低下し，貿易収支や経常収支が大きく黒字になり，この両者が表裏一体となって進んだ（**第8章**）。

世界経済という強風に向かって各国が開放されたことで，各社会における**ヘゲモニー・ブロック**が堅固なものになった。アメリカでは共和党も民主党も多国籍企業という味方を得る。それはたとえ，多国籍企業がもっとも恩恵を受けるものであり，経済政策の選択に影響を及ぼすことができるのだとしても，そうである［Boyer 2014］。世界貿易機関（WTO）への加盟により，中国共産党（CCP）内部の近代化推進派は勢いづくことになる。このことは部分的に，公的企業による投資やインフラストラクチャーへの投資に立脚し

324 第II部 展開編

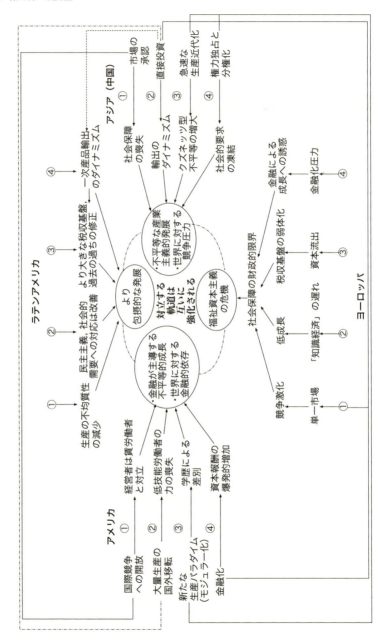

図39 国際化は4つの発展様式を補完的なものにする

ていた以前のモデルに代わって，活発な輸出によって勢いづけられる成長を
もたらすことを可能にする。旧大陸ヨーロッパにおいて，国際化から利益を
得る経済的・政治的エリートたちは，そして学術的エリートまでもが，欧州
統合の深化や統合が賃金稼得者に押しつける犠牲を必要なものとして提示す
ることだってありうる［Streeck 2012］。

　それぞれ中国，アメリカ，ヨーロッパという3つの発展様式が示すきわめ
て多様な特徴は，予期しなかったが貴重な帰結を，すなわち**世界経済の安定
化**をもたらす。これら3つの圏域が成長局面にあるときには，それら圏域は
天然資源価格の高騰にぶつかり，金融化された資本主義の大危機が突然生じ，
それは世界を景気後退に導く。それでも，世界は1929-1932年不況なみの不
況に落ちこむことはない。というのも，中国政府は輸出の収縮を埋め合わせ
るべく強烈に経済を刺激するからである。同様に2010年以降，欧州首脳陣は，
歴史に残る経済政策の失敗を犯した。すなわちかれらは緊縮政策を一般化し
同時に実施した。これによって，民間アクターが負債を圧縮する過程のほか
に，余分な経済停滞要因がつけ加えられたのである。しかし大西洋の反対側
では，中央銀行のプラグマティズムや政府の決定によって不況が食い止めら
れ，ひとつの成長経路が再び見出されたが，しかしそれは大きなリスクテイ
クを代償とするものだった。

　以上のような相互依存性は，**発展様式と不平等レジームの多様性**が維持さ
れ**深化すること**を，そして非典型的な諸軌道が現れてくる可能性を意味する
（**第6章表11**）。伝統的な解釈によればグローバル化とは，世界の当事者す
べての間で不平等が爆発的に拡大することについて，その包括的因果を示す
要因だという。だとしたら，伝統的にもっとも不平等な大陸であるラテンア
メリカが2000年代以降，長年の傾向を逆転させるに至ったということはど
のように説明されるのだろうか［CEPAL 2012］。というわけで，**各種国民的
レジーム間で増大する相互依存**という考えを理解する必要がある。このよう
に国民的調整と世界的動態は強く絡み合っているのである。

　相互依存のこうしたネットワークは，**ヨーロッパの福祉資本主義**を不安定
化させる。為替レートの不安定性，世界的な経済成長の浮動性（ボラティリティ），そして基礎
的妥協を作り直すことの困難さによって，旧大陸は国際システムの調整変数

にさせられた。経済的視点に立てば，ヨーロッパは，金融資本主義において投機的熱狂が次々と生じることに対応しなければならず，また，多くの製品についてアジアとの競争に入ること——そうした現象は中国経済の新たな方向性を含意する技術的キャッチアップによって悪化したのだが——に対応しなければならなかった［Economist 2015］。大陸ヨーロッパでは不平等はアングロサクソン世界においてよりも穏やかであるが，各国が労働や金融にかんして市場の力を自由化する戦略を採れば，それだけ不平等は拡大することになる。

資本主義の多様性を考慮に入れることは，それら資本主義の結合された進化を理解するために必要なこととなった。それは言説や分析がグローバル・レベルへと均質化されていく傾向にあればあるほど，ますます必要となるだろう。言い換えれば，少なくともメディアにとっては，イデオロギーの模倣は収穫逓増の新しい源泉となっているのでなかろうか。

8 結論——レギュラシオン的着想にもとづく地政学に向けて

繰り返し訪れる保護主義の誘惑に中断されつつも，ほぼ半世紀にわたって継続的に経済が国際的に開放されることによって，第二次世界大戦後にアメリカの覇権下で設立されたものとは大いに異なる世界システムが形成された。国際化の諸力は，たいていの組織，経済諸制度，そして政治過程さえも作り上げていった。国際化は一方の経済と他方の国家の間に境界線を引いた。そのさい経済は，その発展様式がグローバル化によって開かれた見通しのうえに構築されたものであり，国家は，両立可能な制度的アーキテクチャーがないときには，国際編入によって制約を受けることになった。

生産や直接投資が地理的に拡大することで，中国でのように産業資本主義の新たな形態が創出された。それはアメリカ金融資本主義との経済的補完性の関係ばかりでなく，地政学的競合の関係をも保持する。これら2つの資本主義の相互作用によって，レント・レジームに対してあるチャンスが与えられる。そのレント・レジームは，かつてのフォーディズム期全般を通じて，交易条件の悪化に苦しんでいた。しかし同時に，レント・レジームは経済危

機の原因となることがあり，それはこのレジームの力が交易条件——これは金融的投機によって支配されている——の動きによってひっくり返されるような時に起こる。

　各々の社会経済レジーム——各種類型の資本主義レジームやレント・レジーム——は自らの利害防衛に合わせた世界経済の表象をもっており，このことは激しい地政学的敵対を排除するものではない。この点，一方で中国とアメリカが，他方で日本と中国がかかえている苦渋の関係に注意を払うだけで十分である。それは，理論家が願い求める新たな世界的公共財の形成を難しくする。産業資本主義は金融市場の安定性を必要とするが，金融資本主義はその不安定性ゆえに存続する。工業製品の輸出業者は天然資源に対する相対価格が安定することを望むだろうが，そういった措置に対しては，天然資源輸出で生きている国民国家は反対する。こうして国際化は資本主義の多様性を拡大させ，新たな発展様式の出現を可能にし，それによって諸国民間の不平等は縮小できたが，しかし各々の国内空間内部では例外なく，国際化によって不平等は悪化したのである。

　ここに再び資本主義の矛盾的な性格が見られる。すなわち，資本主義は新たな空間を制覇し，それはまず資本主義を強固にするが，次にはおそらく前例のないほど複雑な危機へと至り着く。なぜなら国民国家が影響力を喪失しても，いかなる政治権力もその代わりとはならないからである。

第10章 ひとつのレギュラシオンから別のレギュラシオンへ

　レギュラシオン・アプローチが登場して以来，多くの理論が制度の起源や影響を明らかにしようとしてきた。それらの大部分は，制度の特徴や一貫性を静態的に分析することに専念してきた。標準的理論では，インフレ，失業，成長から停滞への移行にかかわる経済的不均衡を説明するために，制度の硬直性が前提とされている。しかし，レギュラシオン派の研究プログラムはそもそも，資本主義を支える諸制度の動態を理解するという企図を自ら課題としていた。資本蓄積は，生産構造，生活様式，そして市場組織さえも間断なく変容させる過程である。長期歴史的な各種の研究によって，対照的な2つの局面が継起することが浮き彫りになってきた。つまり当初期には，制度的構図によってある発展様式が形成されて，これが経済的および政治的なアクターに安定性と予測可能性を与える。しかしやがてこうした発展様式が成熟するにつれて，緊張が広まり大危機へと向かう。そしてこの大危機の特徴は，従来のミクロ経済的およびマクロ経済的な規則性が消滅するという点にある（第4章表5）。

1　なぜ制度変化はそれほど困難なのか

　制度の安定性ということは制度の特徴のひとつをなす。すなわち制度は，経済循環の期間よりも一般にはるかに長い期間にわたってアクター間の相互作用を組織する。こうした特性はどのように説明されるのだろうか。そしてこの特性は，別の制度的構図への全面的推移を妨げることになるのだろうか。

1.1 たんなる制度的慣性ということか

もっとも伝統的な説明は，アクターの短期的時間を超える制度固有の時間定数を引き合いに出す点にある。後にみるように，こうした議論は興味をそそらないわけではないが，よりいっそう根本的な特性を隠してしまっている。たとえば，純粋なコーディネーション・ゲームを参照することであらゆる利害紛争が取り除かれると想定し，雇用関係をひとつの慣習に還元してみよう。企業も賃労働者も協調的な賃労働関係が自分たちにより大きな利益をもたらすと確信していると思い描いてみよう。加えて，〔企業と賃労働者の〕遭遇が単なる偶然に支配されるような社会を想定してみよう。こうした見かけ上は有利な条件が積み重なると，「より優れた」賃労働関係への移行は当然なことのように見える。

しかし，単純な定式化からわかるように，そうしたことは事実ではない（**コラム15**）。これに対応する均衡がもつ特性すなわち進化論的な意味での安定性によって，すべてのアクターが優れていると認める構図へと遷移することは妨げられるのである。

1.2 安定性は効率性を意味しない

この特性は合理性にかんする最小限の定義に立脚する。各アクターは，自身が利用可能な局所的情報にしたがって意思決定するのがせいぜいである。したがってアクターは，自身がかかわる制度的構図の特性を直接に知ることはない。これは合理的計算にもとづく制度主義との根本的な違いである。合理的計算の制度主義にあっては，行為諸主体は——協調的な雇用関係が支配的となる——優位均衡で自発的に調整されるはずだという。コンヴァンシオン・アプローチやレギュラシオン・アプローチでは，ひとつの制度の機能は行為諸主体のコーディネーションを可能にすることにあって，パレート最適の観点から結果を最適化することにあるのではない。

しかしながら長期においては，制度的秩序は変化する。それはどのようなメカニズムを介してだろうか。基本モデル［Boyer and Orléan 1991, 1992］を若干なりとも一般化すれば，道は開けてこよう。

■コラム 15
劣位の構図に存在する障害——進化的安定均衡の帰結

労働者と企業との代表的ゲーム

　賃労働者（プレイヤー No. 1）も企業（プレイヤー No. 2）も協調的賃労働関係が過去のフォーディズム的賃労働関係よりも優れていると確信している，と仮定する。かれらの相互作用は**純粋**なコーディネーション・ゲームによって支配される。というのも，利害対立というものが除去されているからであるが，それはもちろん，結果の一般性を示すための極端な仮定である。この仮定は，新たな戦略への収斂を保証するには十分ではない。

	プレーヤー 2	
プレーヤー 1	A	B
A	UA　　UA	0　　0
B	0　　1	UB　　UB

ゲーム G1

$0 < UA < UB$

A：フォーディズム的戦略
B：協調的戦略

人口全体へのゲームの拡張

　それでは，大規模な人口が存在し，そのなかで一組の賃労働者と企業を適当に選んで，上記の役割を演じると考えてみよう。$p(t)$ をフォーディズム的戦略 A を採る組の割合とする。
その時，2 つの戦略それぞれの結果は次のようになる。

$$U(A,p) = p \cdot UA$$
$$U(B,p) = (1-p) \cdot UB$$

簡単なグラフに表示することで，GEに拡張されたこのゲームの結果が与えられる。

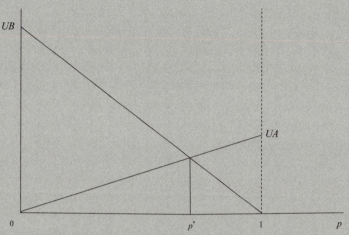

2つの戦略の結果が等しくなる割合p^*が存在する。次式がそれである。

$$p^* = UB / (UA + UB)$$

結果として，当初はフォーディズム的戦略が支配的である——すなわちpが1に近くp^*を上回る——とすると，優位戦略Bは，劣位であるはずの戦略Aによって押しとどめられるだろう。このように，行為主体がバラバラに，そして事前のコーディネーションがないなかで相互作用をするとすれば，そして学習にかんする次のような単純で一般的な規則が採用されるとすれば，フォーディズム的戦略が進化的に安定的となるだろう。

$$dp/dt = G[U(A,p) - U(B,p)] \quad G(x) > 0 \quad ただし x > 0$$

相互作用を局所化することの帰結

直線に沿って相互作用が行われるように，偶然的に対になることが

放棄されれば，各行為主体は次の式に従って，距離が離れても相互作用を行うかもしれない。

$$U+(i) = \sum_{j>i} ka^{j-i} E[X(i), X(j)]$$

その結果次のことがわかる。新しい戦略の浸透は——パラメーター a によって測られる——距離が離れて行われる行為が少なくなるほど，その可能性が高まる。それゆえ局所的な同盟によって，既存の均衡が覆されることになるかもしれない。反対に，相互作用がすべての行為主体に関係する（すなわち a が 1 に近づく）と，移行は不可能であることが明らかになる。いわば，たとえば貨幣システムのように制度形態が一般的なものであるならば，諸個人の局所的な行為はそれを変化させるに至らない。ひとえに政治的行為だけが，局所的な相互作用の上位に位置づけられて，このような属性をもつことになる。

出所：Boyer and Orléan ［1992］

1.3 集合行為と変化

進化論的に安定的な制度的均衡［Sugden 1986, 1989］の障害を乗り越えるために，行為主体は自分たちの個人主義を乗り越える必要があり，変化のためにとるかれらの戦略を調整すべく協議する必要がある。これにかんして 3 つの事例が見出される。

・**侵入**は制度変化のメカニズムのなかでも筆頭をなす。それは，新しい慣習をもってよそからやって来た行為主体が十分に多く，閾値 p^* を移動させることを想定している（**コラム** 15）。賃労働関係の事例に敷衍すると，日本からアメリカに進出した自動車産業の多国籍企業のケースがそれであって，日本からの自動車企業は，自分たちの条件を受け入れる用意のある十分な数の賃労働者を見出した。こうして日本企業は，アメリカ的賃労働関係に対する飛び地を作り出したのである［Boyer 1998］。

・**解釈**は，新旧慣行の架け橋をうまく処理する際に登場してくる第 2 のメカニズムである。このメカニズムは雇用関係には適していないが，為替レジー

ムの選択に適用されることがある。当初は変動相場制で，各国通貨間の平価の最終的な固定へと移行するのは難しいとしても，通貨のスネーク〔一定の変動を許容する固定為替相場制で，欧州経済共同体（EEC）域内で1970年代に採用されていた〕に相当するものを通じてうまく移行しおおせるかもしれない。

　・**ブリコラージュ**は，認知資本と呼びうるもの――すなわち価値観，観念，慣習（コンヴァンシオン），過去あるいは現在の合意のストック――から取り出してくるような知的操作である。ここに認知資本は，新たな慣行を正統化するために，人口Pを構成する諸個人の文化的・歴史的視野を形成するものである。換言すれば，この過程はまさに，先に導入したような，位置づけられた合理性という概念そのものに立脚している。たとえばヘンリー・フォードが賃金政策の観点から，移民労働者の生活様式やアメリカ化の必要についての一般的な考え方を解釈したことが挙げられよう。こうした操作によって，経済諸変数の一定の構成を正当化することが可能となる。ここでの決定的な点は，新たな慣習がすでに過去の合意を組みこんでいるという事実である。そしてそれによって，行為主体間の暗黙的合意が――こうした認知的含意のゆえに――実現されていくような一定の正統性が組みこまれているという事実である。こうして，**明示的に協議することなく**，行為諸主体が集合行為をとることが可能となる。それは新たな慣習を出現させる手段のひとつなのである。

1.4　政治的なものなしには制度諸形態は変化しない

　こうして，ミクロ経済レベル，つづいてメゾ経済レベルを探求した後で，あらゆる主要な制度変化の最終段階は，国家の行為にかかわる。定義によって国家は，税制，労働法――商法に従属したものであれ自律したものであれ――，そしてさらに貨幣レジームを強制することができる。例えばアメリカでの通貨統一は，ゆっくりとした戦略の調整過程によって行われたのではなく，内戦によって新たな政治的・貨幣的秩序を押しつけられたことで実現したのである［Boyer and Coriat 1985a］。ユーロについても事情はその通りである。ユーロは高度に政治的な創造物であり，何度もの試行錯誤を通してなされた実験の結果ではない。それにこうした一方通行的な性格は，ユーロ危機の規模の大きさと無関係ではない（**第9章**）。こうして変化はトップダウン

でやってくるが，その際，関与するすべてのアクターの戦略がこうした変化に適応しおおせるかどうかは，何ら保証されていない。

1.5 旧秩序の崩壊

すぐ前にみた中央集権的な設計主義のケースでは，崩壊ということが変化のひとつの様態となるかもしれない。多数の実証的な証拠から，競争力格差の解消を可能とするような為替レジームは，経済統合圏全体にとって為替レートを完全に固定するよりもいっそう衝撃に強いものとなり，最終的にはパフォーマンスがよくなることが示されている［Streeck 2012］。

コラム 15 のモデルの言葉づかいに従えば，被支配的な慣習を掘り崩す出来事そのものによって，優位な慣習への収斂が実際に可能になる。しかるにこのメカニズムは明らかにありふれたものであるが，現代資本主義の進化においては決定的な役割を果たしてきたように思われる。

2 戦争，新たな調整様式の母胎か

これまでの研究はとりわけ，戦争，なかでも世界大戦がもつ破壊的側面——生産設備の喪失，労働力人口の減少，投資のアンバランス——には言及するが，そこでは戦争が制度変化に寄与する点がないがしろにされている。そこには3つの連なった効果がある。第1に，制度に体現された教義(ドグマ)が再検討に付される。それは第一次世界大戦時の金本位制のケースに当てはまる。それは経済に適用された破壊的機能であった。次いで第2に，国家防衛という至上命令によって，ふだんは対立状態にある各種社会的グループ間の国内的コンフリクトが緩和される。すなわち国民を保護することで，平和時には考えられなかった経済秩序における合意が可能になる。最後に，特定の型に収まらない状況に対応する必要があることで，例えば生産組織にかんする創意が促される。

2.1 別の前線——1914–1918 年

フランスの場合，第一次世界大戦は出発点たる性格をもっている。レギュ

ラシオン理論の当初の問題は国内の社会的・政治的コンフリクトを重視していたが，第一次世界大戦というこの短い期間で現代的な制度諸形態が芽生えるのが見られた［Cepremap-Cordès 1977］。

貨幣レジームにかんする変化が顕著である。政府は軍事支出額の重圧に比例して税金を増やすことができなかったので，金本位制は放棄され，代わって，信用や——経済主体によって貨幣だとされた——象徴的価値に直接的に結びついた通貨が優勢となった。**競争**形態にかんしては，軍事命令が集中することは国家と企業の新たな紐帯を助長する。このことは市場の競争的性格を相当に和らげる。

国民国家が生産組織に介入するのはこの時代にまで遡る。当初は戦争遂行努力という動機であったものが，次には産業政策の名の下で，さらに最近ではイノベーションの奨励の名の下で，通常の実践となった。しかしながら，もっとも決定的な変容のひとつは**賃労働関係**にかかわる。一方で，大量の武器生産の要請によって，テイラー主義や組立ラインといった労働組織にかんする近代的手法の普及が促された。他方で，男性が戦場に向かったので，戦争は，前例にないほどに工業労働力の女性化を推し進めた。たとえ平時になれば工業における男性支配への回帰が起こる可能性があるとしても，である。

政治的なものが経済活動のあらゆる領域に介在するので，**国家／経済**関係は一変する。ブルジョワ階級とエリートが所得税の原理——たとえ低率であったとしても——を受け入れたのは，第一次世界大戦のときである。年金の体系化や社会保障の組織化にかんする努力もまた，戦争直後にまで遡る。そしてもちろん，戦争遂行努力は生産，所得，信用について，これらを一望監視のもとにおくことを要請する。このことは国民所得計算の成立を先取りしたものであり，それは第二次世界大戦とともにはじめて形をなすことになった。

本書のさまざまな章ですでに十分に記してきたように，管理された調整様式の定義に向けてこうした萌芽が具体化されるのは，実際，戦争の結果なのである。フランスでもアメリカでも，調整様式の急激な変化を助長したのは，1930年代危機ではなく，第二次世界大戦だったのである。

2.2 過小評価ないし看過された一般的テーマ

こうした結論は部分的には，レギュラシオン理論が重視する歴史的アプローチに由来する。事実，さまざまな理論分野に属する論者たちは世界大戦の決定的な役割を確認するが，理論の核心と比べれば戦争は副次的なことのようにみえるので，戦争ということが当然受けるべき注目を受けていないのが現状である。

第二次世界大戦後，**賃金の契約化**が，経済の名目的規模が形成される基礎となった。国内のインフレが国際編入と両立しなければ，通貨は減価する。こうした変化が正当に評価されることは稀である。というのも第二次大戦以来，そうした変化は資本主義の歴史でよく見られるからである［Hicks 1955］。注目すべきことに，新しい古典派経済学の始祖が，成長の原動力に関心を示すときには，アメリカにおける戦時中の〔船舶〕生産やそれに対応する学習効果にかかわる**収穫逓増**のうちに，成長の源泉を見出している［Lucas 1993］。このメカニズムは次に軍事から民間へと，すなわち大量消費を支える財の生産へと向けられていく。ここには**国民的イノベーション・システム**の発生において2つの世界大戦が果たした創設者的性格が見られる。もともと国防の問題は，研究開発に割り当てられる公的資金を決定的に方向づけるものであった［Freeman 1986］。そしてこうした特徴は現代まで続いている。たとえスターウォーズ計画〔1983年に当時のアメリカ合衆国大統領ロナルド・レーガンが提唱した戦略防衛構想〕の中止後，多くの部門で民間のイノベーションが，軍事的イノベーションよりも急速に行われることが明らかになったとしても，である。

現代の税制の誕生もまた2つの世界大戦に関係がある。租税の理論家たちは，不平等を縮小するために，先頭に立って累進所得税や相続税を要求していたと考えられてきたが，各国の進路を比較してみると，両世界大戦が新たな時代への突入を画したことがわかる。そしてこの時代から遠ざかるにつれて，不平等が再現してくる。この不平等は，賃労働者の報酬は抑えられたり停滞したりしているのに対して，相続遺産の方は増加し，しかもわずかにしか課税されていないことと関係している［Piketty 2013］。「1910年から1950年にかけてほとんどの先進国で生じた格差の低減は，何より戦争や革命の結

果であり，これらのショックに対応するために政府が採用した政策の結果なのだ。同様に，1980 年代以降の格差再興もまた，過去数十年における政策の反動的変化による部分が大きい。特に課税と金融に関する部分が大きい」［ibid., p. 20：訳書 22-23 頁］。その結果は臆見(ドクサ)とほとんど合致しないので，ピケティは自らの考えを明示している。「当然，制度変化が生じるためには常に戦争，革命，そしてその他の政治断絶的ないし暴力的なショックが必要だということを，私は認めるつもりはない。……しかし信頼のシステム，そこから生じる認識，そして政策は，平和な公共的議論によって変化するかもしれない。それにもかかわらず，われわれはそのことが自明だとは考えてはならない」［Piketty 2015, p. 86］。

　GDP 中の公的支出割合の相対的増加にかんする研究によれば，2 つの世界大戦に対応してこの割合が上昇する 2 つの期間が浮かび上がる。国家における国王の支出さらには経済への補助金の増大よりも，社会的支出，医療支出，年金支出，さらに教育支出，そしてもっと一般的には社会移転支出の急増の方が大きいことが重要である。これらの支出は，暗黙的ないし明示的な社会協定の帰結であって，それは第二次世界大戦の終結とそれに対応する制度化された妥協を示している［André and Delorme 1980, 1991］。これらの支出を削減しようとする保守派政府の努力は，部分的には有効であることが明らかになった。というのもこれらの支出は，たいていの経済のまとまりを保証している社会協定の一部をなすからである。

　最後に，戦争の遂行という緊急性や一体性によって，経済機構の大部分に対する国家介入が正統化される。例えばケインズ理論は，国ごとにまったく異なった具合に動員されはするものの（**第 8 章**），至るところで経済的教義も法的教義も，国家の役割が増大することを甘受する。つまるところ，資本主義とソヴィエト型という両体制が競争しあったが，それによって明らかになるのは国家と資本主義の関係のこうした刷新(アッジョルナメント)なのである。混合経済という概念は，2 つの世界大戦がなかったらほとんど考案されなかったであろう［Shonfield 1965］。

　この点にかんして，大危機は当初はむしろ調整様式の変化への歯止めであったが，第一次世界大戦／1929 年危機／第二次世界大戦の 3 点セットは，

これまでなじみのなかった安定化装置を導入しつつ,資本主義を変容させたのである。こうした出発点の出来事から時間的に遠ざかると,資本主義に固有の傾向が再び現れてくる。国際化,地域間競争の導入,富の集中と不平等,そして最後に金融的不安定性がそれである［Boyer 2011c］。

3 制度的アーキテクチャーの構図再編

例えばフォーディズム的構図の出現が最終的に十分に理解されたとしても,そうしたものは蓄積体制の長期的変容のケースには当てはまらない。いかなる蓄積体制も,第二次世界大戦から生まれた秩序に置き替わるのだと主張するに十分なほど長期にわたって幅をきかせるようなことができたためしはない。

3.1 どのような経路依存性か

新制度派理論によれば制度の慣性ということが,制度に特有な特徴のひとつとしてよく示される［North 1990］。このことは経済学者の注意を引かずにはおかない。ところで,学習効果あるいはまた——ネットワーク効果ゆえの——収穫逓増の大きさが累積することによって,ある技術が——被支配的で劣位となっているというのに——発展し続けることがあるいう事実の説明については,規格や技術システムの長期分析［David, 1985 ; Arthur 1989］によって収穫逓増や回収不能の固定費用の重要性ということが明らかにされた。それゆえ,政治的制度についても経済的制度についても**経路依存性**仮説の説明力を研究することは理にかなっている。とはいっても,そうした現象が発生する少なくとも3つの原因を見分けることが重要である［Thelen 2003］。

学習効果の累積性 第1のメカニズムは,制度の総体を前にしたアクターたちの**学習効果**を中心としたものである。この学習効果は理論的には,新技術の統御や技術規格の採用について見られるのと同じ型の収穫逓増を生み出すにちがいない。とはいってもこのメカニズムは,制度の特殊性を把握するというよりも,**社会規範や慣習**の進化をよりよく描き出す。ここに社会規範や

慣習とは，分散してはいるが一部は相互に依存しており，さらには模倣しあっている行動の全体が均衡したものとして理解されている［Boyer and Orléan 1992］。事実，制度が生まれるのは，時間の流れのなかでの考え方や作りなおしにかんする意識的な戦略によるのであり，そこには行為主体間の関係がコード化されている。ここに行為主体間の関係とは，企業がある技術規格を支持することであるとか，利用者にとって厳密に技術的な学習効果の作用とかとはまったく別の性質のものである。加えて，このメカニズムは一般的なものだが，その現実的重要性を裏づける実証研究はきわめて少ない。

制度創出費用よりも少ない制度機能費用　経路依存性の第2の変種は制度形成にかかわる**埋没費用**（コスト）の重要性を強調するものであり，これは産業経済論における参入障壁とよく似たメカニズムに従った議論である。各種制度は暗に競争状態にあるのだろうが，長年にわたって存続している制度が優位を保つのであり，そこから，たとえそれが非効率的になったり，さらには陳腐化したりしたときでさえ，そうした制度は持続することが説明されるはずだという［Sutton 1991］。このアプローチは，制度の形成期間とその後の機能期間を区別して考察する。しかしながら，市場に訴えることにかかわる取引費用と対をなすこの制度創出費用について，その厳密な意味内容を与えるのはかなり困難である。こうした状態のもとでは，制度の費用を参照基準にするというのは，制度的慣性が存在する理由を明確化したというよりは，むしろ一個の興味深いアナロジーを示したにとどまる。

過去は制度再編の幅を狭める　第3の変種もまた，とりわけ社会科学研究者の注目を集めるものであった。それははるかに実証的なやり方でこう主張する。つまり，アクターたちは，自らが行動するシステムを考慮しつつ自分たちの戦略を決定するが，そのシステム自体はそれに先立つ期間に生じた一連の分岐の結果である，と［Swell 1996］。例えば見かけ上はさほど重要でない意思決定が継起することで，当初は利用可能であった多様な選択肢に比べると，ある制約されたシステムに通じていくことがある。昔の分岐点のひとつに簡単迅速には戻れないという意味で，それは**不可逆性**の一源泉である。そ

表22　比較歴史分析から見た，いくつかの調整様式の変容

メカニズム　　調整	金融化	新興産業的
経路依存性	弱い	中位（ロシアとの違い）
転換	・労働者連帯の社会保障から金融化の支柱へ ・企業家はその本質として労働者に対峙する	・集団的農業から市場の躍進へ ・共産党（政治）からエリート主義（経済／政治）へ
堆積	・金融フローの急成長 ・経営者の新たな報酬	・国有企業の包囲網 ・所有権形態の多様化
再編〔組替え〕	株主価値に応じた再整備	継続的な動きによって，ソヴィエト体制から競争主導型成長へ
参照国	アメリカ	中国

れゆえこのモデルは，収穫逓増を基準にするものが意味するものとは大きく異なる。それというのも，それはたんに，過去から引き継いだ文脈が現在の戦略的選択を一部決定すると想定しているからである。もっともその際，例えば技術システムについて見られるような，決定論的――半ば物理運動的――な軌道が支配している，とまでは言わないとしても。

　しかしながら，アクターたちは同じ歴史的遺産から出発しても，いくつかの戦略を展開する可能性がある。その結果，一見すると複数の進化経路が開かれることになるが，経路の幅は，合理的選択理論が想定するものよりもはるかに制限されている。合理的選択理論は，完全な可逆性によって特徴づけられる非歴史的世界に埋没しているわけだ。結局，この第3のものは経路依存性についてのあまり有力でない変種であって，最終的にはその妥当性を検証することは難しい。事実に反する歴史のコマを進めることはできないからである。

第10章　ひとつのレギュラシオンから別のレギュラシオンへ　341

被支配産業的	支配産業的	レント的／混合的
強い（法制化による慣性）	中位／強い（産業特化）	中位／強い（特化／不平等）
・ケインズ的国家から緊縮国家へ ・保護的な労働法から自由放任的なそれへ	・部門別労働組合運動からメゾ・コーポラティズムへ ・各州間の連帯の弱体化	・夜警国家から包摂的国家へ ・新しい開発主義
・労働契約のタイプの多様化 ・あらゆる方面での立法化	・非熟練労働者の新たな身分 ・国際競争にさらされた部門とそこから守られた部門との二重構造の強化	・社会権にかんして ・2つの経済モデルの共存
敵対しあう調整様式の並置，潜在的危機	日本化──メゾ・コーポラティズム的調整様式	開発主義的論理とレント階級との対立──2014年に始まった危機
フランス	ドイツ	ブラジル

出所）Thelen［2003］を一部改変

　まとめれば，経路依存性は制度分析に興味深いメカニズムを持ちこむのだが，だからといって，それは十分に精密な説明枠組みを提供しているわけではないのである［Crouch and Farrell 2002］。

3.2　比較歴史的制度学派とレギュラシオン理論

　比較歴史分析の研究［Thelen 2003］や，さらには旧「共産主義」諸国で生じている変容についての研究［Stark 1997 ; Stark and Bruszt 1998］は，制度変容を操作そして／または先導しうる3つのメカニズムについて示唆をあたえている（**表22**）。

制度を絶えず再解釈する──転換　経路依存性にかんする分析を別の面から批判することが可能かもしれない。すなわちこの分析は，制度の機能を支配している相互作用が複雑だということを無視しており，この相互作用は規模の

利益を示す 2 つの技術間の選択といった単純なものではない，と。技術選択の場合には，価格が指標となって正のループが強化されることがあるとしても，制度の場合は，すべてが制度の目的，手続き，具体化，アクターたちの解釈やゲームに服する総体といったものの間の関係がどのような性質をもつかに依存している。制度はそれ自体，混合的な組織体であり，その進化はしたがって厳密に決定論的なものではない。というのも先述した 4 つの構成要素の間には，各種の配置換えが起こりうるからである。

制度転換（コンヴェルシオン）とは，制度の構成要素のどれかひとつが変化した結果，制度が新しい構図を獲得していくような過程をいう。

まず，**制度が確立し具体化**すると，制度創設当初に有した目的が変化したり消滅したりしたあとでさえも変わらない戦略が生み出されることがある。制度の問題を組織に移してみると，フランスにおける預金供託金庫の例を挙げることができる。その資産管理人は，慎重さと公権力という要請に服しており，こうした役割については時期ごとに新しい定義が与えられてきた。「制度のコナトゥス〔自己の存在を維持しようとする傾向〕」は制度を転換に向かわせうる狡知なのだろうか。

当初，特定の目的のために考えられた**手続き**が，他の領域や他の文脈にも適用できるというので，それよりもずっと一般的な長所をもつということがあるかもしれない。たとえばアメリカなど，いくつかの国の憲法にあっては，効率性を損なうことなく新しい領域に不断に適用できるよう，十分一般的な規則が練り上げられているが，驚くことに，そうした憲法はきわめて弾性に富んでいる。改めて組織について言えば，ネットワーク企業は，経営機構と経営能力のコミュニティをもっているおかげで，水・電力・運輸・通信の配送供給にかかわる各種領域で展開しうるのが観察されるのではなかろうか [Lorrain 2002]。

制度の機能を制御するルールが決定論的なタイプであることは滅多にない。というのも，単に関係諸アクターの交渉力が変遷したり，文脈が根本的に変化したりするという理由だけでも，そうしたルールは不断に，**アクターたちの評価**と自らの意味の再定義を受けることになるからである。実際，最近の研究が明らかにしたところによれば，マクロ経済レベルでもミクロ経済レベ

ルでも，ルールはつねに解釈され，その影響は定義されなおされているのである［Reynaud 2002］。例えばフランスでは，オールー法〔1982年にミッテラン政権下で実施された労働改革法〕——それは，労働組合と経営者組織との交渉の一部を分権化しつつ，賃労働者に交渉力をあたえようと意図されたものであった——が想定されたものとは反対の効果をもつようになってしまったが，それは高成長期の後に，失業の増加，技術の転換，部門別境界線の移動，国際化が結び合わさって文脈が逆転したためである。それゆえ，同じルールはもはや同じ結果をもたらさないのである。

最後に制度転換の4つ目の事例として，当初設定された**同じ目的**が，その目的のために創り出された組織体のなかで満たされるのが次第に難しくなり，その結果ついには，同じ目的をもつが——もっと文脈に適合した——異なった組織をもつもうひとつの制度を創り出すに至るということがある。例えば，伝統主義（アカデミスム）や慣例遵守（コンフォルミスム）といえども，研究や創出を促進するために作られた諸制度を漸次取り入れていくことがある。また，古い組織体を改革しようとするよりも新しい組織体を作った方が簡単だという仮説のもと，当初の目的を追求しなおす任務をもった組織体が次々と現れるということが考えられる。そうであれば厳密な意味での制度転換はもはや重要でなく，むしろ堆積の方が重要となる。

堆積　制度はたとえ長期的な**堆積**（シデマンタシオン）／**重層**（シュペルポジシオン）の過程の結果に過ぎないとしても，実際に，現代経済において大きな意味をもつ制度過多が見られる［Thelen 2003］。

その例は経済史において豊富に見られる。第一次および第二次世界大戦といった戦争経済の名のもとに創出された諸制度は，平和が戻った後も消滅するどころか，陳腐化し非効率となった別の制度に代替したりこれを補完したりしつつ，しばしば再転換させられた。現代フランスでは，雇用関係の改革が難しいため，無期契約に有期契約を積み重ねた労働法が生まれ，雇用の調節や特性をやがて変容させうるような淘汰過程が開かれることになった。

組替え——古いワインを新しいボトルに詰める　一連の制度を個々別々にみてき

たが，これら制度が定義する構図の特性は，制度間の紐帯の数や強度に決定的に依存することがある。それゆえ，組替え(ルコンビナシオン)ということが，制度的構図が進化する際の仲介者をなすのであるが，その出発点には，構成要因たる組織体の多元性と異質性が存在する。これら組織体どうしの関係は，制度的同型性(イソモルフィスム)，補完性(コンプレマンタリテ)，さらには階層性(イエラルシー)の形態をとることがある。加えて注意すべきは，制度のなかには，補完的でなくとも両立的(コンパティブル)でありうるものがある [Höpner 2003]。おまけに一定の場合，全体の構図と何の機能的関係ももたずに孤立者(イソラ)となるものがある。こうした制度の豊かさに直面して，いくつかの集団的アクターや集団は，自らの地位を再定義し立場を改善しようと試みることがある。それは文脈の変化を考慮しつつ，新しい紐帯を通してか，あるいは反対に，もはや必要な利点がなくなった古い関係を切断することを通してである。

　こうした考えは，かつてソヴィエト型体制下にあった経済の——とりわけ所有権や権力関係の変遷にかんする——転換を観察したことから生まれた。旧秩序の完全な崩壊という直観とは反対に，政治的・経済的ネットワークは完全に破壊されることなく再び動きはじめたことがわかってきた [Stark 1997 ; Stark and Bruszt 1998]。そこからある独自な経済システムが形成されたのであり，それは共産主義諸政党の崩壊だけでは民主主義の政治舞台を創設するに十分でなかったのと同様，純粋市場経済という教科書的形態の道を歩みはしなかった。組替えという仮説は，中東欧諸国が辿った軌道の多様性を，また照応する諸経済の驚くべき諸特性を理解する助けとなる（**第8章表13**）。

　競合する制度派諸理論による予測をことごとく否定した諸変化もまた多様である。一例だけ挙げるが，所有権学派は，所有権の定義の明瞭さが資本主義発展の必須条件だと想定する。これはおそらく，いくつかの国際比較研究さらにはロシアの観察からよく示されることである。しかしながら1978年改革以降の中国経済にみられる活力は，一部は無数の所有形態の重層や組替えによって生まれたのではないだろうか。そこでは，もっとも活動的な企業家が，個人的な利益を追求するに際して，無数の所有形態のなかからいちばん適切なものを選ぶことができたのではないだろうか [Boyer 2011d]。表面的（イデオロギー的？）な見方によれば，中国共産党が資本主義的蓄積の開

花にとって障害となすと考えられがちだが［Lun 2003］，経済ネットワークと政治権力形態の目覚ましい組替えのおかげで，まったく反対のことが支配している［Huchet and Xiangjun 1996 ; Oi and Walder 1999］。この場合，こうした組替えは新たな所有形態の導入と外国人アクターの容認があたえる衝撃のもとで生じており，そこには2つの進化メカニズム——すなわち堆積と組替え——の間で生じる一定の相乗作用(シナジー)が含まれている。

3.3 現代資本主義の進化を解読する鍵

転換(コンヴェルシオン)は，もっとも広まった過程として現れており，また5つの政治-経済レジームに共通しているように見える（**表22**）

4 一連の周辺的な変化から別のヘゲモニー・ブロックの出現へ

こうした構図再編の過程は，際立って抽象的でやや機能主義的であるように見える。これらの変容の起点となるアクターはどこにいるのだろうか。レジームが再検討に付されるほどヘゲモニー・ブロックが弱体化することをどのように説明できるだろうか。そしてその潜在的な後継はどのように形成されるだろうか。

4.1 ひそかにじわじわと獲得される金融の権力

上記に対応した過程を詳細に説明することができる。この過程には，当初は賃労働者と企業家が含まれていたが，あからさまな対立や分岐点の自覚を意味するはっきりとした区切りがないまま賃労働者が排除されてしまうといった具合に，同盟が段階を踏んで反転していくことが示されている［Amable 2003, pp. 66–73］。すでに強調したように第1段階が生じるのは，対外開放が高まることで賃金がコスト化するときであり，この賃金コストは，自らに向けられる需要を国内企業が充足する能力に重くのしかかってくる（**第4章図11**）。企業は新たな組織形態を採用するが，それは国際競争に耐える能力に応じて賃金稼得者層を細分化するものであった。こうした措置が十分でないときには，企業は，より収益性の高い圏域に向けて海外移転することになる。

こうした脅威は，いちばん脅威にさらされた賃労働者を規律づけることになる。

対外的な自由化とともに，追加的に第2の段階へと乗りこえられていった。この自由化は，もっとも国際化した企業による圧力のもとで決定され，こうした企業は，投資を維持し再び世界全体から投資を誘致するべく，自国領土が再編成されるべきだと強調した。ケインズ的国家はシュンペーター的発想にもとづく別のものに置き換えられていった。というのも国家の機能は，イノベーションを促進することになったからである［Jessop 2002］。賃労働者の影響力喪失は，国内の自由化とともにある閾値を超えた。一方で，国際化の勝者は，労働組合を通じた労働者擁護の必要性を再検討に付し，他方で敗者は，ヘゲモニー・ブロックから排除されることになった。労働者は金融によって置き換えられ，金融は企業統治の転換に同調した（**第9章**）。

この議論の新しい点は，部分的で相次いで起こる補完性の作用に起因している。補完性は，国際化と企業統治，企業統治と経済政策，対外的自由化と国内的自由化といったところで見られた。このような継起が起こるにつれて，制度諸形態は再編成され，ヘゲモニー・ブロックの転換が可能になったのである。

5　相互連結的ネットワークにおけるアクターたちのゲーム

以上，変化をめぐる2つの過程をそれぞれ論じてきた。強烈なショックに反応して起こる変化と，反対に，多分に見過ごされてしまうような一連の動きによる変化である。そこで次に第3の過程を探求すべきときだろう。その過程は，経済的なものは他の諸分野に埋めこまれており，この他分野の方が経済のロジックに遡及作用をおよぼし，そして制度変化の媒介者として役立つという事実にもとづいている。

さらにケース・スタディによって，もはやたんに——賃労働者，企業，はたまた国家のような大きな組織といった——集合行為だけでなく，個人の行為を明らかにすることができる。何人かの個人は部門そして／あるいは地方の歴史の動きを変えることができるのだろうか。

5.1 ネットワークの構造が重要である

　各種分野でなされているネットワーク分析は，しばしば次のような結論に向かって収斂している。すなわち，ネットワークは偶然的な過程の結果ではなく，ネットワークの特性にとって，その特定の幾何学的形状が重要なのだ，と。これが当てはまるのは，ブルゴーニュ・ワインの事例をもとにして，ワインの品質規格の変化に貢献したアクターたちである。経済空間において支配的な規格は，どのように再検討に付されるのだろうか。

　実際，期間当初にあっては，産地が異なるワインを混ぜることで創られたブランドの論理を通して，ボーヌ〔ブルゴーニュ・ワインの取引中心地〕の卸売業者は市場を牛耳っていた［Laferté 2006］。ディジョンを中心にして再編成されたブドウ産地別の規格決定法を支持する人は少数であり，貴族的でありたいと望む限られた人々を対象にして，慎ましやかな見通ししかもっていなかった。この地方の民俗地誌によれば，そこに２人の人物が現れる。すなわちディジョン市長のガストン・ジェラールと，ニュイムルソー・ブドウ園所有者のジュール・ラフォンである。固有に経済的な要因がかれらに有利に働いた。すなわちボーヌの卸売業者が信頼の危機に直面したのである。かれらが品質について不正行為を働いたからである。とはいっても，この要因は，原産地呼称統制を法典化する際に生じた逆転を説明するものではない。

5.2 文化分野と政治分野が経済による支配の克服を可能にする

　ボーヌとディジョンが維持した関係の構造を簡単に分析すると，経済領域における相対的な対称性が見えてくる（**コラム 16**，**図 40a**）。これは文化空間にはもはや当てはまらない。ここでいう文化空間とは，新しい地理，美食観光，ブドウ産地の長所の象徴的構築などが現れる空間を指す（**図 40b**）。センチュリー・クラブを中心に再編が行われたおかげで，ディジョン市やニュイ・サン・ジョルジュやムルソーのブドウ園に関係のあるアクターたちが中心となることになった。ボーヌの卸売業者が孤立したことは，政治空間において確認される（**図 40c**）。すなわちディジョン市は，政治的資源の動員と，学界とのつながりにおいて積極的であることがわかり，ボーヌはパリとこうした関係をもつことに欠けていた。

■コラム 16
ワインの品質規格の転換

　ネットワーク分析の手法によって，ボーヌやディジョンの相対的地位を特徴づけるいくつかの指標を構築することができる。最初に，参入にせよ退出にせよ，そうした関係をいちばん維持しているのは，ディジョン市庁とその支持者であることがわかる。他方で，中心性の指標は，図 40 が示唆する診断を裏付けている。すなわち，ボーヌの仲買人が経済空間において中心をしめるが，そこに文化分野を重ね合わせると，同様に中心に現れるのは，ニュイ・サン・ジョルジュやムルソーの地主たちである。最後に，政治空間も考慮すると，中心的位置を占めるのはディジョン市庁となる。派閥的グループにかんする分析に進むと，経済空間では，ボーヌの仲買人とニュイ・サン・ジョルジュやムルソーの生産者が寄り合ったものだけが観察される。経済的なものに文化的なものが加えられると，各それぞれに土地所有者を含む，3つの追加的な派閥的グループが現れる。もし経済ネットワークに政治的関係が重ね合わされると，追加的に 2 つの派閥的グループが現れ，それはディジョン市庁を巻きこんでいる。最後に，それら 3 つの分野を重ね合わせたネットワークにおいては，もはやボーヌの仲買人はただひとつの派閥的グループに属することはない。それに対して，土地所有者たちはそれら諸分野のうちの 3 つに属しているように思われる。これらの各種指標は収束してひとつの結論が導かれる。すなわち，文化的・政治的空間において獲得された／かち取られた地位は，品質規格に対する支配が——仲買人によって推進された品質規格の支配から，土地と伝統の概念を中心として土地所有者が構築した別の品質規格へと——大きく転換する際に決定的な役割を果たしたのだ，と。

第10章　ひとつのレギュラシオンから別のレギュラシオンへ　349

図40　3つの分野の重ね合せが，新たな特性をもつネットワークを作り出す

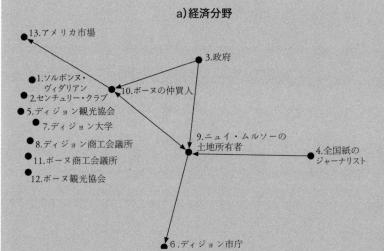

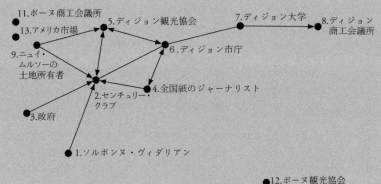

350 第Ⅱ部 展開編

c)政治分野

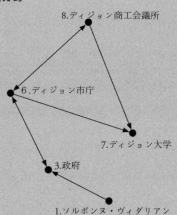

● 9.ニュイ・ムルソーの土地所有者
● 10.ボーヌの仲買人
● 11.ボーヌ商工会議所
● 12.ボーヌ観光協会
● 13.アメリカ市場
● 5.ディジョン観光協会
● 4.全国紙のジャーナリスト
● 2.センチュリー・クラブ

d)ネットワーク全体

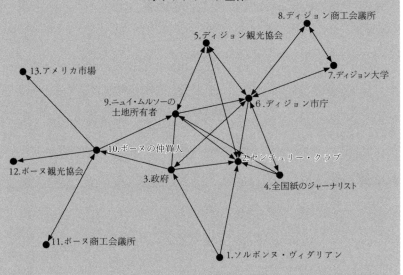

出所) Boyer and Boyer [2004, pp. 26–27]

3つのネットワークを重ね合わせることで，逆転は明確になる。すなわち各界全体と手を結びつつ，ディジョンとブドウ園は，ブドウ産地の象徴性を頼りとし，経済分野における劣勢を補うことに成功した（**図40d**）。ところが，ワインの品質を承認する際の新しい原則を体系化した法律を採用させるには，政治的なものを経ることが不可欠である。経済分野での行動を抑制することで，ボーヌの卸売業者は主導権を失った。ブドウ産地別規格の支持者たちは3つの分野〔経済分野，政治分野，文化的空間〕の間の同盟を構築することによって，勝利した。そうしたことが第1の結果である。すなわち，規格――さらに広げて慣習や制度諸形態――の変化は常に，狭義の経済分野を超える空間において決定されているのである。ここに本章の諸節を貫く結論が再び見いだされる。すなわち，集合行為，国家によるコントロール，戦時における社会的コンフリクトの抑制，諸分野間の補完性の活用などは，そのいずれも制度変化の媒介をなすのである。

5.3 分野の構造と核心的アクター

　分析をさらに進め，そうした逆転が特異なものか，あるいは，その逆転は別の一般的な教訓を含んでいるかについて問うことができる。先の地誌的分析を，統計物理学から借りたテクニックに固有の単純化に結びつけるのが，定式化の目的である［Boyer *et al.* 2010］。モデルのねらいは，変化の過程が匿名の諸力を巻きこむのか，あるいは少数の個人がネットワークの構造そのものを変化させつつ決定的な役割を担いうるのかについて検討することにある（**コラム17**）。シミュレーションの結果は第2の仮説に有利である。もちろん，このモデルの著しく抽象的な性格を無視すべきではないが，この定式化がもつきわめて基本的なメカニズムは，ガストン・ジェラールとジュール・ラフォンが，ワイン品質の規格の逆転において決定的な役割を果たした可能性があることを確認している。それが定式化のもうひとつの意義である。すなわち，まさに自分たち自身の利益を追求しながら，この両者がブルゴーニュ・ワインにかんする経済的なものの構図を逆転させるに至ったのである。こうしてブドウ産地ワインの考案は，大いに個人的な利害を追求する制度的企業家が影響を与えるもとで，幅広い既存の関係を再編することから生まれ

■コラム17
統計物理学を援用したモデル化によってネットワーク分析の結果を実証する

　本書の諸章で明らかにしたように各種アクター間では多様な関係があるのに，それを大いに単純化してしまうことにはなるが，アクターたちは，ボーヌの仲買人と，ディジョン市長のもとに集まった土地所有者との間で均等に分布していると考えておこう。それゆえ各分野では，アクターたちは自らの利害とどの程度近いかに応じて新たな関係を結ぶようになるだろうと想定することができる。それを定式化するために，2つのグループが同等の力をもっていると仮定しよう。だからこのような仮定は，現実の構図――つまり当初はボーヌの仲買人が経済空間において支配的であった――からは外れることになる。最初は両グループのいずれもパリとの関係をもたないと想定され，局所的な利害しか考慮に入れない接触の可能性を考慮して，ランダム・サンプリングにもとづくシミュレーションを実行する。このとき，2つのグループが同等の力をもつ構図では最終的に現状維持に近いものが観察される。この力は，いずれかのグループに参加する個人の数によって測られる（図41）。つづいて，経済的，文化的，政治的な空間で行動しているパリのアクターたちと関係をとり結ぶ能力を少数の行為主体に与えてみると，2つの興味深い現象がシミュレーションによって現れてくる。第1に，もしパリと接触する確率が低ければ，グループのどちらかが均衡を自らに有利なものへ動かす可能性が出てくる。こうして，マーク・グラノベッターが別の文脈で明らかにした弱い紐帯の力に相当するものが，ここでも見られる。それゆえ，少数の個人が局所的なレベルで経済的な力の分布を変更することが可能でありうる。第2に，しかしこの確率が高まり，パリの関係者との接触が万人にとって容易になるならば，これとは対称的な状況が見られる。その状況の

もとでは，距離を隔てた関係が確立されても，局所的なレベルでの経済的な力の分布は変更されないのである。

図41　距離を隔てた関係でのやり取りの頻度が現地での変化に与える影響

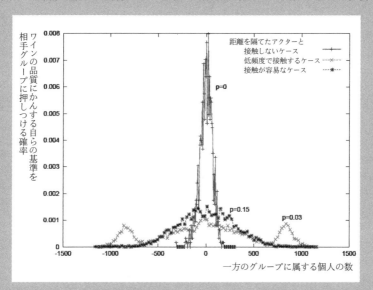

出所）Boyer［2005, p. 8］

たのである。だが事後的にではあるが，かれらは新たな公共財，すなわちブルゴーニュ・ワインの名声を形成するのに貢献したのである。

　というわけで，このごく簡単な定式化は，社会科学の核心にある二重の問題を明らかにしている。この定式化は一方で，アクターの戦略から——その結果たる——社会的構図への移行を説明する。他方で，ひとつの構図から別の構図へと移行する際に時間が果たす役割を明らかにする。なぜなら新機軸が現れるのは，まさに相互作用が繰り返されることにあるからである。英雄的企業家はその洞察力とカリスマ性のおかげで，社会空間で瞬く間に普及する急進的イノベーションを正統化することに成功するかもしれないが，以上

に述べたことにより，その英雄的企業家のアイディアという見方は相対化される。社会というものはあまりにも複雑で，不均質であり，そのせいで対立をはらんでいるのである。

さらに制度的企業家は，常に自らの行動を既存のネットワークのなかに組み入れ，そしてこのネットワークを大なり小なり抜本的に変容させていくのに一役かっている。われわれはここに，レギュラシオンの方法論の核心をなす全体-個人関係主義(ホル インディヴィデュアリズム)に再び出会う［Defalvard 1992］。すなわち個々人は過去を引き継ぐネットワーク，組織，制度のなかで振る舞い，かれらはそれらを変化させるに至るが，それは本質的に集団的過程の結果としてであり，その帰結はたいてい非意図的なものなのである。このことは，変容がマクロ経済の規則性，したがって調整様式にかかわるものであればなおさらそうである。

6　アイディア，利害，政治的なものが新たな調整様式を生じさせる

この3つ目の考え方は，経済の領域が表象や政治的なものの領域と相乗作用(シナジー)を発揮した結果として，制度変化を捉えるものであるが，それは部門別制度装置の分析に限定されるものではない。なぜならそうした分析は，調整様式の変容を引き起こすイノベーションにも適用されるからである。

6.1　ユーロの起源に

分析の都合からすると，きわめて理論的なアプローチと，アクターの行動指針として役立つ総合的な表象とを区別することが重要である［Boyer 2012a］。第1の分野では，全員一致にはほど遠い状態である。確かに，マネタリズム，リカードの等価定理仮説にもとづく新しい古典派経済学，確率的一般均衡モデルは共通して，中長期における中立貨幣の仮説に立っているが，次の3つの学派は軋轢なしに経済・通貨同盟へと移行するとの仮説に異議を唱える。すなわち，政治経済学は政治を伴わない貨幣などないと主張し，財政の計量経済分析は，財政赤字のGDP比3%という制約はこれまで遵守されておらず，それゆえ将来においても守られそうにないことを示す。経済地

理学は過去の産業特化にかんして，EU 当局が期待するような収斂とは反対に，ヨーロッパが二極化する危険性を指摘する。

〔第 2 の分野にあっては〕これらの理論を参照しても，はるかに単純な対立に訴える意思決定者たちの分析をうまく組織化することはできていない。その対立とは，一方で典型的な自由主義やオルド自由主義は，期待こそがヨーロッパに活力を与えると考えるのに対して，他方でケインジアンやポストケインジアンは，安定・成長協定ゆえのデフレ・リスクを強調することにある。ところが，1990 年代中葉以降，介入主義者たちは自らの影響力が低下したことを認識した。第 1，第 2 両方の分野を重ね合わせると，マーストリヒト条約の枠組みのなかでひとつのユーロ圏が可能だと考える者たちが増えはじめたのである。

3 つ目の分野では，ユーロの成立で利益を得る社会的グループと，反対にユーロの成立によって購買力が低下したり社会保障へのアクセスが困難になったりすることを懸念するグループが対立する。ところが，多国籍企業や専門労働者は，低技能労働者や国民的連帯に本質的に依存している者たちに比べて，はるかに容易に政治的なものにアクセスすることができる。国民国家レベルに話を移すと，国益という考え方によって，4 つ目の新たな次元が導入される。根本的なことは，ドイツ政府とフランス政府がユーロ立上げにかんする妥協を結んだということである。その妥協により，放漫財政が生じさせるであろう負の外部性を厳格に規制する代わりに，貨幣主権をヨーロッパ・レベルで分かち合うことになった。南欧諸国の世論はユーロ加盟にもっとも熱心で，ユーロは近代化や民主主義への参加を象徴するものだった [Boyer 2013b]。

つまり単一通貨の創造にかんする意思決定をもたらしたようにみえるのは，これら 4 つの分野の結合なのである。

6.2　政治的なものの優越

貨幣レジームの選択は最終的には政治領域の問題に属する。というのもそれは，市場を，したがって資本主義を基礎づける制度だからである。それゆえ，これまでに言及したすべての分野が連関しあって，必然的に政治的なも

のへと収斂していく。敗者はユーロが連帯の原理に悪影響を与えはしないかと心配する一方で，政府の信頼を得ているのがもっとも力をもつ者である限りにおいて，利害の論理は必要な全員一致を作り出すにはほど遠くなる。この点，フランスとオランダで実施された国民投票で，世論はユーロに対してかなりはっきりと拒否を示した。そして度重なる世論調査が示しているのは，ドイツのようなユーロにもっともうまく適応した国においてさえ，世論はきわめて煮え切らないものだったということである。経済政策にヒントを与えるアイディアの分野においては，ヨーロッパ内での為替レートの激しい変動によって被害をこうむったことは容易に見てとれる。そして1990年代には，多くの専門家が，国際資本移動が完全に自由である時代においても，固定相場制がもっとも優れたレジームであると考えた。ユーロ以前のシステムがもつ欠陥が，最適通貨圏のための条件が欧州連合内で満たされていないということを忘れさせてしまったのである。

　結局すべては政府間交渉に左右される。そこでは国家理性が優位を占め，この国家理性は一般的には，国内の民主主義的プロセスからはかなり切り離されている。ところでこの空間においてユーロは，ユーロ圏の結集を悩ませている諸問題に対する解決策であるように見えた。事実，弱い通貨の国々は，自らの通貨政策をコントロールすることができなくなっており，したがってそれら諸国は，共通通貨の管理によって，ある程度の主権を部分的に取り戻すことを望んでいた。現実問題として，頻繁に通貨を再調整することで，欧州大市場の永続が危うくなっていた。そして，為替レートを撤回できないよう固定化するのも理解できることのように思われた。ただし，各国別政策の遂行に対する帰結をしっかりと考えない限りでの話であるが。地政学的にみると，ドイツ産業にとって東方への展開という注目すべき展望が開かれた時代にあって，ユーロの立上げはドイツをヨーロッパにつなぎ止めておくための解決策として現れた。最後に，ヨーロッパ連邦主義の信奉者たちが考えるのは，ユーロが旧大陸ヨーロッパの国際的立場を強固なものにするということである。なぜなら旧大陸は，ドルと競争する基軸通貨――国際通貨制度にかんする将来的再交渉のための担保――を創造するわけだから，と。

6.3 非効率な緊縮政策の持続

これと同じ分析枠組みを，2010年から2014年にかけて欧州連合で採られた政策を分析するのに利用することができる。2008年9月に始まった金融危機の第1局面では，ユーロは過去の為替危機に打ち勝ちつつ，盾として実際に機能した。しかし2010年春，ほとんどの国で——とりわけスペイン，アイルランド，ポルトガル，イタリア，フランスで——公的債務の増大は耐えがたいほどになり，これによって不均衡が表面化した。それが自動安定化装置や金融システム救済活動の帰結であることが忘れられ，正統派はGDP比3％以内への財政赤字の制限を厳格に尊重すべきだと強く主張した。

積み重ねられた計量経済学的な事実によれば，過剰能力と不完全雇用の状態のもとでは，緊縮政策は財政赤字を悪化させることが確認されているにもかかわらず，ケインズ的乗数にもとづく分析には異議が申し立てられた。実際，金融救済活動を正当化するためにケインズ主義はごく一時的に引き合いに出されるのだが，それはもはや学術的には——欠陥のある国家への信用供与に同意することができるはずの——諸政府の支配的思考法(イデオグノーシス)の中に入ってこない。結果として，欠陥のある国家は欧州委員会，ECB，IMFが共同で管理する調整プログラムを受け入れざるを得なくなる。

こうして財政連邦主義に向けて前進する意思がないので，貸し手側の諸国が欧州レベルの政策の基調をつくり，その過程で，自分たちのマクロ経済的見解を——それが観察によって反駁されているというのに——押しつけるのである。

6.4 誤った理論がどのようにして持続し，政策を正当化するのか

先に挙げた2つの事例は，間違っているとは言わないまでも，不適切な理論が参照されたことを説明している。だがその理論は学界では正統なものとして認められている。なぜなら学界は別の2つの分野に，それぞれ経済分野と政治分野と結びついているからである。これら両分野の支配こそは，ユーロの創設と緊縮政策の普及においてコミットした学界の見解を膨らませるのを手助けしたのである。

しかし，そうした現象はもっと広範なものであり，マクロ経済学それ自体

――それ固有のルールを備えた職業として理解されている――に関わるかもしれない［Friedson 1986］。科学は組織でもあり［Whitley 1984］，このことは結果として，およそ命題なるものの正しさを学界の判断に委ねることになる。問題は，この学界がある不確実性によってけがされており，しかもその不確実性はマクロ経済学が歴史に埋没したひとつの社会科学だという事実によってさらに強化されているという事実にかかわっている。社会科学にとっては，昨日真実だったものが今日には間違いとなったり，その逆もまた真であったりすることが頻繁に生じる。1936年から2015年までに古典派理論とケインズ理論との間で生じた地位の交替を想起すれば十分であろう。

ポール・デイヴィッド［David 2002］の功績は，かれが，結果が不確実性に左右されるときに研究者が直面するディレンマをきわめて単純な形で説明したことである。現代の学界の中核にある評判というものの効果は，全員一致の現象をもたらす。多数派の見解を前にするとき，それに順応するのが合理的な戦略となる。こうして全員一致が支配的となり得ることが説明される。というのも全員一致は，信念と――学界のルールに従うべき潜在的な異分子による――合理的戦略との結合によって変わるからである。「科学的真理」なるものを，もはやおよそアクターたちの主観性を超越するような事実としてでなく，ひとつの慣習として理解してみるならば，「科学的真理」という概念はその認識論的厳密さを失う（**コラム18**）。

ここで変化の要因のひとつを取り上げよう。合意を危うくする変則性に直面すると，異分子が多数派を勝ち取るかもしれない。逆もまた真であって，新しいパラダイムそれ自体が一連の異議や反論に遭うかもしれず，そのことによって新たな逆転が起こりうる。こうして逆説的な結果が得られる。すなわち理論にのしかかる不確実性が大きくなればなるほど，それだけいっそう，次の段階で新たなパラダイム転換を準備する全員一致の出現がありそうなこととなる。このように，確かな法則が積み重ねられていくというよりも，経済的アイディアが周期的に変化していくのが観察されるのである。

■コラム 18
学会でのコンセンサスが科学的真理を意味するわけではない

研究者はひとつの職業である

およそ科学者なるものは評判の効果によって自らの正統性を獲得する。すなわち，かれらの研究は，自ら所属する学会によって広く認められる必要がある。このように，近代科学は評判に基礎づけられた組織である［Whitley 1984］。ある命題を覆っている不確実性を考慮してみると，研究者が直面する選択を簡単な形で定式化することができる。順応主義的で命題の真理性に賛同することもあろうし，あるいはそれに反対して，みなが合意している命題は実は間違ったものだと考えることもあろう。最良の立場は，学会に対して正しく異説を唱える研究者のそれである（$b_4 > b_1$）。最悪なのは，命題が正しいにもかかわらず，研究者が反対を表明する場合である。この場合は，$b_2 > b_3$ という事実によって表現される。ポール・デイヴィッドの研究［David 2002］を受けて，次のようなゲームが得られる。

研究者の戦略	理論の状態	科学的命題 S は		(象徴的もしくは現実的な) 報酬の分配 $b_4 > b_1 > b_2 > b_3$
		正しい R	誤っている W	
順応	C	b_1	b_2	
反対	D	b_3	b_4	
		θ	$(1-\theta)$	
θ：S が正しいという主観的確率				

研究者が期待報酬を最大化するものと想定すると，結果として，かれは以下の間で選択することになる。すなわち，次式で示される水準の期待報酬がもたらされる順応主義と，

$$\pi_c = \{\theta b_1 + (1-\theta) b_2\}$$

次式の値が得られる反対論の間の選択である。

$$\pi_d = \{(1-\theta)b_4 + \theta b_3\}$$

主観的確率が十分に高いのであれば、順応主義的戦略が選ばれるだろう。

そのとき $\pi_c > \pi_d$ となり、その条件は $\theta > (b_4 - b_2)[(b_1 - b_3) + (b_4 - b_2)]^{-1} = \theta^*$ となる。

正確な結果の確立を妨げる順応論と大きな価値をもつ反対論

報酬の序列体系を考慮に入れると、決定的なのは $\theta^* = \frac{1}{2}$ の値である。仮に当初、研究者の所属学会が命題 S を正しいと考えているならば、順応主義への一点集中が観察され、順応主義がアトラクターの役割を果たすだろう。すなわち、学会はこの一体性に満足するだろう。というのも、疑いをかける人びとの意見は考慮されないからである。反対に、もしこの同じ学会があいまいであるなら、反対論が優勢になり、したがって命題 S は棄却されるだろう。

にもかかわらず、以下の 2 つの学会を対置することができる。

・もし反対論に立つことが大きな不利益をもたらすのなら、$\theta^* > \frac{1}{2}$ となるので、常に順応主義が勝つことになるだろう。マクロ経済学者の学会がそうであるように、このことはおそらく、強固に統合された学会に当てはまる。

・逆に、反対論が報われるのであれば、順応論から抜け出すことになる。反対論がポジティブな価値をもつものとみなされるような、緩やかに組織された学会では、こうしたことが当てはまるかもしれない。この点、フランスにおける社会学の一般的状態が思い当たる。

7　現代世界の絡み合いと複雑性

現代の状況は、一連の不均衡の結びつきによって特徴づけられており、およそ新たなレジームなるものはこれを乗り越えなければならない。

7.1 5つの至上命令に応えるものとしてどのようなイノベーションがあるか

過去において，発展様式はもっとも差し迫った社会経済的問題に応えてきたわけだから，こんにち大半の発展様式を危うくしている問題のリストを作ってみるのがうまいやり方だろう（**表23**）。

旧工業化経済では，**生産性上昇の鈍化**によって潜在的な成長率が，したがって分配をめぐる対立を解決する力が低下した。この鈍化が計測の問題に起因しようと，現実の変化に起因しようと，情報通信技術は，かつて大量生産・大量消費への移行がもたらしたような刺激を各種経済にもたらしていない〔**表23の1**〕。環境保護のための資源が消費に向けられる資源から先取りされてしまうので，グリーン・イノベーションが生産性や購買力の回復を刺激するかどうかについては，もはや明らかでない〔**表23の2**〕。その他の発展モデルにあっては生産第一主義的な偏見が放棄され，別の指標を通して人々の福祉が積極的に追求されている。

環境制約ということが，現代経済を再編するための2つの提案の中核をなす。第1の提案たるグリーン成長は，この困難を乗り越えるべく，あらゆるアクターが動員されることを想定している。その結果，一群の急進的イノベーションが産業史における新時代を切り開いていくことだろう，と。しかしながらこうした戦略は，豊かな社会と貧しい社会との二極化を深刻なものにするおそれがある。また，金融市場が，例えば CO_2 排出価格から特定の傾向を取り除くことはできないことが明らかになるにつれて，こうした戦略を粘りづよく追求するのは困難となる。

繁栄なき成長が観察されることから，社会再編にかんするもうひとつの提案が出てくる。それは――人々の福祉意識にかかわる――たいていの場合は集合財を増やしていくような社会の再編である。このような視点に立てば，市場の論理も GDP で評価する伝統的体制も，豊かな社会における市民の期待に対してますます応えられなくなっている。こうした熱望にもっともよく応えられるのは，それぞれ福祉経済〔**表23の4**〕と混合経済〔**表23の5**〕であろう。

こうした熱望は，他の3つの潜在的発展様式ではきわめて稀にしか存在しない。そこからこれら発展様式の弱みが説明される。なぜならば，それらの

表23 5つの至上命令に応える各種発展様式

新興のモデル	成長モデルの枯渇	技術変化の鈍化	環境制約
1. 情報通信技術（ICT）経済と知識の経済		国によって，控え目だが不均一な効果	貢献可能
2. グリーン経済		シュンペーター的革命の可能性	新たな方向だが，生産性への影響は不確実
3. 脱成長		2世紀にわたる工業化との断絶	エコロジー的持続可能性が始まる
4. 福祉経済		公共財（教育，医療）にかんするイノベーション	社会的および／つづいてエコロジー的な持続可能性
5. 混合経済		イノベーション・システムの一定の先導性	公共団体によって課される制限を通して組みこまれる

着想は民主主義的というよりはテクノクラシー的だからである。

不平等の激化はますます，身分や報酬の個別化によって——ほぼ例外なく——特徴づけられるような社会を編成しなおしていくことへのブレーキとして認識されている。そこで提示されている問題は，各々の国内空間のなかでの，そしてもっと一般的には国民間での，連帯の問題である。技術的あるいは科学的なイノベーションが制度的イノベーションなしに解決できないのは，まさにこうした問題なのである。制度的イノベーションの方はといえば，これは社会運動の圧力が存在したり，多数の市民を巻きこむ大規模な政治連合の構築が行われたりすることを想定している。福祉経済や混合経済はまさに不平等の拡大を制限することを目的としており，そのためにはとりわけ，主要部門だけでなく，教育，医療，文化といった部門でも集合財が拡大する必要がある。

　金融不安定性と繰り返される危機は，現代経済が苦しむ第5番目の——だからと言って深刻でないわけではない——困難である。各種の潜在的発展様

繁栄なき成長	不平等激化の社会	金融不安定性と繰り返される金融危機
福祉に対する直接的な影響はほとんどない	自由主義的資本主義ではイエスだが,北欧諸国ではノーである	ICTによって強化される
民間消費と集団福祉との裁定	不確実な効果(個人 対 国)	(エネルギー,CO_2の)価格予測を安定させる必要性
消費様式と生産方法の再検討	多大な再分配の必要性	国際金融ではなく地方を優遇するという前提
GDP型の基準に対して福祉基準が勝る	公共財に重点を置くことで,より大きな平等性が得られる	公共団体による信用のコントロールへ回帰するという前提
生産と福祉との裁定	所得の階層性にかんする集団的規範への回帰	金融安定性と信用の配分——国家の特権

式がこの問題の解決に対してどのように貢献するか。そこには大きな差がある。情報通信技術や知識経済でさえこうした不安定性の原因になっているのだとすれば,他のあらゆるシナリオは反対に,ある核心的目的に有利となるよう,金融に奉仕させることを想定している。核心的目的とは,グリーン投資を支援すべく金融資源を動員したり,金融仲介のロケーションを変更したり,十分な公的融資を行ったり,はたまた大規模な金融危機が生じる可能性を下げるべく公共団体によるコントロールを行ったりすることである。しかし,国際金融に対して持続的に負債を負ったどの公共団体にとっても,そうした任務は困難である。それゆえ,一種の経路依存性を免れることはできないのであり,そのことが発展様式の将来展望をさらに複雑なものにするのである。

7.2 未来は過去の再生産とならない

このようにレギュラシオン理論は,その基礎となる仮説のひとつに苦しん

でいる。大危機の期間にあっては，経済決定論は政治連合形成の開始へと道を譲ることになり，その政治連合が整合的で持ちこたえうる発展様式を確立するに至る保証は何もないという仮説である。それにもかかわらず歴史は，大危機から脱出する過程を導く一般的な教訓がいくつかあることを示唆している。

1）いかなる大危機も，以前のモデルの周辺部が修正されて終わるものではない。未来は反復ではないのである。

2）新たな経済地理の内部で，また——たいていはヘゲモニー強国の変化によって——変容した地政学の内部で，組織，制度，能力，公的介入の総体が同調しあった後になってはじめて，技術革命は成果をもたらすことになる。

3）アクター，利害，ヴィジョン，戦略が多様だということは，模索やこれに次ぐ学習の長い過程があることを意味するが，やっとその後で世代規模において持続するレジームが明確に現われてくる。

4）金融市場の短期主義や政治ゲームはたいてい，とりわけエコロジーにかんして，将来の社会経済的レジームの集団的制御に不利に働く。

5）技術的，社会的，政治的なイノベーション過程の絡み合いは，多様な国際的相互依存と結びつき，その結果，現代の危機からの脱出は前例がないほど複雑なものとなる。

6）21世紀のモデルは混成的(コンポジット)なものとなろう。なぜならそれは，社会変動による基盤に由来し，また——現代社会のあらゆる領域を変容させる無数のイノベーションを関連づける——制度諸形態に必要な政治的行動に由来する，諸過程の相互作用から帰結するものだからである。

7）経済学は，その手法やテクニックの発展にもかかわらず，世界のこうした転換を分析するには無力なように思われる。レギュラシオン理論は，資本主義の変化の分析を基礎とし，現代世界を読み取る上でいくつかの鍵を提供する。

8　結論——静かなる変容の挑戦

40年にわたって資本主義の動態についての研究に勤しんできたが，レギュ

ラシオン理論はこんにち 2 つの重大な困難に突き当たっている。

　第 1 の困難は中国に関係する。すなわち，その他のほとんどの資本主義で見られたものとちがって，中国経済がこれほど長期にわたって，そして大危機に陥ることなくこれほどの規則性をもって発展していることを，どのように説明するか。このことは，重大な危機に至る可能性がある変調を予測して予防することをねらい，絶え間なく現実適応的な改革を行い続けていることに起因するのだろうか。

　第 2 の困難はこれと対称的で，成熟した資本主義ではなぜ，新興のレジームを特徴づけることがかくも困難なのであろうか。それはおそらく，レギュラシオン派があまりに長期にわたって，フォーディズムがそうであったのと同じくらい単純で，結局は合理的なレジームを追い求めてきたからであろう。ところが，これまでの各章が示したのは，無数の部分的な規則性が複雑に絡み合っているということである。1967 年から 2015 年にかけて，戦間期に生じた崩壊ほどに人目をひくものはこれまで観察されていない。その崩壊によって，諸国は劇的な事件の継起に直面し，社会的紐帯を再構成せざるを得なかった。事件の継起とは戦争－危機－戦争のことであり，これはエルネスト・ラブルースとフェルナン・ブローデルが 1880 年から 1950 年の期間について著した『フランス経済社会史』[Labrousse and Braudel 1993] の中で指摘したものである。1970 年代以降，世界史において大きな衝撃が起きるというよりは，根本的な不確実性——これは最近 20 年間であまり消え去っていない——を目の当たりにして，政治家，企業家，そしてアナリストがさまざまな試行錯誤を行う状態となっている。世界の終わりという感覚は，2008 年の金融パニックで喚起されたが，その感覚は急速に忘れ去られ，通常営業へと回帰していった。

　これら 2 つの挑戦は共通の根源を有している。すなわち西洋における研究では，合理的で抜け目のないアクター——自らのヴィジョンを強制しようとする意思を備えている——に立脚した分析が支配的だということである。しかしこの手の研究は——常に変わりやすい構図へと再結合していく——解きほぐせないほど入り組んだ過程から構成された環境を検討してこなかったし，それ以上にこれを制御できなかったのである。レギュラシオン理論は，フラ

ンソワ・ジュリアン［Jullien 2009］におなじみの「静かなる変容」の概念を組みこみつつ，資本主義の動態理解という大きなプロジェクトを実行に移さなければならない。

結　論
――資本主義の歴史のなかでこの新たな転換を分析し理解する――

これまでの長い行論の後で，ここでは主要な教訓のいくつかを要約し，序説で取り上げられた7つの問題〔序説3.1参照〕について解答を与えるのがよかろう。

1　資本主義の諸制度の深化と複雑性

本書の最初のヴァージョン〔フランスでは本書の第Ⅰ部「基礎編」のみ収録された本が2004年に出版された〕では，資本主義という概念の擁護から始まっていた。経済学はその中心概念を**市場経済**のそれにおいているが，それは，資本主義を出発点とする現代の政治経済学と対立している。爾来，レギュラシオン派の論者たちは多くの他の潮流と合流してきた。例えばジョセフ・スティグリッツの著作［Stiglitz 2012］は躊躇なくグローバル化の概念を典拠としているが，この概念自体は資本主義の拡張的動態とつながっている。制度経済学は，制度諸形態の組合せにかんする形式的な基本原理が，資本主義経済に固有の傾向を参照することで，新たな光のもとで解明されるということを見出した［Streeck 1997, 2012 ; Streeck and Thelen 2005 ; Thelen 2009 ; Thelen and Mahoney 2010］。同様に，正統派系の論者たちは，一国の成功や失敗を規定する要因を検討した際に，制度がもつ力を発見した［Acemoglu and Robinson 2012, 2015］。最後に資本家の戦略は，社会経済レジームとしての資本主義の持続性と矛盾しうることが明らかになった［Rajan and Zingales 2003］。

こうした方法論的および認識論的な選択は重要な帰結をもたらす。すなわち歴史は，たんに市場の力が拡大していく歴史なのではなく，それはまた，各種市場を取り巻くあらゆる規範（ノルム），価値観，制度諸形態の歴史でもある。経

表24 資本主義の概念は制度的動態を含意する

	市場経済	資本主義
市場の考え方	1. 需給調節という純粋な抽象物 2. 対等者間の水平的コーディネーション 3. 本質的に自己均衡的	1. 社会関係の表現 2. 水平的関係（企業間競争）と垂直的関係（賃労働関係） 3. 蓄積における不均衡の伝播
領域間のつながり	4. 純粋経済という理想（経済的なものの分離）	4. 経済・社会・政治の構造的相互依存性
方法論／認識論	5.「まるで〜あるかのように」という仮定の正統性 6. 実質的合理性 7. 経済的なものによって経済を説明する	5. 文脈依存性 6. 文脈的合理性 7. 経済的なものの埋めこみ
進化の分析	8. 長期均衡の仮定 9. 攪乱は外からやってくる	8. 諸期間の継起が長期を形成する 9. 本質的に内生的
経済レジームの単一性／多様性	10. パレート最適の理想 11. 競争は多様性を減じさせる	10. 歴史的諸段階の継起 11. さまざまな型の資本主義の共存

済的領域は社会的，象徴的，政治的な空間と相互作用しており，ひとつの資本主義形態が持続可能であるか危機に陥るかは，それら相互作用の結果なのである（**表24**）。

　最近数十年の研究によって，各種制度が多様化し洗練化することで，現代資本主義が相対的に安定化するようになる仕方が明らかになってきた。このことは，生産モデル，社会的イノベーション・システム，さらに国民的社会保護システムに妥当する。こうした視点にたてば，無数の組織や制度は，いくつかの基本的な市場を介して相互作用しているのであり，それら市場の筆頭をなすのは信用・金融市場である。こうした制度構築はまず，資本主義の復元力(レジリエンス)を説明する。すなわち中央銀行や財務省がなければ資本主義は崩壊したのではなかろうか。しかし次に，それは危機の形態を刷新する源にもなる。

たとえば，ゼロ金利という文脈で，中央銀行が証券を大量購入することを特徴とする非伝統的金融政策からどのように脱却できるだろうか。

資本主義経済の成立に必要十分な基礎的制度はどのようなものであるか。資本主義の驚くべき復元力の原因となるのは，制度諸形態や制度的配置の多様化と複雑化である。現在までのところ，資本主義は大危機を乗り越えることができたが，大危機は自らに委ねられた商業的論理に内在的な不安定性に対して，公共団体による制御を取り戻すチャンスでもあったのである。

2　経済的なものを埋めこむ

こうしたことは第2の問題に対する回答となる。第2の問題とは，ひとつの制度的構図が持続的な調整様式を生み出すのはどのような条件の下でか，というものである。この点でレギュラシオン理論は，貨幣，労働，対自然関係が市場競争から独立して組織されるべきであることを強調しつつ，カール・ポランニーに回帰する。というのも，それらは市場競争を支えるものだからである。これは本書が繰り返し主張するメッセージである。貨幣秩序は，民間の通貨発行者間の競争なるものを超越した原理にかかわって組織化されるべきである。中央銀行は商業銀行の論理とは異なる別の論理に対応しなければならない。というのも中央銀行には，通貨の本位の信用性や正統性を保証するという任務があるからである。ユーロ圏が危機に陥るのは，それが通貨や租税の連帯をめぐって統合された政治空間へと編成されてこなかったからである。管理された調整が危機に陥るのは，ウェルフェアがワークフェアに置き換えられ，商品の論理がますます雇用関係に浸透したからである。純粋なレント・レジームは持続可能な調整を見いだすのが困難である。なぜならレントの回路は民主主義や市民権〔市民的関係性〕の原理と対立的に作用するからである。
シトワイヤンヌテ

レギュラシオン理論はしたがって，逆説的な立論を展開する。すなわち，経済的なものを社会や政治的なもののなかに埋めこむことができれば，蓄積の不均衡な動態を緩和できるというのに，市場の秩序は模倣主義を内包しており，それがマクロ経済の安定性にとっては不都合なものとなるのである。

370　第Ⅱ部　展開編

図42　調整の拡張的な見方

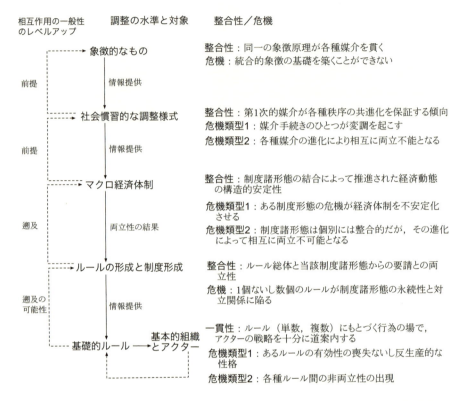

出所) Boyer and Saillard [2002]

　経済的調整の方はといえば、それは——多かれ少なかれ好ましいマクロ経済変動を正統化したりしなかったりする——政治的・象徴的秩序に組みこまれている。社会秩序が安定する時期の根源にあるのは、こうした階層性であり、そして時には錯綜性である (**図42**)。

　この基本的な仮説は重要な方法論的帰結をもたらす。読者は気づいたであろうが、本著は、少数の一般的原則から出発して、いかなる時いかなる場所でも通用するとされる一連のモデルを誘導するといった、通常の論理にした

がっては編成されてはいない。章を追うにつれて導入されるのは，具体的な経済にかんする多くの特徴である。それは，包括的メカニズム——これは観察される回路やメカニズムの一部にしか対応しない——を明らかにすることを目的とする部分的なモデル化にとっての下準備となる。結果として，資本主義の動態を一般的にモデル化するのは難しい。なぜなら，モデル化はまさしく，時間的・空間的に変化する制度的構図に依存しているからである。

金融イノベーション主導型蓄積体制についても，それを典型的モデルとしてでなく，アメリカやイギリスで見られるような社会関係の状態の定型化として論及した理由は，そこにある。マクロ経済的連鎖は，純粋なレント・レジームの中ではまったく異なることが明らかになる。同様に，旧工業化諸国の間でも，要となる変数がイノベーションなのか賃金抑制なのかに応じて，一個同一の通貨統合圏内での共存が困難となるような相異なる調整様式が得られる。資本主義の埋めこみということによって，資本主義の異質性が，してある意味ではその補完性——でなければ両立性——が説明されるのである。

3 調整と危機はともに進む

理論の名称が与える印象に反して，ある発展様式の成功はその衰弱を示すことになる危機類型と結びついている。例えばアメリカで 1960 年代末に始まった構造的危機によって，フォーディズムの論理が明らかにされた。信用と金融イノベーションによって牽引された成長を定型化することで，それを超えたら成長の加速が経済情勢の急激な反転に至るような閾値を検出することが可能になる。同様に，グリーン成長の可能性について検討する論者たちは，対応する制度化された妥協の信憑性を分析する。このように調整と危機は分かちがたく結びついている (**図42**)。調整と危機のこうした符合は，「大いなる安定期(グレート・モデレーション)」には理論の大きな弱点として現れる。大いなる安定期とは，その期間にわたってマクロ経済学者が理論化という自らの任務の根幹を果たしおえたと考えていた時期であるが，しかしひとたび 2008 年危機が始まると，これは当てはまらないと知ることになったものである［Blanchard 2008,

2011］。反対にこのことは強みとなることもある。例えば日本の長期停滞期にあっては，制度諸形態を同期化しなおすのでなく，代わりに公債の急増が役立ったことが確認されている。同様に，ユーロ危機の進行は，レギュラシオン・アプローチの妥当性を示す。すなわち，競争能力の各国間での分布が不適切であったために，ユーロ圏での調整は非効率なものになった。しかし国民国家間の政治的コンフリクトによって，もうひとつの超国家的秩序は出現できないでいる。それゆえ危機は，GDPの低下もしくは失業率の上昇といった尺度で判断されるのでなく，制度的秩序が持続可能な調整様式を引き出す能力がないことによって判断される。

4 制度諸形態の変容——外生的なものから内生的なものへ

　資本主義の制度はどのように変容するのか。経済学者は，自分たちの分析の場からすれば外部的な要因をいくつか引き合いに出したがる。例えばそれは，生産性の負のショックであったり，世界的な危機が国民経済に与える影響であったり，一気に富を増やそうとする金融業者の突然の発作であったり，金融安定性に対する信頼の喪失であったりするが，それらはどれも急場の救い神であって，制度諸形態はこれに対して適合しなければならない。レギュラシオン理論はこれとは別の2つの説明を提示するが，それらは資本主義の性質と分かちがたく結びついている。すなわちひとつは歴史の駆動力であり，もうひとつは国境を越えるアクターである。

　実際，資本主義は社会の歴史を突き動かすものである。資本蓄積の効果それ自体は，企業組織，競争の性質，生産技術，生活様式，そして時には社会を基礎づける価値観さえをも変容させていく。というわけで，内部代謝とハイブリッド化が2つのメカニズムとして存在し，さまざまに異なる資本主義の比較動学はこの2つのメカニズムとの関係で分析されることになる。内部代謝の過程は，ある蓄積体制に特徴的なパラメーターのゆっくりとした変化が，どのようにして構造安定性の閾値を超え，マクロ経済的諸変数の急激な調整に至るのかについて描写する。ハイブリッド化の方は，支配的な資本主義によって伝えられる組織や制度と，それを採用する諸地域社会の抵抗との

相互作用から生じる。こうした突合せから，あるときは失敗——たとえばイギリスは大量生産のアメリカ・モデルを採用することができなかったこと——が生じ，あるときは 1970 年代の日本がそうだったように，資本主義の新形態が形成された。

そうである以上，レギュラシオン理論の戦略は，資本主義の各種形態やレント・レジームの相互作用にもとづく初歩的地政学を展開しつつ，世界経済からくるショックを内生化することにある。例えば，2008 年 9 月に生じて世界のほぼ全体に波及した金融市場の活動停止は，金融イノベーションにもとづく北アメリカの蓄積体制がもたらした帰結である。同様に，1973 年とつづく 1979 年の，フォーディズムが限界に達したことを示した原材料価格の暴騰は，インフレにより自らの所得が脅かされる産油諸国の連合の帰結に過ぎなかったのであるが，そのインフレ自体は管理された調整の特徴なのである。こうしたメカニズムは，ひとつのレジームが危機に陥ることを物語っている。反面，大危機からの脱出は 2 つの点で特徴づけられる。まず，経済的次元のみで行動するアクターたちによる一連の試行錯誤によって乗り越えられるような，そういった大危機の例は存在しない。外延的蓄積から内包的蓄積への移行は，両世界大戦や 1930 年代危機によるショックなしには起こらなかっただろう。次にとりわけ，大部分の制度諸形態は国家による介入から生じる。そして，こうした国家介入はそれ自体，多少とも長つづきする政治連合の表現であったり，あるいはたいていの場合，ヘゲモニー・ブロックがもつ権力の表現であったりする。貨幣レジームは典型的に政治的な選択の表現である。労働契約を商業契約と同一視するか特殊な権利が支配する契約と同一視するかもまた，政治的連合の状態を表すものである。為替レジームの選択もまた社会の問題であって，マクロ経済の安定化を意図した最適化の反映なのではないのである。

本書のさまざまな章では，制度的構図が変わることで経済効率性が最大化される理由はほとんどないことが示されている。根本的に言って，制度変化は 2 つの源泉をもつ。第 1 に，ある成長体制から生じる利益の一定の分配を保証するような妥協をめぐる交渉であるか，あるいは第 2 に，経済効率性などあまり気にせずに，ヘゲモニー的秩序を押しつけることである。前者のケー

スではフォーディズム的構図が，後者については金融支配型レジーム（あるいはレント・レジーム）の構図が想起されよう。ここでもまた新古典派的着想にもとづく制度経済学がもつ規範性と，政治経済学がもつ中立性との違いが，わかってこよう。前者は世界がどうあるべきかを描き，後者はそれが現実にどうであるかを描く。

5　大危機の繰り返しと新奇性

　こうしてわれわれは次の問題に答えることができる。すなわち資本主義の危機はなぜ繰り返され，そしてそれにもかかわらず，なぜそれは同じ連鎖の繰り返しとはならないのか。1980年代以降に金融危機が繰り返し観察されるようになって以来，経済学者は，そして理論家でさえも，非常に長きにわたる危機の歴史に関心をもった［Bordo *et al.* 2001 ; Reinhart and Rogoff 2009］。その戦略のひとつは，投機的バブルの発生，その成熟，そしてその崩壊へと至る過程に不変性があることを明らかにする点にある［Kindleberger 1978, 1994］。レギュラシオン派もこうした研究に打ちこむが，異なるやり方での解釈を与える。実際，アナール学派系統の諸研究にあっては，どのような社会もその構造に対応する危機をもつということが示されている。それゆえ，確かに不変の要素を見出すことは可能であるが［Boyer *et al.* 2004 ; Boyer 2011b, 2013a］，少なくとも3つの理由によって，金融危機の展開には新奇性がもたらされている。

　第1の理由は，蓄積体制の多様性に起因する。すなわちそれが外延的であるか内包的であるか，大量消費を伴うか否か，金融化されているか否か，イノベーションによって推進されるのか賃金抑制によって推進されるのか，といった多様性である。もっともここには純粋なレント・レジームは考慮にさえ入れられていないのであって，そこでは天然資源価格の有利な展開が大危機となって現れることがある。2008年に始まった危機を眺めると，アメリカ，中国，欧州連合それぞれの反応に違いがあることがわかる。もはやたんに投機的バブルだけでなく，マクロ経済レベルで観察される調整様式にも関心がもたれる以上，あらゆる金融危機に対して有効な標準教科書的な変化を探求

することは，おそらく無駄なことであろう。

　新奇性の第 2 の源泉は，資本主義が同一の制度的構図を 2 度にわたって経験することは決してないという事実に起因する。新自由主義の成功を，19 世紀に典型的だった競争的調整への回帰と解釈する分析者もいる。レギュラシオン派による研究はこうした判断を割り引いて考える。なぜなら，政治的レジームが民主主義的となり，国民的社会保護システムが大いに発展し，税制が再分配を行うことで，前世紀には存在しなかった自動安定化装置となったからである。結果として，2008 年に生じた危機は，たとえ記憶効果のせいにすぎないとしても，1929 年危機の繰り返しではないのである。金融システムの行き詰まりに対して投機家が負う責任がどのようなものであろうと，経済への流動性供給が保証されるべきだということは，中央銀行や税制の役割に含まれている。そういうわけで，アメリカにおける 2008 年危機は 1929 年のそれとは同じでなく［Eichengreen and O'Rourke 2009, 2010］，実際それぞれに対応する蓄積体制は異なるものだったのである。

　第 3 に，国際関係システムの変化を持ち出す必要がある。1930 年代の問題は，没落しつつある大英帝国とアメリカのダイナミズムとの間で生じたヘゲモニーの移行に関わるものであった［Kindleberger 1973］。多極化した現代世界においては，問題はまったく異なるものである。すなわちアメリカも中国もシュッタケルベルグの意味〔後続者よりも先導者が有利になるモデル〕で先導者の役割を果たすことができない［von Stackelberg 1934］。というのも，それら 2 つの経済はヘゲモニー的というよりも，密接な相互依存関係となっているからである。結果として，商品や資本に対して永続的に国境が開放された——しかし労働力移動に対してはそうではない——がゆえに，各国民国家はもはや戦間期のそれとはちがった国際環境に投げこまれているのである。

　こうして資本主義は——一方では繰り返し，他方ではイノベーションという——螺旋状の動きをしつつ進化してゆくので，理論それ自体が相似の発展を遂げるというのは不合理なことではない。雑駁に言えば，標準教科書的モデルの希望が遠ざかるにつれて，資本主義諸形態の多様性は——理論的な特徴づけの点に加えて地域的所属の点でも——拡大していく。すでに指摘したように，ラテンアメリカ経済が直面する不均衡は東南アジア諸国のそれとは

図43 レギュラシオニストによる研究の展開にかんする図式的表現

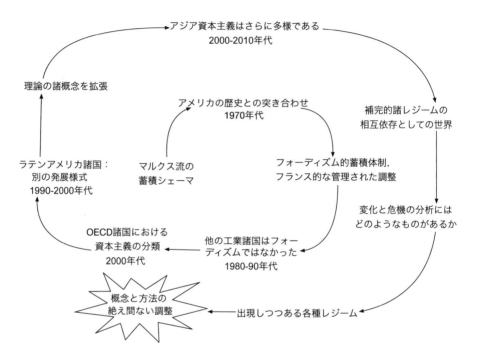

同じではない。だから世界システムはもはや19世紀とはまったく異なり，さらに20世紀末のものとも異なる特徴を有する。そこから帰結するのは，危機の独自な形態であり，新たなレジームの出現にかかわる特定の条件にかんする独自な形態である（**図43**）。

6　21世紀の資本主義──多数性と不確実性

レギュラシオン理論は，資本主義の新形態が持続可能であり真実味があるかについて分析できるような手法を提供しているのだろうか。その疑問への回答は曖昧なものである。

一方で，中国にかんする研究や，さらに拡張して，その経済動向がますま

すこの国と結びつくようになった諸国経済にかんする研究は，興味深い視野を切り開いている。多数の地方コーポラティズム間での競争は，信用や為替レートといった手段をもっている中央政府の制御下に置かれているものの，歴史的に前例のない構図を定義している。地理的にみれば世界は閉じられているが——これはまさに気候変動にかかわる問題だ——，制度的にみれば資本主義の構図はさまざまに開かれている。

　他方で，フォーディズムは結局，それに先行した各種レジームやその後続となるかもしれない各種レジームと比較すると，典型的なものとはいえないことがわかってきた。旧工業化諸経済はフォーディズムの後継を長らく追い求めたが，それは期待された成果を生み出さなかった。情報通信技術は，全要素生産性の改善を実現するというよりも，投機バブルの発生を促進した。すなわち，ほとんど変わらない制度的アーキテクチャーのもとで成長の回復を可能にするような，分配をめぐるコンフリクトは緩和されなかったのである。もっとも強力な変容は，蓄積体制の金融化に関わっているが，こうした動きは2008年に始まった世界的危機に至り着き，そしてユーロ圏の持続可能性に対して影響をあたえた。

　発展様式の出現を許容する条件を再検討すると，それをよりよく理解することは可能になるが，現代世界において作用している複雑で多様な諸力はレギュラシオン理論に固有の障害となるように思われる。

7　マルクス的系譜と歴史的制度主義の間で

　社会科学の理論は地方的かつ歴史的に位置づけられて生まれるのだというスローガンを重視したので，レギュラシオン的潮流はマルクス的伝統からは離れてきたように思われる。それに代わって歴史主義を重視することになったが，これを誹謗する者たちは，歴史主義は分析的ないし予測的な特性をもたない，過去の単なる描写にすぎないと見る。というわけで，レギュラシオン理論と，明らかにマルクス的伝統の一環をなし続けている数少ない研究者との，現実のつながりを詳らかにするよい機会となった。

　フォーディズムやその後継の定式化は，典型的にマルクス的というよりカ

レッキ的であったというのが正確なところである。というのも，蓄積体制なるものに固有の矛盾は，いかにして制度化された妥協によって抑制されうるかを示すのがねらいであったからである。それゆえ，利潤率の傾向的低下が資本主義分析のアルファでありオメガだというわけではない。2000 年代の構図は，1929 年危機の分析をあらためて前面に置くことになった。すなわち利潤は上昇したにもかかわらず，蓄積が明確に回復したとは言えない。問題はまさに蓄積体制の制度的な整合性にあるのである。

　2008 年に始まった危機を特徴づけることは，レギュラシオン・アプローチとマルクス的アプローチに概ね共通する診断の対象となる。一方で，新自由主義は持続可能な蓄積体制を再構築しえないことが明らかとなった［Duménil and Lévy 2005；Husson 2008］。金融化によって得られた利潤は旧工業化諸経済において生産的資本に再投資されず，他方，中国における利潤の動態は，競争主導型蓄積体制にとって，均衡を取り戻させるというよりは不安定化させる役割を果たした。他方で，それらに対応する構図は，たとえばアメリカと中国とでは異なる特殊なヘゲモニー・ブロックを参照することなしには解釈しえないだろう［Duménil and Lévy 2013b, 2014］。それゆえ，ポストケインジアン・アプローチとマルクス的アプローチの間での相乗作用を［Duménil and Lévy 2013a］，そして同時に，レギュラシオン的な内部代謝とポストケインジアン的な定式化とのシナジー［*Revue de la régulation* 2011, 2014］を思い浮かべることはできないわけではない。

　新しい古典派マクロ経済学が知的に破綻しているというのに，学界組織はそのことをほとんど意に介していないので，なおさらそうした同盟が必要である。

年表——レギュラシオン理論の起源と諸段階 (1976-2015)

1970年代初頭　フランスの経済官庁（INSEE〔国立統計経済研究所〕の経済予測部門）で仕事をしていた経済学者たち，マクロ計量経済学モデルの作成者たち（ベルナール・ビヨドー［DECA］，ミシェル・アグリエッタ［FIFI］，ロベール・ボワイエ，ジャック・ミストラル［STAR］）は，1967年以降，経済の規則性にある断絶が起きていることに気づいた。フランスにおけるゆるやかではあるが一貫した失業の上昇，インフレーションの全般的な加速，第1次石油ショック以降の成長の減速がそれであった。かれらは，ミハウ・カレツキ，ニコラス・カルドア，ジョーン・ロビンソンに触発されつつ，また資本主義の変容にかんする長期分析に関心をもちつつ，マルクス派の諸仮説の説明能力について批判的評価に取りかかった。

他方，ポール・ボッカラ［Boccara 1974］および国家独占資本主義（CME）学派の系統の経済学者たちは，資本主義経済調整研究グループ（GREEC）のもとに集まり，これはジェラール・デスタンヌ・ド・ベルニスの指導のもと，現代資本主義の変容を分析するプロジェクトを立ち上げた。このグループは，認識論研究者ジョルジュ・カンギレーム［Canguilhem 1974］のレギュラシオンの概念を取り入れて，これに新しい意味を与えた。

1976　ミシェル・アグリエッタは，レギュラシオン理論内の一派を創設した著作 *Régulation et crises du capitalisme*〔若森章孝ほか訳『資本主義のレギュラシオン理論』大村書店，1989年〕を公刊し，この派は次第に国家独占資本主義派から区別される

ようになった。1970年代の危機はフォーディズムの危機だとされた。そのフォーディズムとは，労働協約，信用貨幣の管理，コングロマリット企業間の競争形態に生じた大きな転換のゆえに，賃労働者の消費が成長の原動力となったような，そういうレジームなのであった。

1977　CEPREMAP〔数理経済計画予測研究所〕の経済学者グループは，アメリカについてのアグリエッタの診断をフランスについて確認した。19世紀の競争的調整の後，戦間期が1929年恐慌に示される転換期をなしつつやがてフォーディズムという独占的調整が登場したとされた。

　　　CEPREMAP-CORDÈS : *Approches de l'inflation.*
1978　Robert Boyer, Jacques Mistral : *Accumulation, inflation, crises.*
1979　Alain Lipietz : *Crises et inflation, Pourquoi ?*

1980年代　これら初期の成果はレギュラシオンの理論的基礎にかんする省察を刺激した（ルネ・ジラールの模倣理論，国家分析，たんなる階級闘争に加えて分類をめぐる闘争）。

1982　Michel Aglietta, André Orléan : *La violence de la monnaie.*〔井上泰夫・斉藤日出治訳『貨幣の暴力』法政大学出版局，1991年〕
1983　Robert Delorme, Christine André : *L'État et l'économie.*
1984　Michel Aglietta, Anton Brender : *Les métamorphoses de la société salariale.*〔斉藤日出治ほか訳『勤労者社会の転換』日本評論社，1990年〕

　　　・比較研究や長期歴史分析が増えてくるにつれて，蓄積体制の多様性が明らかになってきた。もっとも，何人かの論者は，フォーディズムは潜在的に普遍的なモデルだと主張した。

　　　Maurice Baslé, Jacques Mazier, Jean-François Vidal : *Quand les crises durent...*
1985　Jacques Sapir : *Les fluctuations économiques en URSS.*

1986	Alain Lipietz : *Mirages et Miracles*.〔若森章孝・井上泰夫訳『奇跡と幻影』新評論，1987 年〕 Carlos Ominami : *Le Tiers-monde dans la crise*.〔奥村和久訳『第三世界のレギュラシオン理論』大村書店，1991 年〕 Robert Boyer（dir.）: *La flexibilité du travail en Europe*.〔井上泰夫抄訳『第二の大転換』藤原書店，1992 年〕 Pascal Petit : *Slow Growth in a Service Economy*.〔平野泰朗訳『低成長下のサービス経済』藤原書店，1991 年〕 ・以上，ここまで 10 年間の研究の最初の総括が以下の書である。 Robert Boyer : *Théorie de la régulation. Une analyse critique*.〔山田鋭夫訳『レギュラシオン理論』新評論，1989 年，〔新版〕藤原書店，1990 年〕 ・グルノーブル学派とパリ学派の方向性は分岐へと向かう。 GRREC : *Crise et régulation*. Robert Boyer（dir.）: *Capitalismes fin de siècle*.〔山田鋭夫ほか訳『世紀末資本主義』日本評論社，1988 年〕
1988	・バルセロナにてレギュラシオン理論国際シンポジウム。 Robert Boyer（1988b）: Les théories de la régulation : Paris, Barcelone, New York... を参照。
1990 年代	基礎概念の深化と領域別研究——例えばポスト・フォーディズム，国家論，競争，金融——への専門化という第 2 段階。レギュラシオン理論とコンヴァンシオン理論との関連づけ。
1991	Benjamin Coriat : *Penser à l'envers*.〔花田昌宣・斉藤悦則訳『逆転の思考』藤原書店，1992 年〕
1992	Bruno Théret : *Régimes économiques de l'ordre politique*.〔神田修悦・中原隆幸・宇仁宏幸・須田文明訳『租税国家のレギュラシオン』世界書院，2001 年〕

1993	Robert Boyer, Jean-Pierre Durand : *L'après-fordisme*.〔荒井壽夫訳『アフター・フォーディズム』ミネルヴァ書房，1996年〕
1994	André Orléan (dir.) : *Analyse économique des conventions*.
	Bruno Théret (dir.) : *L'État, la finance, le social*.
1995	・以下の著作に45人の著者を集結させた総括がみられる。
	Robert Boyer, Yves Saillard (dir.) : *Théorie de la régulation : L'état des saviors*.〔井上泰夫抄訳『現代「経済学」批判宣言』藤原書店，1996年〕
	・1990年代の大規模な制度変容は関心の的を以下の諸点へとシフトさせた。すなわち，国際化，ヨーロッパ建設，地域統合；競争の激化；蓄積の金融化；制度諸形態の階層性の逆転という仮説。
1996	Bernard Billaudot : *L'ordre économique de la société moderne*.
1997	・*L'année de la régulation*, n° 1 : Europe et méthodologie des comparaisons internationales.
	Frédéric Lordon : *Les quadratures de la politique économique*.
	Rogers Hollingsworth, Robert Boyer (eds.) : *Contemporary Capitalism : The Embeddedness of Institutions*.
1998	・*L'année de la régulation*, n° 2 : Économie politique internationale et changements institutionnels.
	Pascal Petit : « Formes structurelles et régimes de croissance ».
	Michel Aglietta : « Le capitalisme de demain ».
	Michel Aglietta et André Orléan (dir.) : *La monnaie souveraine*.〔坂口明義監訳『貨幣主権論』藤原書店，2012年〕
1999	・*L'année de la régulation*, n° 3 : Politique économique.
	Bernard Chavance *et al*. : *Capitalisme et socialisme en perspective*.
	André Orléan : *Le pouvoir de la finance*.〔坂口明義・清水和巳訳『金融の権力』藤原書店，2001年〕
2000年代	各種の制度派的潮流に対するレギュラシオン的研究の位置

づけ，国際学界への参加，制度的・歴史的マクロ経済学のプロジェクト，金融主導型蓄積体制の持続可能性にかんする論争，資本主義の多様な形態に対する国際化の影響，資本主義多様性論（VOC）による分析との対比，経済政策の形成や制度改革成功の条件に対する関心の高まり。

2000
・*L'année de la régulation*, n° 4 : Fonds de pension et « nouveau capitalisme ».
Robert Boyer, Toshio Yamada (eds.) : *Japanese Capitalism in Crisis*.〔参考：山田鋭夫・ロベール・ボワイエ編『戦後日本資本主義』藤原書店，1999年〕

2001
・*L'année de la régulation*, n° 5 : Économie politique du développement.
Bernard Billaudot : *Régulation et croissance*.
Robert Boyer, Pierre-François Souiry (dir.) : *Mondialisation et régulations*.〔山田鋭夫・渡辺純子訳『脱グローバリズム宣言』藤原書店，2002年〕
Bob Jessop : *Regulation Theory and the Crisis of Capitalism*.
Stefano Palombarini : *La rupture du compromis social italien*.
・パリ高等師範学校にてレギュラシオン・フォーラム（3月10–12日）。

2002
・*L'année de la régulation*, n° 6 : Économie politique du capitalisme.
Robert Boyer : *La croissance début de siècle*.〔井上泰夫監訳『ニュー・エコノミーの研究』藤原書店，2007年〕

2003
・*L'année de la régulation*, n° 7 : Les institutions et leurs changements.
Bruno Amable : *Diversity of Modern Capitalism*.〔山田鋭夫・原田裕治ほか訳『五つの資本主義』藤原書店，2005年〕
・レギュラシオン研究とコンヴァンシオン研究の相違を自覚，つまり倫理的なものの統合か制度の政治経済学か。
Sabine Montagne : *Les métamorphoses du trust*.

2004	・*L'année de la régulation*, n° 8 : Idées et Espaces. Michel Aglietta, Antoine Rebérioux : *Dérives du capital financier*. ・パリ・ソルボンヌ大学にてレギュラシオン・フォーラム（6月28–29日）。テーマはレギュラシオン理論の現在。
2005	・Jean-Pierre Chanteau による，レギュラシオン理論にかんする《 Documents de travail 》シリーズの創設：http://theorie-regulation.org/fonds-documentaire/working-papers-rr/
2006	Benjamin Coriat *et al.* (eds.) : *The Hardship of Nations, Exploring the Paths of Modern Capitalism*. Bob Jessop, Ngai-Ling Sum : *Beyond the Regulation Approach, Putting Capitalist Economies in their Place*.
2007	・*Lettre de la régulation* (1991–2007) 終刊。http://regulation.revues.org/1691 ・年2回刊の電子ジャーナル *Revue de la Régulation* の発刊 http://regulation.revues.org/ Yann Moulier-Boutang : *Le capitalisme cognitif, La nouvelle grande transformation*.
2008	・2008年危機のゆえにレギュラシオン理論への関心が復活： Michel Aglietta : *La Crise : les voies de sortie*. ・《 Régulation, secteurs et territoires 》研究グループの著作の公刊 Chistian Du Tertre et Catherine Laurent (dir) : *Secteurs et territoires dans les régulations émergentes*. ・Numéro Spécial *Revue de la Régulation*, n° 3 et 4 : Normes et institutions de la finance.
2009	・パリ高等師範学校にてレギュラシオン・フォーラム（12月1–2日）。
2010年代	国際比較――まずラテンアメリカ，次いでアジアが対象

──にもとづく発展の理論への回帰，ユーロが調整様式の多様性に及ぼす影響の分析，規格の変化や画期的イノベーションの発生に対するネットワーク分析の活用，地政学の開始，各種レジームの定式化への回帰，レギュラシオン理論に刺激された諸研究の進化を説明するに際しての反省的回顧の努力，ひとつの統一的アプローチへの社会諸科学の統合化の開始

2010
・Numéro Spécial *Revue de la Régulation*, n° 6/7 : Institutions, régulation et développement.

Denis Boyer *et al.* : « La connexion des réseaux comme facteur de changement institutionnel ».

Jean-François Vidal : « Crises et transformations du modèle social-démocrate suédois ».

2011
・Numéro Spécial *Revue de la Régulation*, n° 10 : Post-keynésianisme et théorie de la régulation : des perspectives communes.

・アジアへの関心の復活：Robert Boyer, Hiroyasu Uemura and Akinori Isogai (eds.) : *Diversity and Transformations of Asian Capitalisms*, London, Routledge.〔参考：植村博恭・宇仁宏幸・磯谷明徳・山田鋭夫編『転換期のアジア資本主義』藤原書店, 2014 年〕

Sébastien Lechevalier : *La grande transformation du capitalisme japonais*.〔新川敏光監訳『日本資本主義の大転換』岩波書店, 2015 年〕

・新しい理論的基礎をもとめて：Frédéric Lordon : *L'intérêt souverain. Essai d'anthropologie économique spinoziste*.

2012
・Numéro Spécial *Revue de la Régulation*, n° 11 : Les capitalismes en Amérique latine. De l'économique au politique.

・ユーロ危機にかんする一連の著作：Michel Aglietta : *Zone Euro : Eclatement ou Fédération*.

・新自由主義にかんする著作：Bruno Amable *et al.* : *L'Économie*

politique du néolibéralisme.

・経済社会学との近接性：Wolfgang Streeck : *Du temps acheté. La crise sans cesse ajournée de capitalisme démocratique.*〔鈴木直訳『時間かせぎの資本主義』みすず書房，2016 年〕

2013

・Numéro Spécial *Revue de la Régulation*, n° 13/15 : Économie politique de l'Asie 1 et 2.

・Numéro Spécial *Revue de la Régulation*, n° 14 : Autour d'Ostrom : communs, droits de propriété et institutionnalisme méthodologique.

・ユーロ危機にかんする著作：*Cambridge Journal of Economics*, Contribution to *Political Economy*.

Jacques Mazier *et al.* : *L'Economie mondiale en 2030*.

André Orléan : *L'empire de la valeur, refonder l'économie.*〔坂口明義訳『価値の帝国』藤原書店，2013 年〕

2014

・Numéro Spécial *Revue de la Régulation*, n° 16 : Renouveler la macroéconomie post-keynésienne ? Les modèles stock-flux cohérent et multi-agents.

2015

・Numéro Spécial *Revue de la Régulation*, n° 17 : Economie politique de la santé.

・反省的回顧とレギュラシオン理論：Robert Boyer (dir.) : *La Théorie de la régulation au fil du temps.* https://books.openedition.org/emsha/232

Pierre Alary et Elsa Lafaye de Michaux : *Capitalismes asiatiques et puissance chinoise. Diversité et recomposition des transformation des trajectoires nationales.*

・パリにて国際シンポジウム « Recherche & Régulation 2015 » : « La théorie de la régulation à l'épreuve des crises » （6 月 10–12 日）

参考文献

ABOITÈS J., MIOTTI L. E. and QUENAN C. [1995], « Les approches régulationnistes et l'accumulation en Amérique latine », dans BOYER R. and SAILLARD Y. (dir.), *Théorie de la régulation : L'état des savoirs*, La Découverte, Paris, p. 467–475.

ACEMOGLU D. and ROBINSON J. A. [2012], *Why Nations Fail : The Origins of Power, Prosperity, and Poverty*, Crown, New York. 鬼澤忍訳『国家はなぜ衰退するのか――権力・繁栄・貧困の起源』(上・下) 早川書房, 2013 年.

——and ROBINSON J. A. [2015], « The Rise and Decline of General Laws of Capitalism », *Journal of Economic Perspectives*, vol. 29, n° 1, p. 3–28.

AGHION P., CAROLI E. and GARCIA-PENALOSA C. [1999], « Inequality and Economic Growth : the Perspectives of the New Growth Theories », *Journal of Economic Literature*, vol. 37, n° 4, p. 1615–1660.

AGLIETTA M. [1976], *Régulation et crises du capitalisme*, Calman-Lévy, Paris, 2e édition 1982. Réédition, nouvelle préface, Odile Jacob, Paris, 1997. 若森章孝・山田鋭夫・太田一廣・海老塚明訳『資本主義のレギュラシオン理論』大村書店, 1989 年, 2000 年 (増補新版).

——[1995], *Macroéconomie financière*, tome 1 et 2, La Découverte, « Repères », Paris, nouvelle édition 2001. 坂口明義訳『成長に反する金融システム――パフォーマンスと今後の課題』新評論, 1998 年.

——[1998], « Le Capitalisme de demain », *Notes de la Fondation Saint Simon*, Paris, novembre.

——[2008], *La crise : les voies de sorties*, Michalon, Paris.

——[2012], *Zone Euro : Eclatement ou Fédération*, Michalon, Paris.

——and BRAND T. [2013], *Un New Deal pour l'Europe*, Odile Jacob, Paris.

——and BRENDER A. [1984], *Les métamorphoses de la société salariale. La France en projet*, Collection Perspectives de l'Économique, Calmann-Levy. 斉藤日出治ほか訳『勤労者社会の転換――フォーディズムから勤労者民主制へ』日本評論社, 1990 年.

——and ORLÉAN A. [1982], *La violence de la monnaie*, Presses Universitaires de France, Paris. 井上泰夫・斉藤日出治訳『貨幣の暴力――金融危機のレギュラシオン・アプローチ』法政大学出版局, 1991 年.

——and ——(dir.) [1998], *La monnaie souveraine*, Odile Jacob, Paris. 坂口明義監訳『貨幣主権論』藤原書店, 2012 年.

——and ——[2002], *La monnaie : entre violence et confiance*, Odile Jacob, Paris,

——, ——and OUDIZ G. [1980a], « L'industrie française face aux contraintes de change », *Economie et Statistique*, n° 119, février, p. 35–63.

——, ——and ——[1980b], « Contraintes de change et régulations macroéconomiques nationales »,

Recherches Economiques de Louvain, vol. 46, n° 3, septembre, p. 175–206.

——and REBÉRIOUX A. [2004a], « Du capitalisme financier au renouveau de la social-démocratie », *Prisme*, n° 5.

——and ——[2004b], *Les dérives du capitalisme financier*, Albin Michel, Paris.

AKERLOF G. [1970], « The Market for « Lemons ». Quality Uncertainty and the Market Mechanisms », *Quarterly Journal of Economics*, n° 84, 488–500.

——[1984], *An Economic Theorist's Book of Tales*, Cambridge University Press, Cambridge. 幸村千佳良・井上桃子訳『ある理論経済学者のお話の本』ハーベスト社, 1995 年。

——and SHILLER R. [2009], *Animal Spirits. How Human Psychology Drives the Economy and Why it Matters for Global Capitalism*, Princeton University Press, Princeton. 山形浩生訳『アニマルスピリット――人間の心理がマクロ経済を動かす』東洋経済新報社, 2009 年。

ALARY P. [2009], « La genèse de la monnaie : les théories économiques face aux enseignements de l'anthropologie et de l'histoire », *Cahiers d'économie politique, Papers in Political Economy*, 2009, vol. 1, n° 56, p. 129–149.

——and LAFAYE DE MICHEAUX E. [2015], *Capitalismes asiatiques et puissance chinoise : Diversité des modèles, hégémonie de la Chine*, Editions Sciences-Po, Paris.

ALBERT M. [1991], *Capitalisme contre capitalism*, Seuil, Paris. 小池はるひ訳『資本主義対資本主義』竹内書店新社, 雄山閣（発売）, 2011 年改訂新版。

ALLOUCHE J. and AMANN B. [2000], « L'entreprise familiale, un état de l'art », *Finance, Contrôle, Stratégie*, vol. 3, n° 1 pp. 33–79.

AMABLE B. [2003], *The Diversity of Modern Capitalism*, Oxford University Press, Oxford. 山田鋭夫・原田裕治ほか訳『五つの資本主義――グローバリズム時代における社会経済システムの多様性』藤原書店, 2005 年。

——, BARRÉ R. and BOYER R. [1997], *Les systems d'innovation à l'ère de la globalization*, OST/Economica, Paris.

——, GUILLAUD E. and PALOMBARINI S. [2012], *L'économie politique du néolibéralisme. Le cas de la France et de l'Italie* Editions de l'ENS, rue d'Ulm, Paris.

——and PALOMBARINI S. [2005], *L'économie n'est pas une science morale*, Raisons d'agir, Paris

ANDERSSON J. [2006], *Between Growth and Security. Swedish Social Democracy from a Strong Society to a Third Way*. Manchester University Press, Manchester.

ANDRÉ C. [2007], « Les typologies des systèmes de santé en Europe. Quelles évolutions? », *Economie Appliquée*, vol. 40, n° 1, p. 37–68.

——[2014], « Un « noyau dur » des systèmes de santé ? Le cas de l'Europe en longue période », *Document de travail*, CEPREMAP, Paris.

——and DELORME R. [1980], « Matériaux pour une comparaison internationale des dépenses publiques en longue période. Le cas de six pays industrialisés », *Statistiques et études Financières*. Paris : Ministère de l'Economie, des Finances et du Budget.

——and ——[1991], « Deux siècles de finances publiques. De l'Etat circonscrit à l'Etat inséré », *Revue*

d'économie financière, n° spécial, p. 45–58,
AOKI M. [1988], *Information, Incentives and Bargaining in the Japanese Economy*, Cambridge U. P., Cambridge. 永易浩一訳『日本経済の制度分析――情報・インセンティブ・交渉ゲーム』筑摩書房, 1992 年.
―――[2001], *Fondements d'une analyse institutionnelle comparée*, Albin Michel, Paris, 2006. 瀧澤弘和・谷口和弘訳『比較制度分析に向けて』NTT 出版, 2001 年.
―――[2010], *Corporations in Evolving Diversity. Cognition, Governance, and Institutions*, Oxford University Press, Oxford. 谷口和弘訳『コーポレーションの進化多様性――集合認知・ガバナンス・制度』NTT 出版, 2011 年.
―――[2013], « Historical Sources of Institutional Trajectories in Economic Development : China, Japan and Korea Compared », *Socio-Economic Review*, vol. 11, n° 2, 233–263.
―――, GUSTAFSSON B. and WILLIAMSON O. [1990], *The Firm as a Nexus of Treaties*, Sage, London.
ARROW K. *et al.* [1995], « Economic Growth, Carrying Capacity, and the Environment », *Science*, n° 268, p. 520–521.
ARTHUR B. W. [1989], « Competing Technologies, Increasing Returns, and Lock-in by Historical Events », *Economic Journal*, n° 99, p. 116–131.
―――[1994], *Increasing Returns and Path Dependence in the Economy*, The University of Michigan press, Ann Arbor. 有賀裕二訳『収益逓増と経路依存――複雑系の経済学』多賀出版, 2003 年.
ARTUS P. [2014], « Comment va vraiment l'Allemagne », *Flash économie*, n° 698, 16 septembre.
BARAN P. and SWEEZY P. [1970], *Le capitalisme monopoliste*, Maspéro, Paris. 小原敬士訳『独占資本――アメリカの経済・社会秩序にかんする試論』岩波書店, 1967 年.
BARTOLI P. and BOULET D. [1989], « Dynamique et régulation de la sphère agroalimentaire. L'exemple viticole », thèse d'État, université de Montpellier-I, Inra-ESR.
―――and ―――[1990], « Conditions d'une approche en termes de régulation sectorielle. Le cas de la sphère viticole », *Cahiers d'économie et sociologie rurales*, n° 17, 7–38.
BASLE M., MAZIER J. and VIDAL J. F. [1984], *Quand les crises durent...*, Economica, Paris, nouvelle édition 1993.
BATIFOULIER P. (dir.) [2001], *Théorie des conventions*, Economica, Paris. 海老塚明・須田文明監訳『コンヴァンシオン理論の射程――政治経済学の復権』昭和堂, 2006 年.
BEBEAR C. [2003], *Ils vont tuer le capitalisme*, Plon, Paris.
BECKERT J. [2015], *Imagined Futures. Fictional Expectations and Capitalist Dynamics*, Princeton University Press, Princeton.
―――and RAZA W. G. [2000], « Theory of Regulation and Political Ecology. An inevitable separation? », *Économie et Sociétés*, n° 11, 55–70.
BÉNASSY J.-P. [1984], *Macroéconomie et théorie du déséquilibre*, Dunod, Paris.
―――, BOYER R. and GELPI R.-M. [1979], « Régulation des économies capitalistes et inflation », *Revue économique*, vol. 30, n° 3, Mai, p. 397–441.
BENKO G. and LIPIETZ A. [2000], *La Richesse des regions. La nouvelle géographie*, PUF, Paris.

BEREND I. [2009], *From the Soviet Bloc to the European Union. The Economic and Social Transformation of Central and Eastern Europe since 1973*, Cambridge University Press, Cambridge.

BERGÈRE M.-C. [2007], *Capitalisme et capitalistes en Chine, XIXe–XXe siècles*, Perrin, Paris.

BERLE A. A. and MEANS G. [1932], *The Modern Corporation and Private Property*, Transaction Publishers, The State University, New Brunswick, réédition 1991. 北島忠男訳『近代株式会社と私有財産』文雅堂書店, 1958 年。

BERTOLDI M. [1989], « The growth of Taiwanese Economy : 1949–1989. Success and Open Problems of a model of Growth », *Review of Currency Law and International Economics*, vol. 39, n° 2, p. 245–288.

BERTRAND H. [1983], « Accumulation, régulation, crise : un modèle sectionnel théorique et appliqué », *Revue économique*, vol. 34, n° 6, Mars.

BILLAUDOT B. [1996], *L'ordre économique de la société moderne*, L'Harmattan, Paris.

—— [2001], *Régulation et croissance. Une macroéconomie historique et institutionnelle*, L'Harmattan, Paris.

—— and GAURON A. [1985], *Croissance et crise*, La Découverte, Paris.

BLAIR M. [2003], « Shareholder Value, Corporate Governance, and Corporate Performance : A Post-Enron Reassessment of the Conventional Wisdom », in CORNELIUS P. K. and KOGUT B. (eds.), *Corporate Governance and Capital Flows in a Global Economy*, Oxford University Press, Oxford, p. 53–82.

BLANCHARD O. [2008], « The State of Macro », *NBER Working Paper* n° 14259, August.

—— [2011], « Rewriting the Macroeconomists' Playbook in the Wake of the Crisis », The Blog of *Huffington Post*.

BLYTH M. [2002], *Great Transformations. Economic Ideas and Institutional Change in the Twentieth Century*, Cambridge University Press, Cambridge.

—— [2008], « The Secret Life of Institutions : On the Role of Ideas in Evolving Economic Systems », *Revue de la Régulation*, n° 3–4, automne.

BOCCARA P. [1974], *Études sur le capitalisme monopoliste d'État*, Éditions sociales, Paris.

BOISMENU G. and PETIT I. [2008], *L'Europe qui se fait : regards croisés sur un parcours inachevé*, Editions de la Maison des Sciences de l'Homme, Paris.

BOISOT M. and CHILD J. [1996], « From Fiefs to Clans and Network Capitalism : Explaining China's Emerging Economic Order », *Administrative Science Quarterly*, vol. 41, n° 4, décembre, p. 600–628.

BOISVERT V. and VIVIEN F.-D. [2012], « Towards a Political Economy Approach to the Convention on Biological Diversity », *Cambridge Journal of Economics*, vol. 36, n° 5, p. 1163–1179.

BOLTANSKI L. and CHIAPELLO E. [1999], *Le nouvel esprit du capitalisme*, Gallimard, Paris. 三浦直希ほか訳『資本主義の新たな精神』(上・下) ナカニシヤ出版, 2013 年。

—— and THÉVENOT L. [1991], *De la justification*, Gallimard, Paris. 三浦直希訳『正当化の理論――偉大さのエコノミー』新曜社, 2007 年。

BORDO M., EICHENGREEN B., KLINGEBIEL D. and MARTINEZ-PERIA M. S. [2001], « Is the Crisis Problem Growing More Severe? », *Economic Policy : A European Forum*, n° 32, pp. 53–82, April.

Bourdieu P. [1980], *Le sens pratique*, Minuit, Paris. 今村仁司・港道隆訳『実践感覚』（1・2）みすず書房，1988年，1990年。

BOUVIER J. [1973], *Un siècle de banque Française*, Hachette, Paris.

―― [1989], *L'Historien sur son métier*, Éditions de archives contemporaines, Paris.

BOWLES S. [1998], « Endogenous Preferences : The Cultural Consequences of Markets and Other Economic Institutions », *Journal of Economic Literature*, n° 36, p. 75–111.

――and BOYER R. [1990], « Notes on Employer Collusion, Centralized Wage Bargaining and Aggregate Employment », in BRUNETTA R., DELL'ARINGA C. (eds.), *Labour Relations and Economic Performances*, McMillan, Londres, p. 304–352.

――and―― [1995], « Wages, Aggregate Demand, and Employment in an Open Economy : A Theoretical and Empirical Investigation », in EPSTEIN G. and GINTIS H. (eds.), *Macroeconomic Policy after the Conservative Era : Studies in Investment, Saving and Finance*, Oxford University Press, Oxford.

――, GORDON D. M., and WEISKOPF T. E. [1986], *L'économie du gaspillage. La crise américaine et les politiques reaganiennes*, La Découverte, Paris. 都留康・磯谷明徳訳『アメリカ衰退の経済学――スタグフレーションの解剖と克服』東洋経済新報社，1986年。

BOYER D. [2005], « Un (deuxième) modèle de formation de réseaux à travers différents champs sociaux : le cas du problème du vin en Bourgogne au début du XXe siècle », *Roméotype*, UNAM, 23 septembre.

BOYER D. and BOYER R. [2004], « Les outils d'analyse des réseaux appliqués aux élites bourguignonnes dans l'entre-deux-guerres », *Roméotype*, Unam et Cepremap, 18 juillet.

――, ――and LAFERTE G. [2010], « La connexion des réseaux comme facteur de changement institutionnel. L'exemple des vins de Bourgogne », dans WEISBUCH G. and ZWIRN H. (dir.) *Qu'appelle-t-on aujourd'hui les sciences de la complexité ? Langages, réseaux, marchés, territoires*, Vuibert, Collection Philosophie des sciences, Paris, p. 73–101.

BOYER R. [1978], « Les salaires en longue période », *Économie et statistique*, n° 103, septembre 1978, p. 27–57.

――[1985], « The influence of Keynes on French Economic policy : Past and Present », in WATTEL H. J. (ed.), *The politics Consequences of John Maynard Keynes*, M. E. Sharpe, New York, 1985, p. 77–115.

――[1986a], *Théorie de la régulation. Une analyse critique*, La Découverte, Paris. 山田鋭夫訳『レギュラシオン理論』藤原書店，1990年。

――(dir.) [1986b], *La flexibilité du travail en Europe*, La Découverte, Paris. 井上泰夫訳『第二の大転換――EC統合下のヨーロッパ経済』藤原書店，1992年。

――(coord.) [1986c], *Capitalismes fin de siècle*, PUF, Paris. 山田鋭夫ほか訳『世紀末資本主義』日本評論社，1988年。

—[1988a], « Formalizing Growth Regimes », in DOSI G., FREEMAN C., NELSON R., SILVERBERG G. and SOETE L. (eds.), *Technical Change and Economic Theory*, Pinter, Londres.

—[1988b], « Les théories de la régulation : Paris, Barcelone, New York...Réflexions autour du Colloque International sur les Théories de la régulation, Barcelone », 16–17–18 Juin 1988, *Revue de Synthèse*, n° 2, Avril–Juin, p. 277–291.

—[1989], « Wage Labor Nexus, Technology and Long Run Dynamics : An Interpretation and Preliminary Tests for the U. S. », in DI MATEO, M., GOODWIN R. M. and VERCELLI A. (eds.), *Technological and Social Factors in Long Term Fluctuations, Lecture Notes in Economics and Mathematical Systems*, n° 321, Springer Verlag, Berlin, p. 46–65.

—[1990a], « Le bout du tunnel ? Stratégies conservatrices et nouveau régime d'accumulation », *Économie et sociétés*, series « Théorie de la régulation », R, n° 5, décembre, p. 5–66.

—[1990b], « Les problématiques de la régulation face aux spécificités sectorielles. Perspectives ouvertes par la thèse de Pierre Bartoli and Daniel Boulet », *Cahiers d'Économie et Sociologie Rurales*, n° 17, p. 40–76.

—[1991], « Cinquante ans de relations entre économistes et historiens : réflexions d'un économiste sur les cas de la France et des Etats-Unis », *Le Mouvement Social*, n° 155, avril–juin 1991, p. 67–101.

—[1993], « D'une série de 'National Labour Standards' à un 'European Monetary Stardard' ? », *Recherches Économiques de Louvain*, vol. 59, n° 1–2, p. 119–153.

—[1994], « Do Labour Institutions Matter for Economic Development? », in RODGERS G. (ed.), *Workers, Institutions and Economic Growth in Asia*, ILO/ILLS, Genève, p. 25–112.

—[1995], « The Future of Unions », *British Journal of Industrial Relations*, vol. 33, n° 4, December, p. 545–556.

—[1998], « Hybridization and Models of Production : Geography, History, and Theory », in BOYER R., CHARRON E., JÜRGENS U., and TOLLIDAY S. (eds.), *Between Imitation and Innovation*, Oxford University Press, Oxford, p. 23–56.

—[1999a], *Le gouvernement de la zone Euro*, La Documentation Française, Paris.

—[1999b], « Le lien salaire/emploi dans la théorie de la régulation. Autant de relations que de configurations institutionnelles », *Cahiers d'économie Politique*, n° 34, L'Harmattan, Paris, p. 101–161.

—[2000a], « Les mots et les réalités », dans CORDELIER S. (dir.), *Mondialisation au-delà des Mythes*, La Découverte, Paris, p. 13–56.

—[2000b], « Is a Finance-led Growth Regime a Viable Alternative to Fordism? : A Preliminary Analysis », *Economy and Society*, vol. 29, n° 1, February, p. 111–145.

—[2000c], « The Unanticipated Fallout of European Monetary Union : The Political and Institutional Deficits of the Euro », in CROUCH C., *After the Euro*, Oxford University Press, Oxford, p. 24–88.

—[2000d], « The Political in the Era of Globalization and Finance : Focus on Some Régulation

School Research », *International Journal of Urban and Regional Research*, vol. 24, n° 2, p. 274–322.

——[2001], « L'économiste face aux innovations qui font époque : les relations entre histoire et théorie », *Revue économique*, vol. 52, n° 5, septembre, p. 1065–1115.

——[2002a], « L'après consensus de Washington : institutionnaliste et systémique ? », *L'Année de la régulation*, n° 5, p. 13–56.

——[2002b], *La croissance, début du siècle. De l'octet au gène*, Albin Michel, Paris. 井上泰夫監訳，中原隆幸・新井美佐子訳『ニュー・エコノミーの研究——21世紀型経済成長とは何か』藤原書店，2007年.

——[2002c], « Variété des capitalismes et théorie de la régulation », *L'Année de la régulation*, n° 6, p. 182.

——[2002d], « Institutional Reforms for Growth, Employment and Social Cohesion : Elements for a European and National Agenda », in RODRIGUES M. J. (ed.), *The New Knowledge Economy in Europe, A Strategy for International Competitiveness and Social Cohesion*, Edward Elgar, Cheltenham, p. 146–202.

——[2007], « Comment concilier solidarité sociale et efficacité économique à l'ère de la globalisation : une lecture régulationniste », dans PAUGAM S. (dir.), *Repenser la solidarité. L'apport des sciences sociales*, PUF, Paris, janvier, p. 887–914.

——[2011a], « Succès et résilience de l'industrie allemande », *Les cahiers du Lasaire*, « susciter une nouvelle ambition industrielle pour la France », n° 42, mars, p. 25–52.

——[2011b], *Les financiers détruiront-ils le capitalisme?*, Economica, Paris. 山田鋭夫・坂口明義・原田裕治監訳『金融資本主義の崩壊——市場絶対主義を超えて』藤原書店，2011年.

——[2011c], « Are There Laws of Motion of Capitalism? », *Socio-Economic Review*, vol. 9, n° 1, p. 59–81.

——[2011d], « A New Epoch But Still Diversity within and between Capitalism : China in Comparative Perspective », in LANE C. and WOOD G. T. (eds.), *Capitalist Diversity and Diversity within Capitalism*, Routledge, Abingdon, p. 32–68.

——[2012a], *The Unfilled Promises, But Still the Power of Finance. An Invitation to a Post-positivist Economics*. CRESC Conference, Manchester University, 7 September.

——[2012b], « The Four Fallacies of Contemporary Austerity Policies : the Lost Keynesian Legacy », *Cambridge Journal of Economics*, n° 36, p. 283–312.

——[2013a], Les crises financières comme conflit de temporalité, *Vingtième Siècle*. n° 117, Janvier-mars, p. 69–88.

——[2013b], « The Present Crisis : a Trump for a Renewed Political Economy », *Review of Political Economy*, vol. 25, n° 1, January, p. 1–38.

——[2013c], « The Euro Crisis : Undetected by Conventional Economics, Favoured by Nationally Focused Polity », *Cambridge Journal of Economics*, n° 37, 533–569.

——[2013d], « Origins and Ways out of the Euro Crisis : Supranational Institution Building in the Era of Global Finance », *Contributions to Political Economy*, n° 32, June 7, p. 97–126.

——[2014], Is More Equality Possible in Latin America? A challenge in a World of Contrasted But Interdependent Inequality Regimes, *Working Paper Series*, n° 67.

——[2015a], « The Success of Germany from a French Perspective : What Consequences for the Future of the European Union? », in UNGER B. (ed.), *The German Model. Seen by its Neighbours*, Hans-Böckler-Stiftung/SE Publishing, Düsseldorf.

——[2015b], « How Institutional Competitiveness Emerged from Complementarities between Nordic Welfare and Innovation Systems », in BORRAS S. and SEEBROOKE L. (eds.), *Sources of National Institutional Competitiveness. Sense-making and Institutional Change*, Oxford University Press, Oxford.

——[2015c], « Le Japon : De la production frugale à un régime anthropogénétique », dans PAUGAM A., RIBERA T., TUBIANA L. and PACHAURI R. K. (dir.), *Regards sur la terre 2015. Construire un monde durable*, Armand Colin, Paris.

——[2015d], « Political Organization Matters : Comparing the Reaction to the 2008 World Crisis of the North American Federal Government, the Fuzzy European Governance and the Chinese Party-State », *SASE Conference*, LSE, Londres, 2–4 Juillet.

——[2018], *La théorie de la régulation au fil du temps*, MSH Paris Nord, Paris.

——and CAROLI E. [1993], « Production Regimes, Education and Training Systems : From Complementarity to Mismatch? », in BUECHTEMANN C. and SOLOFF D. (eds.), *Education, Training and the Economy*, Fondation Russel Sage, New York.

——, CHAVANCE B. and GODARD O. (dir.) [1994], *Les figures de l'irréversibilité en économie*, Éditions de l'EHESS, Paris.

——and CORIAT B. [1985a], « Innovations dans les institutions et l'analyse monétaires américaines : les greenbacks "revisités" », *Annales-Économies, Sociétés, Civilisations*, n° 6, novembre–décembre, p. 1330–1359.

——and CORIAT B. [1985b], « Marx, la technique et la dynamique longue de l'accumulation », dans CHAVANCE B. (dir.), *Marx en perpective*, Éditions de l'EHESS, Paris, juin, p. 419–457.

——and DEHOVE M. [2006], *La construction européenne. Finalités politiques, normes juridiques et biens publics*, Prisme n° 8, Centre Cournot pour la Recherche en Economie, Paris, Novembre.

——, DEHOVE M., and PLIHON D. [2004], *Les crises financières : Analyse et proposition*, Rapport du Conseil d'Analyse Economique, n° 50, La documentation française, Paris.

——and DURAND J. P. [1993], *L'Après-Fordisme*, Syros, Paris. 荒井壽夫訳『アフター・フォーディズム』ミネルヴァ書房, 1996年。

——and FREYSSENET M. [2000], *Les modèles productifs*, « Repères », La Découverte, Paris.

——and JUILLARD M. [2002], « Les États-Unis : Adieu au fordisme ! », dans BOYER R. and SAILLARD Y. (dir.), *Théorie de la régulation. L'état des savoirs*, La Découverte, Paris, p. 378–388.

——and MISTRAL J. [1978], *Accumulation, inflation, crise*, PUF, Paris, 2ᵉ edition 1982.

——and NEFFA J. C. (dir.) [2004], *La crisis argentina (1976–2001) : una vision desde la theorias institucionalistas y regulacionistas*, Miño y Davila, Madrid / Buenos Aires.

——and NEFFA J. C. (eds.) [2007], *Salida de crisis y estrategias alternativas de desarrollo. La experiencia argentina*, Miño y Davila, Madrid / Buenos Aires.

——and ORLÉAN A. [1991], « Les transformations des conventions salariales entre théorie et histoire », *Revue économique*, n° 2, mars, p. 233–272.

——and ——[1992], « How do conventions evolve? », *Journal of Evolutionary Economics*, n° 2, p. 165–177.

——and SAILLARD Y. (dir.) [1995], *Théorie de la régulation : L'état des savoirs*, La Découverte, Paris. (Nouvelle édition actualisée [2002]). 井上泰夫抄訳『現代「経済学」批判宣言——制度と歴史の経済学のために』藤原書店, 1996 年。

——and SCHMÉDER G. [1990], « Un retour à Adam Smith », *Revue française d'économie*, vol. 5, n° 1, Hiver, p. 125–159.

——and SOUIRY P., F. (dir.), *Mondialisation et régulations*, La Découverte, Paris. 山田鋭夫・渡辺純子訳『脱グローバリズム宣言——パクス・アメリカーナを超えて』藤原書店, 2002 年。

——, UEMURA H. and ISOGAI A. (eds.) [2011], *Diversity and Transformations of Asian Capitalisms*, Routledge, Londres.

——and YAMADA T. (eds.) [2000], *Japanese Capitalism in Crisis*, Routledge, Londres.

BRAUDEL F. [1979], *Civilisation matérielle, économie et capitalisme, XV–XVIIIe siècles*, 3 tomes, Armand Colin, Paris. 村上光彦ほか訳『物質文明・経済・資本主義 15-18 世紀』みすず書房, 1985 – 1999 年。

BRESSER-PEREIRA L. C. [2009], *Mondialisation et compétition : Pourquoi certains pays émergents réussissent et d'autres non*, La Découverte, Paris.

BRUNO M. [2008], « Régulation et croissance économique au Brésil après la libéralisation : un régime d'accumulation bloqué par la finance », *Revue de la régulation* n° 3–4, automne.

BUECHTEMANN C. H. (ed.) [1993], *Employment Security and Labor Market Behavior*, Cornell University Press, Ithaca.

CANGUILHEM G. [1974], « Régulation », *Encyclopaedia Universalis*, vol. 14.

CAROLI E. [1993], « Les fonctions du système éducatif vues par les économistes : quelques conceptions fondatrices », *Education et formations*, n° 35, p. 53–59.

CARSON R. [2010], « The Environmental Kuznets Curve : Seeking Empirical Regularity and Theoretical Structure », *Review of Environmental Economics and Policy*, vol. 4, n° 1, p. 3–23.

CASTELLS M. [1998], *La société en réseaux*, Paris, Fayard, 2001.

CEPAL [2012], « Cambio estructural para la Igualdad. Una visión integrada del desarrollo », *Trente-quatrième session de la CEPAL*, San Salvador, Nations Unies, août.

CEPREMAP-CORDÈS [1977], « Approches de l'inflation : l'exemple français », BÉNASSY J.-P., BOYER R., GELPI R.-M., LIPIETZ A., MISTRAL J., MUNOZ J., OMINAMI C., *Rapport de la convention de recherche*, n° 22/176, décembre.

——[1978], « Approches de l'inflation : l'exemple français », *Recherches économiques et sociales*, n° 12, La Documentation française, Paris, octobre, p. 7–59.

CHANDLER A. [1977], *La main visible des managers*, Economica, Paris, 1988. 鳥羽欽一郎・小林袈裟治訳『経営者の時代――アメリカ産業における近代企業の成立』東洋経済新報社，1979 年。

CHANG H.-J. [2002], *Kicking Away the Ladder : Development Strategy in Historical Perspective*, Anthem Press, London. 横川信治監訳『はしごを外せ――蹴落とされる発展途上国』日本評論社，2009 年。

CHAVAGNEUX C. and FILIPPONNAT T. [2014], *La capture : Où l'on verra comment les intérets financiers ont pris le pas sur l'intéret génerale et comment mettre fin à cette situation*, La Découverte, Paris.

CHAVANCE B. and MAGNIN E. [2006], « Convergence and Diversity in National Trajectories of Post-socialist Transformation », in CORIAT B., PETIT P. and SCHMÉDER G. (eds.), *The Hardship of Nations, Exploring the Paths of Modern Capitalism*, Edward Elgar, Cheltenham.

——, MAGNIN E., MOTAMED-NEJAD R. and SAPIR J. (dir.) [1999], *Capitalisme et socialisme en perspective : évolution et transformation des systèmes économiques*, La Découverte, Paris.

COASE R. [1937], « The Nature of the Firm », *Economica*, vol. 4, n° 16, p. 386–405.

CORDEN M. and NEARY P. [1982], « Booming Sector and De-industrialisation in a Small Open Economy », *The Economic Journal*, vol. 92, n° 368, p. 825–848.

CORIAT B. [1991], *Penser à l'envers*, Bourgois, Paris. 花田昌宣・斉藤悦則訳『逆転の思考――日本企業の労働と組織』藤原書店，1992 年。

——[1995], « La France : un fordisme brisé...sans successeur », dans BOYER R. and SAILLARD Y. (dir.), *Théorie de la régulation : L'état des savoirs*, La Découverte, p. 389–397. (réédition 2002).

——, PETIT P. and SCHMEDER G. (eds.) [2006], *The Hardship of Nations : Exploring the Paths of Modern Capitalism*, Edward Elgar, Cheltenham.

——and WEINSTEIN O. [1995], *Les nouvelles théories de l'entreprise. Une présentation critique*, Livre de Poche, Hachette, Paris.

——and —— [2005], « La construction sociale des marchés », *La Lettre de la régulation*, n° 53, septembre.

COUNCIL OF ECONOMIC ADVISERS [1996], *Economic Report of the President of the United States*, Diane Publishing Company, Darby.

CROUCH C. (ed.) [2000], *After the Euro*, Oxford University Press, Oxford.

——and FARRELL H. [2002], « Breaking the Path of Institutional Development? Alternatives to the New Determinism », *Rationality and Society*, vol. 16, n° 1, p. 5–43.

DAVEZIES L. [2015], *Le nouvel égoïsme territorial : le grand malaise des nations*, La République des Idées, Seuil, Paris.

DAVID P. [1985], « Clio and the Economics of QWERTY », *American Economic Review*, vol. 75, n° 2, p. 332–337.

——[2002], « Cooperation, Creativity and the Closure in Scientific Research Networks », in TOUFFUT J.-P. (ed.), *Innovation and Growth : Selected Economic Papers*, Edward Elgar, Cheltenham.

DEBREU G. [1954], *La théorie de la valeur*, Dunod, Paris. 丸山徹訳『価値の理論――経済均衡の公理的分析』東洋経済新報社，1977 年。

DEFALVARD H. [1992], « Critique de l'individualisme méthodologique revu par l'économie des conventions », *Revue économique*, n° 43.

——[2000], « L'économie des conventions à l'école des institutions », *Document de travail*, Centre d'Études de l'Emploi, Noisy le Grand, n° 2, juillet.

DEHOVE M. [1997], « L'union européenne inaugure-t-elle un nouveau grand régime d'organisation des pouvoirs publics et de la société internationale? », *L'Année de la régulation*, n° 1, Paris, p. 11–86.

DELORME R. (dir.) [1996], *À l'Est du nouveau. Changements institutionnels et transformations économiques*, L'Harmattan, Paris.

——and ANDRÉ C. [1983], *L'État et l'économie. Un essai d'explication de l'évolution des dépenses publiques en France 1870–1980*, Seuil, Paris.

DESTANNE DE BERNIS G. [1977], « Une alternative à l'hypothèse de l'équilibre économique générale : la régulation de l'économie capitaliste », dans GREEC, *Crise et régulation. Recueils de textes*, tome 1, *1979–1983*, université de Grenoble-2, Grenoble, 1983, p. 12–51.

DOMENACH J.-L. [2008], *La Chine m'inquiète*, Perrin, Paris.

DOSI G. [2000], *Innovation, Organization and Economic Dynamics : Selected Essays*, Edward Elgar, Cheltenham.

——and SALVATORE R. [1992], « The Structure of Industrial Production and the Boundaries Between Firms and Markets », chap. 51, in STORPER M. and SCOTT A. (eds.), *Pathways to Industrialization and Regional Development*, Routledge, London.

DOUGLAS M. [1986], *Comment pensent les institutions*, La Découverte, Paris, 1999.

DUMÉNIL G. and LÉVY D. [2002], *Économie marxiste du capitalisme*, « Repères », La Découverte, Paris. 竹永進訳『マルクス経済学と現代資本主義』こぶし書房，2006 年。

——and ——[2005], « Costs and Benefits of Neoliberalism : A Class Analysis », in EPSTEIN G. (ed.), *Financialization and the World Economy*, Edward Elgar, Aldershot.

——and ——[2013a], « Macroeconomics of Keynesian and Marxian Inspirations : Toward a Synthesis », in TAYLOR L., REZAI A., MICHL T., *Social Fairness and Economics. Economic Essays in the Spirit of Duncan Foley*, Routledge and Kegan Paul, London/Boston.

——and ——[2013b], *The Crisis of Neoliberalism*, Harvard University Press, Harvard.

——and ——[2014], *La grande bifurcation*, La Découverte, Paris.

DU TERTRE C. [1989], *Technologie, flexibilité, emploi : une approche sectorielle du post-taylorisme*, L'Harmattan, Paris.

——[1994], « Le changement du travail : le rôle majeur des "relations de services" », *Document IRIS*, université de Paris-Dauphine.

——and LAURENT C. (dir.) [2008], *Secteurs et territoires dans les régulations émergentes*, L'Harmattan, Paris.

EICHENGREEN B. and O'ROURKE K. H. [2009], « A Tale of Two Depressions », *Vox*, 1st September.

——and ——[2010], What Do the New Data Tell Us?, *Vox*, 8th March.

ELBAUM B. and LAZONICK W. [1984], « The Decline of the British Economy : An Institutional

Perspective », *The Journal of Economic History*, vol. 44, n° 2, p. 567–583.

ÉLIE L., ZUINDEAU B., BÉCUE M., CAMARA M., DOUAI A. and MEUNIÉ A. [2012], « Approches régulationniste de la diversité des dispositifs institutionnels environnementaux des pays de l'OCDE », *Revue de la régulation*, n° 12, autumn,

EMMENEGGER P., HÄUSERMANN S., PALIER B. and SEELEIB-KAISER M., (eds.) [2012], *The Age of Dualization. The Changing Face of Inequality in Desindustrializing Societies*, Oxford University Press, Oxford.

ESPING-ANDERSEN G. [1990], *The Three Worlds of Welfare Capitalism*, Princeton University Press, Princeton. 岡沢憲芙・宮本太郎訳『福祉資本主義の三つの世界──比較福祉国家の理論と動態』ミネルヴァ書房，2001年。

EYMARD-DUVERNAY F. [1989], « Conventions de qualité et formes de coordination », *Revue économique*, vol. 40, p. 329–359.

——[2004], *Économie politique de l'entreprise*, La Découverte, « Repères », Paris. 海老塚明ほか訳『企業の政治経済学──コンヴァンシオン理論からの展望』ナカニシヤ出版，2006年。

FAUCHER-KING F. and LE GALÈS P. [2010], *L'Expérience New Labour, 1997–2009*, Presses de Sciences Po, Paris.

FAVEREAU O. [1989], « Organisation et marché », *Revue Française d'Economie*, vol. 4, n° 1, hiver, p. 65–96.

——[1993a], « L'économie de l'action collective », dans CHAZEL F. (dir.), *Action collective et Mouvements sociaux*, Collection : Sociologies, PUF, Paris, p. 251–256.

——[1993b], « Théorie de la régulation et économie des conventions : canevas pour une confrontation », *La lettre de la régulation*, mai

——[1997], « L'incomplétude n'est pas le problème, c'est la solution », dans REYNAUD B. (dir.), *Les limites de la rationalité*, colloque de Cerisy, tome 2 : *Les figures du collectif*, Collection Recherches, La Découverte, Paris, p. 219–233.

FAVEREAU O., DUPUY J.-P., EYMARD-DUVERNAY F., ORLÉAN A., SALAIS R. and THEVENOT L. [1989], « Introduction, marchés internes, marchés externes », *Revue économique*, n° Spécial sur « l'Economie des conventions », mars, p. 141–145 and 273–328.

FEDERAL RESERVE [2014], *FOMC Statement Press Release*. Washington.

FELLMAN S., HJERPPE R. and HJERPPE R. [2008], Sweden, in FELLMAN S., IVERSEN J. M., SJÖGREN H. and THRUE L. (eds.) [2008], *Creating Nordic Capitalism. The Business History of A Competitive Periphery*, Palgrave-MacMilan, New York

FELLMAN S., IVERSEN J. M., SJÖGREN H. and THRUE L. (eds.) [2008], *Creating Nordic Capitalism. The Business History of A Competitive Periphery*, Palgrave-MacMillan, New York.

FLIGSTEIN S. [1990], *The Transformation of Corporate Control*, Harvard University Press, Cambridge.

——[2001], *The Architecture of Markets. An Economic Sociology of Capitalist Societies*, Princeton University Press, Princeton.

FOURCADE M. [2009], *Economists and Societies*, Princeton University Press, Princeton.

——and Khurana R. [2013], « From Social Control to Financial Economics : The Linked Ecologies of Economics and Business in Twentieth-Century America », *Theory and Society*, n° 42, p. 121–159
——, Ollion E. and Algan Y. [2015], The Superiority of Economists. *The Journal of Economic Perspectives*, vol 29, n° 1, p. 89–113.
Frank R. H. [2010], *La course au luxe : L'économie de la cupidité et la psychologie du bonheur*, Markus Haller.
——and Cook P. J. [2010], *The Winner-Take-All Society. Why the Few at the Top Get So Much More Than the Rest of Us*, Virgin Books, New York.
Freeman C. [1986], *The Economics of Industrial Innovation*, Second Edition, The MIT Press, Cambridge MA.
——[1987], *Technology Policy and Economic Performance, lessons from Japan*. Pinter. 新田光重訳『技術政策と経済パフォーマンス——日本の教訓』晃洋書房, 1989年。
Fressenet M., Mair A., Shimizu K. and Volpato G. [1998], *One Best Way? Trajectories and Industrial Models of the World's Automobile Producers*, Oxford University Press, Oxford.
Friedson E. [1986], *Professional Powers*, Chicago University Press, Chicago.
Froud J., Moran M. and Williams K. [2012], « Stories and Interests in Finance : Agendas of Governance before and after the Financial Crisis », *Governance*, vol. 25, n° 1.
Fukuyama F. [1992], *La Fin de l'histoire et le dernier homme*, Flammarion, Paris. 渡部昇一訳『歴史の終わり』(上・下) 三笠書房, 1992年。
Garcia M.-F. [1986], « La construction sociale d'un marché parfait : le marché au cadran de Fontaines-en-Sologne », *Actes de la recherche en sciences sociales*, n° 65, Novembre, p. 2–13.
Gintis H. [2000], « Strong Reciprocity and Human Sociality », *Journal of Theoretical Biology*, 206, p. 169–179.
Godechot O. [2001], *Les traders*, La découverte, « Textes à l'appui », Paris.
Good D. and Reuveny R. [2009], « On the Collapse of Historical Civilizations », *American Journal of Agricultual Economics*, vol. 91, n° 4, November, p. 863–879.
Goodwin R. [1967], « A Growth Cycle », in Feinstein C. H. (ed.), *Socialism, Capitalism and Economic Growth*, Cambridge University Press, Cambridge, p. 54–59. 水田洋ほか 訳『社会主義・資本主義と経済成長——モーリス・ドッブ退官記念論文集』筑摩書房, 1969年所収。
Gordon R. [2012], « Is US Economic Growth Over? Faltering Innovation Confronts the Six Headwinds », *CEPR Policy Insight*, n° 63.
Gramsci A. [1978], *Cahiers de prison*, Gallimard, Paris. 獄中ノート翻訳委員会訳『グラムシ獄中ノート』大月書店, 1981年。
Greenspan A. [2007], *The Age of Turbulence. Adventures in a New World*, Penguin Press, New York. 山岡洋一・高遠裕子訳『波乱の時代』日本経済新聞社, 2007年。
——[2013], *The Map and the Territory. Risk, Human, Nature, and the Future of Forecasting*, Penguin Press, New York. 斎藤聖美訳『リスク, 人間の本性, 経済予測の未来』日本経済新聞社, 2015年。

GROSFELD I. [1986], « Modeling Plannners' Investment Behavior : Poland 1956–1980 », *Journal of Comparative Economics*, vol. 11, n° 3.

GROSSMAN G. and KRUGER A. [1995], « Economic Growth and the Environment », *Quarterly Journal of Economics*, vol. 110, n° 2, p. 353–377.

G. R. R. E. C [1983 and 1991], *Crise et régulation. Recueils de textes*, tome 1 : 1979–1983, and tome 2 : 1983–1989, université de Grenoble-2, Grenoble.

GUERRIEN B. [1996], *L'économie néoclassique*, La Découverte, « Repères », Paris, 3ᵉ édition.

GUIBERT B. [1986], *L'ordre marchand*, Cerf, Paris.

HACKER J. and PIERSON P. [1989], *Winner-Take-All Politics. How Washington Made the Rich Richer —and Turned its Backs on the Middle Class*, Schuster & Schuster, New York.

HALL P. (ed.) [1989], *The Political Power of Economic Ideas*, Princeton University Press, Princeton.

——and SOSKICE D. (eds.) [2001], *Varieties of Capitalism. The Institutional Foundations of Comparative Advantage*, Oxford University Press, Oxford. 遠山弘徳ほか訳『資本主義の多様性——比較優位の制度的基礎』ナカニシヤ出版，2007 年。

——and ——[2002], « Les variétés du capitalisme », *L'Année de la régulation*, n° 6, Presses de Sciences PO, Paris, p. 47–124.

HANCKÉ B. [1999], « Varieties of Capitalism Revisited : Globalisation and Comparative Institutional Avantage », *Lettre de la régulation* n° 30, Septembre.

HARADA Y. and TOHYAMA H. [2011], « Asian Capitalisms : Institutional Configurations and Firm Heterogeneity », in BOYER R., UEMURA H. and ISOGAI A. (eds.), *Diversity and Transformations of Asian Capitalisms*, Routledge, London, p. 243–263.

HATCHUEL A. [2004], « Repenser la gestion Un point de vue historique sur les firmes comme innovations institutionnelles », *Lettre de la régulation*, n° 47, p. 1.

HAUSMANN R. and MARQUEZ G. [1986], « Venezuela : du bon côté du choc pétrolier », dans BOYER R. (dir.), *Capitalismes fin de siècle*, PUF, « Économie en liberté », Paris, p. 141–163.

HAYEK F. VON [1989], *Droit, legislation et liberté*, vol. 1 : *Règles et ordre*, University of Chicago Press, Chicago. 矢島鈞次・水吉俊彦訳『法と立法と自由 I——ルールと秩序』（ハイエク全集第 1 期第 8 巻）春秋社，2007 年。

HICKS J. R. [1955], « Economic Foundations of Wage Policy », *The Economic Journal*, September, p. 389–404.

HILFERDING R. [1970], *Le capital financier*, Editions de Minuit, Paris. 岡崎次郎訳『金融資本論』（上・下）岩波書店，1982 年。

HOCHRAICH D. [2002], *Mondialisation contre développement. Le cas des pays asiatiques*, Syllepse, Paris.

HOLLINGSWORTH R. J. and BOYER R. (eds.) [1997], *Contemporary Capitalism : The Embeddedness of Institutions*, Cambridge : Cambridge University Press.

HOLLINGSWORTH R. J., SCHMITTER P. and STREECK W. [1994], *Governing Capitalist Economies : Performance and Control of Economic Sectors*. Oxford University Press, New York.

HÖPNER M. [2003], « What Connects Industrial Relations with Corporate Governance? A Review on

Complementarity », Mimeograph, Max Planck Institute, Cologne.
HUCHET J.-F. and XIANGJUN Y. [1996], « Les entreprises d'État chinoises à la croisée des chemins », *Revue Tiers Monde*, vol. 37 n° 147, Juillet–septembre, p. 599–627.
HUSSON M. [2008], *Un pur capitalisme*, Page Deux.
JESSOP B. [1997], « Twenty Years of the (Parisian) Regulation Approach : The Paradox of Success and Failure at Home and Abroad », *New Political Economy*, Vol. 2, n° 3, p. 503–526.
——(ed.) [2001], *Regulation Theory and the Crisis of Capitalism*, (5 volumes), Edward Elgar, Cheltenham, dont *The Parisian Regulation School*, Vol. 1, *Regulationist Perspectives on Fordism and Post-Fordism*, Vol. 3.
——[2002], *The Future of the Capitalist State*, Polity, Cambridge. 篠田武司ほか訳『資本主義国家の未来』御茶の水書房，2005 年。
——and SUM N.-L. [2006], *Beyond the Regulation Approach Putting Capitalist Economies in their Place*, Edward Elgar, Cheltenham.
JIMENEZ J. P. and LOPEZ-AZCUNAGA I. [2012], De la desigualdad en America Latina? El rol de la política fiscal, *Working Paper Series* n° 33, Frei Universität, Berlin.
JUILLARD M. [1993], *Un schéma de reproduction pour l'économie des États-Unis : 1948–1980*, Peter Lang, Paris.
JULLIEN F. [2009], *Les transformations silencieuses*, Grasset/Fasquelle, Paris.
KAHNEMAN D. [2011], *Thinking, Fast and Slow*, Penguin books, London. 村井章子訳『ファスト＆スロー——あなたの意思はどのように決まるか?』（上・下）早川書房，2012 年。
KALANTZIS Y. [2006], « Structure sectorielle et fragilité financière dans les économies émergentes », thèse de doctorat ENPC, Paris.
KALDOR N. [1963], *Essays on Economic Stability and Growth*, G. Duckworth and Co. 中村至朗訳『経済安定と成長』大同書院，1964 年。
——[1967], *Strategic Factor in Economic Development*, New York Ithaca.
KALECKI M. [1943], « Political Aspects of Full Employment », *Political Quarterly*, vol. 14, n° 4, p. 323–331. 浅田統一郎・間宮陽介訳『資本主義経済の動態理論』日本経済評論社，1984 年所収。
Keynes, J. M. [1936], *Théorie générale de l'emploi, de l'intérêt et de la monnaie*, Payot, Paris. 間宮陽介訳『雇用，利子および貨幣の一般理論』（上・下）岩波書店，2008 年。
KINDLEBERGER C. P. [1973], *The World in Depression, 1929–1939*, California University Press, Berkeley. 石崎昭彦・木村一朗訳『大不況下の世界——1929–1939』岩波書店，2009 年（改訂増補版）。
—— [1978], *Manias, Panics and Crashes*, Basics Books, New York. 高遠裕子訳『熱狂，恐慌，崩壊——金融危機の歴史』日本経済新聞社，2014 年。
—— [1994], *Histoire mondiale de la spéculation financière*, Éditions PAU, Paris.
KNIGHT J. and SHI L. [2005], « Wages, Firm Profitability and Labor Market Segmentation in Urban China », *China Economic Review*, vol. 16, n° 3.

KONDRATIEV N. [1925], *Les grands cycles de la conjoncture*, Economica, Paris, 1992.
KRIPPNER G. R. [2011], *Capitalizing on Crisis. The Political Origins of the Rise of Finance*, Harvard University Press, Cambridge.
KRUG B. and HENDRISCHKE H. [2007], « Framing China : Transformation and Institutional Change through Co-evolution », *Management and Organization Review*, vol. 4, n° 1, p. 81–108.
KRUGMAN P. [2000], « Reckonings, Blessed Are the Weak », *The New York Times*, May 3.
―――[2011a], « Keynes Was Right », *The New York Times*, December 29.
―――[2011b], « Can Europe Be Saved? », *The New York Times*, January 12.
KUZNETS S. [1955], « Economic Growth and Income Inequality », *American Economic Review*, 45, march, p. 1–28.
LABROUSSE A. and WEISZ J.-D. (eds.) [2001], *Institutional Economics in France and Germany. German Ordoliberalism vs the French Regulation School*, Springer, Berlin.
LABROUSSE E. (dir.) [1976], *Histoire économique et sociale de la France*, tome 2, PUF, Paris.
―――and BRAUDEL F. [1993], *Histoire économique et sociale de la France*, tome 4 : 1880–1950, P. U. F, Paris.
LACROIX A. and MOLLARD A. [1994], « L'approche sectorielle de la régulation une problématique à partir de l'agriculture », dans ALLAIRE G. A. and BOYER R. (dir.), *La grande transformation de l'agriculture, lecture conventionnalistes et régulationnistes*, INRA/Economica, Paris.
LAFERTÉ G. [2006], *L'image de la Bourgogne et de ses vins : Le contrôle politique et culturel du marché*, Albin Michel, Paris
LAUTIER B. [2012], « La diversité des systèmes de protection sociale en Amérique Latine », *Revue de la régulation*, n° 11, premier semester.
LECHEVALIER S. [2011], *La grande transformation du capitalisme japonais (1980–2010)*, Presses de Sciences Po, Paris. 新川敏光監訳『日本資本主義の大転換』岩波書店, 2015 年。
LEIBENSTEIN H. [1966], « Allocative Efficiency versus X-Efficiency », *American Economic Review*, vol. 66, p. 392–415.
―――[1976], *Beyond Economic Man : A New Foundation for Microeconomics*, Harvard University Press, Cambridge.
―――[1982], « The Prisoners Dilemma in the Invisible Hand : An Analysis of Intrafirm Productivity », *American Economic Review*, vol. 72, n° 2, May, 92–97.
LEMOINE B. [2014], « Discipliner l'État par la dette : La mise en marche et la sectorisation du « problème » de la dette publique », dans HALPERN C., LASCOUMES P. and LE GALÈS P., *L'instrumentation de l'action publique*, Presses de Sciences Po, Paris, p. 367–396.
LE RIDER G. [2001], *La naissance de la monnaie*, PUF, Paris.
LEROY C. [2002], « Les salaires en longue période », dans BOYER R. and SAILLARD Y. (dir.), *La théorie de la régulation. L'états des Savoirs*, La Découverte, Paris, p. 114–125.
LIPIETZ A. [1979], *Crise et inflation, pourquoi?*, Maspéro-La Découverte, Paris.
―――[1983], *Le monde enchanté : De la valeur à l'envol inflationniste*, La Découverte, Paris.

——[1985], *Mirages et miracles : Problèmes de l'industrialisation dans le Tiers Monde*, La Découverte, Paris. 若森章孝・井上泰夫訳『奇跡と幻影――世界的危機と NICS』新評論, 1987 年.
——[1998], *La société en sablier*, La Découverte, Paris.
——[1999], *Qu'est-ce que l'écologie politique ? La grande transformation du XXIe siècle*, La Découverte, Paris.
——and Leborgne D. [1988], « L'après-fordisme et son espace », *Les Temps modernes*, avril.
LORDON F. [1996], « Formaliser la dynamique économique historique », *Économie appliquée*, vol. 49, n° 1, p. 55–84.
——[1997], *Les Quadratures de la politique économique*, Albin Michel, Paris.
——[1999], « Ver une théorie régulationniste de la politique. Croyances économiques et pouvoir symbolique », *L'Année de la régulation*, n° 3, p. 169–207.
——[2000], « La "création de valeur" comme rhétorique et comme pratique. Généalogie et sociologie de la 'valeur actionnariale' », *L'Année de la régulation*, n° 4, p. 117–165.
——[2002], « Théorie de la régulation et politique économique », dans BOYER R. and SAILLARD Y. (dir), *La théorie de la régulation. L'états des savoirs*, La Découverte, Paris, p. 198–206.
——[2011], *L'intérêt souverain. Essai d'anthropologie économique spinoziste*, La Découverte, Paris.
LORENZI H., PASTRÉ O. and TOLEDANO J. [1980], *La Crise du XXe siècle*, Economica, Paris.
LORRAIN D. [2002], « Capitalismes urbains. Des modèles européens en compétition », *L'Année de la régulation*, n° 6, p. 195–239.
LUCAS R. E. Jr. [1984], *Studies in Business-Cycle Theory*, The MIT Press, Cambridge.
——[1993], « Making a Miracle », *Econometrica*, vol. 61, n° 2, p. 251–272.
LUN Z. [2003], *La vie intellectuelle en Chine depuis la mort de Mao*, Paris, Fayard.
LUXEMBOURG R. [1967], *L'accumulation du capital*, Minuit, Paris, 2 tomes. 長谷部文雄訳『資本蓄積論』續文堂出版, 2006 年.
MADDISON A. [2001], *L'économie mondiale, une perspective millénaire*, Editions de l'OCDE, Paris. 政治経済研究所訳『経済統計で見る世界経済 2000 年史』柏書房, 2004 年.
MANDEL E. [1978], *La Crise : 1974–1978*, Flammarion, Paris.
MANOW P. [2009], « Electoral Rules, Class Coalitions and Welfare State Regimes, or How to Explain Esping-Andersen with Stein Rokkan », *Socio-Economic Review*, vol. 7, n° 1, p. 101–121.
MARGLIN S. and MYLONDO B. [2014], *L'économie, une idéologie qui ruine la société*, Les Editions du Croquant, Paris.
MARQUES-PEREIRA J and THÉRET B. [2001], « Régimes politiques, médiations sociales de la régulation et dynamiques macroéconomiques. Quelques enseignements pour la théorie du développement d'une comparaison des caractères nationaux distinctifs du Brésil et du Mexique à l'époque des régimes d'industrialisation par substitution des importations », *L'Année de la Régulation*, n° 5, p. 105–143.
MARSHALL A. [1890], *Principes d'économie politique*, Giard et Brière, Paris, 1906. 馬場啓之助訳『経済学原理』（1 - 4）東洋経済新報社, 1965 - 1967 年.

Marx K. [1972], *Le Capital*, Livre I, Les Editions Sociales, Paris. 長谷部文雄訳『資本論』第1部、全4冊、青木文庫、1952年 ; 岡崎次郎訳『資本論』第1部、全3冊、国民文庫、1972年。

Mathias G., Salama P. [1983], *L'État surdéveloppé*, La Découverte, Paris.

Maurice M., Sellier F. and Silvestre J.-J. [1982], *Politique d'éducation et organisation industrielle en France et en Allemagne*, P. U. F., Paris.

Mazier J., Petit P. and Plihon D. [2013], *L'économie mondiale en 2030*, Economica, Paris.

Meadows D. and Randers J. [1972], *Les limites de la croissance (dans un monde fini)*, Rue de l'Échiquier, Paris, Édition actualisation 2012. 大来佐武郎監訳『成長の限界──ローマ・クラブ「人類の危機」レポート』ダイヤモンド社、1999年。

Ménard C. (eds.) [2000], *Institutions, Contracts and Organizations*, Edward Elgar, Cheltenham.

Milanovic B. [2005], « Can We Discern the Effect of Globalization on Income Distribution? Evidence from Household Surveys », *The World Bank Economic Review*, n° 19, p. 21–44.

Milgrom P. and Roberts J. [1990], « The Economics of Modern Manufacturing : Technology, Strategy and Organization », *American Economic Review*, vol. 80, n° 3, p. 511–528.

Miotti L., Quenan C. [2004], « Analyse des grandes crises structurelles : le cas de l'Argentine », dans Boyer R. and Neffa J. C. (dir.), *La Crisis argentina (1976–2001). Una vision desde las theorias institucionalistas y regulacionistas*, Mikno y Darila, Madrid/Buenos Aires.

——, ——and Torija Z. E. [2012], « Continuités et ruptures dans l'accumulation et la regulation en Amérique latine dans les années 2000 : le cas de l'Argentine, du Brésil et du Chili », *Revue de la régulation*, n° 11, 1er semestre.

Mistral J. [1986], « Régime international et trajectoires nationales », dans Boyer R. (dir.), *Capitalisme fin de siècle*, Paris, PUF.

Mjoset L. [1992], *The Irish Economy in a Comparative Institutional Perspective*, National Economic and Social Council, Dublin.

Montagne S. [2000], « Retraite complémentaire et marchés financiers aux États-Unis », *L'Année de la Régulation*. n° 4, La Découverte.

——[2003], « Les métamorphoses du trust : les fonds de pensions américains entre protection et spéculation », thèse Université Paris X-Nanterre, Paris.

Moulier-Boutang Y. [2007], *Le capitalisme cognitif, La nouvelle grande transformation*, Edition Multitudes/Idées, Admsterdam.

Muradian R. [2001], « Ecological Thresholds : A Survey », *Ecological Economics*, vol. 38, n° 1, p. 7–24.

Musgrave R. [1959], *The Theory of Public Finance : A Study in Public Economy*. Mc Graw-Hill, New York. 大阪大学財政研究会訳『財政理論──公共経済の研究』有斐閣、1961年。

Myant M. and Drahokoupil J. [2011], *Transitions Economies : Political Economy in Russia, Eastern Europe, and Central Asia*, John Wiley & Sons, Hoboken.

Nadel H. [1983], *Marx et le salariat*, Le Sycomore, Paris.

Nelson R. (ed.) [1993], *National Innovation Systems. A Comparative Analysis*, Oxford University Press.

——and WINTER S. [1982], *An Evolutionary Theory of Economic Change*, The Belknap Press of Harvard University Press, Harvard. 後藤晃・角南篤・田中辰雄訳『経済変動の進化理論』慶應義塾大学出版会，2007 年。

NORDHAUS W. [1975], « The Political Business Cycle », *Review of Economic Studies*, vol. 42, n° 2, p. 169–190.

NORTH D. C. [1990], *Institutions, Institutional Change and Economic Performance*, Cambridge et New York, Cambridge University Press. 竹下公視訳『制度・制度変化・経済成果』晃洋書房，1994 年。

NOTERMANS T. [1995], « Social Democracy and External Constraints », in COX R. W. (ed.), *Spaces of Globalisation*, Guilford, New York.

OI J. C. [1992], « Fiscal Reform and the Economic Foundations of Local State Corporatism in China », *World Politics*, vol. 45, n°. 1, octobre, p. 99–126.

——and WALDER A. G. (eds.) [1999], *Property Rights and Economic Reform in China*, Oxford, Oxford University Press.

OKUMA K. [2012], « An analytical Framework for the Relationship Between Environmental Measures and Economic Growth based on the Régulation Theory : Key Concepts and a Simple Model », *Evolutionary and Institutional Economics Review*, vol. 9, n° 1, p. 141–168.

OMINAMI C. [1986], *Le Tiers-Monde dans la crise*, La Découverte, Paris. 奥村和久訳『第三世界のレギュラシオン理論——世界経済と南北問題』大村書店，1991 年。

ORLÉAN A. (dir.) [1994], *Analyse économique des conventions*, Collection : Économie, PUF, Paris. Nouvelle édition [2004].

——[1999], *Le pouvoir de la finance*, Odile Jacob, PUF, Paris. 坂口明義・清水和巳訳『金融の権力』藤原書店，2001 年。

——[2004], « Efficience, finance comportementale et convention : une synthèse théorique », dans BOYER R., , DEHOVE M. and PLIHON, D. (dir.), *Les crises financières*, Rapport du Conseil d'analyse Economique, n° 50, La documentation française, Paris, p. 241–270.

——[2013], *L'empire de la valeur, refonder l'économie*, Le Seuil Paris. 坂口明義訳『価値の帝国——経済学を再生する』藤原書店，2013 年。

PALOMBARINI S. [1999], « Vers une théorie régulationniste de la politique économique », *L'Année de la régulation*, n° 3, p. 97–126.

——[2001], *La rupture du compromis social italien*, CNRS Éditions, Paris.

PEDERSEN O. [2008], « Corporatism and Beyond : The Negotiated Economy », in CAMPBELL J., HALL J. and PEDERSEN O. K., *National Identity and the Varieties of Capitalism. The Danish Experience*, DJOF publishing, Copenhagen, p. 245–270.

PENG Y. [2001], « Chinese Villages and Townships as Industrial Corporation. Ownership, Governance, and Market Discipline », *The American Journal of Sociology*, vol. 106, n°. 3, mars, p. 1338–1370.

PEREZ C. [2002], *Technological Revolution and Financial Capital : the Dynamics of Bubbles and Golden Ages*, Elgar, London.

Petit P. [1985], *La croissance tertiaire*, Economica, Paris. Traduction de *Slow Growth and the Service Economy*, Pinter, Londres [1986]. 平野泰朗訳『低成長下のサービス経済』藤原書店，1991年。

——[1998], « Formes structurelles et régimes de croissance de l'après fordisme », *L'Année de la Régulation*, n° 2, p. 177-206.

Piketty T. [2013], *Le capital au XXIe siècle*, Le Seuil, Paris. 山形浩生・守岡桜・森本正史訳『21世紀の資本』みすず書房，2014年。

——[2015], Putting Distribution Back at the Center of Economics, *Journal of Economic Prespectives*, vol. 29 (1), p. 67-88.

——and Saez E. [2003], « Income Inequality in the United States, 1913-1998 », *Quarterly Journal of Economics*, vol. 118, no. 1, p. 1-39.

Plihon D. (president) [2009], *Rentabilité et risqué dans le nouveau régime de croissance*, rapport du groupe du Commissariat general du Plan, La Documentation française, Paris, octobre.

Poincare H. [1923], *Leçons de mécanique celeste*, J. Gabay, Sceaux, 2003.

Polanyi K. [1946], *The Great Transformation*, Traduction Française, Gallimard, Paris, 1983. 野口建彦・栖原学訳『大転換——市場社会の形成と崩壊』（新訳）東洋経済新報社，2009年。

Pomeranz K. [2010], *Une grande divergence : La Chine, l'Europe et la construction de l'économie mondiale*, Albin Michel, Paris. 川北稔監訳『大分岐——中国，ヨーロッパ，そして近代世界経済の形成』名古屋大学出版会，2015年。

Porter M. [1985], *Competitive Advantage : Creating and Sustaining Superior Performance*, New York : The Free Press. 土岐坤・中辻萬治・小野寺武夫訳『競争優位の戦略——いかに高業績を持続させるか』ダイヤモンド社，1985年。

Poulantzas N. [1981], *Pouvoir politique et classes soicales de l'État capitaliste*, Maspero, Paris. 田口富久治・山岸紘一訳『資本主義国家の構造——政治権力と社会階級』（1・2）未來社，1978, 1981年。

Prebisch R. [1981], *Capitalismo periferico, Crisis y transformación*, Fondo de Cultura Economica, Mexico.

Ragot X. [2000], « Division du travail, progrès technique et croissance », thèse EHESS, Paris, 21 décembre.

Rajan R. and Zingales L. [2004], *Saving Capitalism from the Capitalists*, Random House, New York. 堀内昭義ほか訳『セイヴィングキャピタリズム』慶應義塾大学出版会，2006年。

Rawls J. [1971], *Théorie de la justice*, Seuil, Paris, 1997. 川本隆史・福間聡・神島裕子訳『正義論』（改訂版）紀伊國屋書店，2010年。

Real B. [1990], *La Puce et le chômage*, Seuil, Paris.

Reich R. [1991], *L'Économie mondialisée*, Dunod, Paris 1993. 中谷巌訳『ザ・ワーク・オブ・ネーションズ——21世紀資本主義のイメージ』ダイヤモンド社，1991年。

Reinhart C. M. and Rogoff K. S. [2009], *This Time Is Different. Eight Centuries of Financial Folly*, Princeton University Press, Princeton. 村井章子訳『国家は破綻する——金融危機の800年』

日経 BP 社, 2011 年.
Revue de la régulation [2011], *Post-keynésianisme et théorie de la regulation : des perspectives communes*, n°. 10.
——[2014], *Renouveler la macroéconomie postkeynésienne? Les modèles stock-flux coherent et multi-agents*, n°. 16.
REYNAUD B. [2002], *Operating Rules in Organizations. Macroeconomic and Microeconomic Analysis*, Palgrave-Macmillan, Basingstoke.
RIEDEL J. and JIN J. G. J. [2007], *How China Grows. Investment, Finance and Reform*, Princeton University Press, Princeton.
RODRIGUES M. J. (ed.) [2002], *The New Knowledge Economy in Europe, A Strategy for International Competitiveness and Social Cohesion*, Edward Elgar, Cheltenham.
——(dir.) [2004], *Vers une société européenne de la connaissance : la stratégie de Lisbonne (2000–2010)*, Press de l'université de Bruxelles, Bruxelles.
ROUSSEAU S. and ZUINDEAU B. [2007], « Théorie de la régulation et développement durable », *Revue de la régulation*, n° 1, juin
SABEL C. [1997], « Constitutional Orders : Trust Building and Response to Change », in HOLLINGSWORTH R. and BOYER R. (eds.), *Contemporary Capitalism : The Embeddedness of Institutions*, Cambridge University Press, Cambridge.
SALAIS R. and STORPER M. [1994], *Les mondes de production*. Editions de l'Ecole des Hautes Etudes en Sciences Sociales, Paris.
SAPIR J. [1989], *Les Fluctuations économiques en URSS, 1941–1985*, Paris, Éditions de l'EHESS.
——[1998], *Le Krach russe*, La Découverte, Paris.
——[2000], *Les Trous noirs de la science économique : essai sur l'impossibilité de penser le temps et l'argent*, Albin Michel, Paris.
SCHMITTER P. C. [1990], « Sectors in Modern Capitalism : Models of Governance and Variations in Performance », in BRUNETTA R. and DELL'ARINGA C. (eds), *Labour Relations and Economic Performance*, MacMillan and « International Economic Association », London.
SEN A. [2012], *Éthique et économie*, PUF, Paris. 徳永澄憲・松本保美・青山治城訳『経済学と倫理学——アマルティア・セン講義』筑摩書房, 2016 年.
SEO H. J. [1998], « Diversification industrielle des changements du système d'apprentissage : le cas de l'économie coréenne », thèse de Doctorat EHESS, Paris, juin.
SEWELL W. H. [1996], « Three Temporalities : Toward an Eventful Sociology », in MCDONALD T. J. (ed.), *The Historic Turn in the Human Sciences*, University of Michigan Press, Ann Arbor.
SHLEIFER A. [2000], *Clarendon Lectures. Inefficient Markets*, Oxford University Press, Oxford.
SHONFIELD A. [1965], *Le capitalisme d'aujourd'hui. L'État et l'entreprise*, Gallimard, Paris 1967. 海老沢道進ほか訳『現代資本主義』オックスフォード大学出版局, 1968 年.
SIMON H. [1983], *Reason in Human Affairs*, Basil Blackwell, Londres. 佐々木恒男・吉原正彦訳『意思決定と合理性』ちくま学芸文庫, 2016 年.

――[1997], *Models of Bounded Rationality. Empirically Grounded Economic Reason*, MIT Press, Cambridge.

Song L. [2001], « The Limit of Gradual Reform without Long Term Perspective : Instability of Institutional Arrangements in Mainland China », *Mimeograph*, Nagoya University.

Soros G. [1998], *The Crisis of Global Capitalism. Open Society Endangered*, Public Affairs, New York. 大原進訳『グローバル資本主義の危機――「開かれた社会」を求めて』日本経済新聞社，1999 年。

Spence M. [1973], « Job Market Signaling », *The Quarterly Journal of Economics*, August, p. 353–374.

Stackelberg H. von [1934], *Market Structures and Equilibrium*, Springer Verlag, Berlin, 2010.

Stark D. [1997], « Recombinant Property in East European Capitalism », in Grabher G., Stark D. (eds.), *Restructuring Networks in Post-Socialism : Legacies linkages and localities*, Oxford University Press, Oxford, p. 35–69.

――and Bruszt L. [1998], *Postsocialist Pasthways : Transforming Politics and Property in East Central Europe*, Cambridge University Press, New York.

Steclebout E. [2004], « La formation des politiques économiques européennes. Hétérogénéité, changement institutionnel, processus décisionnels », thèse de doctorat EHESS, Paris.

Stiglitz J. E. [1987], « Dependence of Quality on Price », *Journal of Economic Literature*, vol. 25, p. 1–48.

――[2002], *La grande désillusion*, Fayard, Paris. 鈴木主税訳『世界を不幸にしたグローバリズムの正体』徳間書店，2002 年。

――[2003], *The Roaring Nineties, A new History of the World's Most Prosperous Decade*, W. W. Norton & Company, New York. 鈴木主税訳『人間が幸福になる経済とは何か――世界が 90 年代の失敗から学んだこと』徳間書店，2003 年。

――[2012], *The Price of Inequality. How Today's Divided Society Endangers Our Future*, W. W. Norton & company, New York London. 楡井浩一・峯村利哉訳『世界の 99% を貧困にする経済』徳間書店，2012 年。

Streeck W. [1997], « German Capitalism : Does It Exist? Can It Survive? », in Crouch C. and Streeck W. (eds.), *Political Economy of Modern Capitalism : Mapping Convergence and Diversity*, Sage, London. 山田鋭夫訳『現代の資本主義制度――グローバリズムと多様性』NTT 出版，2001 年。

――[2012], *Du temps acheté, La crise sans cesse ajournée du capitalisme démocratique*, Gallimard, Paris, 2014. 鈴木直訳『時間かせぎの資本主義――いつまで危機を先送りできるか』みすず書房，2016 年。

――and Thelen K. (eds.) [2005], *Beyond Continuity : Institutional Change in Advanced Political Economies*, Oxford : Oxford University Press.

Sugden R. [1986], *The Economics of Rights, Cooperation and Welfare*, Basil Blackwell, Oxford. 友野典男訳『慣習と秩序の経済学――進化ゲーム理論アプローチ』日本評論社，2008 年。

――[1989], « Spontaneous Order », *Journal of Economic Perspectives*, vol. 3, n° 4, p. 85–97.

SUMMERS L. H. [2014], « US Economic Prospects : Secular Stagnation, Hysteresis and the Zero Lower Bound », *Business Economics*, vol. 49, n° 2, p. 65–73.

SUTTON J. [1991], *Sunk Costs and Market Structure : Price Competition, Advertising and the Evolution of Concentration*, MIT Press, Cambridge.

The Economist [2014], « Why Dutch Disease Is, and Why It's Bad », November 5.

——[2015], « Rising Chinese Wages Will Only Strengthen Asia's Hold on Manufacturing », March 14, p. 61–62.

THELEN K. [2003], « Comment les institutions évoluent : Perspectives de l'analyse comparative historique », *L'Année de la régulation*, n° 7, p. 11–43.

——[2009], « Economic Regulation and Social Solidarity : Conceptual and Analytic Innovations in the Study in Advanced Capitalism », *Socio-Economic Review*, October, p. 1–21.

——and MAHONEY J. [2010], *Explaining Institutional Change : Ambiguity, Agency, and Power*, Cambridge : Cambridge University Press.

THÉRET B. [1992], *Régimes économiques de l'ordre politique : esquisse d'une théorie régulationniste des limites de l'État*, PUF, Paris. 神田修悦［ほか］訳『租税国家のレギュラシオン――政治的秩序における経済体制』世界書院，2001 年。

——(dir.) [1994], *L'État, la finance et le social : souveraineté nationale et construction européenne*, La Découverte, Paris.

——[1996a], « Les structures élémentaires de la protection sociale », *Revue française des affaires sociales*, 50 (4), p. 165–188.

——(dir.) [1996b], *La monnaie révélée par ses crises*, Éditions de l'EHESS, Paris, 2ᵉ édition 2007.

——[1997], « Méthodologie de comparaisons internationales, approches de l'effet sociétal et de la regulation : fondements pour une lecture structuraliste des systèmes nationaux de protection sociale », *L'Année de la régulation*, n° 1, p. 163–228.

——[1999], « L'effectivité de la politique économique : de l'autopoïèse des systèmes sociaux à la topologie du social », *L'Année de la régulation*, n° 3, p. 127–168.

——[2008], « Le fédéralisme canadien : un modèle pour l'Union Européenne ? », dans BOISMENU G. and PETIT I., *L'Europe qui se fait, regards croisés sur un parcours inachevé*, Editions de la Maison des Sciences de l'Homme, Paris, p. 22–37.

THOM R. [1972], *Stabilité structurelle et morphogénèse*, Benjamin/Ediscience, New York/Paris. 彌永昌吉・宇敷重広訳『構造安定性と形態形成』岩波書店，1980 年。

——[1983], *Paraboles et catastrophes*, Flammarion, Paris.

THRIFT N. [2001], « It's the Romance, Not the Finance that Makes the Business Worth Pursuing : Disclosing a New Market Culture », *Economy and Society*, vol. 30, n° 4, p. 412–432.

TILLY C. [2007], *Democracy*, Cambridge : Cambridge University Press.

TINBERGEN J. [1952], *On the Theory of Economic Policy*, North Holland, Amsterdam. 気賀健三・加藤寛訳『経済政策の理論』巖松堂出版，1956 年。

——[1991], *Techniques modernes de la politique économique*, Dunod, Paris.

Uni H. [2011], « Increasing Wage Inequality in Japan Since the End of the 1990s : An Institutional Explanation », in Boyer R., Uemura H. and Isogai A. (eds.), *Diversity and Transformations of Asian Capitalisms*, Routledge, London.

Varian H. [1995], *Analyse microéconomique*, De Boeck, Bruxelles. 佐藤隆三・三野和雄訳『ミクロ経済分析』勁草書房，1986 年.

Vidal J.-F. [2010], « Crises et transformations du modèle social-démocrate suédois », *Revue de la régulation*, n° 8, automne.

Visser J. and Hemerijck A. [1997], « *A Dutch Miracle* ». *Job Growth, Welfare Reform and Corporatism in the Netherlands*, Amsterdam University Press, Amsterdam.

Wallerstein I. [1978], *Le système du monde du XVe siècle à nos jours*, Flammarion, Paris.

—— [1999], *Le capitalisme historique*, La Découverte, « Repères », Paris. 川北稔訳『新版 史的システムとしての資本主義』岩波書店，1997 年.

Wang J., Nagendra S. and Uemura H. [2011], « Chinese International Production Linkages and Japanese Multinationals : Evolving Industrial Interdependence and Coordination », in Boyer R., Uemura H. and A. Isogai (eds.), *Diversity and Transformations of Asian Capitalisms*, Routledge, London, p. 143–164.

Weber M. [1921], *Économie et Société*, tome I : *Les Catégories de la sociologie*, Pocket, Paris, 2003. 世良晃志郎訳『支配の諸類型』創文社，1970 年一部所収.

West S. and Mitch A. [2000], *Storyselling for Financial Advisors : How Top Producers Sell*, Kaplan Publishing.

White H. C. [2002], *Markets from Networks : Socioeconomic Models of Production*, Princeton University Press, Princeton.

Whitley R. [1984], *The Intellectual and Social Organization of the Science*, Oxford University Press, Oxford.

Williamson O. [1975], *Markets and Hierarchies, Analysis and Antitrust Implications*. The Free Press, New York. 浅沼萬里・岩崎晃訳『市場と企業組織』日本評論社，1980 年.

—— [1985], *The Economic Institutions of Capitalism*. The Free Press, New York.

Womack J. P., Jones D. T. and Roos D. (eds.) [1990], *The Machine that Changed the World*, Simon & Schuster, New York. 沢田博訳『リーン生産方式が，世界の自動車産業をこう変える．——最強の日本車メーカーを欧米が追い越す日』経済界，1990 年.

WTO [2011], Made in the World Initiative. A Paradigm Shift to Analyzing Trade, Genève.

Xin K. and Pearce J. [1996], « Guanxi : Connections as Substitutes for Formal Institutional Support », *The Academy of Management Journal*, vol. 39, n° 6, décembre, p. 1641–1658.

Yamamura K. and Streeck W. (eds.) [2003], *The End of Diversity? Prospects for German and Japanese Capitalism*, Cornell University Press, Ithaca.

Yan C. [2011], « Analysis of the Linkage Effect in Chinese Export-led Growth : According to the Subdivisions of Asian International Input–Output Tables », in Boyer R., Uemura H. and Isogai A. (eds.), *Diversity and Transformations of Asian Capitalisms*, Routledge, London.

YANAGAWA N. and GROSSMAN G. M. [1992], « Asset Bubbles and Endogenous Growth », *Journal of Manetary Economics*, vol. 31, n° 1, février, p. 3–19.

ZHAO Z. [2003], « Migration, Labor Market Flexibility and Wage Determination in China. A Review », *Working Paper*, China Center for Economic Growth, novembre.

ZINAM O. [1976], « Peaceful Coexistence, US-USSR Détente, and the Theory of Convergence », *Rivista internazionale di scienze economiche e commerciali*, vol. 23, n° 1, janvier, p. 44–65.

ZOU H.-F. [1991], « Socialist Economic Growth and Political Investment Cycles », *Working Paper*, n° WPS 615, World Bank.

図表一覧

図1　政治経済学における中心問題の変遷 …………………………………… 50
図2　競売人から貨幣による交換の分権化へ ………………………………… 55
図3　国家，政治秩序，制度諸形態の間の相互依存性 ……………………… 69
図4　マルクス的理論のカテゴリーからレギュラシオン理論のカテゴリーへ …… 77
図5　レギュラシオン理論の方法 ……………………………………………… 83
図6　調整様式の継起――賃労働関係の例 …………………………………… 89
図7　アメリカにおける生産性と実質賃金 …………………………………… 102
図8　アメリカにおける所得不平等の変化（第1十分位 対 第10十分位）…… 102
図9　フォード的成長の好循環とその3つの条件 …………………………… 104
図10　蓄積と危機の時期区分 …………………………………………………… 115
図11　国際化の効果のもとでの需要体制の逆転 ……………………………… 131
図12　金融主導型体制の連関 …………………………………………………… 139
図13　従属諸国における金融自由化――成長体制の大部分における不安定化 … 143
図14　レギュラシオン理論の基礎的諸概念の構造 …………………………… 146
図15　各種コーディネーション原理の分類 …………………………………… 157
図16　組織的補完性，組織と制度の同型性，制度補完性 …………………… 165
図17　賃労働関係の4形態にはその数だけの雇用／賃金の交錯的関係がある … 169
図18　グローバルなものと部門的なものとの複合的な接合関係 …………… 179
図19　社会的保護の基本構造 …………………………………………………… 190
図20　各種の国民的社会的保護システム（SNPS）は4つの原理を異なる形で組み合わせている ……………………………………………………… 191
図21　社会民主主義諸国における社会保障は経済の活力を高める ………… 194
図22　環境的制度装置と資本主義類型との関係 ……………………………… 206
図23　陰と陽――政治的なものと経済的なもの ……………………………… 217
図24　経済政策レジームと改革戦略 …………………………………………… 227
図25　経済と経済的なものにおけるアイディアの役割――概観 …………… 233

図 26　4大コーディネーション原理の組合せの表現としての資本主義多様性の分析 …………………………………………………………………………… 248
図 27　ヘゲモニー・ブロックの利害関係者としての賃労働者(フォーディズム) … 258
図 28　国際開放は賃労働者排除の原因となる（1980 年代）…………………… 258
図 29　金融業者と大企業経営者の事実上の同盟（1990 年代と 2000 年代）……… 258
図 30　内部代謝とハイブリッド化の相互作用，資本主義進化の源泉 …………… 273
図 31　傾向と長期波動の間で——資本主義のらせん的進化 ……………………… 277
図 32　フォーディズムの例外性——国内妥協の優越性 …………………………… 289
図 33　制度階層性の最初の逆転——国際競争への開放 …………………………… 292
図 34　制度階層性の第 2 の逆転——国際金融の支配力と遍在 …………………… 293
図 35　金融自由化——中長期の相反する効果 ……………………………………… 294
図 36　レント・レジームにおける自律性の欠如 …………………………………… 303
図 37　経済分析から政治科学へ ……………………………………………………… 310
図 38　利害や表象の対立は欧州条約の再交渉を不確かなものにする ………… 319
図 39　国際化は 4 つの発展様式と不平等レジームを補完的なものにする …… 324
図 40　3 つの分野の重ね合せが，新たな特性をもつネットワークを作り出す ……… 349-350
図 41　距離を隔てた関係でのやり取りの頻度が現地での変化に与える影響 ……… 353
図 42　調整の拡張的な見方 …………………………………………………………… 370
図 43　レギュラシオニストによる研究の展開にかんする図式的表現 ………… 376

表 1　資本主義経済の隠れた諸制度——一般均衡理論からレギュラシオン理論へ … 73
表 2　4 大蓄積体制——理論と歴史の間で ………………………………………… 97
表 3　蓄積体制の概観表 ……………………………………………………………… 100
表 4　標準的理論との比較 …………………………………………………………… 119
表 5　危機分類の適用例 ……………………………………………………………… 122
表 6　企業類型の数ほどに企業目的がある ………………………………………… 150
表 7　制度的秩序からハビトゥスまで ……………………………………………… 159
表 8　生産モデルの概観 ……………………………………………………………… 176
表 9　イノベーション・システムの 4 類型 ………………………………………… 184
表 10　フランスとドイツ——2 つの能力形成システム …………………………… 188
表 11　発展様式に関係するさまざまな不平等レジーム …………………………… 200

表 12 経済政策レジームと資本主義類型との関係 ……………………………… 230
表 13 ソヴィエト型体制を継承する社会経済レジームの多様性 ……………… 256
表 14 中国における競争主導型蓄積体制の段階的な出現 ……………………… 264
表 15 5つの制度諸形態——中国の構図 ………………………………………… 268
表 16 中国の阻害要因 ……………………………………………………………… 270
表 17 ラテンアメリカのさまざまな経済レジーム ……………………………… 278
表 18 アジアと比較したラテンアメリカの特殊性について …………………… 281
表 19 レント復活の諸段階 ………………………………………………………… 300
表 20 ユーロの持続可能性にかんする新しい古典派マクロ経済学の帰結 …… 313
表 21 ユーロは画期的変化を示しているが，その重要性は政治によって過小評価されてきた………………………………………………………………………… 316
表 22 比較歴史分析から見た，いくつかの調整様式の変容 …………………… 340
表 23 5つの至上命令に応える各種発展様式 …………………………………… 362
表 24 資本主義の概念は制度的動態を含意する ………………………………… 368

訳者あとがき

　本書は，Robert Boyer, *Économie politique des capitalismes: Théorie de la régulation et des crises*, Collection Grands Repères / Manuels, La Découverte, 2015 の全訳である。加えて本書全体の趣旨とその日本における意義を明らかにすべく「日本の読者へ」が書き下ろされた。

　本書の著者ロベール・ボワイエはレギュラシオン理論の泰斗として，これまでに多くの著作を発表しており，日本においても数多くの翻訳書籍が出版されている。その議論は各所で紹介されており，ここで改めて詳細を論じる必要はないだろう。

本書出版の経緯

　最初に本書出版の経緯について触れておこう。本書はレギュラシオン理論を，その基礎概念から最新の議論まで包括的に取りまとめたもので，母国フランスでは教科書として出版され，2015／2016 年のフランス経済学会「最優秀テキスト賞」を受賞し，高い評価を受けた。同賞は昨今話題となったジャン・ティロール『良き社会のための経済学』（日本経済新聞社，2018 年）も受賞している。

　本書は 2 部構成となっている。本書第 I 部にあたる部分は，2004 年に同じ出版社から，『レギュラシオン理論──その基礎』*Théorie de la régulation: Les fondamentaux*（Repère, La Découverte, 2004）の書名で出版されている。同書出版当時にたまたまフランスに滞在していた訳者が，監修者である山田鋭夫氏を通じて藤原書店に訳書出版を相談して，翻訳原稿が作成された。ただし同書出版当時から，第 2 巻として展開編の執筆が計画されていることを著者自身から聞いたことに加え，第 1 巻の基礎編の内容がすでに日本ではかなり知られていたこともあり，第 2 巻出版後に両者を合わせて日本語訳を出版することとなった。

その後，第2巻の出版までに時間を要したが，その間にもボワイエ自身の現代資本主義に対する考察は深められ，レギュラシオン理論も発展を遂げた。そうした発展を包括的に収め，第1巻の議論も再収録する形で出版されたのが本書である。本書の翻訳も藤原書店の後押しを得て進められたが，諸般の事情により作業が大幅に遅れてしまったことは遺憾である。しかしながら，本書の価値はまったく失われていない。第1に，資本主義経済の歴史的動態と多様性を解き明かすべく，基本概念から現実の国際経済の動向まで広くカバーした政治経済学あるいは制度経済学の基本テキストの存在はきわめて貴重である。第2に2015年以降，アメリカやヨーロッパにおける政治的分断の様相が強まり，アジアに目を向ければ，日本における政治経済の閉塞や，中国で終焉を迎えつつある高度成長と，世界の主要諸国で見られる政治経済の混迷やそれらの国々の間で生じる対立をどのように説明づけ解決策を提示するかという時代の要請に，本書はまさに応えるものと言える。

本書の構成と特徴

　そのように位置づけられる本書の構成と特徴は以下のとおりである。第Ⅰ部では基礎理論を明らかにすべく，制度諸形態（第1章），調整様式（第2章），蓄積体制（第3章），危機（第4章）と同理論の基本概念が順に導入されつつ，レギュラシオン理論による資本主義経済への基本視角が改めて明らかにされる。それを敷衍すれば次のようにまとめられる。

　第1に，市場における水平的な関係に加えて企業家や経営者と賃労働者とのヒラルキー的関係からなる資本主義経済においては，そうした異質な利害をもつ集団・組織としての主体が相互作用することでシステムが構成され，動態(ダイナミクス)が生み出される。第2に，異質な主体の調整では制度が決定的な役割を果たす。第3に，制度の成立に寄与するのは経済効率の論理よりも，政治的過程である。したがってどのような制度が成立するかには不確実性がともなう。第4に，社会のある領域における相互作用や調整は，したがってそれを司る制度は経済社会ごとに異なる。また，さまざまな領域が相互に連関しつつ構成される各種経済社会の制度的構図も多様となる。さらに調整や制度も，その全体の構図も，またそこから生み出される動態も時間を通じて変化

する可能性がある。第5に，このように構成されるシステムは好循環と危機の両方の説明を可能にする。相互作用や調整の特定の形態は好循環の経済動態を生み出すかもしれないし，そうでないかもしれない。仮にその調整形態が好循環を生み出すとしても，それが持続する保証はない。好循環を構成する要素はそれぞれ少しずつ変化し，そのことが体制全体の整合性を掘り崩す可能性がある（内部代謝）一方で，体制の一部や全体が他の体制と接触することで，体制の新たな構成や動態が生み出される可能性がある（ハイブリッド化）。

このように，制度の成立においても経済動態においても不確実性が存在するため，実際の過程がどのように展開するかは実証的・分析的に解明するほかない。その意味でレギュラシオン理論にとって歴史が重要となる。

第II部では，レギュラシオン理論の新たな展開が示される。それは調整水準の拡張である。理論の創設以来，フォーディズムに典型的に見られるように上記の基本視角が分析に適用されたのは国民経済のレベルであったが，それは他の水準においても適用可能である。また相互作用と調整は，特定の領域のなかでのみ行われるのではなく，異なる領域の間でもなされる。このように考えると，国民経済はそれより下位の水準におけるさまざまな相互作用や調整の重層・複合から成り立っており，その国民経済もまた，それよりも上位に位置する地域や国際のレベルで他の国民経済と相互作用し調整されることで，世界経済を成り立たせていると理解することができる。

したがって，国民レベル以外の調整について議論する場合にも，それのみを取り出して独立に分析することはできず，常に国民レベルとの相互作用を前提とした議論が展開されなければならない。例えば第6章では展開される生産モデル論では，国民レベルの制度に規定された企業戦略の多様性が明らかにされる。これはレギュラシオン理論によるミクロ経済の分析が，通常の経済学において想定される「経済合理性」ではなく，当該経済の制度的文脈に位置づけられた合理性にもとづいて行われることを示している。また同章では，部門別・地域別の制度装置にかんする議論や，イノベーション，技能形成，社会保障にかんするシステム論によって，相互作用や調整がマクロとミクロの中間（メゾ）レベルで成立することが示される。一方第9章では，

国民レベルを超える地域や国際レベルの調整もまた議論の対象となる。

　またこうした経済社会における相互作用や調整の重層・複合は，経済分野のみでのそれによって成立しているのではなく，政治，社会，文化といった各種分野との相互作用に依存している。とりわけ上述の基本視角でも示されているとおり，異質な主体の調整を司る制度の成立を保証する政治的過程（政治的なもの）と，経済的過程（経済的なもの）とが密接に相互連関しつつ資本主義経済のダイナミクスを生み出すことが，第7章で詳細に論じられる。続いて政治的過程を経て成立する諸制度のもとでの資本主義経済およびその動態の多様性が議論され（第8章），さらに経済動態を生み出す制度構造の変容においても政治的過程が重要な役割を果たすことが示される（第10章）。

　レギュラシオン理論は制度的歴史的マクロ経済学として出発したが，ここ数十年の間に資本主義経済に対する認識を深化させつつその適用範囲をミクロ／メゾ／地域／国際へと拡大させてきた。しかしここで改めて強調しなければならないことは，多様な調整の分析水準が導入されることになっても国民経済レベルの動態の重要性が失われるわけではなく，国民レベルとそれとは異なるレベルの動態の相互作用が分析されることで，国民経済の動態と多様性がいっそう明らかにされるということである。その意味で，レギュラシオン理論は制度的歴史的マクロ経済学としての意義を保持し続けている。

　翻訳上・内容上の不明点については，中原隆幸氏（阪南大学）にご教示をいただいた。また植村博恭氏（横浜国立大学）には，翻訳原稿全体を読んでいただき多々適切なコメントをいただいた。山田鋭夫氏には翻訳原稿を実に丁寧に確認・修正していただいた。本訳書の日本語が多少なりとも読みやすいものとなっているとすれば，それは氏のおかげである。記して，三氏に深く感謝申し上げたい。

　藤原書店の山﨑優子氏には，訳者の遅々として進まない訳出作業を大変忍耐強く待っていただいた上に，原書と丹念に照合した上で数々の適切なコメントをいただいた。心よりお礼申しあげたい。

　このようにさまざまな方の助力を得つつ行った翻訳作業にあたっては，本書がレギュラシオン的研究の先端を示すものであると同時に，政治経済学の

テキストでもあることを意識しつつ，可能なかぎり平易な日本語となるよう細心の注意をはらったつもりであるが，思わぬ誤りやわかりにくさを含んでいるかもしれない。忌憚のないご批判をいただければ幸甚である。

 2019 年 7 月

原田裕治

索引

あ行

青木昌彦　52, 84, 149, 166, 261, 283
アグリエッタ, ミシェル　AGLIETTA, Michel　42, 56, 61, 65, 74, 76, 92, 111, 136, 180, 195, 205, 234, 251, 298, 309, 320
アジア
　——と資本主義の新形態　280-282
　——と資本主義の分類　324
　発展様式の多様性　284-285
　ラテンアメリカとの違い　134
アメリカ　74
　——と金融の支配　136, 138-139, 239, 259
　——と資本主義　248-249, 252-253, 376
　——と2008年危機　223
　——とフォーディズム　97, 246, 336
　異質性　176-177
　生産性, 賃金　102
　連邦主義　240
アルゼンチン　71, 283
　——と危機　135-136, 144-145, 280, 297
　——と自由化　134
　——と対外債務にもとづく成長　297

異質性
　企業の——　150-151
　国民的社会保護システム (SNPS) の
　　——　190-191
　社会的イノベーション・システム (SSI)
　　の——　181-185
　生産モデルの——　176-177
　部門の——　179-180

イタリア
　——と内生的危機　221
　——とユーロ危機　221, 357
　——ヘゲモニー・ブロック　220-221
　国民的社会保護システム　191
　産業地区　182
イノベーション
　——とエコロジー　206-210
　——と生産モデル　176-177
　——主導型蓄積体制　360-363
　急進的／漸進的——　18, 23, 89, 171, 182, 353
　金融／生産的——　37, 91, 163, 180-181, 198, 236, 254, 301
　軍事的／民間の——　356
　国民的——・システム　43, 176-177, 181-185, 196, 208, 336
　社会的——・システム　180, 229, 283, 368
　制度的——　18, 146, 181, 273, 315
　プロダクト・／プロセス・——　110
インフレーション　59
　——と調整様式　28, 59, 88, 101, 122-123, 125, 202, 226, 238, 256, 288-293, 297, 301, 303-304
　——とユーロ　311-317
　ディンフレ　115, 235
　ハイパーインフレ　161, 279

ウォールストリート　19
　——と2008年危機　223
　——の合理性　151, 201

栄光の 30 年　37, 39, 41, 90, 96, 116, 123, 199, 200, 299

OECD
　資本主義の比較分析　97, 246, 275, 283, 284, 376
オイルショック　122
　フォーディズムの危機における役割　379
欧州統合
　——と学際性　309-311
　南北の分岐　37, 132, 207, 319

か 行

改革
　——と自由化　129, 196, 213, 241-242
　危機への反応　226-228
　労働法の——　71, 162, 343
　憲法改正　69
　国家による——　181
　社会保障の——　195
　税制——　265
　中国における——　263-264, 270-271, 344
　ロシアにおける——　124
階層性（ヒエラルキー）　25, 27, 69
　——と調整様式の整合性　289, 292, 293, 344, 370-371
　——とヘゲモニー・ブロック　219, 288
　——の逆転　289, 291
　空間的（地域の）——　288
　経済／環境関係の——　209-210
　時間軸の——　171
　制度諸形態の——　86, 90, 140, 227, 254
回復力 resilience　230-231, 253, 285, 299
　危機と対照的な——　299
　資本主義の——　274, 299
　社会民主主義的レジームの——　195-196

学習
　——と経路依存性　338
価値（理論）
　——とマルクス　38, 61-62, 75-76
　——とレギュラシオン理論　85-86, 165-166
過程　13, 17, 18, 24, 30, 39, 43, 45, 80, 364
　各調整に関連づけられた——　85-87, 92, 124, 291-292, 328
　——と不平等　198-201
　——とレギュラシオンの方法　83, 241-242
　均衡概念に対する——　58-59
　自由化の——　42
　政治的——　158, 215, 251
　エコロジーの——　171, 204-205, 209
　模倣——　151, 163
株主価値 valeur actionnariale　67, 136, 239, 340
　——と資本主義　255
　——とヘゲモニー・ブロック　259-261
貨幣
　——の出現　68
　商品経済の基礎　54-55
　政治的選択　68
　ヨーロッパの単一通貨　354-355
カルドア KALDOR, Nicholas　105, 305
カレツキ KALECKI, Michael　105, 162, 168, 138, 377
為替レート　268, 270-271, 275, 297
　——と為替相場体制　293-297
　変動／固定為替相場　289, 293
　ユーロへの移行　309-310, 314-317
環境的制度装置 dispositif institutionnel de l'environnement　43
　ありうべき制度形態　204-205
　——と資本主義類型　206-208
　経済諸理論　203-204

慣習（コンヴァンション）・協約
　——と科学的真理　358-360
　——と雇用関係　329
　——と制度　67-70, 159-161
　——の変化　330-334
　金融市場における——　234
　——理論　160-161, 204, 222, 329
　国際協定　203
　品質の——　57
　集団的労働協約　64, 74, 85, 110, 181, 199, 222, 380

規格・ノルム・規範　171, 205, 254, 367
　環境——　210
　技術——　250, 338-339
　消費——　151
　収益——　139, 140
　品質——　57, 179, 307, 347-351
　労働努力の——　62
危機 crise　79, 122
　——と時間軸上の対立　208-209
　——と資本主義の再編　285-286
　——の形態　120-121, 122
　　外生的撹乱　120
　　循環的——　119
　　蓄積体制の——　79, 120-121
　　調整の——　110, 120
　　発展様式の——　121
　——の分析
　1929年の——　79-80, 116
　1970年代の——　37
　2008年の——　223, 238, 256, 277, 285, 295, 299, 323, 365
　金融的蓄積の——　134, 141-144
　小——　83, 145-146
　大（構造的）——　44, 45-46, 121, 123-124, 135-136, 145-146, 194-196, 238, 244, 297-299, 322, 325, 357

内生的——対外生的——　120-121, 124, 128
反復と新奇性　374-376
企業
　——の多様性　150-151
　組織としての——　64-67
　レギュラシオン理論における——　66
軌道　271-273, 318-319
　国民的——　39, 44-45, 135-136, 144-145, 193, 245, 275, 282, 287
　ドイツ／フランス／日本の分岐　188-189, 298-299
　内部代謝とハイブリッド化の帰結　272
　部門的——　103
技能形成と労働の関係
　——と教育　187-188
　——と賃労働関係　186
　——とフランス，ドイツ，日本の比較　188-189
教育
　——と賃労働関係　90, 111, 182, 186-188
　社会慣習的効果　186, 189
共進化 coevolution　86
　各種秩序の——　370
　——と調整様式の整合性　86
　経済的なものと政治的なものの——　215-219
競争　32, 33, 43, 49-50, 65, 70
　——形態　129, 289-295
　——と社会保障　197
　——と賃労働関係　169, 199, 250
　——とヨーロッパの建設　310, 321
　——主導型体制　91, 113
　国際——　91, 103, 132, 172, 227, 229
　制度形態としての——　38, 58-61, 73, 81
　中国における——　44, 240, 263-267, 268, 377-378
競争形態　formes de la concurrence

索引　423

寡占（独占）的——　59, 90
管理された——　59, 335, 369, 372-373
競争的——　59, 87-88
共通財　biens communs
　——と政治-経済レジームの多様性
　　361-363
　世界的——　308
均衡
　一般——　40, 49, 51, 53, 60, 64, 68, 84,
　　149, 153, 170, 233, 354
　——対調整　71-73
緊縮政策
　——とユーロの危機　357
　——の正当化　358-360
金融
　虚構の投影としての——　235
　——と危機　140, 141-143
　——と金融主導型蓄積体制　136-141,
　　239, 383
　——と国際化　259, 295
　その権力の源泉　259-260, 293-294
金融化　financialization　293
　蓄積体制の——　137-139
　ラテンアメリカ経済の——　134,
　　135-136
金融バブル　bulle financière
　インターネット関連の——　256
　サブプライム問題に関連した——　291
　金融主導型蓄積体制における——　138,
　　291
　包括的メカニズム　180, 296

クズネッツ　KUZNETS, Simon　197, 200,
　202, 209
組替え　recombinaison
　制度の進化要因としての——　343-345
グラムシ　GRAMSCI, Antonio　43, 219
クルーグマン　KRUGMAN, Paul　37, 317

グローバル化　globalisation　16, 20, 34, 44,
　170
　金融——　142-144
　——と金融危機　230
　——と不平等レジーム　198
グローバル化　mondialisation
　——と制度諸形態の階層性　86-87, 91,
　　139-140
　——と地政学　326-327
　——のもうひとつの定義　306
　発展様式の相互依存としての——
　　322-326

経済学
　——と経済発展　44-45, 70-71, 98-100,
　　103, 143
　——と政治　50-51, 61-62, 64-65, 154
　——と調整　68, 70
　古典派——（政治——）　244
　コンヴァンション——　160-161, 204,
　　222, 329
　産業経済学　25, 59, 178, 234
　難解な——　233
経済効率性　214
　——と資本主義　274-275
　静学的／動学的——　43, 49, 85-86, 117,
　　194, 213-214, 246, 274
経済社会学　156, 226
経済循環　→小危機の項を参照
経済政策　15, 30, 123, 129, 143, 163, 205,
　212, 213, 218, 220, 225-231
　技術というよりも技法　234-235
　財政政策　60, 135, 144, 225, 226, 243,
　　297, 311-314
　産業政策　227, 228, 335
　通貨（金融）政策　15, 60, 74, 129, 135,
　　141, 213, 225, 243, 290, 291, 297, 312
　レギュラシオン理論における地位

241-244
経済理論
　——と科学的真理　357-360
　——と政策　357
経路依存性　dépendence par rapport au chemin
　学習効果　338-339
　過去が選択の幅を狭める　339-340
　回収不能の費用　338, 339
ケインズ KEYNES, John Maynard　33, 35, 37, 60, 162, 232, 233, 234, 235, 243
　——と2008年危機およびユーロ危機　243
　——とフォーディズム的成長　218, 225, 289
　——と理念の役割　232-235
ケインズ主義　100, 111, 218, 235, 236, 243, 357
　——とカウンターサイクリカルな経済政策　100, 227
　——の衰退　111, 225-227, 236
　ニューケインジアン　37, 108, 312
憲法　→ノースの項を参照
権力　157, 196, 204, 215-217, 222-224, 230-231, 294, 327, 345
　経済的なものにおける——　57-58, 70, 98, 140, 141-142, 159, 163, 167-168, 236, 355
　金融——の源泉　223, 236, 259-260, 293-295, 296, 345-346
　——とヘゲモニー・ブロック　373
　政治領域における——　71, 78, 189-190, 270-271

公共財　biens publics　18, 34, 45, 49, 79, 201, 212
　教育と医療　362-363
　——と公共部門　213

世界的——　327
公債　229
構図
　生産的——　66, 96
　制度的——　39, 42-44, 81, 123
公的介入　19, 27, 70, 245-246, 264
　——と経済分析　212-215
　——と制度化された妥協　364
　——とヘゲモニー・ブロック　214-215
合理性　43
　位置づけられた——　333
　経済——　27, 234
　限定——　84, 249
　個人の——　151-153
　制度的に位置づけられた——　84, 149-153
　実質的——　149, 368
　文脈的——　149, 368
国際化　289-290
　——と競争　291-293
　——とフォーディズムの侵食　256-259
　資本主義の多様性　278-283
　→グローバル化の項も参照
個人主義
　全体——　52, 161, 354
　方法論的——　52, 53
国家
　——と制度諸形態　68, 78-79
　取り囲まれた——　216
国際レジーム　régimes internationaux　72, 73, 81, 130, 146
　——とレギュラシオン理論　321-324
コーディネーション
　——の原理　161
雇用関係　→賃労働関係の項を参照

さ 行

サービス

索引 425

──とポスト・フォーディズム　91-92, 153-154, 178-180, 192, 223, 298
サービスの関係　154
財政　78
産業革命　192, 201-202, 273, 276
　　──と情報新技術　363-364
　　──と不平等　197

時間的視野
　各制度諸形態に関連づけられた──
　　95, 100, 143, 275, 294-296
市場
　金融──　163
　──経済　367
　──という社会的構築物　153-156
　──と e コマース　155
　──と品質の定義　56-57
静かなる変容
　──と現代　364-366
　──と中国についての思索　365
システム
　教育──　43, 183, 186-188
　銀行──　19, 68
　金融──　163, 340-341, 345-346
　国際──　275, 286, 288, 289, 307, 309
　国際通貨──　111, 356
　国民的イノベーション・──　(SNI)　43, 180-185
　国民的社会保障──　43, 189-193, 295
　　──の持続性
　社会的／国民的イノベーション・──
　　180-185
　生産──　166, 255, 272, 304, 321
　税制　78, 172
　世界──　42, 326
　ソヴィエト型──
　動態的──　126-127
　非線形──　126-127

失業
　──と危機　136, 196, 219
　──と経済政策　291, 294
　──と賃金　89, 107
　──と賃労働関係　169
　──とフォーディズムの終焉　102-103
　──と不均衡理論　60-61
　フランスにおける──　379
自動車　17, 32, 182
　──と賃労働関係　252
　──とフォーディズム　66, 166, 332
支配的思考法　357
　→理念（アイディア）の項を参照
資本
　金融──　76, 130
　産業──　277
　──移動　296, 314, 316-317
　──蓄積　38, 40, 95, 217, 277
　生産的──　262, 295, 378
資本主義
　金融──　295-298
　産業──　298-299
　──対 市場経済　367-368
　──対 資本主義　247
　──と国際化　130-132
　──と経済政策レジーム　225-231
　──の X 線写真　247-251
　──の多様性　247-251
　──のトリレンマ　274
　──のらせん状の動き　275-277
　──類型　283-285
　定義　38
　内部代謝とハイブリッド化の帰結　126, 253-254, 272-273
　ネットワーク──　260-262
　4つの論理の交点　247-248
社会関係
　──と資本主義　38, 81, 178, 264

本質的―― 205
社会的蓄積構造〔SSA〕 123
社会保護 protection sociale
　――の多様性 193-196
　生産モデルとの補完性 195-196
　蓄積の不安定性に対する応答 192-193
社会民主主義
　イノベーション／社会保障の補完性 194-195
　回復力 195-196
　――と資本主義形態 193-196, 299
収穫逓増（規模にかんする）rendements croissants (d'échelle) 21, 25, 66, 70, 85, 99, 100, 104, 105, 131, 134, 152, 176, 250, 290, 298, 305, 336, 338-340
　――とフォーディズム 112-113
自由主義
　オールド―― 237, 241, 319, 355
　古典的―― 237, 355
　新―― 228-229, 237, 238, 375, 385
シュンペーター SCHUMPETER, Joseph 35, 43, 180, 274
所有権
　――と資本主義 67, 154, 203, 217
　――とソヴィエト型体制の移行 344
　中国 対 ロシア 270-271
シリコンバレー 14, 152, 182, 236, 301, 307
　――と現代資本主義 236, 300-301, 307
　――とベンチャーキャピタル 181
　組織としての―― 182
新自由主義 113
　過程としての―― 226, 237
　自由主義との違い 237

スウェーデン 184, 192, 195-196, 298
スーパー・モジュラー 164
スミス SMITH, Adam 50, 51, 61, 232, 254

生産性
　――体制 108, 110, 114, 127, 131, 133
　――と新たな発展様式 360-364
　――の累積的成長 76, 85, 90, 99-104
生産モデル
　――の多様性 174-177
　定義 43
生産様式 mode de production
　レギュラシオン理論の出発点 75
政治経済学
　――とレギュラシオン理論 49-50
　――対 経済科学 244
政治的なもの
　――と経済的なもの 215-218, 222-228
　――と理念のレジーム 232-238
　――の優越 355-358
成長
　内生的―― 96, 187, 296
制度経済学 économie institutionnelle 251, 367, 374
　制度的配置の類型 158-161
　制度的に基礎づけられたミクロ経済学 210
　先行研究の検討 158
制度主義 151-152
　合理的選択の―― 329
　――とレギュラシオン理論 297
　比較―― 341
　歴史的―― 341-345
制度諸形態 formes institutionnelles
　貨幣レジーム 68, 70, 81
　国家／経済関係 71, 82
　国際経済への挿入 71-72, 81-82
　――と制度的配置 156-161
　――と時間軸 170-171
　――の変容 372
　――の類型 57-61, 81-82
　賃労働関係 61-64, 70-71, 81, 161-162

定義　73, 80-82
制度的慣性　187-188, 329, 338-341
　——と慣習の安定性　329
　理念の——　226-227, 238-239
制度的配置 arrangement institutionnel　149
　——と e コマース　155
　——と市場の持続性　37, 163
　——の分類　156-158
　生産モデル　174-177
　複雑化の傾向　174, 210-211, 277-278, 367-369
制度の経済理論
　——と慣習　69, 159-160
　——と取引コスト　160, 203, 339
　——と標準的理論　119, 154, 272, 274
政府　83, 100, 111, 174, 214, 314
　——対 統治　222-223, 268, 310-311, 315-317
　——と企業の妥協　66
　——と世界政府の欠如　310-311, 320
　——とヘゲモニー・ブロック　221-222
　——とヨーロッパ・レベルの政府の欠如　310-311, 314, 355-357
世界大戦
　新たな調整様式の母胎　334
　産業政策
　　——と一般理論　235
　　——と公的支出　337
　　——と国家　202
　　——と混合経済　202, 246, 248, 277, 362-363
　　——と税制　336-337
　　——とフォーディズム　276
　　——と賃労働関係　336
セーレン THELEN, Kathleen　338, 341, 343, 367
全体主義 holisme　52
　—— 対 方法論的個人主義　52-53

レギュラシオン理論の全体 - 個人関係主義　161, 354
組織
　企業——　66, 98, 150, 174, 261-262
　国際機関　228, 263, 308, 357
　自己——化　163
　——対 制度　64-65, 69, 81-82, 158-159, 164-167, 370
　——におけるイノベーション　180
　労働——　161-162, 186-187, 291, 335
ソヴィエト型体制
　危機後の軌道の多様性　253-254
　特徴づけ　245
ソ連（URSS）→ロシアの項を参照

た 行

体制（レジーム）
　貨幣——　54-56
　為替——　70, 134, 220-221, 288, 292, 297, 316, 319, 322, 333-334
　経済の運行状態　179
　国際——　321-322
　財政金融——　217
　需要——　114
　生産性——　114
　政治——　193, 225, 282
　政治 – 経済——222-228
　成長——　14, 33, 37, 39, 40, 66, 103, 110, 111, 136, 140-145, 167, 175, 199, 210, 240, 266, 268-269, 323, 373
　ソヴィエト的——　243
　蓄積——　94, 95
　不平等——　197-202
　レント・——　302-306
堆積 sédimentation　343
　——と制度変化　344-345, 346
対立（コンフリクト）

資本と経営者の利害対立　260, 330
　——と社会的公正　213-214
妥協 compromise
　基本的な——　305, 320, 325
　資本／労働——　104
　制度化された——　41, 44, 78, 82, 99-100
　統治にかんする——　66
ダグラス DOUGLAS, Mary　152, 161
多国籍企業　21, 25, 33, 255, 257, 266, 270, 355
　——とグローバル化　307-308
　——の戦略　322, 323, 332

地域
　——と空間的序列　289-290
　——の自律化　290
　フォーディズムにおける——　288
地域化（世界経済の）
　欧州連合との比較
　　ラテンアメリカと——　281
　　アジアと——　321-322
　　グローバル化に対立する——　321-322
蓄積（資本）　97
　外延的——　101, 113, 266, 373
　金融主導型——　136-141, 239, 295-296, 383
　——の時代区分　114-116
　大量消費を伴う内包的——　99-101, 116
　内包的——　99-101, 114-116, 122-124
　→資本, 体制の項を参照
地政学　245, 326-327, 356, 364, 373, 385
　——と中国　322
　——とレギュラシオン理論　364
中央銀行
　——と金融安定性　141
　ヨーロッパ——（ECB）　311, 314, 318, 357
中国　37, 39

——資本主義の新形態　262
——政治的なものと経済的なものの関係　223-224, 238-239, 240
——と改革　322
——と危機の源泉　269-271
——と競争主導型蓄積体制　266
——と対外開放　267-269
——と地政学　326-327
——と地方コーポラティズム　264-266
——と不平等レジーム　200-202
——と分断された賃労働関係　267-268
長期波動
　産業と天然資源の相互作用の帰結　305-306
　コンドラチェフ　79, 276
　——対 循環的危機　120
　——対 レギュラシオン理論　79
調整（レギュラシオン）　96, 116-117
　開放経済での——　241-243
　環境的——　203-210
　企業主義的——　129
　「旧式」の——　87, 92, 98-99, 152, 201
　競争的——　61, 81, 87-90
　金融化された——　92, 139, 202
　国際通貨の——　293-295
　国際的——　287, 290
　——の出現　43, 45, 76, 78, 86, 92, 130, 175
　独占的——　59, 90
　フォーディズム的——　100-101, 109-110
　部門的——　178-179
　メゾ・コーポラティズム的——　128, 169, 184
　領土内部の——　226, 255
調整の水準　41-42
　国民的　287-289
　世界的　130-132, 154-155, 181, 203,

索引　429

　　256-257, 279-280, 290, 295, 305-306, 309
　地域的／地方的　288-290, 307
　超国家的　45, 321
　──間の絡み合い　315, 360-361, 364
　部門的　178-180
調整様式 mode de régulation
　一般性　76-77
　拡張された見解　369-371
　旧式の──　87
　競争的──　87-88
　出現　85-87
　独占的──　90
　──の水準　287-290
　輸出主導型──　132-133
賃金
　──形成　89-90, 98
　──と賃労働関係　161-162
　労働本位／貨幣本位　169
賃労働関係 rapport salarial　161-162, 251, 368
　企業主義的──　129, 150-151, 161, 167-168, 252
　競争的──　90, 99, 140, 169
　協調的──　329-332
　現代の──の崩壊　261, 343
　──対商品関係　161-162, 172
　──と技能形成　186-189
　──と雇用関係　166
　──と市民権　70-71
　──と制度諸形態の階層性の逆転　100, 288-294
　──と賃金形成　90, 99
　──の諸形態　169-171
　定義　61-64, 71-73, 77, 81, 146
　中国の──　267-268
　フォーディズム的──　100-101, 107, 167, 288

定式化
　蓄積体制の──　111-114
テイラー主義　66, 85, 100, 223, 335

ドイツ　181, 246, 272-273, 284
　──とオルド自由主義　318-319
　──と技能形成　188, 228
　──とプライスメイカー　299
　──とライン型資本主義　186, 249
同型性 isomorphisme
　資本主義の多様性論とレギュラシオン理論の対比　165
　組織と制度の──　164-167
動態　76
　マクロ経済──　59, 65, 87
　歴史的──　94-103
トリレンマ
　フレキシビリティ，効率性，社会的公正　274

な 行

内部代謝 endométabolisme　126
　──と金融化された蓄積の危機　140
　──と制度変化　372-373

日本
　経済政策レジーム　230
　国民的イノベーション・システム　184
　国民的社会保護システム　191
　資本主義形態　39, 248, 252, 272-273, 284, 372-373
　蓄積体制　96, 298
　──とエコロジーの考慮　210
　──と危機　122, 128-129, 142, 372
　──と需要体制　131
　──と生産モデルのハイブリッド化　150-151, 176-177, 253, 255, 300
　──と賃労働関係　168

不平等レジーム　198

ネットワーク réseau　49, 54, 66, 85, 210-211, 338
　──と企業──　178-179
　──と資本主義　249, 260-262
　──の相互接続とイノベーション　346-354
　　ユーロ　354-355
　　品質規格　346-347
　──の定式化　346-354

農業
　──と旧体制の危機　87, 152
　──とレント・レジーム　340-341
　部門としての──　178-179, 307
ノース NORTH, Douglass　89, 158, 160, 251, 338

は 行

ハイエク HAYEK, Friedrich　158
ハイブリッド化　44
　諸理論の──　61
　──と資本主義の動態　180, 253, 265, 272, 274, 372
　──と生産モデル　273
　──と日本資本主義　253
発展様式 mode de développement　98
　──としてのフォーディズム　101
　──の未来学　361-364
ハビトゥス habitus　58, 159-161, 171
パラダイム
　科学──　358
　ケインズ的──　302
　社会科学の──　316
　生産──　101, 125, 186, 187, 189, 291
　政府／ガバナンスの──　222

比較歴史分析 analyse historique compartive
　──と調整様式の変化　342-345
　──の紹介　341-342
ピケティ PIKETTY, Thomas　198-199, 213, 259, 278, 336, 337
表象 représentations
　──と合理的期待　234
　──と新自由主義　237-238
　──と理念の体制　233
品質 qualité
　市場の基礎としての──　56-58, 91-92, 150-151, 154
　──規格の変化　210, 347-351

フォーディズム
　定義　99-101
　──の危機　125
　──の空間　287-288
　──の定式化　103-110
　──の例外性　116-117, 289
不可逆性
　生産的投資の──　67, 262
　──と静かなる変容　364-366
　ユーロの──　313
不完全情報
　──と市場の持続性　56-57
　──と資本主義の多様性　249-250
ブキャナン，ジェームズ BUCHANAN, James　51
不平等
　──と発展様式　101, 103, 201-202
　──レジーム　197
　メカニズム　198-201
部門
　農業──　87, 135-136, 152, 178-179, 307, 340-341
　──と部門的制度装置　178-179
　ワイン醸造──　178, 347-353

索引 431

部門別の制度装置 178
　その多様性 178-179
ブライス BLYTH Mark 224, 232, 237
ブラジル 71, 135, 222, 278-281, 283, 305, 341
プーランザス POULANTZAS, Nicos 43, 219
フランス
　危機への反応 226
　競争的ディスインフレ 111
　計画化 245-246
　経済的奇跡 246
　国民的イノベーション・システム 184-185
　資本主義類型 284, 298-299
　社会保障 90
　需要体制 131
　政策レジーム 230-231, 355-356
　生産モデル 176-177
　戦争の影響 334-338
　賃労働関係 186
　独占的調整 90
　フォーディズムの危機 110
　不平等レジーム 200-201
　――と経済理論 232-233
　――／ドイツ 188-189
　レギュラシオニストによる分析 61-62, 76-77, 96, 167-168
　ワイン醸造部門 178
ブルデュー，ピエール BOURDIEU Pierre 161
フレキシビリティ
　賃金の―― 140
ブレトン・ウッズ 101, 309
ブローデル，フェルナン BRAUDEL, Fernand 56, 68, 215, 365
分野
　経済―― 346-347

　政治―― 347, 351
　文化―― 347
　――の定式化 352-353

ヘゲモニー・ブロック
　イタリアにおける―― 220
　――と危機 220-221
　――と調整様式 219-220
　――の変化 345-346
ベネズエラ 279
　象徴的なレント・レジーム 281, 304
変化
　技術―― 85, 105, 108, 186, 194-196, 199
　構造―― 87
　制度――のベクトル
　　組替え(ルコンビナシオン) 343-344
　　堆積(シデマンタシオン) 343
　　転換(コンヴェルシオン) 341
　戦争の役割 334-338
　調整様式の―― 328-334
　内生的―― 135, 170-171, 218, 220
　――と静かなる変容 345-346, 364-366
　――の定式化 353

補完性 complémentarité
　国際的規模の―― 181-182, 327
　国民的イノベーション・システム内部の―― 182-183
　経済と政治の―― 223, 231, 249
　社会保護とイノベーション・システムの―― 250, 299
　制度諸形態の―― 86, 155-156, 166
　制度と組織の―― 151, 165-167
　――仮説 86, 250, 343
　――と変化 250, 351
　発展様式の―― 100-101, 219, 239
　不平等レジームと発展様式の―― 197-202

ポランニー POLANYI, Karl 42, 62, 63, 171, 172, 205, 235, 369

ま 行

マクロ経済学
  古典派—— 37, 312-313
  ——とミクロ経済学 166-170
マネタリズム
  ケインズ主義の後継者 111, 225-227
  ——とユーロの創設 354
マルクス MARX, Karl 30, 35, 38, 43, 61, 74-76, 79, 94, 98, 272, 285
  レギュラシオン理論の系譜 377-378
マルクス派 76, 78, 79, 80, 96
  ——と調整 38-39, 74-75

ミクロ経済（学）
  ——のマクロ経済的基礎 156-170
民主主義
  産業—— 71
  ——と経済政策 344
  ——と経済発展 282
  ——と資本主義 254, 355-356

メキシコ 279-283
メゾ
  分析 43, 333
  ——・コーポラティズム 128, 169, 184, 229, 275, 341

モデル化
  開放経済の—— 130-132
  金融化された蓄積の—— 136-141
  社会政治的レジームの—— 220-221
  進化論的—— 250
  生産-教育関係の—— 186-188
  内部代謝による内生的危機の—— 126-128

ひとつの慣習から別の慣習への移行の
  —— 330-332
品質規格の急変の—— 351-353
フォーディズム的成長の—— 103-109, 213
複数のレジームの—— 96, 110-113

や 行

ユーロ
  古典派マクロ経済学の分析 311-313
  経済政策に対する帰結 314-315
  南北の分岐 318-320
  ——とレギュラシオン理論 314-317
  ——の起源 354

ら 行

ラテンアメリカ
  調整様式の多様性 278-283
  ——と経済体制の相互依存性 71, 324-325
  ——とハイブリッドな体制 304-305
  ——とレント・レジーム 200-201, 278-279
ラブルース LABROUSSE, Ernest 70, 80, 124, 365

利害（利益） 45, 49-51
  一般的利益 229-230
  ——対義務 156-161
  ——と制度 192-193, 210, 223, 237
利潤
  ——と企業 140-152, 168-171
  ——と金融化された蓄積 136-141
  ——と需要体制 131-132
  ——と蓄積体制 112-115
利潤戦略 66, 166, 174
  ——と生産モデル 176
理念（アイディア）

——の影響　241-242, 284
　　——と制度諸形態の出現　333
　　——とユーロ　354-356
　　——の体制　228-238
リーマン・ブラザーズ
　　——と2008年危機　46, 238, 285

ルーティン　52, 152, 158-160, 234, 249
　コーディネーションの原理としての
　　——　159-160
ルール　règle　49, 52, 69, 81-82
　貨幣の——　216
　ゲームの——　67, 156-157, 159, 198, 215, 217
　賃金の——　62-64
　——間のコーディネーション　153
　——のヨーロッパ　311, 315-317, 319

歴史
　危機の——　122-128
　企業の——　149
　資本主義の——　51, 68, 74, 150-152
　制度諸形態の——　54, 68, 70-71, 80-82
　蓄積体制の——　97

　　——と国際比較　75
　　——と調整　39, 45-46, 75, 118, 121-122, 232, 362-363
　　——のアナール学派　38-39, 365
レギュラシオン理論
　　——とアナール学派　38-39, 365
　　——と標準的理論　119
　　——とマルクス派理論　75-79
　　——の手法　83
　総合的提示　146, 165
　　——の中心問題　39-40
レント
　金融——　295-296 302-303
　不動産——　301-302
　　——の呪い　279-280
　　——の復活　302-303
　→レント・レジームの項を参照

ロシア
　制度経済学に対する教訓　255-256
　その大転換　253
　　——とソヴィエト的体制　245
　　——とレント・レジーム　255
ロールズ　RAWLS, John　214

著者紹介

ロベール・ボワイエ（Robert Boyer）
1943年生。パリ理工科大学校（エコール・ポリテクニック）卒業。数理経済計画予測研究所（CEPREMAP）および国立科学研究所（CNRS）教授，ならびに社会科学高等研究院（EHESS）研究部長を経て，現在は米州研究所（パリ）エコノミスト。
著書に『レギュラシオン理論』『入門・レギュラシオン』『第二の大転換』『現代「経済学」批判宣言』『世界恐慌』〈レギュラシオン・コレクション〉『1 危機──資本主義』『2 転換──社会主義』『3 ラポール・サラリアール』『4 国際レジームの再編』（共編著）『資本主義 vs 資本主義』『ニュー・エコノミーの研究』『金融資本主義の崩壊』『ユーロ危機』『作られた不平等』（以上いずれも藤原書店）『レギュラシオン』（ミネルヴァ書房）などがある。

監修者紹介

山田鋭夫（やまだ・としお）

1942年愛知県生。1969年名古屋大学大学院経済学研究科博士課程単位取得退学。名古屋大学名誉教授。理論経済学・現代資本主義論。著書に『さまざまな資本主義』（藤原書店），*Contemporary Capitalism and Civil Society*, Springer 等。

訳者紹介

原田裕治（はらだ・ゆうじ）

1970年熊本県生。2000年名古屋大学大学院経済学研究科博士後期課程修了。博士（経済学）。摂南大学経済学部准教授。理論経済学。著書に『市民社会と民主主義』（共著，藤原書店）。論文に "The Diversity of the 'Neoliberal Policy Regime' and Income Distribution," in H. Magara (ed.) *Policy Change Under New Democratic Capitalism*, Routledge 等。

資本主義の政治経済学——調整と危機の理論

2019年9月10日 初版第1刷発行 ©

監修者	山田	鋭夫
訳 者	原田	裕治
発行者	藤原	良雄
発行所	株式会社	藤原書店

〒162-0041 東京都新宿区早稲田鶴巻町523
電 話 03（5272）0301
ＦＡＸ 03（5272）0450
振 替 00160‐4‐17013
info@fujiwara-shoten.co.jp

印刷・製本　中央精版印刷

落丁本・乱丁本はお取替えいたします　　Printed in Japan
定価はカバーに表示してあります　　ISBN978-4-86578-238-7

あらゆる切り口で現代経済に迫る最高水準の共同研究

レギュラシオン・コレクション (全4巻)

ロベール・ボワイエ＋山田鋭夫＝共同編集

1 **危　機──資本主義**
　A5上製　320頁　3689円（1993年4月刊）　在庫僅少　◇978-4-938661-69-4
　R・ボワイエ、山田鋭夫、G・デスタンヌ＝ド＝ベルニス、H・ベルトラン、A・リピエッツ、平野泰朗

2 **転　換──社会主義**
　A5上製　368頁　4272円（1993年6月刊）　◇978-4-938661-71-7
　R・ボワイエ、グルノーブル研究集団、B・シャバンス、J・サピール、G・ロラン

3 **ラポール・サラリアール**
　A5上製　384頁　5800円（1996年6月刊）　在庫僅少　978-4-89434-042-8
　R・ボワイエ、山田鋭夫、C・ハウェル、J・マジエ、M・バーレ、J・F・ヴィダル、M・ピオーリ、B・コリア、P・プチ、G・レイノー、L・A・マルティノ、花田昌宣

4 **国際レジームの再編**
　A5上製　384頁　5800円（1997年9月刊）　◇978-4-89434-076-3
　R・ボワイエ、J・ミストラル、A・リピエッツ、M・アグリエッタ、B・マドゥフ、Ch-A・ミシャレ、C・オミナミ、J・マジエ、井上泰夫

〔増補新版〕レギュラシオン・アプローチ
《21世紀の経済学》
山田鋭夫

新しい経済理論として注目を浴びるレギュラシオン理論を日本に初めて紹介した著者が、初学者のために「レギュラシオン理論への誘い」を増補し、総合的かつ平易に説く決定版。［附］最新「レギュラシオン理論文献」（60頁）

四六上製　三〇四頁　二八〇〇円
（一九九一年五月／一九九四年二月刊）
品切◇978-4-89434-002-2

新しい経済学の決定版

さまざまな資本主義
《比較資本主義分析》
山田鋭夫

資本主義は、政治・労働・教育・社会保障・文化……といった「社会的なもの」と「資本的なもの」との複合的総体であり、各地域で多様である。このような"複合体"としての資本主義を、国別・類型別に比較することで、新しい社会＝歴史認識を汲みとり、現代社会の動きを俯瞰することができる。

A5上製　二八〇頁　三八〇〇円
（二〇〇八年九月刊）
◇978-4-89434-649-9

なぜ資本主義を比較するのか

「金融市場を、公的統制下に置け!」

金融資本主義の崩壊
（市場絶対主義を超えて）

R・ボワイエ
山田鋭夫・坂口明義・原田裕治＝監訳

サブプライム危機を、金融主導型成長が導いた必然的な危機だったと位置づけ、"自由な"金融イノベーションの危険性を指摘。公的統制に基づく新しい金融システムと成長モデルを構築する野心作。

A5上製　四四八頁　五五〇〇円
（二〇一一年五月刊）
◇978-4-89434-805-9

FINANCE ET GLOBALISATION
Robert BOYER

レギュラシオンの旗手が、独自な分析

ユーロ危機
（欧州統合の歴史と政策）

R・ボワイエ
山田鋭夫・植村博恭訳

ヨーロッパを代表する経済学者が、ユーロ圏において次々に勃発する諸問題は、根本的な制度的ミスマッチである、と看破。歴史に遡り、真の問題解決を探る。「ユーロ崩壊は唯一のシナリオではない、多様な構図に開かれた未来がある」（ボワイエ）。

四六上製　二〇八頁　三二〇〇円
（二〇一三年二月刊）
◇978-4-89434-900-1

さまざまな不平等レジームの相互依存

作られた不平等
（日本、中国、アメリカ、そしてヨーロッパ）

R・ボワイエ
山田鋭夫監修　横田宏樹訳

レギュラシオニストによる初の体系的・歴史的な"日本の不平等分析"も収録。不平等の縮小に向けた政策を世界に提案。ピケティ『21世紀の資本』の不平等論における貢献と限界を示し、不平等論へのレギュラシオン的アプローチの可能性を提示!

四六上製　三二八頁　三〇〇〇円
（二〇一六年九月刊）
◇978-4-86578-087-1

LA FABRIQUE DES INÉGALITÉS
Robert BOYER

新たな「多様性」の時代

脱グローバリズム宣言
（パクス・アメリカーナを越えて）

R・ボワイエ＋P・F・スイリ編
青木昌彦　榊原英資　他
山田鋭夫・渡辺純子訳

アメリカ型資本主義は本当に勝利したのか？　日・米・欧の第一線の論客が、通説に隠された世界経済の多様性とダイナミズムに迫り、アメリカ化とは異なる21世紀の経済システム像を提示。

四六上製　二六四頁　二四〇〇円
（二〇一二年九月刊）
◇978-4-89434-300-9

MONDIALISATION ET RÉGULATIONS
sous la direction de
Robert BOYER et Pierre-François SOUYRI

日本経済改革の羅針盤

五つの資本主義
（グローバリズム時代における社会経済システムの多様性）

B・アマーブル
山田鋭夫・原田裕治ほか訳

市場ベース型、アジア型、大陸欧州型、社会民主主義型、地中海型――五つの資本主義モデルを、制度理論を背景とする綿密な分類、実証をふまえた類型化で、説得的に提示する。

A5上製　三六八頁　四八〇〇円
品切　◇ 978-4-89434-474-7
（二〇〇五年九月刊）

THE DIVERSITY OF MODERN CAPITALISM
Bruno AMABLE

ポスト社会主義への道

システムの解体
（東の経済改革史 一九五〇―九〇年代）

B・シャバンス
斉藤日出治・斉藤悦則訳

レギュラシオン派の社会主義圏経済分析の第一人者が、ポスト社会主義の危機打開への道を呈示。東側諸国の経済システムの誕生、変容、崩壊を活写。比較システム論の視角から東側の歴史と未来を総合的に示す初成果。

四六上製　三二八頁　三六八九円
◇ 978-4-938661-79-3
（一九九三年九月刊）

LES RÉFORMES ÉCONOMIQUES À L'EST
Bernard CHAVANCE

レギュラシオン派の日本分析

逆転の思考
（日本企業の労働と組織）

B・コリア
花田昌宣・斉藤悦則訳

「トヨタ」式の経営・組織革新の総体を、大野耐一の原理のなかから探り、フォード主義、テイラー主義にかわる日本方式の本質にせまる。また日本的な生産方式の西欧への移転可能性を明らかにする。ウォルフレンやリヴィジョナリストに対する明確な批判の書。

四六上製　二九六頁　二八〇〇円
◇ 978-4-938661-45-8
（一九九二年三月刊）

PENSER À L'ENVERS
Benjamin CORIAT

レギュラシオン派の新領域

低成長下のサービス経済

P・プチ
平野泰朗訳

レギュラシオン学派による初の総合的サービス産業分析。サービス貿易・対企業サービス、情報通信技術の影響・福祉国家の危機・二重構造論……脱工業化時代の経済を、斬新に分析。「サービス化とレギュラシオン理論」についての訳者解説を附す。

四六上製　三六八頁　三六八九円
品切　◇ 978-4-938661-17-5
（一九九一年一月刊）

SLOW GROWTH AND THE SERVICE ECONOMY
Pascal PETIT

新しい経済学、最高の入門書

入門・レギュラシオン
（経済学／歴史学／社会主義／日本）

R・ボワイエ
山田鋭夫・井上泰夫編訳

マルクスの歴史認識とケインズの制度感覚の交点に立ち、アナール派の精神を継承、ブルデューの概念を駆使し、資本主義のみならず、社会主義や南北問題をも解明する、全く新しい経済学＝「レギュラシオン」とは何かを、レギュラシオン派の中心人物が俯瞰。

四六上製　二七二頁　二三三六円
品切◇ 978-4-938661-09-0
（一九九〇年九月刊）

現代資本主義分析の新しい視点

レギュラシオン理論
（危機に挑む経済学）

R・ボワイエ
山田鋭夫訳＝解説

レギュラシオン理論の最重要文献。基本概念、方法、歴史、成果、展望のエッセンス。二〇世紀の思想的成果を結集し、資本主義をその動態性・多様性において捉え、転換期にある世界を、経済・社会・歴史の総体として解読する理論装置を提供する。

四六上製　二八〇頁　二三三六円
品切◇ 978-4-938661-10-6
（一九九〇年九月刊）
LA THÉORIE DE LA RÉGULATION
Robert BOYER

危機脱出のシナリオ

第二の大転換
（EC統合下のヨーロッパ経済）

R・ボワイエ
井上泰夫訳

一九三〇年代の大恐慌を分析したポランニーの名著『大転換』を受け、フォード主義の構造的危機からの脱出を模索する現代を「第二の大転換」の時代と規定。EC主要七か国の社会経済を最新データを駆使して徹底比較分析、危機乗りこえの様々なシナリオを呈示。

四六上製　二八八頁　二七一八円
◇ 978-4-938661-60-1
（一九九一年一一月刊）
LA SECONDE GRANDE TRANSFORMATION
Robert BOYER

現代資本主義の"解剖学"

現代「経済学」批判宣言
（制度と歴史の経済学のために）

R・ボワイエ
井上泰夫訳

混迷を究める現在の経済・社会・政治状況に対して、新古典派が何ひとつ有効な処方箋を示し得ないのはなぜか。マルクス、ケインズ、ポランニーの系譜を引くボワイエが、現実を解明し、真の経済学の誕生を告げる問題作。

A5変並製　二三二頁　二四〇〇円
◇ 978-4-89434-052-7
（一九九六年一一月刊）

バブルとは何か

世界恐慌 診断と処方箋
（グローバリゼーションの神話）

R・ボワイエ
井上泰夫訳

ヨーロッパを代表するエコノミストである「真のユーロ政策」のリーダーが、世界の主流派エコノミストが共有する誤った仮説を抉り出し、アメリカの繁栄の虚実を暴く。バブル経済の本質に迫り、現在の世界経済を展望。

四六上製　二四〇頁　二二〇〇円
在庫僅少◇ 978-4-89434-115-9
（一九九八年一二月刊）

日仏共同研究の最新成果

戦後日本資本主義
（調整と危機の分析）

山田鋭夫＋R・ボワイエ編

山田鋭夫／R・ボワイエ／磯谷明徳／植村博恭／海老塚明／宇仁宏幸／遠山弘徳／平野泰朗／花田昌宣／鍋島直樹／井上泰夫／B・コリア／P・ジョフロン／M・リュビンシュタイン／M・ジュイヤール

A5上製　四一六頁　六〇〇〇円
品切◇ 978-4-89434-123-4
（一九九二年一二月刊）

資本主義は一色ではない

資本主義VS資本主義
（制度・変容・多様性）

R・ボワイエ
山田鋭夫訳

各国、各地域には固有の資本主義があるという視点から、アメリカ型の資本主義に一極集中する現在の傾向に異議を唱える。レギュラシオン理論の泰斗が、資本主義の未来像を活写。

四六上製　三五二頁　三三〇〇円
品切◇ 978-4-89434-433-4
（二〇〇五年一月刊）

UNE THÉORIE DU CAPITALISME EST-ELLE POSSIBLE?
Robert BOYER

政策担当者、経営者、ビジネスマン必読！

ニュー・エコノミーの研究
（21世紀型経済成長とは何か）

R・ボワイエ
井上泰夫監訳
中原隆幸・新井美佐子訳

肥大化する金融が本質的に抱える合理的誤謬と情報通信革命が経済に対してもつ真の意味を解明する快著。

四六上製　三五二頁　四二〇〇円
◇ 978-4-89434-580-5
（二〇〇七年六月刊）

LA CROISSANCE, DÉBUT DE SIÈCLE: DE L'OCTET AU GÈNE
Robert BOYER

1989年11月創立 1990年4月創刊

発行所　株式会社　藤原書店Ⓒ

〒162-0041 東京都新宿区早稲田鶴巻町523
電話　03（5272）0301（代）
FAX　03（5272）0450
◎本冊子表示の価格は消費税抜きの価格です。

2019 8 No. 329

一九九五年二月二七日第三種郵便物認可　二〇一九年八月一五日発行（毎月一回一五日発行）

編集兼発行人　藤原良雄
頒価 100 円

気候と人間社会の関係を描く記念碑的大著、著者畢生の大作、遂に発刊！

気候と人間の歴史

――全三巻の発刊に寄せて――

E・ル＝ロワ＝ラデュリ

▲E・ル＝ロワ＝ラデュリ氏（1929– ）

「気候」そのものを初めて歴史学の対象とし、自然科学と人文科学の総合を果たした嚆矢の書、『気候の歴史』（邦訳二〇〇〇年小社刊）。その後三七年をかけて、「アナール」第三世代の重鎮が、氷河の規模の記録、年輪、ブドウの収穫期・品質、小麦の作況等のデータを駆使し、気候の変動が人間社会に与えた影響を緻密に追跡した『気候と人間の歴史』全三巻がいよいよ刊行開始となる。第Ⅰ巻は、「小氷期」を含む一三〜一八世紀を描く。　編集部

八月号 目次 ●

- 気候と人間社会の関係を描く記念碑的大著、発刊！
  気候と人間の歴史 E・ル＝ロワ＝ラデュリ 1
- 68年革命を経て、70年代半ばのフランスで誕生したレギュラシオン
  レギュラシオン理論〈短期集中連載〉3　レギュラシオン理論とは何か（最終回）　R・ボワイエ 6
- 資本主義の政治経済学　山田鋭夫 10
- 歴史の推進者としての女性の真力を発掘した米歴史家
  メアリ・ビーアドとの出会い、第二次大戦を予言していた　上村千賀子 12
- 後藤新平は関東大震災から半年後、第二次大戦を予言していた
  後藤新平著『国難来』を読む　鈴木一策 14

〈新リレー連載〉今、中国は 1「ウイグル人の「思想罪」」王柯 17
〈リレー連載〉近代日本を作った100人 65「高浜虚子」筑紫磐井 18
〈新スタート〉沖縄からの声Ⅵ－1「沖縄学の父・伊波普猷」比屋根照夫 21　『ル・モンド』から世界を読むⅡ 36「風刺画の受難」加藤晴久 22　花満径41「大和し令し」中西進 23　生きているを見つめ、生きるを考える 53「睡眠負債」はどれくらい眠ると解消されるのか　中村桂子 24　国宝『医心方』からみる29「『二日酔に蜆汁は無効』説に想う」槇佐知子 25

7・9月刊案内／読者の声／書評日誌／イベント報告／刊行案内・書店様へ／告知・出版随想

人間にとっての気候の歴史

気候の歴史は、拙著『気候の歴史』が出版された一九六七年以来著しい進歩を遂げたが、C・プフィスター〔現代スイスの気候学者〕、P・アレクサンドル〔現代ベルギーの歴史学者〕、ファン・エングレン〔現代オランダの気候学者〕、Ph・ジョーンズ〔現代イギリスの気候学者〕、その他多くの人々の業績によって、いまや充分な正当性を獲得した。もはや、お上品で趣味のよい歴史学者たちがこの新しい学問分野を「えせ科学」のたぐいだと嘲弄をもって迎えた時代は過ぎ去り、本書で悪趣味なあざけりの対象となることは、人間にとっての気候の歴史が問題となるであろう。気候と気象の変動がわれわれの社会に与えた影響、特に食糧不足と、ある場合には疫病をも媒介とした影響もあつかうことになろう。さらに、比較史も活用されるであろう。比較可能なものは比較しようとしたマルク・ブロックの系譜を受け継いで、とりわけ、気候温和なフランスの北部地方と中部地方に身を置くことにしよう。フランスは、われわれの探求において最も重要な位置を占めるであろう。しかしまた本書ではイングランド、スコットランド、さらにはアイルランド、ベルギー、オランダ、スイス、ドイツとの比較対照が常に、場合によっては頻繁におこなわれるであろう。この比較対照は西ヨーロッパに限ったものではなく、ときにはボヘミア、ポーランド、さらには北欧三国とフィンランド、そしてアイスランドとさえもおこなわれるであろう。

フランスの地中海地方は、一度ならず取り上げられるが、第Ⅱ巻でさらに詳しくあつかわれることになる。一般に、「南仏」についてだが、気象上の不測の事態の内人間への影響は、この地中海沿岸地方では北方地方とは非常に違った様相を示す。多くの場合、人間に対する食糧（特に穀物）供給にとって危険な事態を引き起こすのは干ばつである。こうした観点からみた南仏と北部地方とのこの相違は、パリ盆地とロンドン盆地における北西ヨーロッパ地域では、たとえば穀物生じる事態と比べると著しいものである。北西ヨーロッパ地域では、まずなによりも、それが唯一というわけではないにしても、過度の湿気と、もちろん場合によるが、氷点下の極端な気温低下を嫌う。ところがイル＝ドゥ＝フランスでは、ケント州やデヴォン州同様、猛暑、さらには日照り焼けと干ばつの期間が数多くあり、万一極端な場合に

は、刈り取り前の穀物にとって危険であり、また公衆衛生にも直接的な危険（特に赤痢）をおよぼすことになる。

気候の歴史の基本概念

まず、シリーズの第Ⅰ巻である本書に関するいくつかの基本概念を挙げよう。

中世温暖期という概念は、無視する、あるいは少なくとも慎重に考察しよう。以前はそれを、九世紀から一三世紀まで続かせ、世界中に拡大しようとさえしたの

▲ブリューゲル「穀物の収穫」1565（部分）

だった！　本書では、一世紀間だけには確実にいえる次の事実に限定しておきたいと思う。とにかく一三世紀には、西ヨーロッパでは、全体として農民にとって好都合な、したがって結果的に消費者にとっても好都合な、乾燥しておそらくは暑い夏が長期間続いたのである。

小氷期はといえば、現象的には氷河の前進とそれに続く最大状態が持続した期間をいうのだが、そうした期間は、おおまかにいって、一四世紀初めから一九世紀「半ば」まで「持続」した。この小氷期は、気候温和な一三世紀と、やはり温暖で、まもなく温室効果の始まりによって完全に温暖化する二〇世紀に比べて、しばしば寒さが厳しい冬が六世紀間近くの長期にわたって続いた期間とときを同じくしている。小氷期に特徴的な冬の寒さについていえば、その氷河への影響は

単純ではない。なぜなら、寒さが厳しい冬はかならずしも降雪が多く、氷河を増大させる冬というわけではないからである。小氷期総体としての気候モデルは、多様な様態で年数を重ねて、まさしく「氷河の乳母」といえる冬期に増大する雪による氷河の涵養局面を示したり、また、多雨・湿潤で曇りがちで低気圧の夏が原因で氷舌〔氷河の下流部の舌状に長く伸びた部分〕の消耗が多年、ときには数十年にわたって低減する局面を示したりもする。事象としては互いに質の異なるこれら二つの仮説（というよりは実体）において、氷河は、いずれにしても容積を増し、巨大化していく。そうしてたちまち超氷期にいたるのである。

なにはともあれ、**変動性**という観念は欠くことができない。小氷期の五世紀間あるいは六世紀間は、ただひたすら寒

かったわけではない。一三〇〇年から一八六〇年までのあいだには、暖冬（たとえば一五七五年から一五七六年にかけて）や焼けるような夏（一六一六年、一六三六年、一七一八年等）もあったということを指摘するとき、わざわざいわなくともわかりきったことを説明しているのではないかと気にすることはないのである。

一三〜一八世紀の気候

第Ⅰ巻であつかわれる期間（一三世紀から一八世紀の一七四一年まで）は、その全体的傾向については、多少とも知られているか、あるいはよく知られている。

一三世紀は、アルプス氷河が縮小し、夏は乾燥して暑かったらしく、冬はしばしばそれ以降の期間より温暖だった。一四世紀は、少なくとも一三七〇年頃までは、夏はしばしば湿潤で冷涼だったよう

で、冬は数倍寒さが厳しかった。それは、中世、そして近現代の始まりがそうであったように小氷期の始まりだった。

一五世紀は、あまりよく知られてはおらず、特徴づけるのが最も難しい世紀のひとつである。シャバロヴァとファン・エンゲレンによるオランダについての素晴らしいデータ時系列が、このクワットロチェント［イタリア語。イタリア美術・文学史上の一五世紀初期ルネッサンス時代］は、一連の寒さの厳しい冬はあるが、年平均気温の点では冷涼であると特徴づけている。「しかしながら」、素晴らしい夏もあった。私は特に、一四一五年から一四三五年の二〇年間を思い浮かべる。

西ヨーロッパにおける一六世紀はほぼ完全に知られている、といってしまっていいのだろうか。一五六〇年頃までの暑い一六世紀。それは、私が一九六二年に

初めて提唱して、その後われわれの学界に非常に広まった、歴史学者たちがいう有名な「好天の一六世紀」という表現に値するだろうか。そのあと、一五六〇年から一六〇〇年までの小氷期のあらたな高まりと符合する冷涼な一六世紀がやってくる。その攻勢は、巨大になった氷塊とその原因となった「悪い」季節の双方に深く関わっており、一五九〇年代に最高潮に達した。

一七世紀は、小氷期が安定した時代である。冬は、特に一六四六年以降、比較的寒かった。しかし、夏は、明確に冷涼化したこの世紀の最末期（一七世紀の最後の一〇年間）を除き、ときとして一時的に暖かくなった。古典主義時代のアルプス氷河は、依然として巨大で安定しており、繰り返しいうが、一六世紀末あるいはそれ以降に達した最大状態とさほど変

『気候と人間の歴史Ⅰ』（今月発刊）

わらなかった。

最後に一八世紀は、氷河の大規模な融解にはいたらなかったにしても、少なくともその初期（一七三八〜三九年）には、間違いなく温暖化の時期を含んでいる。第Ⅰ巻である本書では、一七四〇年、気象学的原因があったのかどうかということを考えざるをえなくなる。この北半球が長くても一七四一年までしか対象としていない。この一七四〇年という年とそれに続く一〇年間は、一〇年間の内部で各年それぞれが寒冷化の影響をこうむっているので、別個にあつかわれなければならない。これとは反対に、若きルイ一五世時代の啓蒙の時代とときを同じくする、すなわち一七一〇年代末と一七二〇年代および一七三〇年代の温暖化は、もちろん中断がなかったわけではないが、一七三〇年代の冬にも夏にもあてはまる。Ph・ジョーンズとM・ヒューム〔現代イギリスの気候学者〕は、一八世紀全体と

しては、全北半球が全般的に温暖化していたということをためらわない。そうなると、この同じ時期に、ヨーロッパでも中国でも、ユーラシア大陸北部全域で起こった人口的・経済的大発展には、一部気象的原因があったのかどうかということを考えざるをえなくなる。この北半球の温暖化した一八世紀と、それぞれ端数のない数字でいうと、一五六〇年から一七〇〇年までと一八〇〇年以降の一九世紀の前半もしくは最初の三分の二の期間の寒冷期とのあいだに、コントラストがあるのだろうか。注目すべき問題である。これについては、第Ⅱ巻で、細心の慎重さを持って考察することがよいであろう。

（全文は本書所収　構成・編集部）

(Emmanuel Le Roy Ladurie／歴史家．
コレージュ・ド・フランス名誉教授)

（稲垣文雄訳）

■ル゠ロワ゠ラデュリ好評既刊書

気候と人間の歴史Ⅰ（全三巻）
〈猛暑と氷河　一三世紀から一八世紀〉
E・ル゠ロワ゠ラデュリ　稲垣文雄訳
A5上製　七三六頁　八八〇〇円

稲垣文雄訳　ブローデルが称えた伝説的名著。諸学の専門化・細分化が進むなか、知の総合の企てに挑戦し続ける大著。気候学・気象学・地理学をはじめとする関連自然科学諸分野の成果と、歴史家の独擅場たる古文書データを総合した初の学際的な気候の歴史。

気候の歴史　気候史の古典！
八八〇〇円

FS版　新しい歴史
〈歴史人類学への道〉
樺山紘一・木下賢一・相良匡俊・中原嘉子・福井憲彦訳　〔新版特別解説〕黒田日出男

『新しい歴史』を左手にもち、右脇にかの講談社版『日本の歴史』を積み上げているわたしは、両者を読み比べてみて、たった一冊の『新しい歴史』に軍配をあげたい」（黒田氏）
二〇〇〇円

決定版

> 68年革命を経て、70年代半ばのフランスで誕生したレギュラシオン。

レギュラシオン理論
——変わりゆく世界を見定める羅針盤——

ロベール・ボワイエ

変わりゆく世界を見定める羅針盤

本書は、在来の経済理論に対する大きな不満から生まれたある研究プログラムについて、その基本概念、手法、そして主要な成果を紹介する。在来の経済理論は、第二次世界大戦後の高度かつ安定した成長が終わりを告げた一九七〇年代以降の期間に見られた新しい現象を説明することができていない。本書の研究の中核となるアイディアは、純粋経済理論がかかえる限界を超えることであり、その解決策は、経済活動を社会経済的諸過程のうちに再び埋め込むことである。こうして構造変化の期間をよりよく理解することが可能となるが、この構造変化の期間はいまだに、たいていの経済理論にとって盲点となっている。

本書のアプローチはレギュラシオン理論として知られており、それはまさに資本主義経済を動かし変容させる資本蓄積を左右する動態的過程を問うものである。リニューアルされたこの政治経済学はとりわけ、アメリカ、ヨーロッパ、アジア、日本、さらにはそれらの国際的関係に影響を与えている多面的な現代的変容を分析する力をもっている。

この「日本の読者へ」では、レギュラシオン理論全体を提示するのに先立って、この理論の目的、核心的概念、主要な到達点を手短に摑んでもらうためのものである。在来の経済理論はなぜ現在における事態の進展にこれほどまでに困惑しているのか。それに対して、この現代的政治経済学が練り上げた回答はどのようなものか。不確実で変わりゆく世界を分析するのに役立つような前提、基礎概念、方法論を総合的に提示することは可能だろうか。戦後日本の軌道に対しては、どのような特殊な解釈が与えられるのだろうか。

日本のデフレ停滞

一九八〇年代末に生じた投機的バブルの崩壊によって、日本はデフレの脅威を伴う準停滞へと陥った。それは残りの世

▲R・ボワイエ
（1943-）

界を征服すると思われていた日本モデルへの別れのときであった。この停滞は当初、日本に典型的なパターンによるものだとされ、そしてとりわけ銀行危機からの脱出に際しての経済政策管理の誤りに起因するものだとされた。しかしながら二〇年後には、長期停滞という亡霊が――累積的な負債デフレによる不況のリスクをもたらした――二〇〇八年金融危機後の北米の文脈において広く議論されるようになった。それは、ゼロ金利での借換え緩和という、まったく非伝統的な金融政策によってはじめて食い止められた。しかし、そうした政策には明確な理論的基礎がないのである。

■劇的な経済危機の防衛不可能

金融資本流入に開かれた資本勘定が示すのは、国内の金融システムがいかに脆弱であったかということである。劇的な一九九七年のアジア危機は、あれこれの開発主義国家の行動によってきわめてダイナミックとなった国民経済の動きを中断させた。欧州連合や、さらにはアメリカは、制御できない投機バブルがはじけることで生じる劇的な経済危機には影響を受けないとされていた。実際、洗練されたリスク評価手法やミクロレベルでの適切なプルーデンス手法が開発されており、それらは一九二九年の崩壊の再来を効果的に防ぐものとして認められていた。こうした信念は誤っていることがわかり、従来の理論はこの挑戦を乗り越えるのに有利な立場にあるとはいえないのである。

■ITで生産性は増大する？

シリコンバレーのダイナミズムは、情報通信技術（ICT）にもとづく新しいイノベーションと成長体制の支柱を提供すると思われていた。さらに踏み込んで、知識基盤経済の成熟ということが次期の社会経済レジームなのだと考えられていた。二〇年後、巨大IT企業は繁栄したが、全要素生産性は期待されたほどには上昇しなかった。アメリカ経済は、第二次世界大戦後に成立したフォーディズム体制の明確な後継体制がないまま、バブルからバブルへと歩んできた。新古典派成長理論の核心にある着実で高度な成長という仮説は、成熟した経済については評価しなおされる必要がある。ネオ・シュンペーター派の見方もまた生産性パラ

ドクスを説明すべく苦闘している。そのパラドクスによって、ダイナミックなイノベーションが行われたり新興のハイテク部門が出現したりしても、国民経済計算での計測では、生産性はほとんど停滞したままというのは印象的である。フォーディズム体制を分析すべく彫琢された理論的概念や統計手法はほぼ時代遅れになったのだが、それらに代替するものがまだないのである。

「規制緩和」という神話

製品市場、労働市場、金融市場における**規制緩和の波は世界中に波及し、人々にとってより高い効率と福祉をもたらす**ことが期待した。現在までにこれらの改革によってもたらされたのは、労使関係の細分化、労働者にとっての保障の低下、投資家にとっての根本的な不確実性

の高まりである。したがって純粋な市場メカニズムの効率性という信条は劇的に挑戦を受けることになった。にもかかわらず、現代の政府のほとんどは、相変わらず次から次へと、労働市場の規制緩和を決定している。そして大部分の主流派経済学者は、利点があるか疑わしいにもかかわらずこれらの政策をいまだに支持している。これは従来の経済理論がかかえる**公然たる危機**を示すもうひとつの証拠である。

金融市場信仰がもたらす誤り

戦後の国家介入や積極的な通貨政策には限界があったので、経済政策の考え方が現代化されることになった。新自由主義の信条にあっては、国家が問題であり、市場は解決策だとされている。**金融市場の情報効率性仮説**は、規制を完全に緩和

した市場経済がもつ自己均衡化的本性にかんする楽観的な見方を生み出した。二〇〇八年にアメリカの金融システムが劇的かつ華々しく停止したことで、この仮説の誤りが立証された。一方では、金融の数学的研究が彫琢され、危険な金融商品を立ち上げることが可能になった。それはデリバティブの評価にかんする誤った確率論にもとづく仮説に依拠していた。他方で、動学的確率的一般均衡モデルにもとづく新しい古典派マクロ経済学では、二〇〇八年九月にアメリカで突発した世界的経済危機の起源や展開を理解することは、存在論的な意味において不可能である。現代の**マクロ経済理論は危機にある**。しかし、そのように失敗したモデルがアメリカの超有名大学の経済学部で教えられ続けている。**信念と利害**が科学的厳密さに取って代わってしまったのだ。

地域経済統合という無謀

　地域経済統合は、広く行きわたったグローバル化と経済的ナショナリズムや保護主義への回帰との間にあって、第三の道を長らく定義してきた。この点で欧州連合は、すべての加盟国に共通する単一の通貨たるユーロの立上げによって、新たな時代を切り開いたように見えた。悲しいかな、アメリカの金融危機が旧大陸ヨーロッパに伝わることで、統合過程の断層が残酷にも明らかになった。すなわち、金融的投機によって各国の公債は他国の公債との間で弄ばれ、欧州通貨はいかなるコストを払ってでも守られるというヨーロッパ中央銀行（ECB）の強力な声明によって、ようやくユーロ崩壊が防がれたのである。六〇年かけて忍耐強く進められたヨーロッパ統合は危機にさらされている。各国の政策が、高まる経済的相互依存性の要請に自動的に応え、自己実現的ではなかったのである。他方で、経済の制度や組織の変容に対する中国共産党によるコントロールは、確かにきわめてうまく機能したことが分かってきた。ヨーロッパ連邦国家と連邦予算が成熟して保護を与えることがなくとも、新しい通貨が繁栄しうると想定したのは無謀であった。

共産主義と現代の経済理論

　一九九一年を振り返ってみると、ソヴィエト連邦の崩壊は、経済領域における市場メカニズムと政治領域における民主主義的原理との同盟の明確な勝利とみなされた。一面では、ロシアがたどった軌道を見ると、こうした予想は実現しなかった。過去の集団的諸制度が急激に破壊されたことで混乱が生じ、それによって、むしろ貧弱な経済パフォーマンスのなかで権威主義的な政治体制の出現が促された。新古典派の理論家たちが無邪気に信じていることとは反対に、市場は自己実現的ではなかったのである。他方で、経済の制度や組織の変容に対する中国共産党によるコントロールは、確かにきわめてうまく機能したことが分かってきた。生活水準の向上は早く、貧困は劇的に減少したが、それは経済的不平等の拡大という対価を伴った。シカゴ学派による所有権の絶対主義的考え方にしたがえば、このように変化がうまくいったのは珍奇なことであり、それは次の構造的危機によって補正されるだろう。そしてその危機は民主主義とイノベーション主導型成長体制との間に補完性が必要であることを明らかにするだろう、と。繰り返すが、現代の経済理論は厳密で分析的であるよりも、弁解がましく規範的なものである。

　　　　　　　（後略　全文は本書所収）

原田裕治訳　（Robert BOYER／経済学者）

構成・編集部

《短期集中連載》3 レギュラシオン理論とは何か（最終回）

資本主義の政治経済学

山田鋭夫

「市場の純粋経済学」への批判

このリレー連載の第一回でも強調されていたことだが、この本のタイトル『資本主義の政治経済学——調整と危機の理論』ほど、レギュラシオン理論の立ち位置と特徴を見事に語りだしているものはない。キーワード「資本主義」「政治経済学」「調整」「危機」は、そのままアメリカ流の新古典派正統のキーワード「市場」「純粋経済学」「均衡」「成長」に対するアンチテーゼとなっているからだ。つまり著者ボワイエは「市場の純粋経済学——均衡と成長の理論」への根本的な批判をこめて、「資本主義の政治経済学——調整と危機の理論」の体系展開に心血を注いだ。それが本書である。

第一に、近現代の経済社会を「市場」「市場経済」でなく「資本主義」として捉えること。「市場経済」は経済活動を自由な諸主体間の平等な取引関係として描く。しかし権力と不平等の関係が厳存し、資本とその利潤追求が経済社会を支配しているかぎり、この社会は「資本主義」と理解されるべきであろう。

第二に、経済的なものは、政治的なものや文化的なものと密接にからまっているのであり、経済はそれ自体で独立して存在してもいないし、経済は市場関係だけで成り立っているのでもない。「純粋経済」「純粋経済学」は一個の幻想であって、経済学は「政治経済学」「社会経済学」であるほかない。

第三に、例えば需要と供給が不均衡に陥っても価格の自動調節作用によって「均衡」に戻る、といった式の教科書的メカニズムで経済は動いているのではない。経済はさまざまな制度によって支えられているのであり、その諸制度がうまくマクロ経済を「調整」しうるかどうかによって、経済社会の好不調や歴史的変化が規定されていると見るべきである。

そして第四に、経済社会はいわゆる「成長」だけでなく「危機」をも経験するのであり、その危機を理論にとって例外扱いするのでなく、理論そのもののうちに組みこまないと、これほどに動きの激し

レギュラシオン理論の新生面

『資本主義の政治経済学――調整と危機の理論』にはそんな思いが込められている。本書原典は四〇〇頁近い大冊であり、出版後、フランス経済学会から「最優秀テキスト賞」を授与された。著者をはじめレギュラシオニストがこの四〇年間積み重ねてきた諸研究の総まとめの書であり、また、レギュラシオン理論をはじめて体系的に展開した書として、高い評価を受けたからであろう。

「体系」といったが、これまでの常識的な理論体系観をとっていない。体系論とか方法論というと、それ演繹的論理だとか上向法だ、発生史的方法だといった議論に出くわすが、本書の体系はそれとは無縁だ。もちろん「基礎」から「展開」へという叙述のステップはある。しかし公理や一般的原則から出発して、どの経済社会にも妥当するような汎用的モデルへ、といった道はとらない。資本主義は時間的・空間的にあまりに多様かつ可変的なのであって、そのような一般モデル化を許さないのである。

それゆえ本書がとる方法論は、ある程度抽象的な議論（特に「基礎編」）から始めて、章を追うごとに具体的な現実の分析（特に「展開編」）に進んでいくというものである。本書の「展開編」は制度変化の問題を中心としたメゾ（さらにはミクロ）レベルの経済学を展開している。それは新古典派や伝統的マルクス派とは異なった新しい経済学の生誕であるだけでなく、レギュラシオン理論それ自体にとっても新生面を開くものである。なぜならこの理論は、これまで多分にマクロ

経済学として了解されてきたからだ。

（やまだ・としお／名古屋大学名誉教授）

資本主義の政治経済学
調整と危機の理論

R・ボワイエ
山田鋭夫監修　原田裕治訳

A5上製　四四〇頁　**五五〇〇円**

■ボワイエ　好評既刊

作られた不平等
[日本、中国、アメリカ、そしてヨーロッパ]

三〇〇〇円

ユーロ危機
[欧州統合の歴史と政策]

三二〇〇円

金融資本主義の崩壊
[市場絶対主義を超えて]

五五〇〇円

■好評既刊

さまざまな資本主義
[比較資本主義分析]

山田鋭夫

三八〇〇円

メアリ・ビーアドとの出会い

上村千賀子

歴史の推進者としての女性の真力を発掘したアメリカを代表する歴史家

占領期女性政策におけるメアリの存在

占領期における女性政策に焦点を当て、GHQの占領政策資料（GHQ/SCAP Records）を分析し、当時のGHQ担当者や日本の女性リーダーへの聞き取り調査、日記や書簡類を解読していた一九八〇年代半ばころのことである。これらの資料で私は歴史家メアリ・R・ビーアドの名前を知った。メアリ・ビーアドに特別な関心をもつようになったきっかけは、GHQ民間情報教育局女性情報担当官エセル・ウィード宛書簡でメアリ・ビーアドが尋ねた、「婦人参政権の付与は、マッカーサー自身の発案か」という質問への公式回答が、GHQの占領政策資料の中に保存されているのを発見したことである。なんとこの文書にはマッカーサーの婦人参政権付与の意図が実に明解に示されているではないか。エセル・ウィードを介して占領政策に関わったメアリ・ビーアドという歴史家はいったいどのような人物か。早速メアリ・ビーアドの書簡類をスミス・カレッジから取り寄せた。

一九八九年神戸女子大学で開催された日本アメリカ学会で、書簡から明らかにされた労働省婦人少年局の設立とメアリ・ビーアドの関わりについて報告した。当時のアメリカ学会会長リンダ・カーバー博士からはこの研究に対する期待と励ましの言葉をいただいた。全体会の終了時には斎藤眞博士がほほおを紅潮させながら、「一九四八年に高木八尺博士と一緒に御自宅にうかがいビーアド夫人にお会いしたのです！」と感慨深く訪問の思い出を話してくださった。私は学会報告を論文「日本における占領政策と女性解放——労働省婦人少年局の設立過程を中心として」（女性学研究会編『女性学研究二号 女性学と政治実践』勁草書房、一九九二年、五一—二八頁）として公刊した。

メアリが日本に残した影響

一九九三年二月のことである。思いがけなく、この論文を読んだ高木鉦作教授

『メアリ・ビーアドと女性史』(9月刊)

▲メアリ・ビーアド
(1876-1958)

(高木八尺博士のご子息であることに気がついたのはずっと後のことである)から手紙が届いた。同氏の手紙には次のように書かれていた。

一九二二年から二三年にビーアド夫妻が来日したときの新聞報道からビーアド夫人のことを知り、また羽仁もと子さんの自由学園をたびたび訪問していることを知っていましたが、私の関心は夫のチャールズ・ビーアドのことだけ(それも都市行政という面で)でした。上村さんの論文でビーアド夫人が占領下の婦人少年局設立と関係があったことを知り、正直驚いています。夫

のビーアドが『東京市政論』で提示したことは実らなかったといわれていますが、夫人の助言は占領当局者に対するものとはいえ、ともかく婦人少年局設立に影響したことは、私にとっても大いに参考になり感謝しています。

その後二度にわたって送られてきた手紙には、高木鉦作教授が自ら編集した『都市問題──ビーアド博士記念号』(第四九巻第九号、一九五八年九月号、東京市政調査会)と東京市政調査会編『チャールズ・A・ビーアドと新聞報道』(チャールズ・A・ビーアド抜刷)ほか貴重な資料が同封されていた。

このようにして日米の知的交流史におけるチャールズ・ビーアドの巨像の影に隠れてみえなかったメアリ・ビーアドの物語を書くことの重要性を改めて認識するにいたった。

(後略 構成・編集部)

(うえむら・ちかこ/女性史研究)

メアリ・ビーアドと女性史

●日本女性の真力を発掘した米歴史家

上村千賀子

9月刊予定

■好評既刊

ルーズベルトの責任 上(下)
「日米戦争はなぜ始まったか」
チャールズ・A・ビーアド 開米潤監訳

大統領ルーズベルトが、非戦を唱えながら日本を対米開戦に追い込む過程を膨大な資料を元に容赦なく暴き、48年に発刊されるも直ちに「禁書」同然に扱われた政治・外交史の大家の幻の遺書、遂に全訳刊行!

各四二〇〇円

「戦争責任」はどこにあるのか
「アメリカ外交政策の検証 1924-40」
チャールズ・A・ビーアド 開米潤・丸茂恭子訳

名著『ルーズベルトの責任』の姉妹版。二十世紀アメリカ最高の現代史家が、終戦直後に出版した幻の名著。「なぜ第二次大戦にアメリカは参戦し、誰に責任があるのか」という米国民の疑問に終止符を打つ、国内で大センセーションを巻き起こした衝撃の書。

五五〇〇円

後藤新平は関東大震災から半年後には、第二次世界大戦を予言していた！

後藤新平著『国難来』を読む
——「内憂外患」の一九二〇年代日本——

鈴木一策

「内憂外患」の一九二〇年代日本

本書に収められた『国難来』は、一九二三年九月一日に首都東京、横浜を襲った関東大震災から半年後の一九二四年三月五日、東北帝国大学に招かれて学生たちに講演したものに、後藤新平が手を入れ、翌月私家版の小冊子として出版したものである。

一九二三年九月早々、まだ組閣されていない第二次山本権兵衛内閣の内務大臣（副総理格）の要請を受理し、震災復興のために復興院を起ち上げ、総裁となって獅子奮迅の大活躍をするが、その年の暮れ、摂政宮（後の昭和天皇）暗殺未遂事件の責任をとって、山本内閣が総辞職する後藤も内務大臣・復興院総裁を辞職することになった。

しかも、外に目をやると、二四年四月、排日移民法がアメリカ議会を通過し、日米関係にも重く暗雲が垂れ始めているる。まさに「内憂外患」の状況を呈していたのだ。

「第二次世界大戦」を直観

『国難来』で、後藤新平は東北帝国大学の大学生に何を語ろうとしたのか。

第一次世界大戦（当時は欧州戦争）に参戦した日本は、西欧列強が中華民国（以下、中国）から手を引いている隙に乗じて、一九一五年一月、強圧的な対華二十一カ条を押しつけ、戦争景気に浮かれていた。

後藤は、その大隈重信内閣の無神経を厳しく批判した。後の政党内閣も、このアジア蔑視の基調を共有する。

ところが、対華二十一カ条の押しつけは、日本の予想をはるかに超えて、中国のみならず、アメリカにも、恐るべき排日運動、日本商品ボイコット運動を引き起こすに至った。国内では、戦争景気に酔いしれ、買収選挙による政党の腐敗・堕落が蔓延していた。終戦後、物価が暴騰、米騒動が全国規模で発生、労働争議も頻発していた。

このような内外の情勢とヴェルサイユ

条約のドイツ人への過酷な戦後処理に、「第二次世界大戦」を直観したのが、後藤であった。後藤の先見性には驚くべきものがあった。

そこに、関東大震災が起こった。後藤の講演の枢要は、この大震災を「天の啓示」と謙虚に受け取り、帝都のみならず日本帝国全体を立て直すことにあった。ところが、政友会を典型とする「我党内閣」「不

▲後藤新平(1857-1929)

自然な多数党」は、政争・買収に明け暮れ、国政を「私物化」し続けた。

さらに、この頃ロシアに革命が起こり、一部左翼を別として、革命を青天の霹靂(へきれき)と受け取った日本国内には「赤化」を恐れる反ロシア感情が高まり、中国への蔑視とないまぜになった排外主義が横行し始める。

「国難」を「国難」と認識するには

しかし、当時この状況を「国難」として深刻に受けとめる人が少なかった。党派に囚われ、打算に囚われ、情実にからめとられている人には、ことに国政を「私物化」している政党には、「国難」として感じ取られなかったのは当然至極である。

では、どうすれば「国難」を感じ取り、立ち向かうことができるか。

後藤は、党派を超えた「大調査機関」が不可欠だとの構想をぶちあげた。「大調査機関」構想とは、徹底的に現場主義な調査に基づいた「東西文化交流」の実践である。例えば、労農ロシアの極東全権のヨッフェを「私的」に招いて、対露外交のあり方を国民の前に展開した。

そのような後藤の大胆な外交を眼にすると、国民は、アメリカの排日移民法に鈍感であり、中国を蔑視し、ロシアを敵視している日本政府の時代錯誤を実感するだろう。このような「我党内閣」に国を任せておくことこそ、「国難」であるとわかるであろう。『国難来(こくなんきたる)』の出版は、国民にこういう認識を促し、「自治」の精神を育もうとすることであった。

現在の「国難」

二十一世紀初頭を生きるわれわれは、

百年前に後藤が描き出した「国難」と同様な状況の中に置かれているのではないか。

わが国は、歴史上未曾有の大量殺戮兵器の原子爆弾を、一九四五年八月、アメリカによって広島、長崎に投下され敗戦国となった。連合国の占領の後、サンフランシスコ講和会議で日米安保条約が締結された。これによって日本国内の基地建設が法で定められた。

現在、その基地は、沖縄に集中され、沖縄の人びとの犠牲の下で日米関係は存続している。その後「核の平和利用」という美名の下に、日本中至る所に原発が作られた。二〇一一年三月十一日、東北三陸沖で未曾有の大地震と津波が発生し、福島の原発が壊滅する大惨劇が生じた。その事故は今もって「アンダー・コントロール」とはならず今日に至っている。今後の見通しはいまだ立たずという状況である。

今こそ、読者はこの『国難来(こくなんきたる)』を熟読玩味し、百年前の「内憂外患こもごも到る」大国難を認識し、新しい時代を切り拓く視点を学んでいただければ幸いである。

(全文は本書所収　構成・編集部)
(すずき・いっさく/思想史研究)

画・岡本一平

■好評関連書

●後藤新平の生涯を描いた金字塔。
〈決定版〉**正伝 後藤新平**
鶴見祐輔著〔校訂〕海知義
〈全八巻別巻〉
計五四〇〇円

国難来 こくなんきたる
後藤新平
鈴木一策編・解説
B6変上製　一九二頁
一八〇〇円

時代の先覚者・後藤新平
御厨貴編
藤原書店編集部編
〈3刷〉三二〇〇円

後藤新平の「仕事」
後藤新平研究会編
〈2刷〉一八〇〇円

震災復興　後藤新平の120日
(都市は市民がつくるもの)
後藤新平研究会編
一九〇〇円

一に人　二に人　三に人
(近代日本と「後藤新平山脈」100人)
後藤新平研究会編
二六〇〇円

後藤新平と五人の実業家
(渋沢栄一・益田孝・安田善次郎・大倉喜八郎・浅野総一郎)
後藤新平研究会編著
A5判　二四〇頁
序=由井常彦
二五〇〇円

新リレー連載 今、中国は 1

ウイグル人の「思想罪」

王 柯

「人民」の名を冠する軍によって、中国では六〇年前にダライ・ラマが亡命に追い込まれ、三〇年前の六月に天安門広場で民主化を求める学生と市民が鎮圧され、一〇年前の七月五日にはウイグル人の民族の抵抗も鎮圧された。

ウイグル人は現在世界で最も悲惨な状況に追い込まれた民族と言っても過言ではない。犯罪の未然防止という名目で、ウイグル人家庭は漢族を受け入れて一緒に暮らすことを強いられ、「極端思想の影響を受けた」と決めつけられ「再教育営」に強制的に送られた人は一〇〇万人以上と言われ、そこでは親と離された子供も集中管理下に置かれた。この「思想罪」の摘発手段は、数えきれないほどの監視カメラ、随時随所で行われる電話のチェックと盗聴であり、それを恐れてほとんどのウイグル人は海外にいる家族との連絡を自ら断った。「思想罪」は恣意的に認定される。理性的平和的な手段で共存の道を探るべきと唱えるウイグル学者も逮捕され無期懲役を言い渡された。ウイグル人には人間のプライバシーも、思想の自由もないことを中国政府は堂々と認めているが、この反人類的罪に対して、声を上げて批判する外国政府はなかった。

「再教育営」の「洗脳」は中国語で行われ、モスクに国旗掲揚が要求され、若者によるイスラーム知識の学習も禁止された。民族意識を完全に潰すまでウイグル人を追い込む目的は、民族差別に対する反発を封じ込む以外に、「敵」を誇張して中国民衆に中共の極権政治の正当性を主張することにあり、七・五事件の前触れだった広東省での漢族従業員によるウイグル人無差別攻撃と殺害は完全に封じ込まれた。「新疆ウイグル自治区」という名前に示されるように、ここはウイグル人の故郷である。現在八六〇万人の漢族人口は、中共政権樹立の一九四九年にはわずか二九万人に過ぎなかった。それ以降最高権力者の共産党書記はほとんど漢族で、ウイグルはウイグル自治区の主人になったことはなかった。

（おう・か／神戸大学教授）

リレー連載 近代日本を作った100人 65

高浜虚子――類想句の新天地を示した超近代作家

筑紫磐井

「題詠」を重んじた虚子

十年前、いや二十年前なら、このテーマで虚子は出てこなかったであろう。自ら、「守旧派」を名告(なの)り、それにふさわしい作品を詠んできた虚子は言ってみれば反近代主義者であり、虚子に反対することこそが近代の証明であった。

私が俳句を始めたのは昭和四十年代の後半であった。当時いやと言うくらい聞いた言葉が「前衛対伝統」という言葉であり、前衛の頭目を高柳重信とおくかの金子兜太とおくかは議論があったが、伝統の奥の院に坐っているのは虚子であった。前衛が近代とすれば、虚子は反近代であったのだ。

それがこの企画（近代日本を作った一〇〇人）のように変わってきたのは、私の鑑賞眼が鈍ってきたと言うばかりではあるまい。当時考えていた近代と、現在考えている近代とが変わってきたのだ。

虚子の俳句は、客観写生といい、花鳥諷詠と言われている。しかし写生は、虚子の師である子規をはじめ、短歌でも広く使われている。虚子の写生のみを正しいというわけにはいかない。むしろ虚子の本領は花鳥諷詠というべきであろう。花鳥諷詠とは何か。花鳥を諷詠することだという、花と鳥ばかりを諷詠することかと聞かれ、虚子は花鳥というのは例に過ぎず、単なる季節のことばと答える。季題とは季語よりももっと古い語感を持ち、季題で使われ伝統的に再生産された約束の言葉なのであるという。それなら、季題諷詠をもっと分り易く題詠と言ってしまったほうがよいかもしれない。実際、「題詠」という言葉を馬鹿にしてはいけない。世界文学の始まりも題詠なくしてはあり得ないからだ。万葉集も、中国の古い楽府(がふ)も、アイヌの叙事詩ユーカラも、北欧文学のエッダや中世のマイスタージンガー（職匠詩人）の詠った歌も結局は題詠なのだ。古いといってこれを捨て去ってしまっては我々の文学はあり得ない。虚子が題詠を重んじたのは、決して間違っていなかった。

類想の新天地を作品に

しかし題詠文学には類想という免れがたい問題がある。題詠文学が、個人の個性を重んじた近代になって行き詰まったのはここに原因がある。だから現代文学は題詠文学を乗り越えようとした。

例えば題詠の根源を科学的に探求するというのは如何にも近代的な方法だ。しかしこれでは研究にとどまり、文学活動にはならない。

虚子がとった方法は、題詠が類想を生むなら、行きつくところまで類想を進めさせて、類想の新天地を作品で示してみようというものであった。これは超近代的手法といってよいかも知れない。およそこんな手法をとった作家は今までいないだろう。

しかし結果は意外なことになった。マンネリズムの塊のような題詠文学の中に傑作が生まれたのである。それは文学と言ってよいかどうかも分からない。しかし、万が一文学が亡びたとしても、こうした俳句は間違いなく残りそうなのだ。

箒木(ははきぎ)に影といふものありにけり

流れ行く大根の葉の早さかな

大いなるものが過ぎゆく野分かな

初蝶(はつちょう)来何色と問ふ黄と答ふ

去年今年(こぞことし)貫く棒の如きもの

明易(あけやす)や花鳥諷詠南無阿弥陀

私はこれを「本質的類想句」と呼んでいる。単なる類想句ではない、鍛錬に鍛錬を、修練に修練を繰り返してできあがる究極の類想句である。類想句であるが誰も真似できない。類想句の理想なのだ。

虚子が近代日本を作った一〇〇人になる資格はこれにより得られたのである。

（つくし・ばんせい／俳人）

▲高浜虚子（1874-1959）

明治7年愛媛県松山で生まれる。同郷の先輩正岡子規の影響で俳句を始め、河東碧梧桐とともに双璧とされる。柳原極堂の雑誌『ホトトギス』を引き受け、日本派の機関誌となる。夏目漱石と親交があり、「坊っちゃん」「吾輩は猫である」を同誌に発表。『ホトトギス』からは、大正期には飯田蛇笏、渡辺水巴、原石鼎、前田普羅、昭和期には水原秋桜子、山口誓子、高野素十、日野草城、中村草田男、川端茅舎らの俳人を育成した。句集に『五百句』、俳論に『虚子俳話』等多数。「客観写生」「花鳥諷詠」を指導原理とした。朝日俳壇選者を務め、文化勲章を受章し、昭和34年に逝去。俳句を家業とし、次女星野立子、長男高浜年尾も俳人。次男は作曲家・音楽教育家・俳人の池内友次郎。

連載 今、日本は 4

ああ、死刑大国！

鎌田 慧

血も凍る記憶、というべきか。ひと月のあいだに二度、計一三人をも死刑台に送ったのは、ちょうど一年前の七月だった。日本は「近代国家」「民主国家」なのか、との疑問を抱かせた大量処刑だった。

オウム真理教幹部を一挙に抹殺したのは、組織の壊滅を狙ってだった。「平成の事件は平成のうちに」と法務省の幹部が語ったそうだが、死刑執行を急いだ理由に天皇制を挙げるなど、最悪の弁明といえる。

それでなくとも、この執行が想起させたのは、明治も終ろうとしていた一九一一年一月、朝鮮併合から五ヶ月たったあと、幸徳秋水など一二人を一挙に処刑した大逆事件だった。人権を旨とすべき平和憲法のもとで、国家が人を殺す野蛮が平置されているのは、国際的な恥辱である。

死刑廃止論に、執行後に冤罪が判明したなら取り返しがつかない、とする論理がある。処刑や獄死のあとでも、汚名をそそぐために再審を請求している事件がある。

この稿を書いている段階では、どうなるか判然としていないが、まもなく東京高裁が再審可否の決定をだす三鷹事件に、福岡事件、菊池事件、飯塚事件、帝銀事件、名張ブドウ酒事件などがある。

も、明らかな冤罪としてわたしは無実を確信するルポルタージュを書いている。

この事件の竹内景助は確定死刑囚の汚名を着たまま、四十五歳で獄死した。背景に国鉄（当時）の大量解雇が介在していた、怪事件である。

死刑制度とは、国家による殺人容認制度だが、無実の死刑囚などこれ以上の人権侵害はない。すでに世界一三四カ国が死刑停止・廃止。欧州連合に加盟できる条件は、死刑廃止国という。そのこともあって、EUと隣りあうロシアは死刑制度はあっても停止、韓国も執行せず。米国もさすがに一九州が廃止、四州が停止、存置は半数となった。

この国家による蛮行を恥も外聞もなく執行して、国連から廃止勧告を受けているのが、アジアで大国を気取る、わが日本である。（かまた・さとし／ルポライター）

〈新連載〉沖縄からの声 [第Ⅵ期] 1
沖縄学の父・伊波普猷

比屋根照夫

一八七九年の「琉球処分」によって、沖縄と明治国家の関係史は大きく変わった。近代沖縄は明治政府による強制的な同化政策によって言語・歴史・文化をも剥奪される状況に直面した。

近代沖縄は明治日本の荒野に放擲され、自己回復の道を模索することになった。「沖縄学の父」と呼称される伊波普猷(1876-1947)はこの状況下で、明治末期に代表作『古琉球』を刊行し、沖縄人のアイデンティティの回復を熱烈に説いた。

何よりも、伊波はこの書を通して明治政府の同化政策の下、滅び行く琉球の言語・歴史・文化の復権を説くと共に、差別と偏見に苦悩する沖縄同胞を激励した。この書は明治末期の伊波周辺の青年群像に多大な影響を及ぼすはまさにそのことを核心的に衝いている。

「殊に我々は沖縄人という自覚の上に、このまま単に内地人の模倣に終わるべきであろうかという疑問がある。……要するにこの十年前までは単に旧物破壊、日本模倣の単純な社会であったが、今日は沖縄人としての自覚が芽を萌して、旧物保存・模倣排斥の端を開いたのである」

日本模倣から模倣排斥への転換は琉球文化(旧物)の尊重を目指すものであり、伊波自身のマニフェストの表明であった。時代の変動期にはまたそれにふさわしい人物が登場する。伊波はそうした時代の暗黒・矛盾・貧窮の問題を一身に背負い生涯を駆け抜けた近代沖縄で稀有な人物であった。(ひやね・てるお/近代沖縄精神史)

と同時に、自己の立脚基盤たる沖縄独自の歴史文化を見直す魂の地殻変動が澎湃として起った。それは歴史無き民と長く蔑まれ、差別された明治末期の同化政策に抗した結果であった。

沖縄はまさに琉球文化のルネッサンスの時代を迎えた。伊波は時代精神の体現者、精神革命の唱道者そのものであった。琉球処分以降の国家主義による伝統文化への抑圧、極端なまでの「歴史隠滅策」に対する伊波の痛烈な批判であった。それゆえに、伊波は伝統文化を徹底的に破壊するこれまでの国家主義に対抗して、広範な文化復興運動を推進し、強権的な同化政策を厳しく指弾、伝統文化の復権と正当な評価を訴えたのである。次の言葉

風刺画の受難

連載・『ル・モンド』から世界を読む[第Ⅱ期] 36

加藤晴久

六月二二日付『ル・モンド』の「NYTの自己規制」と題する論説でM・グラン記者がコメントしている。

四月二五日付『ニューヨーク・タイムズ』(NYT) 国際版に一コマの風刺画が載った。キッパ帽を被った、黒メガネの盲人のトランプ大統領を、イスラエル首相ネタニヤフの顔をしたイヌが先導している。トランプとその取り巻きが反ユダヤ主義と息巻いた。イスラエルやネット上でも抗議の声。NYTは陳謝し、社内に委員会をつくり、「無意識的偏見」についての調査と、風刺画の掲載基準の見直しを公約した。いや、さらに、六月一〇日、今後、政治的風刺画は一切掲載しない、と宣言した。国内版はもともと風刺画を掲載していなかったので、これでNYTは風刺画とは無縁になる。

❶ 問題の絵はポルトガルの著名な画家アントニオの作品をNYTがイラストバンクから買ったもの。「反ユダヤ主義」と決めつけることはできないし、イスラエルを含めて、議論は分かれている。

❷ どんな新聞でも、社説で誤りを犯すことがある。しかし、社説を廃止することはしない。また、たとえば、四月一二日付『ル・モンド』は、ルワンダのツチ族虐殺事件二五周年に際して、首のない二人の男が鉈をふりかざして闘っている絵を掲載した。地面に頭が二つ転がっている。その一方が他方に「仲直りしないかい?」と言っている。加害者と被害者を混同していると非難囂々。『ル・モンド』は陳謝した。しかし作者セルゲイは『ル・モンド』に風刺画を掲載し続けている。

❸ 政治的カリカチュアを排除することで事終われりとするNYTの態度は臭いものに蓋の「卑怯と過剰反応と偽善のコンビネーションである」

❹ 政治的カリカチュアは深刻な危機に見舞われている。この三〇年で、北米の新聞で、政治的風刺画家の数は三桁から二桁に減っている。

❺ その要因のひとつがSNS上での袋だたき。挑発と扇動に付和雷同して「世論」が炎上する。新聞も画家も萎縮する……。

(かとう・はるひさ/東京大学名誉教授)

連載・花満径 41
大和(やまと)し令(うるわ)し

中西 進

わたしにとって令和は昭和、平成についで三つ目の元号となるが、元号について の思い出といえば、ふしぎに何十年も覚えている歌のことばがある。

わたしたちが生まれて間もなく――こんなことを耳にとめるためには、学齢に達するほどの年数が必要だろうから、昭和十年代以降だと思うが、よく耳にした唱歌の一節である。

昭和の子どもだ　ぼくたちは

というものであった。

わたしたちはこれを誇りとして聞かされ、自覚すべき目標のように教えられていたと思う。

その思いとともに三度経験した元号とは、つねにこのように歌うべきものとして、今までのわが生涯を培ってきた。次の平成の子どもは、戦争を経験しない新時代としてマークされる。そのフレームの中に生きよ、という示唆を伴って、わたしの中に存在した。

だから令和の子も、この元号の下に要請される理想をもつと、思ってしまう。いや当然のことながら、少くともわたしの中には、昭和の子として生まれ、存命した平成を見守り、令和の余生を慎しく生きたいという自覚がある。

そこで多少不真面目なことを書こう。

明治を揶揄した短歌に次のような一首があるとか。

明治とは　上からよめば　明治だが
下からよめば　治(おさ)まるめい

「治まらないだろうよ」という民衆からの痛烈な諷刺だが、これに倣うと令和は、

令和とは　上からよめば　令和だが
下からよめば　和し令し

となる。

結句は古代の英雄倭(やまと)建(たけるの)命(みこと)が故郷を偲んだ国土賛歌に基づく。

大和は　国のまほろば　たたなづく
青垣　山隠(ごも)れる　大和(やまと)しうるはし

《古事記》

令(うるわ)しき和の国とは、千年をこえて確信してきた日本人の、母国賛美の合いことばだったのである。

（なかにし・すすむ／国際日本文化研究センター名誉教授）

〈連載〉生きているを見つめ、生きるを考える ❺

「睡眠負債」はどれくらい眠ると解消されるのか

中村桂子

前回、眠りに就く時に一番幸せを感じると白状しながら紹介した睡眠研究が興味深い進展を示しているので、もう少し詳しいところに触れたい。

前回は脳内にある八〇種類ものタンパク質のリン酸化が眠気を引き起こすことを示したが、その中の六九種類が神経細胞から神経細胞へと情報を伝えるシナプスに集中していることが明らかにされた。ここでの具体的なはたらきはまだ示されていないが、起きている間はリン酸化が進み、眠ると解消されるので、眠気の実体と言えるタンパク質がこのりで、これは三〇〇ほどの遺伝子の組み合わせできまっており努力では変えられないようだ。

この研究を進めている柳沢正史教授は、ちょうどどしどしのように、あるところまでリン酸化が進むとコトンと眠くなり、これが解消されるまで眠ると、さわやかな起床を迎えられると説明している。リン酸化が解消されないままに蓄積していくと、睡眠不足になるわけで、これは「睡眠負債」と呼ばれる。

ではどのくらい眠ればよいのか。一九八八年―一九九九年に行なわれた調査では睡眠時間が七時間ほどの人が死亡率が最低となり、これより長くても短くも死亡率が高まるという結果が出ている。ところで、人によって「朝型」と「夜型」があると言われるが、確かにその通り、四十―五十代になると幼少期より夜型になり、四十―五十代で朝型に戻るとされる。もっとも年齢による変化はデータで確認されている。睡眠時間は年齢を重ねるとあまり神経質にはならずに、ちょっと意識しているのがよいのではなかろうか。

「睡眠負債」は肥満・糖尿病・認知症などのリスクを高めるというデータもある。もっとも、具体的な仕組みの解明はまだなされていないが、自然に逆らわず上手に眠ることは健康によいというお墨つきをいただけたことは確かだ。眠る幸せをこれまで以上に味わおうと思う。

（なかむら・けいこ／JT生命誌研究館館長）

連載 国宝『医心方』からみる 29

「二日酔に蜆汁は無効」説に想う

槇 佐知子

先日、テレビで或る医師が「二日酔に蜆汁という説は誤り。お酒と一緒に蜆汁を飲まなければ効きめはない」と言っていた。その番組で始めに「二日酔に効く。いつも飲んでいる」と言った和田アキ子さんらは怪訝そうだった。

私は下戸なので蜆の効果を実証できないが、蜆に含まれるオルニチンが大量の飲酒で体内に発生するアンモニアを分解し、解毒するのを助ける作用がある。だから蜆汁は酒と一緒に飲まないと効きめがない──というのが否定説のゆえんのようであった。

だが蜆にはそれだけではなく、ミネラルやビタミン類が豊富に含有されており、アミノ酸のメチオニンという成分が肝臓の機能を助けるといわれている。

また蜆の肉には蛋白質は多くはないが必須アミノ酸のバランスが良いため消化吸収が良く、グリコーゲンやビタミンB_1、B_{12}も含んでおり、悪性貧血の予防や神経系の働きが正常になる効能もある。その ほか解毒作用と細胞の再生・保護をする蜆の肉の効能にも配慮すべきであろう。

『医心方』巻二十九には「酒を飲む前に大豆を三粒食べておくと、酒に酔わない」という説がある。豉は黒大豆に限定して発酵させた無塩のもので、現代中国名は淡豆豉だが、日本の漢方では納豆を代用して香豉と称する。古代の医書にある香豉は豉の美称である。

豉は豉の処方によって、当時インド北部のヒマラヤ南麓地帯、ネパールあたりに納豆のルーツがあったことが明らかになった。

「二日酔に蜆汁は無効」とするなら、論拠をもう少し示して欲しかったと思うのだが。

(まき・さちこ/古典医学研究家)

と一緒に煮て飲め」としている。日本では蜆は椀に残して汁だけ吸うのが作法とされているが、豉をルーツとする味噌汁の栄養と解毒作用を鑑みれば、

紀元前五世紀頃、釈迦に仕えた名医耆婆(ジーヴァカ)の大酔したときの処方では「蜆・巻貝・蝦(いずれも淡水産であろう)を豉

ビタミンB_2や、鉄分の吸収と利用を補助する亜鉛も含有している──などという説もある。

7月刊

公共と公益の精神

後藤新平と五人の実業家
公益と実学の精神

渋沢栄一・益田孝・安田善次郎・大倉喜八郎・浅野総一郎
後藤新平研究会編著　序=由井常彦

"内憂外患"の時代、「公共・公益」の精神で、共働して社会を作り上げた六人の男の人生の物語! 二十世紀初頭から一九二〇年代にかけて、日本は、世界にどう向き合い、どう闘ってきたか。

A5判　二四〇頁　二五〇〇円

「国境なき医師団」の理事による書

移動する民
「国境」に満ちた世界で

M・アジエ　吉田裕訳

一〇〇万人以上が欧州に移動し、人道的対応が大きく問われた二〇一五年「難民危機」。「国境」が社会の内外に遍在化し、移動への明確な意志も、安住できる目的地ももたず、移動状態への"宙吊り"を強いられる民がますます増える中、「移動」をどう捉え直し、社会は彼らをどう迎えるべきなのか?「国境なき医師団」の理事による人類学的視点からの刺激的な「移動」論。

四六変上製　一六八頁　二二〇〇円

七月新刊

真に書くべき程の事を書き留めた詩的批評文集

詩情のスケッチ
批評の即興

新保祐司

内村鑑三、波多野精一ら、近代日本において信仰の本質を看取した存在を通して、〈絶対なるもの〉に貫かれる経験を批評の軸としてきた新保祐司。すべてを〈人間〉の水準へと「水平」化し尽くす近代という運動の終焉を目の当たりにして、「上」からの光に照らして見出された文学・思想・音楽の手応えを簡明かつ鮮烈に素描した、珠玉の批評を集成。

四六上製　二八八頁　二五〇〇円

リアリズム演劇の隠れた名作は、何を問いかけるのか

ヒロシマの『河』
劇作家・土屋清の青春群像劇

土屋時子・八木良広編

米占領下の広島を舞台に、芸術と政治との相克に苦しみながら、理想社会の実現へと疾走する、「原爆詩人」峠三吉らを描いた戯曲『河』は、六〇～七〇年代に全国各都市で上演された。初演後五五年を経て復活上演され、新しい世代の出演者・観客にも大きな感銘を残した本作が、再び「核」の危機が迫る今、我々に何を訴えるのか?

A5判　三六〇頁　三三〇〇円
カラー口絵12頁

読者の声

岡田英弘三回忌
岡田英弘の歴史学とは何か ■

▼大変聞きごたえのあるお話でした。岡田先生の研究の数は少ないかも知れませんが、強く強くひきつけられた面白い方々が流れを継承していって下さっていることを有難く思います。

(匿名)

▼現在、岡田先生の著書は何も持っていない。先生の生涯をかけた研究が世界的に評価を受けていることがかいま見た。五十代半ばの自分であるが、著作集をとりよせ、残りの人生の楽しみにして読んでいきたい。

▼副島隆彦のすすめで『世界史の誕生』と『日本史の誕生』を読んだ。内藤湖南にも言及された杉山清彦先生と同世代の方で、今は、編集企画の仕事をしています。
日本国体学会の金子宗徳先生とのつき合いから、昭和12年学会に注目していましたが、岡田英弘の仕事を視野に入れて考えることが、史的な広がりが出ると感じます。
今日の発表の中では、楊海英先生の最後の発言の中での New Qing History の話が非常に示唆的で、今後、日本の歴史 (学) が欧米と中国の狭間でどうすべきなのか考える際にモンゴル史の視点が決定的に重要になるということがよく分かりました。

(東京 尾﨑全紀)

▼歴史をどうとらえるか、近年の中国の「一帯一路」に関連する話もあり勉強になりました。楊先生の中国と欧州の間こそポイントとする考え方が非常に印象的でした。

(匿名)

▼各講師の先生方が、それぞれ、要点を説明して頂き、ポイントの押え生)と洞察力に富んだ思考回路 (&古田先生によれば直観力?!) の持ち主で、独自の素晴らしい業績を残された「歴史学者」であるかということが、伝わってまいりました。
知的でアカデミックな、気鋭の学者さんの世界ってこういうものなのか！と、三時間ムダのない、中身の濃い、刺激的なひとときをすごさせていただくことができました。ありがとうございました。

(東京 奈良澤由美)

が出来て、自己流の解釈に陥りがちのところの修正・確認が出来て、勉強になった。
今後も、研究会等があれば、続けて参加したいと考えています。
個人的には、岡田先生の論じられる内容は、実際に個人的海外経験と感覚的にも一致する点が多く、非常に勉強になっています。

(千葉 樋口富士人)

▼シンポジストのお一人が、同僚の知人で、このシンポジウムに足を運びました。
"世界史"は十三世紀モンゴルから始まった‼という副題目が実に印象的であったので足を運んだような ものですが、改めてモンゴル帝国の大きさを思いました。日本に三度目の攻撃があったら……? ですね。
とにかく、感動！ 素晴らしかったです。

(千葉 菅野憲司)

▼各先生方の岡田先生へのリスペク

医師が診た核の傷■

▼「メルトダウンは起こっていません」と、専門家がテレビで発言していたのを覚えている。私たちは現在の日本で、福島原発事故と対峙しているのに、まるで仮想社会か、二千年前の話のように実感がなかった。この本を執筆された肥岩近広さんの尽力により、少しだけ、「我身と、我が家族、我が国」という実感が湧き、

原発を推進する政治へNO!の一票を投票します。日本の良心のあるお医者様へ"感謝"します。

(神奈川　主婦　佐藤賢子　59歳)

看取りの人生■

▼僅かな年金での生活ですので年に四、五冊程しか好きな本は求められず残念ですが、一カ月に一度、市の自動車文庫の貸し出しを受けて五〜七冊を読んでおります。貴書店の本もあまり買えないと存じますが、どうぞ心に残る本を、と望みます。

(北海道　村上厚子　78歳)

竹下しづの女■

▼当時私も九大応用化学卒で、竹下(健次郎)先生の講義をうけましたが、当時竹下しづの女の次男とは知らずにいました。当時応用化学科には横山先生(白虹のご子息)が助教授でおられ、「九大俳句会」をつくり指導していただいたことを想い出します。私の父が北垣一柿で、本書にも名が出ており、うれしくおもいました。北垣一柿没後、一柿の周辺にあった禅寺洞関係文書は福岡県立図書館に寄贈しました。ただ禅寺洞の"阿久根の鶴"一〇〇句の短冊はかごしま近代文学館に寄贈しました。

(山口　馬場孝夫　78歳)

※みなさまのご感想・お便りをお待ちしています。お気軽に小社「読者の声」係まで、お送り下さい。掲載の方には粗品を進呈いたします。

書評日誌(五・一五〜七・七)

- Ⓥ テレビ　Ⓘ インタビュー
- 書 書評　紹 紹介　記 関連記事

五月号
- 紹 日本近代文学館「女とフィクション」(わたしの蔵書から)/「試金石としての《女の半生》」/阿部日奈子

五・一六
- 紹 看護「地域の医療はどう変わるか」

六・三
- 記 東京新聞(夕刊)「セレモニー」/「GLOBAL VIEWS」/「科学技術で民主化封じ」/「大阪で国際シンポジウム」/関connected輔

七・三
- 紹 読売新聞「後藤新平の会」/「中国　天安門事件30年」/「小説「セレモニー」で中国の崩壊を描いた作家王力雄氏(66)/中沢穣
- 紹 日本経済新聞「後藤新平の会」

七・四
- 紹 公明新聞「開かれた移民社会へ」
- Ⓘ 聖教新聞「文化」「苦難の人生を凜と生きる 全ての犠牲者の思い背負って」/「被爆の記憶と向き合う」/写真集『長崎の痕』大石芳野さんに聞く」

六・二四
- 記 朝日新聞「作ることつかうこと」〈折々のことば〉/鷲田清一

六・二六
- 紹 朝日新聞(夕刊)「後藤新平の会」
- 記 読売新聞「長崎の痕」
- 紹 読売新聞「セレモニー」(権力欲と性描写に反骨の精神」/いとうせいこう
- 紹 本よみうり堂」/大石芳野著『戦禍の記憶』
- 紹 CAPA「長崎の痕」

六月号
- 紹 Canon Photo Circle「長崎の痕」

七・一
- 紹 毎日新聞「金時鐘」「culture」/「金時鐘さん渡日70年」/『越境する言葉』

七・六
- 紹 朝日新聞(夕刊)「後藤新平の会」
- 紹 毎日新聞(夕刊)「後藤新平の会」

七・七
- 書 東京新聞「セレモニー」(ハイテク統治国家の未来)」/麻生晴一郎
- 記 産経新聞「藤原良雄(産経書房/この本と出会った)「吉田松陰　徳富蘇峰著」「感銘受けた世界史的視野」

劇団文化座公演 脚本・杉浦久幸 演出・栗山民也

「アニマの海」 石牟礼道子『苦海浄土』より

二〇一九年 六月十三日(木)〜二三日(日) 於 俳優座劇場(六本木)

「大いなる挑戦」である。今回、劇団文化座が試みたのは、石牟礼道子の代表作『苦海浄土』の舞台化という、これまで誰も成しえなかった難事業である。

『苦海浄土』には水俣という風土に襲い掛かった人間存在の根底を突き崩すような業苦と、事件以前に彼らが謳歌していた豊かな生活の輝きがともに描かれている。石牟礼道子は、全集版の「あとがき」で「私が描きたかったのは、海辺の民の生き方の純度と馥郁たる魂の香りである。」と記しているが、舞台「アニマの海」は、その海民の起居に焦点を置いて構成されている。

舞台の場景は、漁師一家の住まいに固定される。二本の柱と空だけで構成された書割。貧しての教育を受けたが、日本の敗朝鮮で、日本語で皇国少年とし時鐘(一九二九〜)。日本統治下中(現在第5回配本まで)の詩人・金『コレクション』全12巻刊行しけれども、穏やかで豊かな日々を送る人々。

その日常を侵す奇病は、突如、彼らの生の豊穣を全面的に奪い去る。彼らに寄り添いながら、チッソを告発する石崎君子。そして、舞台を彷徨う謎の少女。多くは語られないが、二時間弱の舞台は『苦海浄土』の中心的な部分を過たず射抜いていると思う。何よりもその達成に心から拍手を送りたい。(中島久夫)

〈国際シンポジウム〉金時鐘さんの生誕九十年、渡日七十年記念

越境する言葉

二〇一九年 六月十六日(日)14時 於 大阪大学中之島センター

『コレクション』全12巻刊行中(現在第5回配本まで)の詩人・金時鐘(一九二九〜)。日本統治下の朝鮮で、日本語で皇国少年としての教育を受けたが、日本の敗戦で、必死に朝鮮語を学んだ。済州島四・三事件に関わり渡日したことは、最近漸く重い口を開いた。渡日後は日本語での詩作を日本への"報復"とし、在日朝鮮人に寄り添い日本社会の歪みを抉り、在日朝鮮人初の社会科教師として湊川高校で朝鮮語を教えた。催しの冒頭は、『コレクション』編集委員である浅見洋子が、その歩みを見事にまとめたスライドの上映。

鵜飼哲(一橋大)の基調講演では「金さんの詩は、"見る"ことを阻害する日本社会への目覚まし時計であり、厳しいラブコール」。

丁章(詩人)、宮沢剛(松学舎大)、キャサリン・リュウ(ミシガン州立大)、宇野田尚哉(大阪大)、細見和之(京都大)によるシンポジウムの後、渡部八太夫がなんと"祭文"で『猪飼野詩集』うたひとつ」弾き語り。最後は金時鐘本人による詩作品朗読とスピーチ(『機』七月号に掲載)。 *敬称略

*主催:大阪大学越境文化研究イニシアティヴ(代表:宇野田尚哉)(記・編集部)

9月刊

兜太 Tota vol.3

[特集]キーンと兜太
――俳句の国際性

生誕百年！俳壇を超えた総合誌〈第三号〉

〈編集主幹〉黒田杏子
〈編集長〉筑紫磐井
〈編集顧問〉ドナルド・キーン／芳賀徹／藤原作弥
〈編集顧問〉瀬戸内寂聴

ドナルド・キーンさんが二月に逝去。金子兜太さんとの交流を通じて、「世界の中の俳句」を考える。

〈寄稿〉キーン誠己／J・バイチマン／細谷亮太／古川日出男／福島泰樹／いせひでこ／董振華／木内徹／堀田季何／嵐山光三郎／下重暁子／酒井弘子ほか　挿画＝中原道夫

メアリ・ビーアドと女性史

日本女性の真の力を発掘した米歴史家

上村千賀子

女性の力を見出した知られざる歴史家

歴史上無視されてきた女性が、実際にはどの時代でも常に真の力（force）をもち歴史を主体的につくり上げてきた、という女性史観を主張したメアリ・R・ビーアド。歴史家チャールズ・ビーアド夫人であり、夫との共著もある。女性は歴史的に男性に従属してきたという神話を打ち砕いた米女性史研究のパイオニア。

書くこと　生きること

ダニー・ラフェリエール

小倉和子訳

ラフェリエールとは何者か？　自伝！

書くことは、生きること。生きることは、書くこと――。

「私が"アメリカの自伝"を書いたのは、自分の人生がどのようなものだったかを知るためだった」。

一八年前、四十七歳のハイチ出身のカナダ・ケベックの国民的作家が、『アメリカの自伝』と題された自伝的小説群の完結を迎え、幼年期から現在までを、初めて明かす。

九月新刊予定

EUユーロ・システムの瓦解と中国システムの崩壊

日本とフランスの救う道

F・アスリノ、E・トッド、藤井聡、田村秀男他　荻野文隆編

ユーロに悩むフランス、中国に直面する日本

欧州統一通貨ユーロがフランスにもたらす問題を指摘するアスリノ氏の議論を軸に、デフレが続く日本が共通して抱える問題を炙り出す。

社会思想史研究43号

〈特集〉東アジアの市民社会

理論、統治性、抵抗

社会思想史学会編

東アジアの市民社会の思想史的意味を考える

梶谷懐／森宣雄／石井知章／上田悠久／高木裕貴／山尾忠也／辻康夫／篠原久／金慧／薩摩達也／石田雅勝／蛭田圭／奥田敬／石田雅勝／山崎望／大田英昭／谷澤正嗣／箱田徹／山崎望／高山裕二／福家崇洋／前田俊文／梅垣千尋／森本あんり

＊タイトルは仮題

8月の新刊

※タイトルは仮題、定価は予価

気候と人間の歴史I（全3巻）
猛暑と氷河 一三世紀から一八世紀
E・ル=ロワ=ラデュリ 稲垣文雄訳
A5上製 七五三六頁 八八〇〇円

国難来
後藤新平自伝
B6変上製 鈴木一策=編・解説
一一九二頁 一八〇〇円

資本主義の政治経済学
調整と危機の理論
R・ボワイエ 山田鋭夫監修 原田裕治訳
A5上製 四四〇頁 五五〇〇円

9月以降新刊予定

いのちの森づくり
宮脇昭

メアリ・ビーアドと女性史
日本女性の真力を発掘した米歴史家
上村千賀子

雑誌 **兜太 Tota Vol.3**
〈特集〉キーンと兜太──俳句の国際性
編集主幹=黒田杏子 編集長=筑紫磐井
カラー口絵8頁

書くこと 生きること
D・ラフェリエール 小倉和子訳

好評既刊書

EUユーロ・システムの瓦解と中国システムの崩壊
日本とフランスを救う道
著=F・アスリン/E・トッド/藤井聡/田村秀男他 編=荻野文隆
社会思想史学会編

〈特集〉**東アジアの市民社会** ＊
社会思想史研究43号 社会思想史学会編
理論、統治性、抵抗

世界の悲惨（全三分冊）
第1分冊
P・ブルデュー編
監訳=櫻本陽一・荒井文雄
訳=岡山茂・小野潮・岩切正一郎・加藤晴久・林修・稲垣文雄・長谷川秀樹

翻訳と通態の存在論
A・ベルク＋川勝平太

移動する民 ＊
「国境」に満ちた世界で
M・アジエ 吉田裕訳
四六変上製 一六八頁 二三〇〇円

後藤新平と五人の実業家
渋沢栄一・益田孝・安田善次郎・大倉喜八郎・浅野総一郎
後藤新平研究会編 序=由井常彦
A5判 二四〇頁 二五〇〇円

内容見本呈

ヒロシマの『河』 ＊
劇作家・土屋清の青春群像劇
土屋時子・八木良広編
A5判 三六〇頁 三二〇〇円 カラー口絵12頁

詩情のスケッチ ＊
批評の即興
新保祐司
A5上製 二八八頁 二五〇〇円

対口交渉学
歴史・比較・展望
木村汎
A5上製 六七二頁 四八〇〇円

書物のエスプリ
山田登世子
四六変上製 三二八頁 二八〇〇円

〈月報〉①**ひらく** 生命科学から生命誌へ
中村桂子コレクション いのち愛づる生命誌（全8巻）
〈解説〉鷲谷いづみ 〈月報〉末盛千枝子/藤森照信/梶田隆章/毛利衛
四六変上製 二八八頁 二六〇〇円 内容見本呈 口絵2頁

〈月報〉④**「猪飼野」を生きるひとびと**
金時鐘コレクション（全12巻）
〈解説〉冨山一郎 〈月報〉登尾明彦/藤石貴代/丁章/呉世宗
『猪飼野詩集』ほか未刊詩篇 エッセイ
四六変上製 四四八頁 四八〇〇円 口絵4頁

＊の商品は今号に紹介記事を掲載しております。併せてご一覧戴ければ幸いです。

書店様へ

8/3（土）『朝日』「好書好日」欄で呉座勇一さんが『中国が世界を動かした1968』、たて続けに8/4（日）『毎日』「今週の本棚」欄で絶賛書評!! 在庫ご確認を! 6/16（日）『毎日』に続き、8/10（土）『朝日』で《転生する文明》書評掲載。ユネスコ「世界遺産仕掛け人の著者が文明の転生と変貌を描く!! 在庫のご確認よろしくお願いします!! 各紙絶賛王카雄「セレモニー」7/7（土）『中日東京』で麻生晴一郎さん評に続き、『週刊文春』7/25号「私の読書日記」で池澤夏樹さん絶賛!! 7/17（水）より『朝日文化・文芸面「語る 人生の贈りもの」欄で金時鐘さんの人生を辿るインタビュー連載。好評刊行中『金時鐘コレクション』在庫ご確認を!! 7/20（土）ETV『SW』ITCHインタビュー 達人達』にて中村桂子さんがピアニスト舘野泉さんと対談。舘野さんのご推薦の、好評刊行中『中村桂子コレクション いのち愛づる生命誌』在庫ご確認を!!『大石芳野写真集 長崎の痕』、共同通信で現在全国に絶賛大紹介!!（営業部）

大石芳野写真展 長崎の痕（きずあと）

長崎新聞文化ホール「アストピア」

【会期】9月5日（木）〜9月17日（火）
＊9/9・9/16 休
トーク＝大石芳野
対談＝田上富久・長崎市長＋松下玲子・武蔵野市長

【住所】長崎市茂里町三−一
（バス・路面電車「茂里町」徒歩2分、JR浦上駅徒歩3分）

『森繁久彌著作集』発刊！

発刊記念シンポジウム「没十年記念」

今、森繁久彌を語る

大宅映子（評論家）
小川榮太郎（文芸評論家）
小野武彦（俳優）
加藤登紀子（歌手）
宝田 明（俳優）

［コーディネーター］橋本五郎

6月18日（金）午後6時開会（5時開場）
有楽町朝日ホール（有楽町マリオン11階）
定員六〇〇人、申込み先着順
参加費三千円

出版随想

▼また暑い夏がやってきた。夏が訪れる度に思い出されるのが、周囲の戦争体験者の声である。そして多くの体験者は口を揃えて、戦争は決してしてはいかん、と。わずかの人は、やりたくてやったのではない、と。仕方なくやった戦争もある。相手方が仕かけてきたり、まきこまれたり、止むなくやらざるを得なくてやったと……。

▼古来、人間（社会）は、戦を繰り返してきた。自己の所有物（領土、金……）を殖やすために繰り返し続けられてきた。科学やテクノロジーの発達により、より多くの人間と土地・建物を、一挙に壊滅できるようになった。陸や海での闘いなら、それ程一挙に大量にということにもならないが、空からの爆弾投下や絨毯爆撃ということになると話が違う。二〇世紀初頭、永年の人間の夢を叶える空中飛行の技術が開発された。その技術を獲得した後に行われた第一次世界大戦では大量の死者。その後の戦争は止まることを知らず、この百年余空中爆撃を、続けられている。

▼人間は、なぜ殺し合いをせねば生きてゆけないのだろう。どうして他者を、もっと寛容に赦し、扶助し、もやい合って生きてゆくことができないのだろうか。どうして大きな強い力（金と権力など）を持っている者が、弱い力の者（貧困、重度障がい者……）を苛めても何の心の痛みも感じないのか？

▼これを解く鍵は、人間が自らの傲慢さを自覚することができるか否かにある。人間は、生存するために他の生き物の生命を頂いてきた。ある時までは、そのことに感謝と祈りをし供養してきた。日本は、この二百年、西洋文明（力の文明）に触れてきてから、先祖代々伝統的に受け継いできた心を喪っていった。ここから〝生産力〟重視、〝成長〟重視の視点が現われ、今日に至っている。

▼生き物への優しい思いやりの心は、美徳として、日本が大切にしてきた伝統文化である。〝産業革命〟以来現在の高度産業化社会まで、労働を通して両性の単一化は急速に進み、心なき現代人の再生産となった。その速度はこの数十年、ITやAIの侵入で加速化している。暑い夏だが、今一度来し方をふり返ってみることも悪いことではないだろう。

（亮）

●藤原書店ブッククラブご案内●
▼会員特典に、①本誌『機』を毎月お届けのサービス、②（小社への直接注文に限り）小社商品購入時に10％のポイント還元、その他小社催しへのご優待等々。▼年会費一〇〇〇円。詳細は小社営業部までお問い合せ下さい。ご希望の方は上記口座までご送金下さい。
▼お書き添えの上、左記口座にお申込み下さい。
振替・00160-4-17013
藤原書店